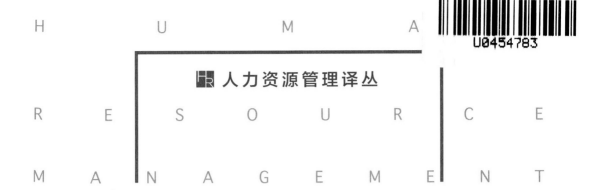

人力资源管理译丛

国际人力资源管理
跨国公司的政策与实践

第5版

伊布瑞兹·塔利克（Ibraiz Tarique）

[美] 丹尼斯·布里斯科（Dennis Briscoe） 著

兰德尔·舒勒（Randall Schuler）

赵曙明 白晓明 译

International Human
Resource Management
Policies and Practices for Multinational Enterprises

（Fifth Edition）

中国人民大学出版社
·北京·

总　序

自我和我的同事们于 1993 年在中国人民大学创办中国的第一个人力资源管理本科专业以来，已经过去了很多年，在这期间，无论是中国的人力资源管理教学与研究，还是中国的人力资源管理实践，都有了长足的发展。全国越来越多的高校开始开设人力资源管理方面的本科专业和研究生专业或方向，与此同时，与人力资源管理有关的各种译著、论著以及教材可以说层出不穷。此外，中国企业对于人力资源在企业中的重要性以及人力资源管理对于企业竞争力的影响也有了越来越深刻的认识。可以说，中国已经开始进入一个真正重视人的价值的时代。

1999 年，鉴于当时国内的人力资源管理教学用书还比较匮乏，人力资源管理本身对于绝大多数中国人来说还是一个新生事物，甚至很多从事相关课程教学的学者也知之甚少，因此，在一批美国学者，特别是在美留学和工作的人力资源管理专业博士的帮助下，我们精心挑选了涉及人力资源管理各主要领域的比较成熟的图书，作为一套译丛介绍到中国来。在几位译者的辛勤努力下，这套丛书终于自 2001 年开始在国内陆续面世，成为国内第一套比较完整的、成体系的、原汁原味的人力资源管理教学用书。这套丛书对于从事人力资源管理教学、科研以及实践的中国读者系统地了解人力资源管理的概念、体系、框架以及理念、技术和工具等产生了很大的影响，获得了一致的好评，一再重印。在 2005年前后，我们对这套丛书进行了第二次大规模的全面再版更新，得到了广大读者的认可。很多大学的本科生、硕士生甚至博士生，以及企业的人力资源管理从业人员，都将这套译丛作为学习人力资源管理知识的教学用书或参考书。

在这套丛书上一版出版时，大家广泛讨论的还是新经济、网络泡沫、"9·11"恐怖袭击以及中国加入 WTO 等重大事件，如今，以美国金融危机为起源的全球经济不景气以及由此引发的一系列政治、经济和社会问题，对于人力资源管理领域中的很多问题都产生了深远的影响，在这种情况下，本套丛书的原著大都重新修订，将这些新的内容和主题纳入新的版本之中。原著的新版本增加了人力资源管理领域中的一些新的理论、工具和方法，同时调整了原来的很多案例，从而使这些人力资源管理图书既保持了理论、框架、体系等的连贯性，又使得原本就来自实践的人力资源管理理论和教学体系得以保持一种鲜活的时代特色。

我们在这些新版的重译过程中，一方面，立足于吸收中国学术界近年在人力资源管理领域的许多新认识以及中国人力资源管理实践的新发展，对原版本中的个别译法进行全面的修正；另一方面，将新版本所要传达的理念、方法和工具等忠实地传达给广大中国读者。

很多人对我们花费如此巨大的力量做这种翻译工作感到不理解，他们认为，中国已经跨过了知识引进阶段，完全可以创建自己的人力资源管理体系了。然而，我们却并不这样认为。人力资源管理作为一门科学，在西方国家已经有几十年的发展历史，而在中国，无论是人力资源管理研究还是人力资源管理实践，都还处于发展的初期阶段。我国企业中的很多人力资源管理者对于人力资源管理的理解都还不是很到位，尽管他们已经能够说出很多人力资源管理的概念、理论甚至工具和方法，但是在实际运用时，却由于对这些概念、理论、工具和方法的理解不深，结果导致无法达到西方很多企业的人力资源管理职能所能够达到的那种状态。因此，我们认为，在没有真正从根本上理解西方人力资源管理的理论起源、发展以及核心内涵之前，我们最好不要武断地说，西方的东西已经没有用了。就好比是一位没有任何武功基础的外国年轻人，仅仅看了两本少林寺的拳术图谱，跟着少林寺的和尚偷学了一招半式，便觉得自己可以创立美式或英式少林拳一样幼稚可笑。如果不进行反复的练习和长期的揣摩，没有扎实的基本功和一定程度的悟性，人们学到的任何武功都只能是花拳绣腿，中看不中用。同样道理，中国企业及其人力资源管理人员要想真正掌握人力资源管理的精髓，就必须继续加强自己的理论基础和综合修养，充分领悟人力资源管理的核心精神，从而在练就扎实基本功的基础上真正做到"形变而神不变"，只有这样，才能找到通过人力资源管理来帮助中国企业赢得竞争优势的机遇。在这一点上，我们非常欣赏深圳华为技术有限公司总裁任正非先生在引进西方管理系统和管理技术时所持的一种观点：要先僵化，再固化，最后再优化。也就是说，在没有真正学懂别人的管理系统和管理方法之前，先不要随意改动，否则会把人家有用的东西变成没用的东西，反过来还骂人家的东西没有用。总之，我们认为，对待西方的管理理论、管理思想、管理工具以及技术等应当坚持这样一个基本态度：既不妄自菲薄，也不盲目追随，但首先要做到充分理解，只有这样才能做到取舍有道，真正实现洋为中用。

翻译工作无疑是艰苦的，但也是充满乐趣的，我们愿意为中国人力资源管理事业的发展贡献我们的心血和汗水，同时也衷心地希望广大读者能够从中汲取对自己有用的知识，培养专业化的技能，从而使本套丛书能够为广大读者个人的职业发展以及中国企业人力资源管理水平的提高产生应有的作用。

最后，感谢广大读者长期以来对本套丛书的热情支持和厚爱，我们有信心让这套丛书成为一套人力资源管理领域中的经典译丛。如果您有什么样的要求和意见，请随时与我们联系。

我的联系方式：
中国人民大学公共管理学院
北京市海淀区中关村大街 59 号
100872
电子信箱：dongkeyong@mparuc.edu.cn

董克用
中国人民大学公共管理学院院长、教授、博士生导师
中国人民大学人力资源开发与管理中心主任

译者序

伊布瑞兹·塔利克、丹尼斯·布里斯科、兰德尔·舒勒所著的《国际人力资源管理：跨国公司的政策与实践》（第 5 版）主要包括战略环境、国家和文化环境、全球人才管理、国际人力资源管理的角色与发展趋势四大部分。

关于"趋同-偏离"（convergence-divergence）的讨论贯穿了整本书，这是国际人力资源管理政策和实践的差异性检验常用的框架。这个框架讨论了特定国际人力资源政策和实践在不同国家存在什么样的差异以及为什么存在差异（偏离视角），或者是否不同国家特定的国际人力资源管理政策和实践之间有越来越多相似的地方（趋同视角）。偏离视角和趋同视角都具有极端性。趋同视角表明，随着时间的推移，不同国家和地区的组织结构、商业实践和价值观将变得相似；偏离视角则认为，制度的、国家的和商业的价值深深地嵌入社会中，并且抵制外来的制度和实践（如来自外国跨国公司的制度和实践）的变革。

本书采用了比较研究的思路，对不同国家的国际人力资源管理政策与实践进行了对比分析，既找到它们的相似之处，又发现不同点。我们知道，管理是科学与艺术的统一。科学性要求我们找到一套具有广泛性、普适性的理论和方法，艺术性则要求我们在特定的情境中采取不同的管理手段和方法。国际人力资源管理既不可能完全趋同，又不可能全盘偏离，它所追求的是和而不同，展现出各自文化的魅力。

本书为国际人力资源管理政策和实践的设计、实施提供了专业性、学术性的指导。本书主要从母公司或总部的角度探讨各种规模的跨国公司面临的国际人力资源管理问题，同时也非常重视其他形式的国际组织，如非营利组织和民间社会组织。由于跨国公司越来越多地在全球范围内管理劳动者，第 5 版不仅分析了母公司的全球化劳动力管理，包括全球化的政策、共享的服务和全球人力资源卓越中心，而且关注子公司、国际合资企业和全球伙伴关系中的劳动力管理。

本书为各层级的管理者提供了在当今社会需要了解和认识的国际人力资源管理的理论和方法。本书可以进一步启迪读者，提升他们对国际人力资源管理的理解和学习兴趣。本书可作为工商管理、人力资源管理、劳动与社会保障、劳动关系等专业的本科生、研究生和 MBA/EMBA 学员的教学用书，也可供企业人力资源管理实践工作者、政府和非营利组织中的组织与人力资源管理人员学习参考。

突如其来的新冠肺炎疫情对社会生活的方方面面都产生了深刻影响。这场疫情在全球范围内迅速蔓延使得企业国际经营环境急剧恶化。在这样的形势下，如何做好跨国经营对于企业来说极具挑战性。人力资源是企业最为宝贵的资源，管理好国际业务中的"人"，就为国际业务的顺利开展奠定了良好基础。本书将对从事跨国经营的企业应对突发公共危机事件起到非常重要的帮助作用。

本书的学术性颇强，大量参考和引用了 *Academy of Management Journal*、*Academy of Management Review*、*Administrative Science Quarterly*、*Journal of Applied Psychology*、*Strategic Management Journal*、*Organization Science*、*Management Science*、*Human Resource Management* 等管理学领域的国际顶级期刊的文章。本书很好地结合了政策与实践，每一章中的"国际人力资源管理实务"都会对典型的国际人力资源管理实践进行描述，让读者更加直观地理解国际人力资源管理理论的落地。每一章的最后还安排了案例，这些案例说明了跨国企业所面临的挑战、国际人力资源政策和实践的重要性，以及当地环境对这些政策和实践有效性的影响，有助于读者运用各章节的知识进行分析，对于系统性地掌握国际人力资源管理的各种职能具有非常重要的作用。

见到这么一本理论与实践俱佳的好书，便迫不及待地想与大家分享。一般来说，一本优秀的教学用书，受众范围广，会影响很多研究者、教师和学生。翻译需要字斟句酌，慎之又慎。读书百遍，其义自见。要想准确地翻译好这本书，译者必须首先认真、仔细、反复、深入地阅读原著，才能深入理解原著的真谛。开卷有益，这句话不仅仅适用于读者，更适用于译者。在翻译过程中，我们努力按照"信、达、雅"的标准要求自己，不断地进行译文与原文的对话，这不仅提升了我们对于国际人力资源管理的理解，而且有助于我们后期的教学与科研。

本书的面世得益于很多机构和很多人的帮助。我们要感谢中国人民大学出版社管理分社熊鲜菊女士在出版方面提供的大力支持，感谢南京大学商学院和南京师范大学商学院参与翻译的博士研究生和硕士研究生。参加本书初稿翻译的有：白晓明（第1章和第15章）、谢辉（第2章）、李璐（第3章）、瞿皎姣（第4章）、曹曼（第5章）、施杨（第6章）、严悦菲（第7章）、赵晨曦（第8章）、曾颖（第9章）、徐云飞和吴士画（第10章）、俞乃畅（第11章）、张戌凡和张瑞雪（第12章）、吴士画（第13章）、刘金莉（第14章）。参与本书初稿校对的除了以上译者还有李殊旖、谷雨两位同学。我要特别感谢白晓明老师，他除了承担两章的翻译外，还负责从制定翻译要求，到组织初稿翻译，再到组织对译稿进行校对，最后对全书统稿的工作，投入了大量的精力。此翻译稿最后由我进行修改和审定。

我们还要衷心感谢伊布瑞兹·塔利克、丹尼斯·布里斯科和兰德尔·舒勒教授，感谢他们用自己的智慧和辛苦工作结出了优秀的科研和著作的硕果，感谢他们对本书中文翻译版的出版给予的热情关注。我们要感谢参与翻译的各位老师和同学，特别要感谢李殊旖和谷雨同学，他们对译稿进行了精心校对。缺少上面这些人中的任何一个，这本优秀图书的面世都是无法想象的。

翻译一本书并不是一件容易的事，尽管参与本书翻译和校对的每个人都尽心尽力，但译稿中仍然可能会存在一些不当之处甚至错误，恳请读者不吝批评指正。

赵曙明

前　言

　　本书是关于国际人力资源管理的，也就是说，它涉及全球范围内的人力资源管理。全球范围内的商业行为变得越来越普遍，而人力资源管理在全球商业成功中所扮演的角色也更加重要。本书的写作初衷是为国际人力资源管理政策和实践的设计和实施提供专业和学术性的概述。第 5 版也是为了响应这一初衷而编写的。与前几版一样，本书主要从母公司或总部的角度，探讨了各种规模的跨国企业面临的国际人力资源管理问题，也越来越重视其他形式的国际组织，如政府、非营利组织和非政府组织。因为跨国企业越来越多地在全球范围内管理劳动者，所以本版不仅分析了母公司的全球劳动力管理，包括全球化的政策、共享服务和全球人力资源卓越中心，而且更加关注子公司、国际合资企业和全球伙伴关系中的劳动力管理。

　　本书分为 4 篇 15 章。前两篇介绍了基础内容，并解释了为什么国际人力资源管理对国际商务的成功如此重要，描述与国际人力资源管理相关的全球业务背景。第 1 篇"战略环境"描述了国际人力资源管理运作环境的关键的战略组成部分，每一个组成部分都代表着决定国际人力资源管理性质的全球环境的关键要素。第 2 篇"国家和文化环境"描述了国家和文化环境的三个重要方面，这些方面决定了国际人力资源管理运作的文化和法律环境。第 3 篇"全球人才管理"介绍了在前两篇所描述的环境中形成的国际人力资源管理政策与实践。这些政策和实践从两个角度加以阐述：集中的、以总部为重点的角度；分公司、合资企业、伙伴关系和承包商的当地角度。第 4 篇"国际人力资源管理的角色与发展趋势"介绍了当今国际人力资源管理部门的性质、国际人力资源管理的专业化，并展望了该领域的未来趋势。现在我们简要地描述一下各章。

　　第 1 章介绍了企业的全球化，阐述全球化如何改变了国际人力资源管理的本质。它描述了国际人力资源管理性质的演变，因为它满足了不断变化的跨国企业的需要，并解释了全球化是如何导致战略国际人力资源管理的发展，帮助跨国企业在全球市场上获得可持续的竞争优势的。本章还介绍了国际人力资源管理的基本性质及其发展，区分了国际人力资源管理和国内人力资源管理，并讨论了在发展过程中遇到的一些困难。

　　第 2 章描述了国际人力资源管理的各种职能，并将它们与国际商业战略联系起来。"走出去"战略决策是国际人力资源管理环境的重要组成部分。国际人力资源管理必须了解这些战略选择，并应提供意见，以便为战略的成功实施做出贡献。本章还探讨了国际人力资源管理战略及其与跨国企业整体经营战略的关系，重点探讨了跨国企业经营战略对国际人力资源管理战略性质的影响。最后，本章解释了国际人力资源管理是如何变化以及如何帮助跨国企业制定战略的。

第3章讨论了日益复杂的跨国公司结构设计问题以及国际人力资源管理在这些设计决策中的重要作用。国际业务越来越复杂，需要同时关注中央控制和影响以及对当地客户和文化的适应。这些努力有时候会失败，部分原因在于对国际人力资源管理责任范围内的问题关注不够。本章介绍了国际人力资源管理能够而且应该为这些组织的成功做出贡献。

第4章描述了国际人力资源管理在国际并购、合资及联盟中的作用。国际并购、合资和各种形式的联盟正日益成为企业选择国际化的重要方式，它们成为国际人力资源管理中最重要的组成部分。本章大部分内容描述了国际人力资源管理和国际人力资源专业人员在设计、促进和实施这三种具体的跨境组合方面的作用。鉴于这三种组合得到越来越多的使用，国际人力资源管理能够而且应该在帮助确保其成功设计和实施方面发挥重要作用。

第5章是第2篇的开始，讲述了国家和企业文化的重要性。文化差异影响着国际商务和国际人力资源经理所做的一切。国际业务的成功需要对文化因素有清晰透彻的了解，国际人力资源管理既要帮助公司获得这方面的专业知识，也要将这种专业知识纳入其全球活动。因此，对国际商务和国际人力资源管理的介绍，必然包括对国家和企业文化的介绍。本章还讨论了文化在国际人力资源管理研究中的重要性，解释了文化如何影响人们对国际人力资源管理及其作用的理解。

第6章介绍了法律和监管环境方面的内容，这是国际人力资源管理的另一个关键组成部分。与国内的人力资源管理一样，在全球范围内工作时，法律的许多方面也会影响人力资源管理实践。本章将讨论其中的五个方面：

- 国际就业法及其制定和实施机构。
- 主要法律制度及其主要区别。
- 各项国际贸易协定的目标。
- 影响人力资源的重大国际就业问题。
- 移民/签证、个人数据保护、反歧视、道德标准、公司社会责任和公司治理。

与国际人力资源管理行为有关的法律和监管环境对国际人力资源管理的成功越来越重要，并且对国际人力资源以及在全球商业环境中运营的公司产生越来越大的影响。

第7章探讨了全球背景下的员工关系，总结了员工参与的三种替代形式：工作委员会、共同决定和工人合作社。本章讨论了区域、国家和国际层面的工会性质，以大量的例子说明了不同国家的工会和员工关系的多样性，展示了跨国公司的员工关系环境的复杂性。

第8章对全球企业人力资源规划和配置进行了介绍。本章首先描述了世界各地不断变化的劳动力市场，并讨论了跨国企业如何从这些劳动力市场中获取劳动力。各国市场的性质，如人口特征、个人技能和能力等，它们的可及性和成本因国家和地区的不同而有很大的差异；在哪里开展业务可能是国际商业决策成功与否的一个重要决定因素。本章还概述了跨国企业在人才配置方面的许多选择。

第 9 章着重讨论了国际人力资源管理对人员配置的责任，主要是关于外派和归国问题，即跨国企业雇员从母公司转移到外国子公司或从外国子公司转移到另一子公司或回归母公司的问题。本章分析了在选择和管理外派人员和归国人员方面遇到的困难，并提出了跨国企业用来确保这些外派人员和归国人员能够取得积极经验的一些成功的做法。此外，本章还讨论了跨国企业中与女性和其他类型的非传统国际外派人员相关的问题。

第 10 章着重讨论跨国公司全球员工的培训与发展。包括东道国员工的培训、国际派遣人员的培训和准备，以及全球化思维的性质和发展、全球管理人员的能力、全球背景下管理发展方案的性质。本章提供了许多实例，并对世界各地的公司目前为提供成功的全球培训和发展计划所做的工作进行了研究。国际人力资源经理应该学习并且利用本章描述的方法，在自己的组织中制订全球培训和发展计划。

第 11 章讲述了国际外派人员和当地员工的薪酬、福利及税收。本章介绍了跨国企业薪酬和福利计划制订的国际人力资源管理实践，并描述了确定外派人员薪酬的七种方法。本章还讨论了跨国公司在其全球业务中设计和实施全球薪酬和福利计划时面临的许多问题。最后，本章讨论了不同国家在薪酬和福利方面采取的各种做法，如休假和养老金等。

第 12 章讨论了国际外派人员和外国业务管理人员的绩效评估和绩效管理的关键问题。讲述了跨国公司试图在国际舞台上实施有效的绩效管理制度时遇到的许多困难，其中一个重要的困难是如何将当地文化环境因素纳入评估过程。显然，仅仅将国内使用的绩效管理程序应用于国际环境是不够的。本章最后讨论了一些改进国际绩效管理制度实施过程的建议和准则。

第 13 章讲述了国外子公司和合资企业的员工健康和安全，以及全球商务旅行者和国际外派人员及其家庭的健康、安全和保障。通常情况下，因为各国的健康和安全方面的做法差别很大，所以该问题由当地子公司的人力资源经理负责。然而，跨国企业必须理解并对当地和国际的健康和安全法规、不同国家面临的差异巨大的做法，以及影响员工的战略决策做出响应。本章还讨论了人力资源信息系统。

第 14 章概述了各区域和各国在人力资源做法方面的巨大差异。国际企业有必要了解当地的人力资源政策与实践，以便做出明智的决定，使总部的政策与当地的传统和法律相符。本章重点介绍了五个具体区域：欧洲、北美、亚洲、拉丁美洲和非洲，探讨了每个区域内关键的人力资源管理问题。此外，本章还讨论了各区域和国家之间各种相似的人力资源管理问题，包括管理两代员工、歧视、职业天花板和人才供需缺口等。

　　第 15 章是本书的最后一章，讲述了国际人力资源管理面临的挑战，包括国际人力资源管理的组织演化和专业化。国际人力资源管理者必须进一步拓展其对全球企业的了解，从而更好地融入这些企业的规划和战略管理中。面对这些挑战，国际人力资源管理者需要进一步发展其全球人力资源能力。本章要说明的是，只有综合的、响应式的、公认的国际人力资源管理得到发展，国际人力资源管理才能发挥其潜力，并在当今成功的全球企业管理中占据应有的地位。

目　录

第1篇　战略环境

第1章　人力资源管理国际化 ·· 003
　1.1　商业国际化的驱动因素 ·· 004
　1.2　国际化的发展和传播 ·· 005
　1.3　国际人力资源管理的应用环境 ·· 010
　1.4　国际人力资源管理的发展 ··· 012
　1.5　国际人力资源管理领域的发展 ·· 014
　1.6　结论 ··· 016
　1.7　讨论题 ··· 016

第2章　战略性国际人力资源管理 ·· 019
　2.1　战略性国际人力资源管理概述 ·· 020
　2.2　跨国企业的演进过程 ·· 022
　2.3　跨国公司的商业战略 ·· 028
　2.4　国际人力资源管理战略 ··· 031
　2.5　战略性国际人力资源管理研究 ·· 033
　2.6　结论 ··· 035
　2.7　讨论题 ··· 036

第3章　跨国企业的设计和结构 ·· 041
　3.1　国际化组织设计和结构概述 ·· 042
　3.2　跨国企业的设计 ·· 043
　3.3　国际化组织结构的选择 ··· 043
　3.4　国际人力资源管理以及国际化组织的设计与结构 ··············· 051
　3.5　正式结构和非正式结构 ··· 051
　3.6　结论 ··· 055
　3.7　讨论题 ··· 055

第4章　国际并购、合资和联盟 ·· 059
　4.1　国际联合概述 ··· 059

4.2 国际并购以及国际人力资源管理的作用 …………………………………… 062
4.3 国际人力资源管理和国际合资 …………………………………………… 068
4.4 国际人力资源管理和国际联盟 …………………………………………… 072
4.5 结论 ……………………………………………………………………… 073
4.6 讨论题 …………………………………………………………………… 074

第 2 篇　国家和文化环境

第 5 章　国家、企业文化与国际人力资源管理 ……………………………… 081
5.1 文化的性质和重要性 …………………………………………………… 082
5.2 国家和地区文化 ………………………………………………………… 085
5.3 国家文化和跨国企业文化 ……………………………………………… 090
5.4 文化趋同与偏离 ………………………………………………………… 091
5.5 国际人力资源管理研究 ………………………………………………… 091
5.6 文化对国际人力资源管理的影响 ……………………………………… 095
5.7 结论 ……………………………………………………………………… 095
5.8 讨论题 …………………………………………………………………… 096

第 6 章　国际就业法、劳工标准和职业道德 ………………………………… 102
6.1 国际商务的制度法律环境 ……………………………………………… 103
6.2 国际机构劳工标准的建立 ……………………………………………… 104
6.3 跨国公司的全球法律和监管环境 ……………………………………… 109
6.4 比较法 …………………………………………………………………… 113
6.5 国际伦理和劳工标准框架 ……………………………………………… 117
6.6 结论 ……………………………………………………………………… 125
6.7 讨论题 …………………………………………………………………… 125

第 7 章　国际员工关系 ………………………………………………………… 130
7.1 全球工会会员 …………………………………………………………… 131
7.2 国际劳动关系及其组织的演变 ………………………………………… 132
7.3 工会和跨国公司 ………………………………………………………… 133
7.4 跨国公司和劳动关系 …………………………………………………… 135
7.5 不同国家劳动关系的演变 ……………………………………………… 137
7.6 非工会工人代表 ………………………………………………………… 139
7.7 全球员工关系中的诉讼风险 …………………………………………… 141
7.8 结论 ……………………………………………………………………… 142
7.9 讨论题 …………………………………………………………………… 142

第 3 篇　全球人才管理

第 8 章　国际劳动力规划和配置 ……………………………………………… 147
8.1 国际劳动力规划 ………………………………………………………… 148

　8.2　影响国际劳动力规划的因素 ………………………………………………… 148

　8.3　越来越多样化的劳动力 …………………………………………………………… 150

　8.4　国际人员配置 ……………………………………………………………………… 152

　8.5　国际人员配置的选择：对于跨国公司的启发 …………………………………… 156

　8.6　结论 ………………………………………………………………………………… 158

　8.7　讨论题 ……………………………………………………………………………… 158

第 9 章　国际招募、甄选和归国安排 …………………………………………………… 162

　9.1　国际外派人员配置 ………………………………………………………………… 162

　9.2　国际招募 …………………………………………………………………………… 164

　9.3　国际甄选 …………………………………………………………………………… 167

　9.4　国际外派失败 ……………………………………………………………………… 172

　9.5　成功外派的最佳实践 ……………………………………………………………… 178

　9.6　归国安排 …………………………………………………………………………… 181

　9.7　结论 ………………………………………………………………………………… 183

　9.8　讨论题 ……………………………………………………………………………… 184

第 10 章　国际培训和管理发展 …………………………………………………………… 193

　10.1　培训概述 …………………………………………………………………………… 194

　10.2　全球虚拟团队 ……………………………………………………………………… 200

　10.3　全球领导力发展 …………………………………………………………………… 201

　10.4　全球化思维简介 …………………………………………………………………… 207

　10.5　跨文化准备和国际外派任务 ……………………………………………………… 210

　10.6　跨国公司的知识管理 ……………………………………………………………… 214

　10.7　结论 ………………………………………………………………………………… 214

　10.8　讨论题 ……………………………………………………………………………… 215

第 11 章　国际薪酬、福利和税收 ………………………………………………………… 222

　11.1　国际薪酬法 ………………………………………………………………………… 224

　11.2　国际外派人员薪酬与福利 ………………………………………………………… 235

　11.3　国际薪酬与福利管理 ……………………………………………………………… 250

　11.4　结论 ………………………………………………………………………………… 252

　11.5　讨论题 ……………………………………………………………………………… 252

第 12 章　国际绩效管理 …………………………………………………………………… 258

　12.1　绩效管理概述 ……………………………………………………………………… 259

　12.2　跨国公司的绩效评估 ……………………………………………………………… 260

　12.3　国际外派人员的绩效管理 ………………………………………………………… 265

　12.4　结论 ………………………………………………………………………………… 273

　12.5　讨论题 ……………………………………………………………………………… 273

第 13 章　国际劳动力福祉与国际人力资源信息系统 ………………………………… 279

　13.1　国际劳动力福祉 …………………………………………………………………… 279

13.2　国际外派人员的健康与安全 ·········· 282

13.3　危机管理 ·········· 284

13.4　国际人力资源支持服务和信息系统 ·········· 285

13.5　结论 ·········· 287

13.6　讨论题 ·········· 287

第 14 章　国际人力资源管理比较：不同区域和国家的概况 ·········· 291

14.1　国际人力资源管理比较 ·········· 292

14.2　欧洲人力资源管理问题 ·········· 294

14.3　北美人力资源管理问题 ·········· 297

14.4　亚洲人力资源管理问题 ·········· 299

14.5　拉丁美洲和加勒比地区的人力资源管理问题 ·········· 302

14.6　非洲的人力资源管理问题 ·········· 305

14.7　在设计国际人力资源政策与实践时的考虑 ·········· 309

14.8　国际人力资源管理和区域间趋同与偏离之争 ·········· 309

14.9　结论 ·········· 310

14.10　讨论题 ·········· 310

第 4 篇　国际人力资源管理的角色与发展趋势

第 15 章　国际人力资源管理部门、专业化与未来发展趋势 ·········· 325

15.1　国际人力资源管理部门 ·········· 325

15.2　国际人力资源管理的专业化 ·········· 331

15.3　国际人力资源管理的未来 ·········· 334

15.4　结论 ·········· 338

15.5　讨论题 ·········· 339

综合案例 ·········· 345

第1篇

战略环境

第 *1* 章　人力资源管理国际化

第 *2* 章　战略性国际人力资源管理

第 *3* 章　跨国企业的设计和结构

第 *4* 章　国际并购、合资和联盟

本篇章节为全书奠定了基础，解释了国际人力资源管理对国际商务的成功至关重要的原因，描述了设计和实施国际人力资源管理政策与实践的战略环境的重要组成部分，每一个部分都是决定国际人力资源管理性质的战略背景的重要组成因素。第1章描述了国际人力资源管理政策与实践的内容与重要性。第2章在三种国际人力资源管理政策、实践与跨国公司的商业战略之间建立了联系。第3章描述了跨国公司在全球各地分散的部门之间的不同选择，以及对国际人力资源管理政策与实践的设计和实施的影响。第4章描述了在国际并购、国际合资和国际联盟这三种跨国企业独特的国际结构中国际人力资源管理政策与实践所扮演的角色。

第 1 章
人力资源管理国际化

未来，不会再有新的市场被发现。

——汇丰银行（HSBC Corporation）[1]

一个公司的行为应该与其信念相一致。我们相信，我们获胜的能力来源于我们的员工，他们就是我们的竞争优势之所在。

——雀巢集团（Nestle）主席彼得·布拉贝克-莱特马瑟（Peter Brabeck-Letmathe）[2]

学习目标

- 描述驱动企业国际化的因素。
- 描述国际化进程的发展和扩张。
- 描述国际人力资源管理的不同环境。
- 解释国际人力资源管理的发展。

在过去的 50 年里，全球经济一体化的趋势日益加强。[3]这种趋势是由很多因素决定的，其中最主要的因素来自跨国公司。近年来，国际组织（如联合国（United Nations）和世界贸易组织（World Trade Organization））、中小企业、天生全球化组织、民间社会组织以及部分国家通过其企业也推动了全球经济一体化的发展。各类组织的国际活动都增加了，包括人力资源管理在内的所有管理职能都要求能够适应全球环境。这本书就是关于进行跨国经营的企业的人力资源管理政策与实践的。

第 1 章介绍国际化的概念以及它是如何影响人力资源管理、如何促使国际人力资源管理发展的，为什么国际人力资源管理对于国际组织的成功如此重要。另外，本章解释了国际人力资源管理与传统的本土化的人力资源管理之间的区别如此之大的原因。从广义上说，国际人力资源管理指的是，在全球环境下，对人力资源管理过程产生影响的所有人力资源管理活动。当跨国公司面对全球层面的经营问题寻求解决方案时，人力资源管理扮演着越来越重要的角色。因此，对于人力资源管理政策与实践怎样才能更好地支持全球化进程的快速发展进行探讨，是非常有必要的。本章的内容就是关于人力资源管理国际化的。[4]

> 国际人力资源管理指的是，在全球环境下，对人力资源管理过程产生影响的所有人力资源管理活动。

下文介绍了驱动商业国际化进程的因素及其对人力资源管理的影响。由于所有的企业和产业都要面对来自不同国家的竞争者，随着跨境投资的增加，跨境合资企业、合作伙伴关系、联盟的数量和价值不断增加，小规模的、基于互联网的跨国公司的数量增加，跨境的人越来越多，大部分的产品和服务市场都变成了全球化市场。成千上万的企业和劳动者在国外工作，成千上万的劳动者为在本国投资的外资企业工作。企业在任何地方都会面对来自国外的竞争。同时，在任何产业和部门，商业活动的各种投入要素（资金、劳动力、原料、技术、供应、顾问）都能够以世界一流的质量、价格和速度在全球范围内获得，这些要素可以参与到任何行业与部门的标准的设立与竞争中去。

> 2010 年，527 万美国人在美国为外资公司工作（http：//www.bea.gov/scb）。同等数量的外国人在海外为美国公司的外国子公司工作。这种现象在许多国家普遍存在。

这意味着每一个企业和每个人都面临着持续的全球竞争压力。跟政治、旅游、环境问题和体育活动一样，商业已经成为一项真正意义上的国际活动。所有的商业组织的所有方面都受到影响，其中就包括人力资源管理。本章的目的就是为国际化对人力资源管理的普遍影响提供一个框架，并介绍今天的国际人力资源管理如何履行其新义务，以及如何进行改变以满足这个相互联系的世界的需求。

■ 1.1　商业国际化的驱动因素

无论是来自发达国家还是发展中国家，无论规模大小，许多企业都已经或即将进入国际化的阶段。商业国际化的驱动因素有很多，表 1-1 中列出了其中比较重要的一些因素。

表 1-1　商业国际化的驱动因素

驱动因素	对于国际化的影响
通过贸易协议和条约，使得贸易壁垒减弱	通过协商，使得各组织（如世界贸易组织、欧盟（European Union，EU）、北美自由贸易协定（North American Free Trade Agreement，NAFTA）、东南亚国家联盟（Association of Southeast Asian Nations，ASEAN）、南方共同市场（MERCOSUR））成员之间的贸易更加便利，贸易规模扩大
寻求新的市场和低成本	在其他国家寻求新的市场，进行低成本经营
快速而广泛的全球交流	新的技术、更加便利的全球合作、更加便捷的沟通以及对分散的部门进行控制成为可能
新技术的迅速发展和转移（包括交通的改善）	现在的技术进步是全球化的、无处不在的、跨国界的，这使得全球商业成为可能
旅游和移民数量增加，能够接触新的国家和文化	每年都有数十亿人能接触和体验到其他国家的文化，进而对这些文化和国家产生新的态度和期待

续表

驱动因素	对于国际化的影响
跨国界的知识共享	随着全球教育、旅游、贸易、网络的发展，知识和理念都在迅速地跨国界传播
电子商务	由于电子商务的国际化属性，其增长日益迅速
文化和消费需求的同质化	在全球范围内，顾客需求在不断地增长

这些驱动因素一起构成了组织的新的全球化环境，无论组织的规模大小，是上市公司还是私人所有，是家族企业还是政府组织，是互联网公司还是民间社会组织，一旦企业的经营开始走向国际化，人力资源管理的职责（如招聘、管理发展、绩效管理、薪酬、员工福利、健康与安全、劳动关系）就具有了国际化的特征，也就要求专业化的国际人力资源管理人员来推动全球化的人力资源管理实践。

1.2　国际化的发展和传播

由于这些驱动因素的快速发展，国际化的传播速度大大加快。这使得许多人对国际化与全球化发生了混淆，他们这样定义国际化：在某种程度上是前所未有的一种不可阻挡的市场、民族国家和技术的一体化，这使得个人、企业和民族国家比以往任何时候都能在世界范围内延伸得更远、更快、更深，花费也更便宜，同样也使得世界能够延伸到个人、企业和民族国家。[5]

国际化指的是个人、公司、文化和国家之间不断增加的相互作用、相互联系和相互融合。人、公司、国家和文化之间不断扩大的联系包罗万象，影响力巨大，这种重要性还在与日俱增。正因为如此，跨国经营企业的数量和类型、外国直接投资（FDI）的数量以及国家间贸易的价值等，都在持续增长。

据联合国统计，2010 年，全球大概有超过 8.2 万家大型跨国企业（联合国称为跨国公司（transnationals）），拥有超过 87 万家分支机构，雇用员工超过百万人（不包括分包商和外包）。[6]这些数字每年都在增长。尽管在 2007—2009 年全球经济和金融危机期间，新的外国直接投资额大幅下降，但到 2010 年开始复苏，到 2012—2013 年已恢复到危机前的水平。[7]即使在危机期间，包括金砖国家（中国、俄罗斯、巴西、印度、南非）在内的主要新兴市场的经济和金融发展状况仍然相当强劲。事实上，世界经济的增长主要来自这些新兴市场。

国际化最早开始于美国、英国、德国、法国和日本这些主要发达国家的大公司。但是，今天的国际商务已经不再只是在发达国家的知名公司间开展了。调查显示，来自小市场、发展中国家和新兴市场的企业，以及成千上万的全球化微型创业型公司，对全球贸易的贡献越来越大。例如，"国际人力资源管理实务 1.1"描述了俄勒冈州塞勒姆市的一家拥有 200 名员工的小型会计公司是如何成长为全球企业的（现在是美国排名前 100 的会计公司之一，在许多国家和地区设有分支机构）。此外，本章末尾的案例介绍了土耳其的小型企业纱线天堂（Yarn Paradise），它在全球范围拥有互联网客户。

➡️ **国际人力资源管理实务 1.1**

创建一家全球会计师事务所

在国际人力资源管理方面，一家只有200名员工的会计师事务所可能不会被您列在全球业务清单中，但是这家公司有所不同。Aldich Kilbride & Tatone（AKT）是美国俄勒冈州的一家会计师事务所，从1973年以来一直在塞勒姆市运营。为了发展业务，它做了一系列的战略决策来提升服务、拓展规模。它在印度孟买和哥印拜陀开设了两个办事处，并与位于加利福尼亚州圣迭戈的会计师事务所 Grice Lund & Tarkington 合并。AKT决定通过直接投资的形式在印度设立办事处，并招聘自己的全职员工，而不是采用会计师事务所通常的外包方式。然而，鉴于税务业务的周期性，它必须克服一些重要障碍以提高效率，并为其员工创造可持续的职业生涯。最初最大的障碍包括计算机安全、文件共享和时区问题。但它很快意识到，文化差异以及在所有的地方保持同样的组织文化是一个更大的挑战。虽然AKT鼓励每个办事处自行组建专家团队，从而专注于特定的客户需求，但在美国税收旺季结束之前，它就面临着招聘印度税务专业人员的挑战。因此，AKT决定与一家英国顶尖公司合作。现在，从5月到12月（美国纳税季的沉重压力将在4月结束），AKT的印度员工为他们的英国合作伙伴客户准备纳税申报表。无论是对员工还是客户，这家美国小会计师事务所（现在是美国100强会计师事务所之一，在美国和世界各地都有合作伙伴和办事处）的全球扩张都证明了它的成功，而其原因就在于它对人的问题的关注。

50年前，美国经济占全球国内生产总值（GDP）的53%，但今天它占全球GDP的不到28%（或不到20%的以购买力平价计算的全球GDP），尽管今天美国的GDP和全球的经济规模都已经变得比以前更大了。[8]

不仅世界经济的绝对值比以前大了很多，而且越来越多的国家正在以更加积极的方式参与到世界经济的发展中去。对许多人来说，世界正在变得扁平化（从某种意义上说，没有哪个国家在任何特定行业拥有商业优势），我们正在进入一个全球化的时代，每个人都在与世界各地的所有人争夺一切。[9] 例如，全球规模最大的跨国公司中出现了越来越多的公众公司的身影（当然，还有成千上万的中小企业和家族企业——来自大大小小的发达国家和新兴国家——没有出现在调查或排名中，但在国际商务活动中也发挥着重要作用）。接下来的几段总结了其中的一些排名，并说明全球化发展的速度有多快。

例如，《财富》（Fortune）全球500强（这是世界上最大的基于收入的上市公司和报告公司（reported firms）排名）在2013年包括来自38个国家或地区的公司——其中包括一些新兴市场的公司[10]，而在21世纪初，只有25个国家或地区的公司。2013年，《福布斯》（Forbes）全球2 000强上市公司榜单（根据销售额、利润、资产和市场价值的综合排名）包括来自63个国家或地区的公司。[11] 世界所有区域都有代表，显示了全球商业的发展情况：亚太（715家）、欧洲/中东/非洲（606家）、美国（543 家）和美洲其他地区（143 家）。① 1999 年，《华尔街日报》（*The Wall Street Journal*）开始根据市值确定规模最大公司的名单。最大的 25 家公司（基于这一指标）来自 5 个国家（美国（19 家）、日本（3 家）、德国（1 家）、英国（1 家）和芬兰（1 家））。[12]但到 2013 年，有 7 个国家（美国（14 家）、中国（4 家）、英国（2 家）、瑞士（2 家）、澳大利亚（1 家）、巴西（1 家）和荷兰（1 家））。[13]此外，《金融时报》（*Financial Times*）还编制了一份全球 500 强企业名单（基于全球所有主要股市的市值）。2013 年，《金融时报》的榜单包括来自 35 个国家或地区的企业。[14]

当商业出版物首次开始编制这些榜单时，它们的主要关注点是对全球最大的公司进行排名。但是，随着全球经济日益一体化，这些出版物对分析这些全球最大的公司的具体特征变得更有兴趣了。例如，《财富》杂志为领导者编制了一份全球顶级企业名单。[15]这项对全球大约 1 万家公司的分析缩小到来自 16 个国家或地区的45 家公司，前 20 名的公司分布在 8 个不同的国家或地区。《财富》杂志还编制了一份全球经济中最具影响力女性榜单，对 21 个不同国家的女性进行了分析。[16]《彭博商业周刊》（*Bloomberg Businessweek*）根据股东回报、股本回报率、总收入和收入增长的综合排名编制了全球信息技术 100 强，这些是全球最重要的信息技术公司。[17]这份名单包括来自 24 个国家或地区的公司，这些国家或地区规模有大有小，有发达国家，也有新兴市场国家。《彭博商业周刊》还编制了一份基于综合评分（包括市场营销、财务数据和专家评估）的全球品牌 100 强清单。[18]此外，基于对高管、股票回报率、3 年营收和利润率增长的全球调查，《彭博商业周刊》还列出了50 家最具创新力的公司。[19]在 2010 年的排名中，"前 50 名中有 15 名来自亚洲——自 2005 年开始排名以来，这是第一次，前 25 名中的大多数来自美国以外"。最后一个企业国际化的例子来自《哈佛商业评论》（*Harvard Business Review*）对全球100 位表现最佳的 CEO 进行的排名。[20]在这份排名中，有 67 家公司来自发达国家。

所有这些调查集中在大型上市公司。当然，关键原因在于这些公司的数据很容易从股市和政府文件中获得。调查不包括私人企业和家族企业或政府所有的企业（无论规模有多大），因为它们通常不公布财务结果。一些私营公司（如英国的超级品牌（Superbrands））、家族企业（如瑞典的宜家（Ikea）和意大利的范思哲（Gianni Versace））、国有企业（如日本邮政（Japan Post））是世界上规模最大、全球化程度最高的公司。在许多国家，大型私营企业、家族企业和国有企业对经济都做出了重要贡献。当然，在大多数国家也有成千上万的中小企业在全球市场上进行销售和采购。

联合国贸易和发展会议（United Nations Conference on Trade and Development，UNCTAD）跟踪调查全球的跨国公司，来分析这些公司对全球经济的重要性。作为这项工作的一部分，根据一家公司的外国资产、外国销售额和外国员工数占其总资产、总销售额和总员工数的平均百分比，联合国贸易和发展会议开发了TNI（跨国化指数，transnational index），它确定了外国商业活动对这些世界最大公司的相对重要性。表 1-2 显示了按外国资产价值排序的前 20 位非金融类跨国公

---

① 合计 2007 家公司，原文如此。

表 1－2　世界非金融类跨国公司 20 强

排名	跨国公司	母国	行业	资产（百万美元）		销售额（百万美元）		员工数量		跨国化指数（TNI）
				国外	总计	国外	总计	国外	总计	
1	通用电气公司	美国	电气和电子设备	331 160	656 560	74 382	142 937	135 000	307 000	48.8
2	荷兰皇家壳牌公司	英国	石油勘探/石油基准/石油分布	301 898	357 512	275 651	451 235	67 000	92 000	72.8
3	丰田汽车公司	日本	机动车辆	274 380	403 088	171 231	256 381	137 000	333 498	58.6
4	埃克森美孚公司	美国	石油勘探/石油基准/石油分布	231 033	346 808	237 438	390 247	45 216	75 000	62.6
5	法国道达尔公司	法国	石油勘探/石油基准/石油分布	226 717	238 870	175 703	227 901	65 602	98 799	79.5
6	英国石油公司	英国	石油勘探/石油基准/石油分布	202 899	305 690	250 372	379 136	64 300	83 900	69.7
7	沃达丰空中通讯公司	英国	电信	182 837	202 763	59 059	69 276	83 422	91 272	88.9
8	大众汽车集团	德国	机动车辆	176 656	446 555	211 488	261 560	317 800	572 800	58.6
9	雪佛龙公司	美国	石油勘探/石油基准/石油分布	175 736	253 753	122 982	211 664	32 600	64 600	59.3
10	埃尼石油公司	意大利	石油勘探/石油基准/石油分布	141 021	190 125	109 886	152 313	56 509	83 887	71.2
11	意大利国家电力公司	意大利	电力、煤气、水电	140 396	226 006	61 867	106 924	37 125	71 394	57.3
12	嘉能可斯特拉塔公司	瑞士	采矿采石	135 080	154 932	153 912	232 694	180 527	190 000	82.8
13	百威啤酒集团	比利时	食品、饮料和烟草	134 549	141 666	39 414	43 195	144 887	154 587	93.3
14	法国电力集团	法国	公用事业（电、气、水）	130 161	353 574	46 978	100 364	28 975	158 467	34.0
15	雀巢公司	瑞士	食品、饮料和烟草	124 730	129 969	98 034	99 669	322 996	333 000	97.1
16	E. ON	德国	公用事业（电、气、水）	124 429	179 988	115 072	162 573	49 809	62 239	73.3
17	法国苏伊士集团	法国	公用事业（电、气、水）	121 402	219 759	72 133	118 561	73 000	147 199	55.2
18	德国电信公司	德国	电信	120 350	162 671	50 049	79 835	111 953	228 596	61.9
19	苹果公司	美国	电气和电子设备	119 918	207 000	104 713	170 910	50 322	84 400	59.6
20	本田汽车公司	日本	机动车辆	118 476	151 965	96 055	118 176	120 985	190 338	74.3

说明：TNI 指的是跨国化指数，其计算方法是三种比率（国外资产与总资产的比率、国外销售额与总销售额的比率、国外就业与总就业的比率）的平均值。
资料来源：World Investment Report 2014: Investing in SDG An Action Plan, UNCTAD (www.unctad.org/wir).

司。该表说明，按外国资产计，最大的公司不一定是按销售额、员工人数计最大的公司。例如，这张表显示，在联合国贸易和发展会议调查的所有跨国公司中，通用电气（General Electric）的外国资产绝对值最高，但其TNI在总排名中排在相当靠后的位置（TNI＝48.8）。

这些调查和排名表明，世界上几乎所有国家和地区的各种组织的各种产品和服务开始越来越多地参与到全球经济中来。这与以前的情况截然不同，以前只有少数几个国家和相对较少的公司比较广泛地参与全球经济。此外，国际化正在以一种意想不到的、前所未有的速度进行。市场的开放以及具有竞争力的外国公司及其产品在几乎所有市场出现，给所有的企业带来了巨大的压力，这要求它们在国内外都能够以更低的成本、更快的速度、更高的质量进行客户服务和创新。因此，人力资源部门需要招聘、选择、发展和留住那些能够在一个日益复杂的、具有挑战性的世界中具有全球竞争力的人才。IBM董事会主席萨缪尔·帕尔米萨诺（Samuel Palmisano）指出，IBM对全球CEO的调查显示，应对这个新世界被视为他们面临的最重大挑战（参见"国际人力资源管理实务1.2"）[21]。这项挑战最困难的部分之一是找到所需的雇员和管理人员，这是国际人力资源管理部门的直接责任。

➜ **国际人力资源管理实务1.2**

首席执行官对全球化的看法

IBM董事会主席、总裁兼首席执行官萨缪尔·帕尔米萨诺的信：

在很短的时间内，我们就已经意识到全球气候的变化，能源和水资源供应的地缘政治问题，食品、医药甚至人才供应链的脆弱性，以及全球安全所面临的严峻威胁。

来自全球一体化的挑战是这些问题的共同点。

我们所处的世界是一个多维度、深层次相互联系的世界——一个由多个系统组成的全球系统。这意味着它会受到系统故障的影响，这需要系统、全面地对其物理和数字基础设施的有效性做出考虑。

正是这种前所未有的相互联系和相互依赖的程度支撑了本报告中最重要的调查结论。在全球商界和公共部门领导人的看法中，以下观点得到了广泛的认同：

■ 全球私营和公共部门领导人认为，"复杂性"的迅速升级是他们面临的最大挑战。他们认为，在未来的几年里，这一趋势将继续下去，甚至还会加速。

■ 他们同样清楚，他们的企业目前还没有能力有效地应对全球环境中的这种复杂性。

■ 最后，他们将"创造力"定义为企业寻求解决这一复杂问题的最重要的领导能力。

在深入讨论的过程中，我们听到的是，事件、威胁和机遇并非来得更快或更加不可预测，它们相互融合，相互影响，创造出完全独特的情境。这些史无前例的发展需要前所未有的创造力，而创造力已经成为一种更为重要的领导品质，其特征包括管理纪律、严谨性或运营敏锐性。

每两年我们都会对全球首席执行官的工作重点进行一次调查，他们的观点为探讨是什么让企业能够脱颖而出提供了极好的视角。从中可以发现一个特别有趣的事实，在1 500

多次 CEO 和其他领导人的面对面交流中，大家都在讨论世界运行方式的根本性转变所带来的机遇与挑战。

1.3　国际人力资源管理的应用环境

　　许多不同的环境都涉及人力资源管理的国际化。从实践的角度来看，大多数组织中的人力资源经理至少要面对国际化的某些方面。人力资源管理专业人员发现他们需要去处理国际人力资源管理问题，因此他们必须能够理解并且胜任国际人力资源管理工作（参见图 1-1）。下面简要介绍应用环境中最重要的一些因素。

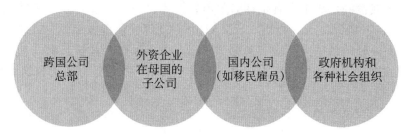

图 1-1　国际人力资源管理的应用环境

1.3.1　跨国公司总部

　　这种环境指的是人力资源管理专业人员在传统跨国公司的中央或区域总部工作。这种环境在关于企业国际化的研究和文献中受到了最多的关注，而且到目前为止，对于面临国际化职责的人力资源经理来说，这是最常见的情况。工作重心从中心（总部）延伸至子公司和分包商，在所有外国业务中制定人力资源管理政策和监督人力资源管理实践，并管理员工在总部和外国地点之间的流动。

　　越来越多的雇员在外国子公司和总部之间以及外国之间流动，这些人通常被称为国际外派人员。这也意味着人力资源管理专业人员可能会发现自己从事的是国际任务。至少在一些跨国公司中，国际人力资源管理已经成为组织全球规划和全球劳动力人才管理的主要战略伙伴，将许多国际外派人员的职责与人力资源共享服务中心联系起来，或将人力资源服务外包给专门的服务提供者。通常总部要么将母公司的人力资源管理政策与实践直接应用于其外国子公司，要么试图将其人力资源管理政策与实践跟子公司所在国的常见政策与实践相结合。当地的人力资源经理通常会在子公司处理人力资源事务，即使他主要负责执行（来自总部）统一的人力资源管理政策与实践。

1.3.2　外资企业在母国的子公司

　　国际人力资源管理的第二个常见环境指的是人力资源经理在其母国工作，但受雇于当地子公司或外国公司并购的子公司。现在，人力资源经理很可能是外国总部政策与实践的接受者，这与第一种情况下人力资源经理所扮演的角色相反。人力资源经理通常必须将当地的文化和外国的组织文化融入当地运营中。除非发生重大的法律或文化冲突，否则这个角色很少会受到关注，虽然它在许多国家并不罕见。这种例子主要指当地人力资源经理在当地的分支机构工作，或是在中欧（汽车公司、制药公司、烟草公司、电信公司）、印度（软件开发、呼叫中心）、中国（生产设备、服务）、非洲（能源和开采公司）和拉丁美洲（大宗商品和自然资源公司、零售公司、银行）等地区的跨国企业并购的子公司工作，尤其是在亚洲、拉丁美洲、美国和欧洲大型跨国公司（如西门子（Siemens）、沃尔玛（Walmart）、诺华（Novartis）、强生（Johnson & Johnson）或 IBM）的当地子公司工作的人力资源经理。

母公司不同的沟通方式、员工激励理念和组织结构，以及对东道国文化、市场、劳动法和实践甚至语言的了解不足，都可能给当地的人力资源经理带来问题，从而迫使东道国人力资源经理不得不面对国际化的一些方面，这些方面就像在总部工作的母国人力资源经理进行政策与实践的"输出"一样困难。

1.3.3 国内公司

国际人力资源管理有一类重要环境容易被人忽略，那就是纯粹的国内（本地）公司，如医院、农场、干洗店或洗衣店、滑雪场或海滨度假胜地、道路或建筑承包商、餐厅（或纯国内经营的外资企业，如当地的快餐、房地产特许经营或当地的加油站）。在许多国家（特别是在欧洲和北美的大多数地区），这类公司也面临许多国际业务的复杂性，特别是涉及国际人力资源管理方面。这些复杂性包括：

■ 招聘来自其他国家、文化和语言区的人（新移民）或他们的家人（比如那些虽然是某个国家的公民，但更熟悉自己成长所在的那个国家，而不是现在工作所在的国家的语言和文化的人）。

■ 必须应对外国公司在客户和供应商方面的竞争。

■ 必须应对来自外资公司的资本或对包括员工在内的资源的竞争。

在本地、国内公司招聘移民（甚至是第一代移民的子女），可能会出现许多与传统跨国公司所面临的相同的国际化问题，比如如何融合来自多个国家的员工的文化、语言和一般工作期望，如何应对那些将不同的语言和对监督的不同态度带到新工作环境中的员工，如何应对对管理和国际人力资源管理（如绩效管理和薪酬）有不同期望的员工。因此，即使是国内公司，人力资源经理也必须具备在国际环境中成功所需的知识和经验。

此外，传统的本土企业发现自己开始"走出去"了，比如在其他国家建立小型办事处（例如，一个小会计师事务所或建筑公司在外国地区开设办事处，为总部挖掘人才，或者为总部提供一个进入外国市场的渠道），或者他们可能发现自己需要招聘海外人才，以满足本国对紧缺专业技能的需求。在这两种情况下，人力资源管理的挑战与大型跨国公司的国际人力资源管理者所面临的挑战没有太大不同。

这些国内公司往往规模相对较小，但它们日益成为所谓的"国内跨国公司"。这些公司最初都是成功的小型国内企业——大部分来自新兴市场，它们正在走向海外，成为跨国公司。这些公司如 Pliva（仿制药品，克罗地亚），Mittal（钢铁，印度），Tata 咨询服务、Infosys 和 Wipro（IT 服务，印度），Lukoil（石油，俄罗斯），Gazprom（石油和天然气，俄罗斯），海尔（家用电器，中国），Mahindra & Mahindra（拖拉机和汽车，印度），Sadia（食物和饮料，巴西），Harry Ramsden's Fish and Chip（快餐，英国），Embraer（航空航天，巴西），Koc（多元化产业，土耳其），Cemex（建材，墨西哥），Comex（油漆制造商和零售商，墨西哥）等。这些公司已成为全球性的参与者，并显示出跻身全球顶级竞争者行列的潜力。[22]

1.3.4 政府机构和各种社会组织

尽管本书主要从跨国公司的角度来讨论人力资源管理，但许多其他类型的组织也会面对许多相同的国际人力资源管理问题。例如，政府机构（如外交部和大使馆）和各种社会组织会将人员派往海外，许多组织经常会使用本地和第三国的员工来参与全球活动。

出于自身的目的和功能，全球化的机构越来越多。例如联合国及其所有机构[23]、世界银行（World Band）、世界贸易组织（WTO）、经济合作与发展组织（Organization for Economic and Development，OECD）、东南亚国家联盟以及欧盟（EU）。这些组织的国际人力资源管理部门的许多职责与其商业伙伴所面临的职责相似。事实上，其中的许多人拥有较长时间的国际运营经验，这对大多数公司来说都是非常重要的，他们在如何很好地处理国际人力资源管理挑战方面积累了大量重要的专业知识。国际红十字会（International Red Cross）或世界卫生组织（World Health Organization）在多个国家招聘、激励和管理员工所面临的挑战与 IBM 没有太大不同。这类组织的人力资源经理也必须有国际头脑，以便有效地履行其职责，而且他们往往有许多经验可以与私营企业的同行分享。

1.4 国际人力资源管理的发展

前面指出，无论是来自什么类型的组织，人力资源管理人员确实都要面对人力资源管理的各个方面。参与的程度因若干要素而异，例如本组织全球战略的发展程度将随着时间而不断提升。随着企业国际化程度的普遍提升，人力资源经理需要具备更多的国际化专业知识。

人力资源管理的国际化经常让任务变得更加困难和复杂，无论人力资源经理是来自总部、东道国还是第三国，他们最终都将受到自己的民族文化、法律传统、经验以及公司的文化和实践的影响，无论他们是在总部还是在当地的分公司工作。区域和总部各层级的人力资源经理必须学会整合来自不同环境的政策，协调来自不同背景的人。此外，他们还要经常寻求能够帮助其他经理人在跨国经营中取得成功的专业知识。

表 1-3 中列出了跨国公司在制定国际战略时需要回答的一些与国际人力资源

管理有关的问题。

表 1 - 3 国际战略中国际人力资源管理问题

1. 我们是否有知识丰富的全球战略人员？

2. 从人力资源管理部门的观点来看，在这些国家进行全球扩张是否有益，例如在一系列不同的劳动法下进行运作容易吗？

3. 公司是否有足够的人员来从事海外业务？

4. 有多少员工需要重新安置？我们需要雇用多少当地员工？当地劳动力是否具备必要的技能？

5. 我们能找到并招聘到国际业务所需的人才吗？

6. 我们的人力资源管理政策应该是集中的还是本地化的？

当今大多数组织都经历了国际人力资源管理的一个或多个方面，这些企业的成功或失败往往取决于它们如何处理其国际人力资源管理问题。目前已经开发出一套新的人力资源胜任特征。下一节将讨论这些新能力的一些问题。

国际人力资源管理与一般的人力资源管理之间的一些差异包括：

■ 更多的人力资源职能和活动，例如国际外派人员的管理，包括国外收入和社会税收、外国工作签证以及协助国际移民。

■ 更广泛的专业知识和视角，包括对外国的了解、它们的劳动法和实践以及文化差异。

■ 更加关爱员工生活，因为公司要将员工及其家人从一个国家迁移到另一个国家。

■ 管理更广泛的员工组合，增加了国际人力资源管理工作的复杂性，每种类型的国际员工需要不同的培训、人员配备、薪酬和福利计划。

■ 更多的外部因素影响，例如处理来自多个国家的法律、文化、货币和语言的问题。

■ 风险水平更高，面临的问题和困难较多，因此在人力资源管理决策中犯错误的潜在风险也较大（例如政治风险和不确定性、法律合规问题以及员工从海外任务中提前返回）。

除了这些因素，跨国公司所面临的地理分散、多元文化、不同的法律和社会制度，以及资本、商品、服务和人员的跨境流动，都增加了对国内公司所没有的胜任能力和敏感性的需求。国际人力资源经理必须以更加全面、专业的态度及观点，承担好他们的国际人力资源管理责任，为国际商务战略的成功做出贡献，这些都超越了在国内发展对他们的要求。

国内人力资源经理通常没有了解和处理全球任务所需的关系和资源，他们通常没有任何与外国同事成功互动所需的商业和社会协议方面的经验，也没有任何用于实施国际战略（如国际合资企业或跨境收购）的组织结构形式方面的经验，文献、公开研讨会和培训项目的匮乏使得培养成功的国际人力资源管理者变得更加困难。Harry Ramsden's 的例子（见国际人力资源管理实务 1.3）说明了成为一家国际公司是多么困难的事情。[24]

开发炸鱼和薯条的全球需求

在英国，炸鱼和薯条一直都是非常受欢迎的一种小吃。1928 年，英国著名炸鱼和薯条店 Harry Ramsden's 在西约克郡成立，它是少数在多个地点开设炸鱼和薯条店的公司之一。截至 1994 年，该公司在英国有 8 家分支机构，并计划在英国开设更多分支机构，其中一家位于爱尔兰都柏林。然而，Harry Ramsden's 的经理们对这一成就并不满意，他们想把 Harry Ramsden's 公司打造成一家真正的全球性企业。

首先，该公司在中国香港设立了第一家国际业务机构。该公司财务总监理查德·泰勒（Richard Taylor）表示："我们将炸鱼和薯条作为英式快餐来卖，结果证明这种方案非常成功。"不到两年，这家合资企业的年销售额就已经相当于其最成功的英国业务了。最初的客户中有一半是英国人，但在短短几年内，中国人在客户中所占的比例超过了 80%，这说明当公司提供的是服务时，比如一个国家最受欢迎的食物，它是有可能卖到其他国家和文化圈的。

受到这一成功的鼓舞，Harry Ramsden's 开始在澳大利亚、新加坡、阿联酋、沙特阿拉伯、美国和日本等地开设更多的海外分支机构。例如，在日本东京的第一家实验店里，尽管日本人传统上比较讨厌油腻食物，但是他们仍然喜欢上了这种食品。

理查德·泰勒阐述了他们的国际战略：

"我们想让 Harry Ramsden's 成为一个全球品牌。短期内，回报率最高的市场将是英国。但是如果等英国市场饱和，再转向世界其他地区，将是一个错误的选择。我们在进行国际化的时候可能会失败。因此，我们需要进行更多的尝试。"

截至 2006 年，Harry Ramsden's 在全世界拥有 170 家直营店和特许经营店，已成为全球最大的炸鱼和薯条店品牌。然而，由于一些错误的选址决策、人员配备和管理问题，一些国际店面已经关闭。在过去的 10 年里这家连锁店已经被转手几次，包括在 2010 年卖给了有着在英国和海外市场进一步发展 Harry Ramsden's 的野心的 Boparan 投资有限公司。很明显，全球知识和人力资源能力限制了一家公司国际化的程度和速度。

1.5 国际人力资源管理领域的发展

荷兰皇家壳牌（Royal Dutch Shell）、联合利华（Unilever）和福特汽车公司（Ford Motor Company）等一些大型跨国公司开展国际业务已有 100 多年的历史。由于必须在许多国家经营业务，这些公司至少在总部积累了相当多的国际人力资源管理专业知识。即便如此，国际人力资源管理这一特定的管理职能作为一个专业和学术领域的实践还是相对较新的。

英国特许人事与发展协会（Chartered Institute for Personnel and Development，CIPD）和美国人力资源管理协会（Society for Human Resource Management，SHRM）均是全球最大的人力资源管理专业协会之一。包括美国和英国在

内许多国家都有自己的专业人力资源协会，这些国家都属于一个规模更大的伞型组织——世界人事管理协会联合会（World Federation of Personnel Management Associations，WFPMA）的成员，有 60 多个国家的人力资源管理专业协会都是其中的会员。

然而，直到最近 30 年，人力资源管理服务提供商（如培训公司、搬迁公司、会计师事务所、就业律师事务所和人力资源管理咨询公司）才开始特别关注国际人力资源管理。英国特许人事与发展协会、美国人力资源管理协会和一些大学，以及许多国际人力资源管理服务提供者、咨询团体和其他与国际人力资源管理相关的组织，现在都在举办与国际人力资源管理相关主题的会议、培训研讨会和提供相关课程。例如，有关英国特许人事与发展协会的详细信息，请参阅 Sparrow，Brewster & De Cieri 的 *Globalizing Human Resource Management*（second Edition），该书就是国际人力资源管理得到日益关注的一个标志，是第一本涵盖许多国际人力资源管理政策与实践的书。

随着美国人力资源认证协会（Human Resource Certification Institute，HRCI）于 2003 年设立了了全球人力资源专业人员（Global Professional in Human Resources，GPHR）认证，国际人力资源管理的专业化出现了转折。第 15 章将进一步讨论人力资源管理的专业化。国际人力资源管理领域包括：

- 战略人力资源管理。
- 全球人才获取和流动。
- 全球薪酬和福利。
- 组织效能与人才发展。
- 劳资关系及风险管理。
- 国际人力资源管理的核心知识。

人力资源管理专业人员可以通过他们的经验和考试获得这些领域的认证，证明他们对国际人力资源管理知识体系的理解。GPHR 考试现在吸引着越来越多的来自世界各地的人力资源管理专业人士。

作为一门商业学科和学术研究领域，国际人力资源管理仍然很年轻。但是，它具有很强的现实意义。它的年轻有很多原因：一是人力资源管理在许多企业中发挥的作用普遍有限，包括一些大型跨国公司；二是人力资源管理者缺乏国际知识和经验。随着全球化的发展，人力资源管理者被要求管理一些新的（全球）活动，而这些活动他们甚至根本没有准备过，比如和来自其他国家的人力资源管理专业人士一起工作，使自己企业的人力资源管理政策与实践能够适应多元文化和跨文化环境。

因为人力资源管理领域的主要工作集中于当地人员招聘与配置，所以其专业人员往往是公司里最后关注到日益扩大的国际化影响的人，是最后参与国际业务的人，在企业国际化过程中也经常到最后才作为成熟的战略伙伴参与到管理团队中。如今这种情况正在发生变化。国际人力资源管理专业人员现在在处理许多新的挑战和问题方面都变得更加积极主动[25]：

- 在许多国家招募、聘用和留住大量的跨国公司员工，以实现全球战略商业目标。

■ 使核心人力资源管理政策与实践同国际竞争的新要求保持一致，同时应对每个运营国家的本地化问题和要求。

■ 增强国际人力资源管理部门的全球胜任力和能力，包括发展全球人才中心、共享服务中心，以及掌握跨境并购中必要的人力资源尽职调查能力。[26]

这些挑战是接下来 14 章的重点。第 1 篇的后三章将讨论跨国公司结构的各个方面以及人力资源管理在其发展中所起的作用。第 2 篇讨论国际人力资源管理所面临的文化和法律环境的三个重要方面。第 3 篇有七章，包括国际人力资源管理的政策与实践，分别是人力资源配置、薪酬、健康与安全、绩效管理以及不同国家和地区的人力资源管理实践比较。第 4 篇则描述了国际人力资源管理部门的性质以及国际人力资源管理未来的发展趋势和挑战。

1.6　结论

基于国际商务日益重要的背景，本章对国际人力资源管理作了介绍。说明了世界各地的经济活动是如何日益一体化，并且变得更加普遍的，以及如何影响了跨国公司人力资源管理的发展和演变。国际业务最困难的挑战之一是人力资源管理。一个有效的、消息灵通的人力资源部门对所有具有国际业务的组织的成功至关重要。随着组织的国际化，人力资源管理也就变得国际化了。

1.7　讨论题

1. 推动商业国际化的因素有哪些？
2. 人力资源经理可能参与到国际化的组织情境有哪些？
3. 国内和国际人力资源的主要区别是什么？

案例 1.1　纱线天堂：全球最大的在线纱线商店

纱线天堂是由出生于土耳其卡塞里的费里特·格克森（Ferit Göksen）创立的。大学毕业后，费里特搬到伊斯坦布尔，在马尔马拉大学（Marmara University）攻读工商管理硕士（MBA），并对国际贸易及其发展产生了兴趣。2001 年获得学位后，他和他的合作伙伴开始在伊斯坦布尔的 eBay 平台上销售各种商品。2004 年，他将自己的技术才能与合伙人的传统商业才能结合起来，共同创立了 GSC Tesktil 公司。"几年之后，我们想专注于一个特定的产品。我们注意到纱线有着市场潜能，于是决定试着在 eBay 上销售。"今天，该公司成功地利用互联网的力量和影响力，在全球范围内销售纱线产品。纱线天堂有两个网站：www. yaraparadise. com 和 www. iceyarns. com。另外，它也在 ebay. com 上销售。

这家公司有 15～20 名员工。"能给我所在社区的 20 个不同家庭提供一份工作真是太好了。"费里特说道。尽管公司 98% 的销售额来自土耳其以外——这不是他的初衷，但是互联网让费里特能够接触世界各地的客户。公司 35%～36% 的产品销往美国，其余部分销往欧洲和亚洲国家。"'纱线天堂'的产品几乎卖往世界上每一个国家，包括挪威、法国、德国、英国、丹麦、瑞典、加拿大、澳大利亚、马来西亚、新西兰、泰国、厄瓜多尔、埃及、海地等。有时候在我准备发货之前，我甚至从来没有听说过这个国家。"显然，纱线天堂的市场仍有很大的增长空间。纱线天堂利用 DHL 和 UPS 进行运输和物流。虽然大多数交易都能迅速完成，但在东欧等在线商务刚刚起步的地区还是存在一些问题。纱线天堂最大的问题来自海关和关税，而这带来了糟糕的客户体验。

资料来源：eBay inc (2014). Micro-multinationals, global consumers, and the WTO, Report from a global conference at the 2013 WTO Public Forum on e-commerce and trade, downloaded at http：//www. ebaymainstreet. com/slites/default/files/eBay-WTO-PF2013. pdf

问题：

1. 纱线天堂是一家小微型跨国公司。它的下一个增长阶段可能是什么？它在未来的经济增长过程中可能会面临什么样的人力资源挑战？

2. 根据案例分析描述公司面临的重要人力资源问题。

［注释］

1　HSBC corporate website: http://www.hsbc.com/about-hsbc/advertising/in-the-future.

2　http://www.nestle.com/asset-library/documents/investors/others/nestle_ar_2013_en_letter.pdf.

3　There have been many books written on internationalization and globalization. Here is a sampling of some of the recent better ones: Bhagwati, J. (2004, 2007), *In Defense of Globalization*, Oxford/New York: Oxford University Press; Friedman, T.L. (2005, 2006, 2007), *The World Is Flat: A Brief History of the Twenty-First Century (versions 1.0, 2.0, 3.0)*, New York: Farrar, Straus and Giroux; Friedman, T.L. (2008), *Hot, Flat, and Crowded*, New York: Farrar, Straus and Giroux; Sirkin, H.L., Hemerling, J.W., and Bhattacharya, A.K. (2008), *Globality: Competing with Everyone from Everywhere for Everything*, New York: Business Plus; Steger, M.B. (2003), *Globalization: A Very Short Introduction*, Oxford: Oxford University Press; Stiglitz, J.E. (2003), *Globalization and Its Discontents*, New York: W. W. Norton & Co.; and Wolf, M. (2004), *Why Globalization Works*, New Haven, CT and London: Yale University Press.

4　For a complete overview of the field of international human resource management, please see the full set of books on various IHRM policies and practices and varying regional and country approaches in the Routledge Global HRM series.

5　Friedman, T.L. (1999). *The Lexus and the Olive Tree*, New York: Farrar, Straus and Giroux.

6　United Nations Conference on Trade and Development, *World Investment Report 2010* (most recent report available), New York and Geneva: United Nations.

7　Ibid.

8　*CIA World Factbook* (2013). www.cia.gov.cia/publicationsfactbook; World Bank: www.world-bank.org/WEBSITE/EXTERNAL/DATASTATISTICS; Bureau of Economic Analysis, US Department of Commerce: www.bea.gov/national/xls/gdplev.xls.

9　Friedman (2005, 2006, 2007); Sirkin et al. (2008).

10　The *Fortune* Global 500 (2013). *Fortune*, July.

11　De Carlo, S. (Sr. Editor) (2013). The world's biggest public companies, *Forbes*, April 17. http://www.forbes.com/sites/scottdecarlo/2013/04/17/the-worlds-biggest-companies.

12　*Wall Street Journal*, 2013.

13　WSJ, 2013.

14　*Financial Times* Global 500 (2013), 17th Annual, as of 28 March, http://www.ft.com/intl/indepth/ft500.

15　Burke, D., Hajim, C., Elliott, J., and Tkaczyk, C. (2007). The top companies for leaders, *Fortune*, October 1, pp. 109–116.

16　*Fortune* 50 most powerful women, downloaded 03/07/2010 from: www.CNNMoney.com/Fortune/rankings.

17　The InfoTech 100 (2013), *Bloomberg Businessweek*, June 1, pp. 41–42.

18　100 Best Global Brands (2013), *Bloomberg Businessweek*, September 28, pp. 50–56.

19　Arndt, M., and Einhorn, B. (2010), The 50 most innovative companies, *Bloomberg Business Week*, April 25, pp. 34–40.

20　Hansen, M.T., Ibarra, H., and Peyer, U. (2013), The best performing CEOs in the World, *Harvard Business Review*, 91: ½, Jan.–Feb., 81–95.

21　Excerpted from the introductory letter from John Palmisano, Chairman, President, and CEO of IBM, to the 2010 report *Capitalizing on Complexity: Insights from the IBM Global Chief Executive Officer Study*. Downloaded July 4, 2010, from: ftp://public.che.ibm.com/common/ssi/pm/xb/n/gbe03297usen/GBE 03297USEN.PDF.

22　*Business Week* (2006), Emerging giants, July 31, pp. 41–49; O'Neill, J. (2001), Building better global economic BRICs. *Research Report*, New York: Goldman Sachs; Sirkin et al, (2008); Stengel, R. (2010), The Global Forum, *Time*, February 8, p. 4.

23　Fernandez, F. (2005). *Globalization and Human Resource Management: Adapting Successful UN Practices for the Private and Public Sectors*, New York: HNB Publishing.

24　Abrahams, P. (1994). Getting hooked on fish and chips in Japan, *Financial Times*, May 17; updated in 2014 from websites: www.harryramsdens.co.uk; http://en.wikipedia.org/wiki/Harry_Ramsden's; www.market-reports.co.uk; www.telegraph.co.uk/HarryRamsdens-new-owner-mulls-Asian-expansion.html.

25　Based on Sparrow, P., Brewster, C., and De Cieri, H. (2012), *Globalizing Human Resource Management*, 2nd ed., London: Routledge; Brewster, C., and Sparrow, P. (2008), Les noveaux róles et les defies et la GRHi (The new roles and challenges of the IHRM function), in Waxin, M.-F., and Barmeyer, C. (eds.), *Gestion des Ressources Humaines*, France: Editions Liaisons Rueil-Malmaison, pp. 507–547; Faugoo, Deepika (2009), Globalization and its impact on human resource management, competitive advantage and organizational success in modern day organizations, in Odrakiewicz, P. (ed.), *Innovation in Management: Cooperating Globally*, Poznan: Poznan University College of Business and Foreign Languages, Poznari: PWS BiJo Publications, pp. 529–535; Fernandez (2005); Schramm, J. (2008), Workplace trends: An overview of the findings of the latest *SHRM Workplace Forecast*, *SHRM Workplace Visions*, 3, 1–8; Scullion, H., Collings, D.G., and Gunnigle, P. (2007), International human resource management in the 21st century: Emerging themes and contemporary debates, *Human Resource Management Journal*, 17(4), 309–319.

26　Sparrow et al. (2012); Briscoe, D.R. (2008). Talent management and the global learning organization, in Vaiman, V., and Vance, C.M. (eds.), *Smart Talent Management: Building Knowledge Assets for Competitove Advantage*, Cheltenham, UK, and Northampton, MA: Edward Elgar, pp. 195–216; Farndale, E., Scullion, H., and Sparrow, P. (2010), The role of the corporate HR function in global talent management, *Journal of World Business*, 45(2), 161–168; Fernandez (2005); Schuler, R.S., Jackson, S.E., and Tarique, I. (2010). Framework for global talent management: HR actions for dealing with global talent challenges, in Scullion, H., and Collings, D. (eds.), *Global Talent Management*, London: Routledge, pp. 17–36; and Tarique, I., and Schuler, R.S. (2010), Global talent management: Literature review, integrative framework, and suggestions for further research, *Journal of World Business*, 45(2), 122–133.

第 2 章
战略性国际人力资源管理

我认为一个公司如果能在两个方面做得正确，那么它一定会很成功——对要做的事情有明确的方向；有伟大的人来执行这些事情。

——脸书（Facebook）首席执行官马克·扎克伯格（Mark Zuckerberg）[1]

学习目标

- 描述战略性国际人力资源管理的发展以及全球战略管理的过程。
- 描述跨国公司在不同阶段的国际化进程以及跨国公司用以进入国际市场的手段。
- 描述开发跨国公司战略和全球人力资源管理战略的过程以及二者之间的关系。
- 理解对战略性国际人力资源管理实践所作研究的本质。

本章是关于战略性国际人力资源管理（Strategic International Human Resource Management，SIHRM）的章节。第 1 章描述了新的全球商业现实并且介绍了国际人力资源管理。[2]本章将描述全球商业战略以及国际人力资源管理如何支持并提升公司的全球商业战略。

跨国公司要想在全球市场上取得成功，就必须开发出合适的战略来利用全球资源和市场。国际人力资源管理经理们要想在取得这种成功中做出自己的贡献，就必须致力于开发并成为全球战略管理的一部分。战略管理是管理者在运营公司时所采用的方法，它来源于公司的愿景与目标。

由于各公司在国际发展水平和国际经营范围方面存在差异，国际人力资源管理人员必须发展能力，以协助公司提高发展和国际经营水平。本章介绍了公司国际活动的战略发展中的这些差异如何影响国际人力资源管理，以及战略性国际人力资源管理如何支持这些不同的战略和活动。

如第 1 章所述，跨国公司面临的新现实，包括世界范围内运输成本和信息成本的降低，以及社会和政治壁垒的消除，正在使商业全球化以突如其来的和前所未有的速度发展。[3]市场的开放和竞争力强大的跨国公司的出现对几乎每个国家的每一个主要（甚至最小的）行业都施加了巨大压力。这些发展在许多方面影响了人力资源管理。[4]竞争的加剧迫使企业在降低经营成本的同时，提高速度、质量、客户服务和创新，以便在国内和国外都能取得成功。国际人力资源管理要求在许多国家雇用、发展和留住能够实现这种全球竞争力的劳动力。因此，本章介绍了国际人力资源管理对跨国企业战略管理所作的贡献，并介绍了全球战略如何影响国际人力资源管理。

本章首先描述了国际战略管理的一般过程，解释了国际商业战略的演变。然后描述了国际人力资源管理如何融入跨国企业的整体战略管理，包括全球业务战略与在国际业务中履行人力资源职责的联系，并讨论了一个战略管理的国际业务可能期望从有效地结合国际商业战略和战略性国际人力资源管理获得的结果。本章总结了战略性国际人力资源管理的性质和作用的研究成果。

2.1　战略性国际人力资源管理概述

战略性国际人力资源管理是国际人力资源管理的一部分，国际人力资源管理关注制定并实施国际人力资源管理政策与实践，这有助于帮助跨国公司实现国际视野和目标，也就是它的国际战略。战略性国际人力资源管理也涉及国际人力资源功能和部门自身的战略管理。

在理想状态下，开展国际业务的公司将在全球范围内积极参与战略规划和战略管理过程（见图2-1）。基于组织的愿景、目标和使命，组织将定期执行环境分析或扫描（对外部威胁和机会以及组织优势和劣势的分析），并根据该分析制定其全球战略，然后执行战略。最后，需要对所选战略的实施的成功性进行评估，以便修改并重新评估该战略，以及评估结果要求对什么做出改变（这是模型的反馈回路）。在理想状态下，公司的所有组成部分将被紧密地整合到该规划当中，并将在各自的责任范围内参与类似的战略规划。

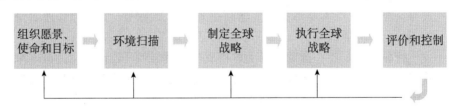

图2-1　战略管理过程的基本要素

如前所述，战略管理通常是管理者在经营公司时使用的一系列竞争措施和业务方法，这些是从公司的愿景和目标中衍生出来的。在制定战略时，管理层表示"在我们可以选择的所有路径和行动中，我们决定选择这一方向，并依靠这些特定的经营方式"[5]。战略表明了组织对特定市场、竞争方法和经营方式的选择。因此，公司的战略是其管理层将公司定位于其选定的市场领域的"博弈计划"。公司在这一领域中投入金钱和人员，以发展特定的商业能力，并形成可持续的竞争优势。这些战略以两种方式中的一种或两种来开发：积极主动的，作为处理预期市场力量的前瞻性计划；或者反应性的，作为对公司在市场上经历的反应。在大多数公司中，战略是根据这些因素的结合来开发的。

> 战略表明了组织对特定市场、竞争方法和经营方式的选择。因此，公司的战略是其管理层将公司定位于其选定的市场领域的"博弈计划"。公司在这一领域中投入金钱和人员，以发展特定的商业能力，并形成可持续的竞争优势。

高级管理人员之所以为组织制定具体的战略，是基于以下两个迫切的原因：

- 如何积极地开展公司业务。
- 如何将公司各部门、经理和员工发起的独立决策和行动塑造成一个协调的、全公司的整体计划。

在当今的全球商业环境中，这两个动机变得更加复杂，但是……

> 在管理者所做的事情当中，没有哪一件事情能比制定战略更能影响公司的生死存亡：管理团队如何确定公司的长期发展方向，开发具有竞争力的有效战略和业务方法，并实施内部需要完成的工作，以保证良好的日常战略执行。事实上，良好的战略和良好的战略执行是良好管理的最可靠的保证。[6]

在人力资源方面，当公司的战略规划"走向国际化"时，许多相同的问题便开始出现了。当管理层开始制定和实施全球战略计划时，他们也开始关注全球人力资源问题。[7]事实上，人力资源问题是在国际市场竞争中最关键的问题。因此，人力资源应该为每一步的国际战略决策提供参数输入，并帮助完成任务和目标设置，进行环境扫描以及具体战略的设计，最后，帮助实施所选定的战略。

一旦决定走向国际（无论是主动还是被动选择），所有管理人员（包括人力资源管理人员）的任务是实施该决定，将战略计划转化为行动，满足任何需求以实现国际愿景和预期目标。

"国际人力资源管理实务 2.1"是日本武田制药公司（Takeda）的故事。武田公司在决定走向全球化之后，便分析了全球化战略将会如何影响组织的所有部分。[8]为了有效实施这一决定，武田公司需要从顶层开始改变其内部制度和文化，其中包括许多人力资源决策和计划的改变——招聘具有外部经验的非日本高管，将核心语言改为英语。首先在顶层实施，然后在整个组织招聘越来越多的在国外学习的日本员工。

➡ 国际人力资源管理实务 2.1

在一个日本制药公司实行全球战略

武田公司是日本最古老和最大的制药集团之一，是武田家族七代前创立的家族企业。武田家族最后一位集团主席武田国雄（Kunio Takeda）开始把公司的战略重点转向外部市场。武田必须解决的一个基本挑战是：一家公司如何改变其企业文化，以适应本国以外的新的市场？

第一个主要决定是任命一位非家族成员为集团主席。长谷川闲史（Yasuchika Hasegawa）在 2003 年被任命为武田总裁。他不仅是武田家族的成员，而且长期在国外工作，这是日本传统组织实践的重大转变。

正如长谷川所想的那样，他用流利的英语说道："日本市场增长非常缓慢。我们被遗忘了。我们别无选择，只有全球化。"长谷川十多年以来一直为德国公司工作，接着在美国工作，当时武田开始出售其非药物部门，并开始在海外市场经营。在他海外工作的前六年，武田国雄是他的直接老板和导师。他通过重新聚焦一个更加多样化的团队，进行了一项重大的重组。当长谷川被要求担任集团主席（历史上这一职位一直由武田家族成员担任）时，他认为武田先生已经完成了重组的任务，下一阶段是全球化。因此，他采取了许多步骤来实施这一新战略——"走向国际化"。

长谷川加快了一个雄心勃勃的海外收购计划，如瑞士的奈科明（Nycomed），以及招聘高水平的外部人员进入国内最重要的业务。他创建了一个国际顾问委员会，该委员会成员包括来自辉瑞（Pfrizer）的卡伦·卡滕（Karen Katen），来自礼来公司（Eli Lilly）的西德尼·陶瑞尔（Sidney Taurel）以及山田忠孝（Tachi Yamada）——一个生于日本，成长于美国的高管。他让非日本高管管理集团的国际部门，并招聘其他人就职于东京和大阪的总部，其中包括保罗·查普曼（Paul Chapman）——一名美国人，当时在研发部门任职。

武田卸任两年后，长谷川将山田升入决策董事会。一年后，长谷川又在武田分部中增加了两名高层管理者，而这些高管与日本的文化联系更少。结合这些人事决定，他还将高层工作语言改为英语，既可用于董事会会议，也可用于大型的全球领导委员会，并辅以同声传译。在刚开始的时候，他制定了一个要求，即招聘的新员工要熟练掌握英语。他还积极招聘非日本工作人员，但是他鼓励他们在日本工作较长一段时间。这些改革并不容易——它们被武田家族成员和其他高级管理人员抵制。

长谷川解释了国际扩张的需要："有很强的抵抗变革的力量，有很大的文化差异，但我们在日本市场只有35%的业务，我们面临的挑战是迅速的全球化。为了推进变革，你需要一个核心团队的支持。"他还采取务实的方法，例如通过雇用300名在国外学习的日本人来推进他的英语招聘活动。

长谷川的改革还远未完成，批评者认为与语言挑战相比，如何促进创新并与奈科明协调整合才是他更需要考虑的问题。奈科明的主要业务集中在新兴市场，而其产品中包括了大量的仿制药。在并购扩张之前，武田制药的国际扩张战略较为保守——与美国的雅培（Abbott）组成了一个合资企业。现在，长谷川和他新招募的全球管理团队一起（既有日本人，也有非日本人）将这个传统的日本公司打造成一个真正的全球制药巨头。

这一切都与人力资源部门的紧密参与分不开，人力资源管理为全球战略的顺利实施提供了保证。

█ 2.2　跨国企业的演进过程

为了将国际人力资源管理置于跨国企业的战略背景下，有必要了解跨国企业的发展。随着企业国际化进程的推进，在不同的发展阶段，企业必须选择合适的方法进入市场（见图2-2）。

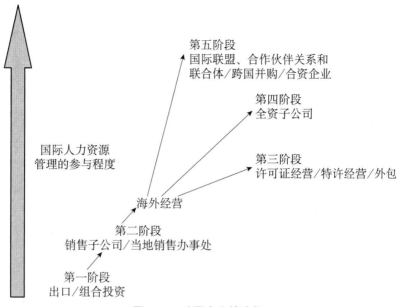

图 2-2　跨国企业的演化

企业如何进入全球市场是由以下几方面决定的：企业自身推进国际化进程的方法；在特定国家所拥有的选择权（受制于当地的法律要求和市场机会）；进入市场的时间（早期进入还是晚期进入）以及愿意承受的风险。所有形式的国际参与都对企业的整合与协调能力提出了挑战，因此国际人力资源管理专业人员必须彻底理解国际业务的各个方面，才能为高级管理人员有效地构建全球业务提供建议。必须强调的是，随着企业国际化进程的推进，企业国际活动的水平在不断提高，国际人力资源管理人员的任务也变得越来越复杂。

通常人们希望国际人力资源管理能够提供专业知识，以帮助高管团队做出市场进入的选择，即在具体的情境下做出最合适的选择，也包括评估公司及其管理者的优点和弱点，评估国际环境下的劳动力问题。上面描述的武田公司的故事提供了一个例子：为了推进公司的全球化发展，国际人力资源管理在各种决策中起到了关键作用。

2.2.1　国际化进程的第一阶段

组合投资

这是企业开始涉及国际化的阶段，此时公司仅仅是在海外进行金融投资，比如像在本土市场上一样购买股票。一般来说，在这一阶段人力资源的参与程度很低。

出口

这是大多数企业国际化进程的初始步骤，通常发生在企业相对较小时。在这一阶段，一些外国客户主动前来询问公司产品是否可以出口，同时，企业自身也迫切地渴望将市场扩大到国外。许多公司开始将其产品或服务出口到特定市场，通常采用以下方式：直接销售给国外客户（例如直邮或互联网销售），或者通过进出口公司以及国外分销商来销售。

这一阶段对组织和国际人力资源管理的影响相对较小。但是，国际人力资源管理要确保员工具备进行跨境商务所必需的知识（或招聘少数员工来承担国际贸易的工作）。

2.2.2　国际化进程的第二阶段

销售子公司/当地销售办事处

如果外国销售和采购的重要程度在提升，那么公司将为国际贸易指定一名销售经理或采购代理人。这名人员可能会被外派到销售所在国，目的纯粹是为了销售产品或采购产品，学习知识与经验。如果直接出口销售或进口很成功，企业很可能在那些销售或进口足够大的国家建立自己的销售或采购办公室。

接下来的三个阶段涉及企业机构的建设和国外经营，也就是直接在外国生产产品或提供服务。

2.2.3　国际化进程的第三阶段

许可证经营

授予制造商经营许可证是"走出去"的一种选择，它不需要设立子公司。在这个阶段，公司找到能够生产其产品的外国公司，以便打通当地的销售渠道，这一方式能够绕过进口关税，同时公司会尽量减少技术转让。

特许经营

特许经营是许可证经营的另一种形式。组织将一系列"成功的"经营要素组合在一起，使它们能够在国内市场中取得成功，然后将这一套组合包装给海外投资者。特许人提供产品或服务的营销以及相关培训。麦当劳（McDonald's）是特许经营的一个典型案例。

因为特许经营企业（如麦当劳）通常是当地企业所有的，所以国际人力资源管理除了在地方特许经营者的人员配置、新员工的技能培训和人力资源实践方面能够发挥作用，其他方面作用很小。

外包

进入国外市场的另一种形式是将公司产品的制造或组装任务外包给外国本地公司。越来越多的公司在全球范围内管理供应链，它们将所有或大部分制造工作外包给国外的公司，以便利用较低的劳动力和运营成本。通常公司只将少数人员外派到外国地区，以便输送必要的技术，并监控生产过程和最终产品的质量。

接下来的两个阶段涉及直接在国外组装和制造产品。

2.2.4　国际化进程的第四阶段

全资子公司

目前，除了业务外包和出口，公司进入国际市场最常见的方式就是建立海外全资子公司。建立子公司的方式有很多，包括项目新建和项目扩张，以及兼并国外公司。项目新建是从头开始建立一个子公司；项目扩张是将现有的组织机构扩张，建立子公司；第三个方法通常被认为是进入国外市场的最便捷的方法——兼并当地已有的公司。

对于国际人力资源管理来说，"启动项目"（新建或扩张）要求为子公司进行人员配置（既需要总部人员，又需要当地人员），并为员工制定全新的国际人力资源管理政策（企业可以将母公司的政策完全移植到子公司，也可以采用当地的政策与方法，还可以是这两种方式的结合）。[9] 然而，海外兼并给国际人力资源管理提出了不一样的挑战——要么继续沿用原来公司的国际人力资源管理实践，要么部分或全部采用母公司的政策。在这两种选择中，公司和国际人力资源管理的主要挑战都是如何将兼并公司的日常实践（以及它的员工）与新的母公司的政策整合起来。在所有的案例当中，母公司国际人力资源管理部门所需的知识和能力显然比投资任何外国子公司之前的情况更为复杂。从长远来看，国际人力资源管理和公司能否有效地解决这些问题都对公司的成败至关重要。

2.2.5　国际化进程的第五阶段

合资企业

最近几年，许多公司（如家乐氏（Kellogg）[10] 和捷豹路虎（Jaguar Land Rover）[11]）国际化经营的方式都是合资经营——两个或更多的公司（来自两个以上国家）共同建立一个经营实体（合资企业），共享股权，共同管理。合资企业已经变得极为普遍，在第 4 章将会详细论述。

跨国并购

对很多跨国企业来说，为了巩固自身的业务发展以及母公司在全球市场中的竞争地位，无论是在发达国家，还是在新兴市场国家，跨国并购都是优先考虑的市场进入方式。即便如此，外国并购经常面临当地的贸易保护主义以及反垄断法。与合资企业一样，我们将在第 4 章详细讨论跨国并购。

国际联盟、合作伙伴关系和联合体

这些都被定义为非正式的或正式的合作伙伴关系或协议，不会导致存在一个独立的法律实体。使用这些方法的公司不一定取代它们的全资子公司，但是它们会发展更加非正式的结构，比如战略联盟、合作伙伴关系（比如在研发上开展合作），以及联合体来开展国际经营。我们将在第 4 章中更充分地讨论战略联盟。

2.2.6　国际化的辅助方法

除了以上的方法，组织还可以使用多种辅助手段来开展国际化经营。辅助方法指的是企业可以在国际化经营的任何阶段所采用的方法。表 2-1 说明了两种最常用的方法——外包[12]与离岸[13]。

表 2-1   国际化的辅助方法

外包

这是分包的一种形式。从 20 世纪 90 年代开始，企业开始与外国公司进行大规模分包，而分包的不仅仅是产品生产。随着计算机和互联网的发展，远程控制更加容易，企业开始将其他业务流程（如信息技术和业务流程，包括呼叫中心、会计、索赔处理、客户服务和数据分析）外包给本国和其他国家的公司。通常情况下，业务外包（无论是单一功能还是整个业务流程）的初衷是降低成本并提高质量（因为服务提供商专注于外包功能），并释放公司资源以更加专注于核心能力。某些产品和服务本来能够通过企业的内部业务流程来提供，但企业与外部制造商签订合同，由外部公司来提供这些产品和服务，"外包"这一术语就是由此而来的。

在所有的案例中，外包的成功取决于下面三个因素：

- 客户组织中高级管理人员的支持。
- 与受影响的员工充分沟通。
- 管理服务提供商的能力，确保向客户组织和客户提供优质的服务和支持。

负责客户和提供方工作的外包专业人员需要在谈判、沟通、绩效管理、人力资源管理（员工分配和管理、薪酬和福利、培训、员工关系以及绩效管理等）等领域掌握综合性技能。这些外包人员必须能够制定和了解合同条款以及相关的协议条款。

离岸

通常离岸和外包这两个术语可互换使用。然而正如最初所设想的，它们的概念具有不同的含义。如离岸不同于外包，因为离岸涉及将企业的业务过程的一个或多个方面重新定位到另一个国家，目的（至少最初的目的）是为了降低成本。离岸的功能由公司拥有的实体来执行，但在离岸国家配备了外国人员（尽管有时部分母公司会派雇员到离岸国家）。任何业务流程都有可能被离岸完成，例如操作、制造或服务。在外国执行业务流程的单位仍然是母公司的一部分，员工仍然是母公司的员工，因此，人员配备、培训、薪酬补偿、雇员关系和绩效管理的人力资源管理职责是相同的，尽管单位处于另一个国家的法律制度和文化当中。

虽然离岸可以节省企业的劳动力成本以及与人事相关的其他费用，但也会使员工产生焦虑，他们担心可能会失去自己的工作。①

公司在进行离岸运营或离岸服务时，应考虑以下问题：

- 组织进行远程管理的能力。
- 外国劳动力的质量和技能。
- 劳动力成本，双方的语言技能。
- 技术使用水平。
- 外国地点的成本和可靠性。
- 国家基础设施。
- 政治稳定程度。
- 知识产权和商业合同的可执行性。
- 商业环境的成熟度。②

显然，这些问题都是国际人力资源管理的重点，必须被国际人力资源管理者理解。国际人力资源管理部门必须发展专业知识以有效地解决这些问题。

资料来源：①Outsourcing—what is outsourcing? Retrieved from www. sourcingmag. com，12/11/2006.

②Definition retrieved（2014）from http：//en. wikipedia. org and www. investordictionary. com. See also, Blinder, A. E. (2006). Offshoring：The next Industrial Revolution? *Foreign Affairs*，85（2），113 - 128；Erber，G.，and Sayed-Ahmed，A. （2005）. Offshore outsourcing—A global shift in the present IT industry. *Intereconomics*，40（2），100 - 112；and Friedman，T. L. （2005）. *The World Is Flat：A Brief History of the Twenty-First Century*，New York：Farrar，Straus and Giroux.

Regus 专业服务公司和香港 SBC 国际公司都是为位于香港或总部设在香港的国际公司提供服务的，其中包括就财务管理职责（如会计和工资单）、办公地点、影印、人力资源，以及当地劳动法、公司注册服务、商标注册、税务等问题提出建议。[14] 通过给亚洲的外国公司提供外包服务，Regus 和 SBC 等公司帮助这些公司更有效地融入当地文化。

2.2.7　天生全球化企业

虽然许多企业是通过一个个阶段来实现国际化的，但一些新企业，特别是（但不是唯一）在 IT 行业，它们一经建立，就几乎立即在全球运行。它们开展全球市场运营主要源于它们产品（互联网产品、IT 应用和其他具有全球市场的高度专业化产品）的性质。全球网络的发展使得工程师和科学家能够通过网络参与国际项目，这些公司也可以通过互联网进行营销。此外，世界的扁平化以及竞争性资源（风险资本、IT 资源、智力资本等）能更公平地获得使得市场的进入门槛大大降低，这也提供了全球性的机会。这些公司的国际人力资源管理活动主要侧重于核心人物的频繁国际商务旅行、当地企业的知识产权（专利和商标）的法律保护、雇用当地的工作人员和国际项目团队的管理。如第 1 章所述，当任何公司创建网站（宣传产品或服务）时，它就变得全球化了。任何人，在任何地方，都可以通过网络来了解这个公司，购买这个公司的产品或者服务。一个典型的例子就是亚马逊（Amazon）。在亚马逊上线的第一天，它就收到了来自世界各地的订单，这是之前没有预料到的情况。另外，有很多证据表明，天生全球化企业的创立者通常是这样一些人：他们来自不同的国家，只是在某项国际会议或者国际贸易以及互联网上交流过几次，便决定使用各自的技能来创立一个企业。

2.2.8　国际人力资源管理与国际化演进

上面讨论的重点在于证明：企业的国际化进程要通过好几个阶段来完成。但随着互联网技术的发展、商业服务以及国际联盟的发展，企业国际化进程的模式在不断发生变化。虽然并不是所有的企业在实现国际化时都遵循几个固定的步骤，但大多数企业都要依次经历几个不同的阶段来完成国际化。对于国际人力资源管理而言，这些阶段至关重要，因为在不同的阶段，人力资源部门的责任是不一样的。与一个已经完成国际化的企业中的人力资源部门相比，刚刚开始国际化的企业的人力资源部门面临的挑战和责任是不一样的。

当公司活动的国际化程度提高时，公司的组织结构（将会在下一章讨论）和国际人力资源管理的责任会变得越来越复杂。许多规模庞大、历史悠久、目前在全世界拥有大量子公司的跨国公司（尤其是制造业公司）开始走向国际化的主要方式是通过出口。当出口这一方式变得越来越成熟之后，它们接着就会开始在海外建立销售部门来加强营销工作。当海外销售部门运营得很成熟时，它们便开始建立组装工厂。接下来，它们将会在当地建立完备的设施来直接生产产品，这些产品用于出口或者在当地销售。这些海外的经营活动会模仿母公司的经营模式。最后，这些公司将会进入国际化进程的第四个或者第五个阶段。

在某些情形下，企业国际化的发展也可以很简单。最近几年，新的国际化模式渐渐发展起来。一些公司利用组装工厂或者制造工厂作为它们进入国外市场的方式，目的是利用当地的廉价劳动力或者其他资源，制造产品用于出口。一个典型的例子是美国-墨西哥联营工厂。有的公司通过分包或者许可证经营来实现国际化。有的公司通过特许经营、合资企业或合作伙伴关系来实现国际化。也有的公司通过直接的并购来实现国际化。当然，随着互联网技术的发展，有的公司的网站一经建立，就通过网站收到了世界各地的订单，这时公司也实现了国际化。然而，大部分公司实现国际化的方式不是单一的，而是以上几种方式的结合。

在不同的行业，国际化进程的模式表现各异。在采掘业（比如炼油和煤矿业），一般是通过建立海外子公司的方式来实现国际化。在银行业（比如花旗银行（Citibank）），或者保险公司（比如劳合社（Lloyd's）），由于母国市场的客户开始在国外开展经营活动，为了服务客户，它们也开始在国外经营。像麦当劳这样的公司虽然是通过特许经营来实现国际化的，但是首先它们要在国外建立办事机构来培训当地的特许经营者，帮助它们控制产品质量。像沃尔玛（Walmart）、家乐福（Carrefour）、玩具反斗城（Toys "R" Us）、宜家以及西夫韦（Safeway）这样的连锁机构，则会在国外建立与母公司相似的店面。

■ 2.3　跨国公司的商业战略

正如图2-2所示，在第四阶段，跨国公司变成了由几个不同部分组成的复杂系统，这个系统至少有一个总部和几个分散的子公司。跨国公司的商业战略为管理这些子公司提供了方向。跨国公司的商业战略的性质主要取决于公司管理其全球运营所需的整合能力和本地响应程度。[15]整合能力与本地响应程度是指各个子公司之间以及子公司与母公司之间的互联程度。整合能力指子公司和总部相一致的程度，它能够为跨国企业提供各种竞争优势，例如规模经济（能够利用公司的全球资源）和提高质量。[16]相反，本地响应程度指子公司响应地方差异的程度，它包括调整产品或服务以完全满足当地客户的需求，响应当地的竞争和文化，遵守各种政府法规，更容易吸引当地员工，渗透当地的商业网络。[17]

整合能力和本地响应程度形成了一个框架，可用于描述跨国企业的商业战略（见图2-3）。[18]横轴表示本地响应（从低到高）的程度，纵轴表示全球整合能力（从低到高）。该框架强调了跨国企业在这两种力量（整合与本地响应）之间的相互矛盾，可用于将跨国企业的战略分为四种类型[19]：国际战略；多国本土化战略；全球战略；跨国战略。以下简要描述这些战略类型。

1. 国际战略

这是最简单的商业战略，它的全球整合能力与本地响应程度都很弱。采用此战略的组织在本地和国际市场上销售相同的产品或服务。这种战略以进口或者出口为开端，可能仅限于许可证经营或分包。它通常不设海外办事处，但有可能建立小的海外销售办公室。

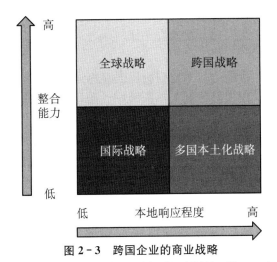

图 2 - 3　跨国企业的商业战略

资料来源：Bartley C.，Ghoshal，S.，and Beamish，P.（2010）．*Transnational Management：Text，Cases and Readings in Cross-Border Management*，Boston：Irwin McGraw Hill；Bartlet，C.，and Ghoshal，S.（2002）．*Managing Across Borders. The Transnational Solution*，Boston，MA：Harvard Business School Press.

2. 多国本土化战略

采用这一战略的跨国公司能够满足当地市场独特的产品需求和价值观。这种战略主要适用于具有多个本土化的组织结构的跨国企业（见第 3 章）。这种跨国企业的子公司分布在多个国家，它们相互独立地运营，甚至独立于母公司。采用这一战略的跨国公司通常将每个国家视为其特定子公司产品和服务的专有市场。采用这种战略的组织包括雀巢和普利司通（Bridgestone）。[20]

在这种战略下，子公司常常十分独立。随着外国子公司的规模不断扩大与重要性不断提高，公司开始认为有必要加强子公司与总部的联系，或者至少需要与区域总部保持一致。此时，跨国公司可以协调其主要国家的子公司与区域总部的关系，以便更有效地管理其国际业务。区域行动通常是通过假设一个区域内的国家具有一些共同特征而产生的，如文化、地理接近度或经济发展阶段。本章末尾的案例 2.1 讲述了一家著名的汽车公司——福特汽车公司的国际化历程。在汽车工业的早期，也是企业自身的早期，它在许多国家建立了汽车制造工厂。该案例说明，在过去 100 年中，有多少公司发展成了全球性公司，以及这些公司如何创造出开展国际业务的方法（主要是通过试错以及对不断变化的经济环境的反应）。

3. 全球战略

这一战略采取统一的方法，在不同国家实施相同的战略，而忽视其文化和国家的差异。因此，集权程度与整合能力都很高。它设计统一的产品和服务销售给世界各地的客户。这个战略主要由跨国公司通过全球组织结构实施（见第 3 章）。子公司与总部紧密相连，并且高度依赖总部的资源、品牌标识、想法、政策和专门知识。典型的代表公司有联想（Lenovo）和印孚瑟斯（Infosys）。[21]

全球性公司的经验表明，运营一家全球性公司比管理一家跨国公司（采用跨国战略）或国际公司（采用国际战略）复杂得多。全球公司把整个世界视为一个市场。它集制造、研发、筹集资本于一体，并在最优的地方购买商品。它与世界各地的技术和市场趋势保持密切联系。国家边界和法规往往不是最重要的因素，或仅仅是一个小障碍。公司总部可能设在任何地方。

4. 跨国战略

该战略的整合能力与本地响应程度都达到了最大。采用跨国战略的公司既是全球性的公司，又能很好地融入不同国家。跨国公司与全球性公司的不同之处在于：跨国公司不是开发全球性的统一产品和服务，而是将产品和服务本土化，以适应不同国家的具体需求，但同时它也利用了全球专业知识、技术和资源。跨国公司作为一个全球网络运作，每个子公司承担与其能力和战略任务相关的责任。这一战略大多是通过跨国组织结构实现的（见第 3 章）。采用这种战略的公司包括宝洁（Procter & Gamble）和贝塔斯曼（Bertelsmann）。[22]

总部的国际导向和跨国公司的商业战略

跨国公司的商业战略的另一个方面也已被广泛地研究和讨论，它涉及高级管理人员的导向，如民族中心主义、区域中心主义、多中心主义和全球中心主义。[23] 这些导向中的关键战略问题是跨国公司总部在管理和人力资源实践方面对子公司的支配程度。通常随着企业的国际化经验的增加，企业的导向会从一个阶段发展到另一个阶段。有三种不同的方向，如图 2-4 所示，即民族中心主义[24]、多中心主义或区域中心主义以及全球中心主义。

总之，就不同的战略导向而言，国际人力资源管理政策与实践要么是中心化（类似于整合），要么是去中心化（类似于本地响应）。在民族中心主义导向的企业中，国际人力资源管理对国际业务的做法倾向于复制母公司的实践并且非常集中化。在多中心主义导向的公司中，国际人力资源管理实践倾向于分散化，并且本地子公司更倾向于独自遵守当地的人力资源管理实践。如案例 2.1 所述，亨利·福特有一个多中心主义的导向，尽管最初他只是将美国的经营模式复制到海外。在全球中心主义导向的公司中，国际人力资源管理的做法往往更加折中，在全世界范围内借鉴最优的管理实践，而不是先考虑总部或当地做法。

高管的导向
跨国公司总部主导海外子公司经营管理和人力资源的程度

民族中心主义	多中心主义和区域中心主义	全球中心主义
许多高管最初的导向就是民族中心主义，在爱国主义强的国家和人口同质化强烈的文化中更容易产生这种倾向。在这种导向下，管理者使用母公司的标准来管理国际活动，集权程度很高。母公司的管理者会使母公司处于控制地位，将母公司的管理方法复制到海外子公司之中。	多中心主义和区域中心主义是管理导向发展的第二个阶段。随着国际活动的增加，子公司所在国的文化与实践越来越重要。这种多中心主义可能会包括一个区域之内的几个国家，子公司所在国的管理标准被运用得越来越多。与之对应的战略是多国本土化战略，它强调的是分权，以及全资子公司的自主经营。	在这种导向下，管理目标是建立一个整体的互相依赖的全球组织。它并不像民族中心主义或者区域中心主义那样强调母公司或者子公司，它注重的是在全世界范围内采取最优的管理实践，因而标准更为折中。

图 2-4　总部（高级管理人员）的国际化导向

2.4　国际人力资源管理战略

随着国际人力资源管理更多地参与组织的国际活动，并帮助组织取得成功，它有望成为一个战略重点，也就是说，它将在整个组织的国际业务活动中制定自己的战略——雇用、管理和留住最好的员工（能够帮助实现组织的全球战略的员工），从而有助于实现企业的国际战略计划。

国际人力资源管理战略被定义为创建和实施国际人力资源实践，帮助跨国企业实现其国际愿景和目标，即业务战略。它还涉及人力资源职能和部门本身的战略管理。类似于跨国企业的业务战略，公司的国际人力资源管理战略作为一个指导原则，有助于管理公司的国际活动，尤其是人力资源活动。国际人力资源管理战略通过国际人力资源管理政策与实践来实施——这是第 3 章的主题。

2.4.1　国际人力资源管理战略的制定

一般而言，当管理者要做决策时，就会权衡利弊。对于国际人力资源管理，主要权衡的就是中心化与去中心化的矛盾。集中化与整合的概念非常相似，是指向一个组织的最高层集中权力。权力下放与本地响应的概念非常相似，指权威和决策权力向经营单位分散，这涉及决策权在全球范围内的分配。

趋同与偏离（中心化与去中心化）的矛盾正成为跨国公司的主要困境。如上所述，企业必须同时具备差异化能力与一体化能力或协调能力。当地员工认为尽管他们可以在国内经营，但是他们的公司现在需要全球视野。地方法律和实践可能决定某些人力资源实践，然而国际视角可能需要不同的方法来处理日常的人力资源职责。

跨国公司通常被认为是全球一体化的工具。在企业的全球运营中，有很多趋于使用母公司的政策和程序。跨国企业面临巨大的压力，以最大限度地实现研发、采购、生产和市场规模经济，并且在传播技术和最佳实践方面遇到相对较低的障碍。这些压力和低障碍鼓励在外国地区继续实行母公司的实践和程序。当然，所有这一切都得到兼具国际化和国家文化的整体公司战略的支持，即我们公司或者国家的方式是最好的。

过去许多公司的国际业务以这样的方式发展，它们的当地和区域办事处在许多方面变成了独立的组织（参考案例 2.1 中的福特汽车公司的案例）。在那些必须适应当地情况的市场上，跨国企业正努力弥合全球和当地之间的差距，并找到合适的方法去协调全球整合能力与本地响应的矛盾（比如在生产的全球整合方面与市场营销、管理和人力资源的本地响应方面）。因此，跨国公司作为国际趋同过程的发动机，可能最终使植根于文化特征的国家差异变得不重要，甚至消失。

除了存在由于公司的统一政策而产生的趋同，还存在持续偏离的来源，例如当地子公司尝试成为卓越中心。此外，有相当多的证据表明，在不同国家中（以不同的方式）实施看似普遍的技术和程序（在全球范围内应用）时文化和制度差异的影响不容小觑。最终解决集权控制与地区分权之间困境的是国际人力资源管理部门

（以及整个企业）的关键战略决策。如第 1 章所述，对于这一选择，没有一个简单的答案：跨国公司是应该控制国际子公司的经营（由一个来自母公司的人力资源管理者来实施），还是给予子公司自主权，让其去遵守当地的习俗、法律以及其他实践呢（由当地的人力资源管理者来实施）？

历史悠久的跨国公司的经验表明，随着时间的推移，公司趋于本土控制，这与本章第一部分描述的模式一致。然而，正如本书后面更详细讨论的那样，成功的跨国公司已经找到了自己的方式（如跨国管理培训、对于管理发展和晋升的跨国安排以及跨国项目团队）来建立一套共同的价值观和文化，以确保在全世界范围内追求共同的企业愿景和目标。事实上，一些公司正在寻求方法以在全球范围内建立一致的人力资源实践。

2.4.2　国际人力资源管理战略和跨国公司商业战略

国际人力资源管理战略的总体有效性取决于其使用的背景。国际人力资源管理战略对组织有效性的影响取决于国际人力资源管理战略如何适应和支持跨国公司的商业战略。

类似于跨国公司的商业战略，国际人力资源管理战略必须处理这样一个问题：是将总部的国际人力资源管理政策与实践标准化，向子公司推广，还是制定地区化的政策以满足当地条件，或者将二者结合起来（例如，总部制定核心政策，子公司根据地区的具体情形来灵活运用这些政策）。

基于跨国公司的商业战略和总部的国际导向，有三种类型的国际人力资源管理战略（见图 2-5）。[25]

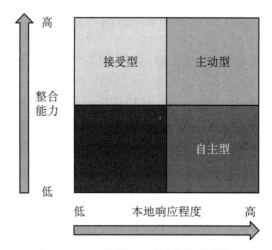

图 2-5　跨国公司国际人力资源管理战略

资料来源：Hannon, J., Huang, I., and Jaw, B. (1995). International human resource strategy and its determinants：The case of subsidiaries in Taiwan. *Journal of International Business Studies*，26，531-554.

1. 自主型国际人力资源管理战略[26]

如图 2-5 所示，这种类型的国际人力资源管理战略的全球整合能力较低，本地响应程度较高。每一个子公司都有权根据当地的具体情况，去发展和实施自己的人力资源管理政策与实践。采取这种战略的公司的人力资源功能通常是去中心化的，它的总部会保留一个较小的人力资源部门，大部分关键的人力资源决策是在子公司层面做出来的。[27]当一个跨国公司采取多国本土化战略，以及多中心主义或者区域中心主义导向时，这种国际人力资源管理战略是最合适的。

2. 接受型国际人力资源管理战略[28]

如图 2-5 所示，这种国际人力资源管理战略具有很强的全球整合能力和低程度的本地响应。每个子公司与总部紧密联系，很少有自主发挥的空间。采取这种战略的跨国公司更有可能拥有集权的人力资源功能，大型人力资源部门对关键的人力资源决策进行相当程度的控制。[29]当跨国公司采取全球战略和民族中心主义导向时，这种国际人力资源管理战略是最适合的。

3. 主动型国际人力资源管理战略[30]

如图 2-5 所示，这种类型的国际人力资源管理战略具有很强的全球整合能力和高度的本地响应。这一战略平衡了全球整合和地区反应的能力。采取这种战略的跨国企业更有可能具有过渡性的人力资源功能。与自主型国际人力资源管理战略相比，它对人力资源决策的控制更多，但少于接受型国际人力资源管理战略。[31]公司总部的人力资源部门和子公司的人力资源部门尽力相互平衡地控制人力资源决策。当跨国企业采取跨国战略和全球中心主义导向时，这种战略是最适合的。

2.5　战略性国际人力资源管理研究

近年来，对战略性国际人力资源管理的研究不断深入。[32]这些研究加深了我们对战略性国际人力资源管理的理解，但仍然有很多的影响因素不为人知。现有的战略性国际人力资源管理研究发现，当地文化和国家管理导向会影响人力资源实践的性质，全球视野的程度会影响跨国企业全球战略的性质，全球战略会影响人力资源战略中全球聚焦的程度。[33]此外，研究发现，遵循适当的全球人力资源实践，而不仅仅使用母公司的人力资源实践，与组织生命周期的后期阶段以及更好的组织绩效都是息息相关的。[34]与相似的美国跨国公司相比，大型的日本和欧洲跨国企业更有可能追求全球人力资源实践，或者换句话说，与日本和欧洲同行相比，美国公司更有可能追求国际人力资源的本地化。[35]

一般来说，这项研究处理了公司总部的国际重点（例如，民族中心主义或全球中心主义的发展程度）与外国子公司的人力资源政策与实践之间的联系。如果人力资源战略必须实施企业战略，那么外国子公司的人力资源实践反映企业国际商业战略的程度是一个重要的考虑因素。[36]但是研究人员观察到，对国际人力资源战略的检验还处于起步阶段。尽管已经提出了许多模型来推测可能的联系（有限的数据支持），但是仍然需要进一步检查以了解战略性国际人力资源管理的复杂性。在实践中，情况就更加复杂，某些模型还没有得到证明。

为了了解国际人力资源管理在跨国企业中的作用，学者和研究人员已经提出了几个战略性国际人力资源管理模型或框架，其中每一个都对理解国际人力资源管理做出了有用的贡献。在这里，我们介绍最早的模型之一[37]，用于描述国际人力资源管理如何连接到跨国企业的不同战略要求。

图2-6展示了一个包含五个部分的模型：

- 跨国公司的战略构成。
- 外生因素。
- 内生因素。
- 国际人力资源管理问题、职能、政策与实践。
- 跨国公司关注的问题和目标。

整体来看，该模型使研究人员和顾问人员能够讨论战略性国际人力资源管理的各组成部分及其关系。

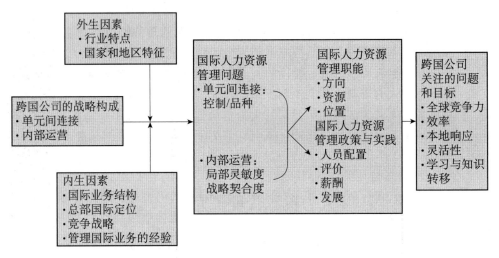

图2-6　跨国公司中的战略性国际人力资源管理整合模型

资料来源：Schuler, R., Dowling, P., and DeCieri, H. (1993). An integrative framework of strategic international human resource management. *International Journal of Human Resource Management*，4，722-776.

1. 跨国公司的战略构成

这一部分包括两个内容：单元间连接和内部运营。单元间连接着重于跨国公司如何管理地理上分散的经营单位，并描述如何平衡差异化和一体化之间的矛盾。内部运营描述每个经营单位在当地环境、法律、政治、文化、经济和社会中如何运作。本书的第1篇讨论了与模型这一部分相关的问题。

2. 外生因素

外生因素描述了企业外部的力量，这些力量在很大程度上超出了跨国企业的控制，但可能影响组织的国际人力资源管理问题、职能、政策和实践。这些外部因素包括民族文化、经济条件、政治制度、法律环境和劳动力特征。

本书第2篇讨论与模型这一部分相关的问题。

3. 内生因素

内生因素描述了公司内部的问题，包括组织结构、国际化阶段、业务战略和总部国际导向。

模型的上述三个部分影响国际人力资源管理的功能以及相关问题、政策与实践。实际上，跨国公司的关键战略目标是在以下几个因素之间实现平衡：多样性、协调性、公司的全球目标、灵活性和组织学习。这种平衡的性质会随外生因素和内生因素的不同而变化。

4. 国际人力资源管理问题

国际人力资源管理问题是由单元间和单元内需求和挑战引起的人力资源问题。如前所述，跨国公司的业务单元分布在几个国家，但它仍然是一个公司，因此必须考虑如何在全球整合能力和本地响应之间实现平衡。企业往往是通过人力资源管理政策与实践来解决这一平衡问题，因此它是国际人力资源管理中的重要组成部分。

5. 国际人力资源管理职能

国际人力资源管理职能包括分配给人力资源部门或单位的资源（时间、能源、资金），以及这些资源的位置和人力资源决策。不同跨国公司的资源和国际人力资源管理运营的位置并不相同。国际人力资源管理职能可以采取多种结构形式，包括中心化、去中心化和迁移。

6. 国际人力资源管理政策与实践

国际人力资源管理政策与实践关注如何制定管理个人的一般准则和具体的人力资源举措或活动。这包括组织的正式政策和员工经验以及日常实践，如规划、人员配备、评估、薪酬、培训和发展以及劳资关系等问题。本书的第 3 篇重点讨论模型的这一部分，讨论国际人力资源管理的核心政策与实践。

7. 跨国公司关注的问题和目标

这一部分可以通过使用和整合合适的国际人力资源管理政策与实践来确定，这些政策与实践能够提高跨国公司在五个方面的整体绩效：

- 全球竞争力（国际人力资源管理政策与实践如何帮助提供竞争优势？）
- 效率（通过提供最有效的人力资源，进而在世界范围内提供世界级的产品和服务，国际人力资源管理能够在多大程度上提高跨国公司的效率？）
- 本地响应（国际人力资源管理能够在多大程度上帮助跨国公司既实现本地响应，又实现全球化的竞争力？）
- 灵活性（国际人力资源管理能够在多大程度上帮助跨国公司在内部和外部灵活地适应不断变化的条件？）
- 学习和知识转移（国际人力资源管理能够在多大程度上帮助跨国公司在多个地理位置分散的单位中促进学习和知识转移？）

第 3 章重点关注这些问题的答案，以及国际人力资源管理政策与实践如何帮助公司实现这些关键目标。

▊ 2.6　结论

本章介绍了战略性国际人力资源管理的概念，描述了跨国公司国际化的各个阶段以及公司进入国际市场的方法的演变。整合能力-本地响应程度框架用于描述跨国公司如何形成商业战略，以及商业战略如何影响国际人力资源管理和受到国际人力资源管理的影响。随后解释了国际人力资源管理战略是如何形成的，并描述了组织中常见的三种国际人力资源管理战略。最后，本章对战略性国际人力资源管理这一主题进行了讨论。

▋ 2.7　讨论题

　　1. 跨国公司如何发展？跨国公司的变化如何影响国际人力资源管理？
　　2. 跨国公司进入国际业务时有哪些不同的选择？人力资源的功能如何随这些不同的选择而变化？
　　3. 战略性国际人力资源管理和国际人力资源管理之间的关系是什么？战略性国际人力资源管理为什么重要？
　　4. 国际人力资源管理战略如何因跨国公司的商业战略而异？
　　5. 跨国公司经营战略面临的国际人力资源管理挑战是什么？
　　6. 国际人力资源管理职能的集权和分权的利弊是什么？

案例 2.1　制造公司的早期演化——福特汽车的国际化之路

　　福特汽车的历史已经超过 100 年了，当它开始国际化时，它走在了竞争者的前面。

　　早期，福特跟许多大公司一样，外派人员去其他国家建立和本土一样的公司。福特的创立者亨利·福特是一个国际化主义者，在开始创立公司的时候，就已经开始在世界各地开设制造和组装工厂了。其中，第一个工厂是设立在英国特拉福德公园的 T 型车组装工厂，这基本上就是底特律初期工厂的小规模版本。福特逐步发展成为一个区域性的大公司。

　　到了 20 世纪 20 年代中期，世界上许多国家的福特工厂都产生了一股本地自豪感。这些国家都开始发展自己的汽车公司。英国、法国、德国和澳大利亚都开始制造自己的汽车。各国都想要维护自己的独立性，并将汽车工业看作投资本国经济的手段。事实上，一些国家的早期汽车先驱甚至开始出口自己的汽车，并在外国建立制造工厂。欧洲、美国和日本都在出口自己的汽车，形成了一个相互竞争的局面。如本章所述，这是大型跨国公司多国本土化结构的开端。

　　在 20 世纪 60 年代，随着欧洲共同市场、北美自由贸易区、东盟和其他区域贸易集团的出现，地区主义开始发展。各国保持自己的政治制度和社会价值观，但形成了经济贸易集团。因此，大公司在各主要贸易集团内建立区域总部。欧洲福特、亚太福特和南美福特在此期间成立。此时，地区性的福特子公司开始变得十分独立（这在本书中被称为"区域性"公司结构，是多国本土化结构的延伸）。这些区域性子公司在全球各地把效率提高到了极致。例如，福特曾在世界各地拥有多个会计核算中心，仅仅在欧洲就有 15 个。后来在区域模式下降到四个：一个在欧洲，一个在美国，一个在亚太地区，一个在南美洲。即使有这样的效率，福特仍觉得这样的区域模式已经不再起作用了。

今天，福特正在向全球化发展的第四阶段演进，它在国际经营的各个方面都在实现国际化：会计、资本、通信、经济政策、贸易政策、人力资源、营销、广告、品牌等。世界各地的汽车行业已经实现全球化，德国和日本在美国生产汽车，韩国在东欧生产汽车，美国在墨西哥和中国生产汽车，印度、马来西亚、中国和墨西哥向世界各地出口汽车和零件。随着雷诺（Renault）（法国）收购日产（Nissan）（日本），福特（美国）收购沃尔沃（Volvo）（瑞典），塔塔（Tata）（印度）收购捷豹（英国/美国），吉利（Geely）（中国）收购沃尔沃（瑞典），世界汽车公司正在不断整合。福特现在在六大洲至少 120 个市场（一些资料显示是 200 个市场）制造和分销汽车，在全球 80 多家工厂（10 年前是 110 家工厂）中拥有17.6 万名员工（相较于 10 年前的 35 万，已经大为减少）。此外，汽车工业已经成为电子驱动的产业，它越来越需要对技术和智力资本进行大量投资，而不仅仅是在开发和制造方面不断创新。现在，正是技术和人力资本全球化的时候。

资料来源：www. Ford. com（2014）；www. NYTimes. com/FordMotorCompany（2014）；Lapid，K.（2006）. Outsourcing and offshoring under the general agreement on trade in services. *Journal of World Trade*，40（2），341 - 364；Neff，J，（2006）. Ford announces corporate realignment. *Autoblog*，December 14；Wetlaufer，S.（1999）. Driving change：An interview with Ford Motor Company's Jacques Nasser. *Harvard Business Review*，March-April，77 - 80；and Whitney，K.（2006）. Ford：Driving learning and developing the "Way Forward." *Chief Learning Officer*，5（5），44 - 47.

［注释］

1 "10 Quotes on leadership from Mark Zuckerberg," see http://www.ceo.com/technology_and_innovation/10-quotes-on-leadership-from-mark-zuckerberg/. Accessed Nov. 2, 2014.

2 Sheehan, M., and Sparrow, P. (2012). Introduction: Global human resource management and economic change: A multiple level of analysis research agenda. *The International Journal of Human Resource Management*, 23(12), 2393–2403; Björkman, I., Stahl, G., and Morris, S. (2012). *Handbook of Research in IHRM*. Edward Elgar Publishing, Cheltenham, UK; Edwards, P. K., Sánchez, R., Tregaskis, O., Levesque, C., McDonnell, A., and Quintanilla, J. (2013). Human resource management practices in the multinational company: A test of system, societal, and dominance effects. *Industry and Labour Relations Review*, 66, 588–696; Zheng, C. (2013). Critiques and extension of strategic international human resource management framework for dragon multinationals. *Asia Pacific Business Review*, 19(1), 1–15.

3 Evans, P., Pucik, V., and Bjorkman, I. (2010). *The Global Challenge: Frameworks for International Human Resource Management*, New York: McGraw-Hill/Irwin; Brockbank, W. (1997). HR's future on the way to a presence, *Human Resource Management*, Spring, 36(1), 65–69.

4 Ibid.; Vance, C. M., and Paik, Y. (2011). *Managing a Global Workforce: Challenges and Opportunities in International Human Resource Management*, 2nd ed., London and New York: M.E. Sharpe; Albrecht, M. H. (ed.) (2001). *International HRM: Managing Diversity in the Workplace*, Oxford, UK: Blackwell Publishers; Marquardt, M. J. (1999). *The Global Advantage: How World-Class Organizations Improve Performance Through Globalization*, Houston: Gulf Publishing; Harttig, M. A., Strozik, M., and Mukherjee, A. (2010). Global workforce planning. *Benefits & Compensation International*, 40(1), 19; Lertxundi, A., and Landeta, J. (2012). The dilemma facing multinational enterprises: Transfer or adaptation of their human resource management systems. *The International Journal of Human Resource Management*, 23(9), 1788.

5 Thompson, A. A., Jr., and Strickland, A. J., III (1998). *Strategic Management: Concepts and Cases*, 10th ed., New York: McGraw-Hill.

6 Ibid.

7 Björkman, I., Stahl, G., and Morris, S. (2012). *Handbook of Research in IHRM*. Cheltenham, UK: Edward Elgar Publishing; Bremmer, I. (2014). The new rules of globalization. *Harvard Business Review*, 92(1/2), 103–107; Walker, J. W. (2001). Are we global yet? in Albrecht, M. H. (ed.), *International HRM: Managing Diversity in Workplace*, Oxford, UK: Blackwell Publishers, pp. 71–75; Bartlett, C. (1983). How

multinational organizations evolve, *Journal of Business Strategy*, Summer, *1*, 10–32; Dowling, P.J., Welch, D.E., and Schuler, R.S. (1999). *International Human Resource Management*, 3rd ed., Cincinnati, OH: South-Western College Publishing; Fadel, J.J., and Petti, M. (2001). International HR policy basics, in Albrecht, M.H. (ed.), *International HRM*, Oxford, UK: Blackwell Publishers, pp. 76–78; Harzing, A.-H. (1995). Strategic planning in multinational corporations, in Harzing, A.-H., and Ruysseveldt, J.V. (eds.), *International Human Resource Management*, 2nd ed., London: Sage Publications, pp. 33–64.

8   Adapted from, A new corporate focus, *Financial Times*, Feb. 5, 2013, p. 14 (Business Life Section).

9   Lertxundi, A., and Landeta, J. (2012). The dilemma facing multinational enterprises: Transfer or adaptation of their human resource management systems. *The International Journal of Human Resource Management*, *23*(9), 1788; Ando, N. (2011). Isomorphism and foreign subsidiary staffing policies. *Cross Cultural Management*, *18*(2), 131–143; Colakoglu, S., Tarique, I., and Caligiuri, P. (2009). Towards a conceptual framework for the relationship between subsidiary staffing strategy and subsidiary performance. *The International Journal of Human Resource Management*, *20*(6), 129; Collings, D.G., Scullion, H., and Morley, M.J. (2007). Changing patterns of global staffing in the multinational enterprise: Challenges to the conventional expatriate assignment and emerging alternatives. *Journal of World Business*, *42*(2), 198; Peng, G.Z., and Beamish, P.W. (2014). MNC subsidiary size and expatriate control: Resource-dependence and learning perspectives. *Journal of World Business*, *49*(1), 51–62.

10 Source: http://newsroom.kelloggcompany.com/2012–09–24-Kellogg-Company-And-Wilmar-International-Limited-Announce-China-Joint-Venture.

11 Monaghan, A. (28 November 2014). Jaguar Land Rover seals Chinese joint venture, *The Telegraph*, UK. Retrieved from www.telegraph.co.uk.

12 See for example Ghauri, P.N., and Santangelo, G.D. (2012). Multinationals and the changing rules of competition: New challenges for IB research. *Management International Review*, (2), 145; Lapid, K. (2006). Outsourcing and offshoring under the General Agreement on Trade in Services, *Journal of World Trade*, *40*(2), 431–364; Contractor, F.J. (2011). *Global Outsourcing and Offshoring: An Integrated Approach to Theory and Corporate Strategy*. Cambridge: Cambridge University Press; Robinson, M. and Kalakota, R. (2005). *Offshore Outsourcing: Business Models, ROI and Best Practices*, 2nd ed., Alpharetta, GA: Mivar Press; and Robinson, M., Kalakota, R. and Sharma, S. (2006). *Global Outsourcing: Executing an Onshore, Nearshore or Offshore Strategy*, Alpharetta, GA: Mivar Press.

13 See, for example, Linares-Navarro, E., Pedersen, T., and Pla-Barber, J. (2014). Fine slicing of the value chain and offshoring of essential activities: Empirical evidence from European multinationals. *Journal of Business Economics & Management*, 15(1), 111–134; Schwörer, T. (2013). Offshoring, domestic outsourcing and productivity: Evidence for a number of European countries. *Review of World Economics*, *149*(1), 131–149; definition retrieved from http://en.wikipedia.org and www.investordictionary.com. See also, Blinder, A.E. (2006). Offshoring: The next industrial revolution?, *Foreign Affairs*, *85*(2), 113–128; Erber, G., and Sayed-Ahmed, A. (2005). Offshore outsourcing—A global shift in the present IT industry, *Intereconomics*, *40*(2), 100–112; and Friedman, T.L. (2007). *The World Is Flat: A Brief History of the Twenty-First Century*, New York: Farrar, Straus and Giroux.

14 Setting a trend for world to follow (2011), *South China Morning Post*, Feb. 7, downloaded from ProQuest at http://search.proquest.com/docview/849412056?accountid=13044.

15 See Bartlet, C., Ghoshal, S., and Beamish, P. (2010). *Transnational Management: Text, Cases and Readings in Cross-Border Management*, Boston: Irwin McGraw Hill; Bartlet, C., and Ghoshal, S. (2002). *Managing Across Borders. The Transnational Solution, Boston*, MA: Harvard Business School Press.

16 Bartlet, C., and Ghoshal, S. (2002). *Managing Across Borders. The Transnational Solution, Boston*, MA: Harvard Business School Press.

17 Ibid.

18 Harzing, A-W. (2000). An empirical analysis and extension of the Bartlett and Ghoshal typology of multinational companies, *Journal of International Business Studies*, *31*(1), 101–120; Harzing, A-H (2004). Strategy and structure of multinational companies, in Harzing, A-H, and Ruysseveldt, J.V. (eds.), *International Human Resource Management*, London, UK: Sage Publications, pp. 33–64; Bartlet, C., and Ghoshal, S. (2010). *Managing Across Borders. The Transnational Solution*, Boston, MA: Harvard Business School Press. Also see Drahokoupil, J. (2014). Decision-making in multinational corporations: Key issues in international business strategy. *Transfer: European Review of Labour & Research*, 20(2), 199–215.

19 Bartlet, C., and Ghoshal, S. (2002). *Managing Across Borders. The Transnational Solution*, Boston, MA:

Harvard Business School Press; Harzing, A-W. (2000). An empirical analysis and extension of the Bartlett and Ghoshal typology of multinational companies, *Journal of International Business Studies*, *31*(1), 101–120; Harzing, A-H (2004). Strategy and structure of multinational companies, in Harzing, A-H and Ruysseveldt, J. V. (eds.), *International Human Resource Management*, London: Sage.

20　Rothaermel, F. (2013). *Strategic Management: Concepts and Cases*, New York: Irwin McGraw Hill.

21　Ibid.

22　Rothaermel, F. (2013).

23　Chakravarthy, B., and Perlmutter, H. V. (1985). Strategic planning for a global economy. *Columbia Journal of World Business*, Summer, 3–10; Kobrin, S.J. (1994). Is there a relationship between a geocentric mind-set and multinational strategy? *Journal of International Business Studies*, *25*(3), 493–511; Perlmutter, H. V. (1969). The torturous evolution of the multinational corporation, *Columbia Journal of World Business*, January–February, 9–18.

24　See Story, J. P., Barbuto, J. E., Luthans, F., and Bovaird, J. A. (2014). Meeting the challenges of effective international HRM: Analysis of the antecedents of global mindset. *Human Resource Management*, 1, 31; Gupta, A.K., and Govindarajan, V. (2002). Cultivating a global mindset, *Academy of Management Executive*, *16*, 116–125; Kedia, B. L., and Mukherji, A. (1999). Global managers: Developing a mindset for global competitiveness. *Journal of World Business*, *34*, 230–251.

25　Hannon, J., Huang, I., and Jaw, B. (1995). International human resource strategy and its determinants: The case of subsidiaries in Tawian, *Journal of International Business Studies*, *26*, 531–554.

26　Ibid.

27　See Scullion, H., and Paauwe, J. (2004). International human resource management: Recent developments in theory and empirical research, in Harzing, A. W. and Ruysseveldt, J. V., *International Human Resource Management*, London: Sage Publications, pp. 65–88.

28　Ibid.

29　Scullion, H., and Paauwe, J. (2004).

30　Ibid.

31　Ibid.

32　See, for example, Jackson, S. E., Schuler, R. S., and Jiang, K. (2014). An aspirational framework for strategic human resource management. *The Academy of Management Annals*, 8(1), 1–56; Caligiuri, P. (2014). Many moving parts: Factors influencing the effectiveness of HRM practices designed to improve knowledge transfer within MNCs. *Journal of International Business Studies*, 45(1), 63–72; Zheng, C. (2013). Critiques and extension of strategic international human resource management framework for dragon multinationals. *Asia Pacific Business Review*, 19(1), 1–15; Fan, D., Zhang, M., and Zhu, C. (2013). International human resource management strategies of Chinese multinationals operating abroad. *Asia Pacific Business Review*, 19(4), 526–541; Ananthram, S., and Chan, C. (2013). Challenges and strategies for global human resource executives: Perspectives from Canada and the United States. *European Management Journal*, 31(3), 22; Andersen, T.J., and Minbaeva, D. (2013). The role of human resource management in strategy making. *Human Resource Management*, 52(5), 809; An, D., Zhang, M.M., and Zhu, C.J. (2013). International human resource management strategies of Chinese multinationals operating abroad. *Asia Pacific Business Review*, 19(4), 526; Festing, M. (2012). Strategic human resource management in Germany: Evidence of convergence to the U.S. model, the European model, or a distinctive national model? *The Academy of Management Perspectives*, 26(2), 37; Kramar, R., and Parry, E. (2014). Strategic human resource management in the Asia Pacific region: Similarities and differences? *Asia Pacific Journal of Human Resources*, 52(4), 400; Liang, X., Marler, J. H., and Cui, Z. (2012). Strategic human resource management in China: East meets West. *The Academy of Management Perspectives*, 26(2), 55; Sparrow, P. (2012). Globalising the international mobility function: The role of emerging markets, flexibility and strategic delivery models. *The International Journal of Human Resource Management*, 23(12), 2404; Clark, K., and Lengnick-Hall, M. L. (2012). MNC practice transfer: Institutional theory, strategic opportunities and subsidiary HR configuration. *International Journal of Human Resource Management*, 23(18), 3813–3837; De Cieri, H., and Dowling, P.J. (2012). Strategic human resource management in multinational enterprises: Developments and directions, in Stahl, G. K., Björkman, I., and Morris, S. S. (eds.), *Handbook of Research in International Human Resource Management*, 2nd ed., Northampton, MA: Edward Elgar Publishing, pp. 13–35; Chung, C., Bozkurt, Ö., and Sparrow, P. (2012). Managing the duality of IHRM: Unravelling the strategy and perceptions of key actors in South Korean MNCs.

International Journal of Human Resource Management, 23(11), 2333–2353; Harvey, M., Fisher, R., McPhail, R., and Moeller, M. (2013). Aligning global organizations' human capital needs and global supply-chain strategies. *Asia Pacific Journal of Human Resources*, 51(1), 4; Perkins, S.J., and Shortland, S.M. (2006). *Strategic International Human Resource Management: Choices and Consequences in Multinational People Management*, 2nd ed., London: Kogan Page; Schuler, R.S., Budhwar, P.S., and Florkowski, G.W. (2002). International human resource management: Review and critique, *International Journal of Management Reviews*, 4 (1), 41–70; Schuler, R.S., Dowling, P.J., and De Cieri, H. (1993). An integrative framework of strategic international human resource management, *Journal of Management 19*(2), 419–459; Schuler, R.S., and Tarique, I. (2007). International HRM: A North American perspective, a thematic update and suggestions for future research, *International Journal of Human Resource Management*, 18(5), 717–744.

33 Beechler, S., Bird, A., and Raghuram, S. (1993). Linking business strategy and human resource management practices in multinational corporations: A theoretical framework, *Advances in International Comparative Management*, 8, 199–215; Hannon, J.M., Huang, I.-C., and Jaw, B.-S. (1995). International human resource strategy and its determinants: The case of subsidiaries in Taiwan, *Journal of International Business Studies*, third quarter, 531–554; Harris, H., and Holden, L. (2001). Between autonomy and control: Expatriate managers and strategic international human resource management in SMEs, Thunderbird, *International Business Review*, 43(1), 77–100; Kobrin, S.J. (1994). Is there a relationship between geocentric mindset and multinational strategy? *Journal of International Business Studies*, 25(3), 493–511; Lei, D., Slocum, J.W., Jr., and Slater, R.W. (1990). Global strategy and reward systems: The key roles of management development and corporate culture, *Organizational Dynamics*, 18, 63–77; Rosenzweig, P.M., and Nohria, N. (1994). Influences on human resource management practices in multinational corporations, *Journal of International Business Studies*, second quarter, 229–251; Sheridan, W.R. and Hansen, P.T. (1996). Linking international business and expatriate compensation strategies, *ACA Journal*, 5(2), 66–79.

34 Caliguiri, P.M., and Stroh, L.K. (1995). Multinational corporation management strategies and international human resource practices: Bringing international HR to the bottom line, *International Journal of Human Resource Management*, 6(3), 494–507; Milliman, J., Von Glinow, M.A., and Nathan, M. (1991). Organizational life cycles and strategic international human resource management in multinational companies. *Academy of Management Review*, 16, 318–339; Pucik, V., and Evans, P. (2004). *People Strategies for MNEs*, London: Routledge; Caligiuri, P.M., and Stroh, L.K. (1995). Multinational corporation management strategies and international human resources practices: Bringing HR to the bottom line. *International Journal of Human Resource Management*, 6, 494–507.

35 Yip, G.S., Johansson, J.K., and Ross, J. (1997). Effects of nationality on global strategy, *Management International Review*, 37 (4), 365–385.

36 See, e.g., Perkins and Shortland (2006).

37 Schuler, R.S., Dowling, P.J., and De Cieri, H. (1993). An integrative framework of strategic international human resource management. *Journal of Management*, 19(2), 419.

第 **3** 章
跨国企业的设计和结构

虽然全球化已经进行了几个世纪，但是 21 世纪与 19 世纪或者 20 世纪的全球化的意味是完全不同的。成为未来的领袖就要拥有全球化的思维，而非仅仅考虑地理。

——IBM 前首席执行官萨缪尔·帕尔米萨诺[1]

学习目标

- 解释组织设计和结构的基本原理，并解释设计跨国企业的过程。
- 描述不同组织结构的基本特征。
- 解释不同结构对国际人力资源管理的影响。
- 描述团队、网络工作的重要性以及跨国企业中学习的必要性。

在跨国企业中人力资源要成为组织的架构师，这是一个大的挑战。为了在日益复杂和互相联结的全球经济中有效地开展业务，国际化的组织需要合适的结构。可持续的全球竞争优势的一个重要来源就是有一个可以为组织跨国界的知识创造及共享提供支撑的结构，从而使得组织能够在全球化的基础上更好地学习和创新。在复杂的经济全球化和跨国管理的背景下，企业对组织控制、一体化的需求日益增加，使得组织设计的问题显得更为复杂。

本章主要介绍国际商业组织的组织设计与结构。国际商业组织的发展和复杂性迫使公司创造新的组织形式，并为旧的形式寻找新的应用，这些都对管理，尤其是国际人力资源管理提出了新的挑战。公司不得不面对更多的国家（及其政治、政府和文化），保护更高水平的外国投资，处理更大的政治不确定性，开发更新的思维方式，并且管理更多的场所和伙伴关系，以便比它们的竞争对手更快、更好地学习，从而在当今的全球经济中有效地参与竞争。[2]

本章从对组织设计和结构的介绍开始，着重于设计和架构国际组织所涉及的复杂性。接着，本章描述了整合和本地响应的压力（第 2 章已介绍）是如何影响国际化公司用于开展国际活动的组织的设计和结构的。然后，本章概述了国际化公司在其国际业务进行过程中使用的各种结构，描述了不同结构对国际人力资源管理的影响。最后，本章讨论了网络、全球化团队和全球化学习型组织在维护复杂组织结构方面的作用。

3.1　国际化组织设计和结构概述

组织设计是指管理层用来安排组织的各个组成部分的过程或方式。相比之下，组织结构是指组织中的各部分，比如总部、子公司、总部和子公司中的业务单元/部门、产品线、工作、职位、任务和组织中的报告关系等组成部分的正式安排。组织设计是过程，而组织结构是结果。

设计过程和由设计过程（从国际化的角度）产生的组织结构基本上基于四个因素[3]：

> 组织结构是指组织中的各部分，比如总部、子公司、总部和子公司中的业务单元/部门、产品线、工作、职位、任务和组织中的报告关系等组成部分的正式安排。

（1）公司国际化发展的形式和阶段（见第 2 章的图 2 - 2）。

（2）公司战略所需的跨境因素（期望得到的整合程度与可接受的必要的本地化程度）（第 2 章）。

（3）东道国政府在经济活动中的性质和程度。

（4）跨国公司的业务运作的多样性和复杂性。

在很大程度上，这些涉及跨国企业各类子公司和联盟的发展和相互关联的形式。如第 2 章和第 4 章中所述，这些子公司和国际联盟的结构可以是简单的销售办事处，完全独立运营的（全资或部分投资）、正式的合资企业，以及各种不太正式的合作伙伴关系。具体来说，可以采取以下三种形式中的一种或多种[4]：

（1）子公司或合伙企业可以是一家初创公司（最初可能只是一个销售办事处），用于建立公司的国际业务。在这种情况下，它通常采取的是直接向国内结构中的管理者或国际和当地分部经理报告的形式。

（2）一旦公司有一个完善的国际业务，它将广泛使用其子公司和联盟来支持其业务战略。在这种情况下，公司很可能采用商业中心的多维网络来开发结构。

（3）当企业在本国以外具有高水平的资产/销售额/雇员时，这些子公司就成为创造新的市场份额和竞争优势的领导者，然后将这些优势转移到全球网络，甚至回到本国。在这种情况下，该结构将是一个更加复杂的多个商业中心的网络，并会将重点放在众多中心的集成上。

在以上所有的情况下，进行国际业务所需的结构比纯粹只经营国内业务企业的情况更复杂。

趋同与差异

过去，跨国企业通过简化其业务和组织来应对国际业务的复杂性，这往往会导致其在全球化业务和简化组织形式方面简单复制它们在国内组织结构的制度和实践。这似乎可以把全球化情境下的管理和控制问题最小化，因为前提假设是如果管理人员可以处理国内组织的问题，那么他们也可以有效地管理在国际商务中相同的结构和系统，将母公司的产品、技术和管理风格在国外经营中很好地转化。

一些主要的跨国企业（那些拥有长期经验、较大外国投资和员工规模的公司）已经发现这种做法效果不佳。目前，全球经济形势复杂且难以预测，其他的国家和文化并不总能适应母公司的产品、风格和文化。跨国公司通常需要开发更复杂的组织结构来应对这种复杂性，并且挖掘新的管理技能和方式来处理多文化、多语言的国际业务。

3.2　跨国企业的设计

企业在全球范围内经营的最基本的问题是如何协调和平衡其各海外业务相互之间以及海外业务和母公司之间的冲突，同时允许必要的自主权和地方控制的存在，以满足特殊的国家和文化利益。[5]这是前面章节中提到的一体化和本地响应的问题。

跨国企业需要学习并整合与分享经验，它们通常在与整体绩效相关的一些领域（如财务目标）寻求通用的政策，但需要考虑适应当地的文化。对组织结构的更多层次、更大规模和更复杂的系统的追求，事实上减弱了组织的沟通、学习和决策，限制了国际化公司有效适应当地差异的能力。因此，跨国企业正在越来越多地缩小业务单元的规模，增加小型商业中心和非正式网络的数量以改善沟通、控制和协调，这些本章后面会进行介绍。[6]国际化公司设计方面最前沿的研究者之一杰·加尔布雷思（Jay Galbraith）曾说："组织一家在全球范围内开展业务的公司仍然是最复杂的组织责任之一。"[7]其中，将企业的集中控制和整合与产品、管理的本土化相结合是最主要的挑战之一。

很明显，没有哪一种类型的国际组织结构可以完全体现一个正确的、可以适用于所有企业的系统，相反，跨国企业需要的是一个多维的商业、国家和职能网络。全球性的客户要求点对点的业务联系，而全球化战略需要的是一个简洁的汇报结构。因此，企业不得不发展四维或五维网络，本章后面会介绍。全球化的管理人员需要接受培训和开发，以便有效地利用多维结构以及多种类型的结构进行操作。

3.3　国际化组织结构的选择

组织结构是指组织中的总部、子公司、总部和子公司中的业务单元/部门、产品线、工作、职位、任务和组织中的报告关系等组成部分的正式安排。有两个框架可用于描述跨国企业的组织结构。

3.3.1　框架 1：以一体化和本地响应划分的组织结构框架

第一个框架是基于上面的讨论。对跨国企业的基本组织挑战一直是如何将在不同国家进行的活动结合起来，并且协调外国子公司与总部的关系。每个跨国企业的基本整体结构可以用一个整合-本地响应框架来描述（见图3-1）。该框架强调了跨国企业在这两种力量（整合和本地响应）方面的相互矛盾的要求，可用于描述跨国企业的结构和战略（基本战略在第2章中有描述）。[8] 横轴表示跨国企业本地响应程度，纵轴表示整合能力。[9]

这种方法（整合-本地响应框架）将公司的国际化结构（按总部-子公司关系）分为四种类型：国际化；多国化；全球化；跨国化。[10]

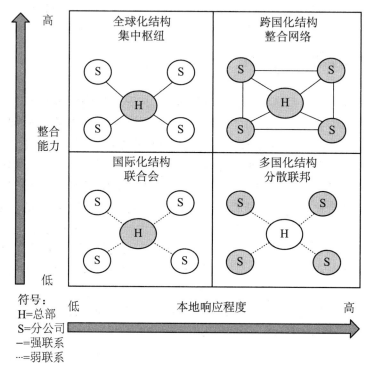

图3-1 跨国企业组织结构

资料来源：Bartlet, C., Ghoshal, S., and Beamish, P.（2010）. *Transnational Management：Text, Cases and Readings in Cross-Border Management*, Boston：lrwin McGraw Hill; Bartlet, C., and Ghoshal, S.（1998）. *Managing Across Borders. The Transnational Solution*, Boston, MA：Harvard Business School Press; Harzing, A.（2004）*Strategy and Structure of Multinational Companies*, in Harzing, A. W. K., and Van Ruysseveldt, J.（eds.）, *International Human Resource Management*, 2nd ed., London：Sage Publications, pp. 33 - 64.

这些不同的结构是相互关联的。企业所处的国际化阶段不同，它在国际业务中采用的结构也不同。选择或发展的具体国际结构会影响国际人力资源管理政策与实践的类型。处理结构的复杂性是国际人力资源管理最难为企业的国际商业战略做出贡献的领域之一。

国际化组织结构[11]

具有国际化结构的组织面对本地响应或差异以及全球整合的压力较小。如图3-1所示，这种类型的结构类似于一个联合会。外国子公司可能依赖总部的资源和指导，但仍有很大的自由根据当地的情况进行调整。总部的协调和控制可能在国际化结构中比在多国化结构中更为重要，但是不如在全球化结构中重要，在国际化结构中人力资源管理的决定、政策与实践在子公司中的意义也很有限。

多国化组织结构

具有多国化结构的组织面临着较强的本地响应或差异化的压力以及相对较弱的全球整合的压力。如图 3-1 所示，多国化企业在多个国家拥有子公司，这些子公司通常在不同的国家独立运营，且通常是相当独立的，即使对母公司总部也是一样。跨国企业在许多国家拥有重要的业务（装配、制造、服务中心、研发、分支机构），这些业务很可能达到其在外国的销售和就业的一半甚至更多。这些多国化的子公司通常是几乎完全独立的公司，如第 2 章的福特汽车公司那样。

子公司的主要人员通常来自最初在公司总部做出关键决策的人员。因此，虽然子公司的大部分成员来自其当地国家，但来自总部的管理人员可以在关键领域（例如盈利能力和薪酬奖金）保留权力，尽管子公司的管理现在越来越注重内部管理。在这个发展阶段的跨国企业通常将每个国家的市场都视为其特定子公司产品的专门市场。每个子公司都聚焦在它所在的国家。

人力资源在这一阶段的角色变得更加复杂和困难。总部的人力资源管理部门可能在最开始的时候为这些在外国工作的员工（国际工作人员）提供一些服务，如搬迁、薪酬和福利，但它还必须协调许多子公司的人力资源管理活动与实践，以寻求与母公司的文化和政策保持一致，并且要适应当地的做法和价值观。随着时间的推移，这些子公司可能会越来越独立于总部。此外，公司还对国际化的员工、当地的员工和来自母公司的员工进行培训，以培养他们处理海外事务的能力。这些培训和活动都随着国际化经验的增加而增加。

因为子公司的独立性，在这种结构中，当一些国家的子公司的运营达到了相当的规模和重要性时，公司总部对整合的需求就会增强。跨国企业可能会按照地理区域划分国家子公司变为划分具有区域总部的区域子公司，以便像第 2 章中的福特汽车公司那样，协调地区性业务。这可能需要首先仅在欧洲或拉丁美洲（对美国公司来说）或北美（对欧洲、亚洲公司来说）或亚洲（对亚洲或欧洲公司来说）的一个或两个地区开展业务。人力资源管理在这个区域化的结构中的影响与多国化结构中的影响类似，这些区域子公司都由区域总部管理。我们假设的是，一个区域内的国家具有一些共同的特征，例如国家文化、地理接近度或经济发展阶段。

全球化组织结构

具有全球化组织结构的组织面临着全球整合的巨大压力，但在差异化或本地响应方面的压力则比较小。如图 3-1 所示，这种类型的结构类似于集中枢纽。这类组织将其外国子公司构建为由总部严格管理和控制的全球业务线，其资产和资源都被集中管理。外国子公司严重依赖总部的资产和资源。相对于在多国化与国际化组织结构中的子公司，全球化结构中的子公司拥有更少的自主权。

近年来，许多具有这种类型的组织结构的跨国公司在努力发展一种企业文化，其意图是逐渐模糊国家的概念在业务中的重要性，也就是说，希望以不必太过考虑国家文化和法律差异的方式运作。尽管大多数企业仍然在区域性的基础上组织，并且仍然需要适应当地的客户偏好，但是产品和服务越来越多地被设计用于面向全世界的客户销售，对工业产品和B2B的产品尤其如此，例如计算机芯片、机床、建筑设备。最好的技术和创新理念产生于世界各地，并且被应用于世界各地的市场。产品和服务是在成本最低、质量最高、交货时间最短的情况下被创造的，并在需求最充足的地方交付。资源（资金、材料和零件、保险，甚至是人）是在性价比最高的地方找到的。为了实现产品服务和资源的最优化，组织结构不仅仅是一个公司的规模或国际化经验的问题，有时它反映了特定行业所面临的压力的本质，反映了一个有目的"走出去"的战略决定。

在这个结构的层面上，人力资源部门的作用必须再次转变。关键的人力资源决策在总部制定，并在全球范围内实施。员工可以在全球范围内雇用，只要当地劳动力具有必要的技能、培训和经验。全球性政策在人力资源方面得以发展和施行，是基于世界各地大量的实践的。管理的进步要求具有国际经验，经理和董事必须从所有主要的经营国家或地区开发出来。同时，随着公司试图成为一个全球性企业，人力资源管理工作的复杂性也变得更加突出。

这种结构通常意味着当地子公司的外派人员减少，第三国员工的使用增加，公司董事会、高层管理和技术团队会由来自更广泛的国家的成员组成。在大多数公司，这就意味着要尝试开发或维护超越国界和国家文化的国际企业文化。主要的员工需要精通多种语言，有海外经验，对各国文化敏感。

跨国化组织结构

具有跨国化组织结构的组织面临着全球整合和差异化或本地响应的强大压力。如图3-1所示，这类组织类似于一个综合的、相互依存的子公司的全球性网络，能够跨越国界管理，保留本地灵活性，同时实现全球整合。这种形式的组织具有真正的全球化的聚焦点，不用考虑国家因素就可以做出资源的决策，并在全球范围内与其所有的单元分享想法和技术，同时在所有的业务中培养本地特色。它的特点是所有业务部门的资源和责任相互依存，无论国界如何。子公司是对全球和地方目标进行整合的跨国系统的一部分。国际人力资源管理政策与实践是基于总部和子公司之间的综合过程。

巴采和戈沙尔（Bartlett & Ghoshal）认为，许多公司的组织结构正在演变成这种新形式，他们称之为"跨国公司"（transnational）。[12]跨国公司类似于全球公司（在上一节中有过描述），但它与全球公司的不同之处在于：跨国公司不仅仅开发全球产品、服务、品牌、标准化流程、政策和程序，同时努力地本地化。不仅被视为一个全球性公司，而且被视为一个地方性企业，尽管依托于全球化专门知识、技术和资源。[13]在跨国公司，重点是将全球整合和本地响应与组织的不同部分之间的知识共享同时展开。

跨国公司经常被认为是所有国际化公司未来发展的方向。最显著的一个管理和人力资源问题可能是如何管理全球性商业活动中所经历的复杂性和国家（文化）多样性。当需要整合时（如在合资企业和全球劳动力的发展中），就要重视和利用文化多样性，同时尽量减少其负面影响，但是当需要文化多样性来区分产品和服务以满足当地市场的需求时，就要求进行新的企业实践和组织设计。

全球一体化结构

除了前面讨论的四种结构类型（多国化、国际化、全球化和跨国化），有一种流行的模式是在结构和运营方面非常不同的全球一体化企业。[14] IBM 的前董事长兼首席执行官塞缪尔·帕尔米萨诺描述了 20 世纪跨国公司和 21 世纪全球一体化企业之间的区别：在多国模式中，公司在关键市场建立本地生产能力，同时在全球范围内执行其他任务。相比之下，在全球一体化企业中，战略、管理和运营（在许多不同地点进行）被整合到货物的生产和服务中，为全球客户提供价值。由于共享技术、全球 IT 系统和全球通信基础设施的存在，这种整合模式成为可能。在全球一体化结构中，企业不同的操作、专业知识和能力（尤其是服务型组织）位于世界各地，允许使用其所有资源与客户联结，并致力于参与协作创新以解决客户的问题和挑战。在全球一体化企业中，人力资源活动在内部反映出一种与它向外部客户提供的全球一体化相同的准则。跨国公司的人才和专业知识流向能够创造最大价值的地方。

多国化、全球化、跨国化、全球一体化公司之间的差异是显著的。在传统的多国企业中，独立的子公司或独立的外国运营可能是非常松散的，从而可能会丧失规模经济、联合营销、共享技术和创新的宝贵机会。国家或地区的运营和专家可能是非常独立的，这可能导致跨越国界分享产品理念和技术会带来利益损失（参见上一章中的福特汽车公司案例）。全球一体化公司创建了一个可以利用全球能力，同时允许当地子公司作为独立企业运营的结构和管理系统。全球一体化企业往往更加依赖网络基础。无论采用哪种结构，都必须利用全球化人力资源的角色和活动来满足组织的需求。

要达到这个发展阶段不仅仅是公司规模或国际化经验的问题，有时是特定行业的特定压力或是有目的"走出去"的战略决策的结果。"国际人力资源管理实务3.1"描述了一个中等规模的公司——Ferro 公司，是如何成为全球化企业的。[15]

➡ 国际人力资源管理实务 3.1

将人力资源从国际化变为全球化

Ferro 公司是一家价值 10 亿美元的涂料、塑料、特种化学品和陶瓷制造商，近 4 个世纪以来一直是一个成功的国际企业，现在已经成为全球化公司的典范。它的一些外国业务，特别是在欧洲和拉丁美洲的业务，已经存在了长达 70 年。大约 2/3 的员工是非美国公民，其收入和利润的 60% 以上来自外国业务。

尽管它的国际化历史令人印象深刻，但最近 Ferro 才开始将自身定位为一家全球化公司。根据 Ferro 人力资源副总裁戴维·B. 伍德伯格（David B. Woodburg）的说法，"在不同国家的业务中有相当多的信息和技术共享，但每个外国部门或子公司高度独立运作，制定自己的制造、营销、金融和人力资源的战略"。

此外，Ferro 重组了其企业结构，专注于跨越国界的产品和业务线。"每个企业都认为世界是它的市场，"伍德伯格说，"我们正在制定基础广泛的全球战略，增加通信并在全世界更多地分享资产。"

人力资源在这份"共享资产"清单中排名靠前，这体现了其重要性。伍德伯格说："我们认识到对于国际化管理人员的强烈需求，我们必须识别、培训和培养具备国际视野、技能和经验的人才。像公司的其他方面一样，人力资源必须逐步发展成一种全球性的运营。"

3.3.2 框架2：以业务单元/部门划分的组织结构框架

用于描述组织结构的第二个框架[16]更加详细，它描述了总部和子公司内的以业务单元/部门划分的组织结构（参见图3-2）。传统的结构包括职能划分结构、产品划分结构、地理划分结构和全球化矩阵结构。

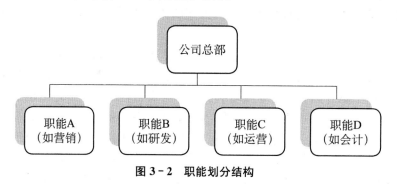

图3-2 职能划分结构

职能划分结构[17]

职能划分结构中的部门按照职能划分，例如运营、营销、财务、会计（参见图3-2）。子公司直接向首席执行官或直接向运营、营销或制造部门的副总裁报告。处于国际化早期阶段的组织通常采用这种划分结构。这种划分结构最有可能在具有国际化组织结构的公司中找到。

产品划分结构[18]

该结构中的部门根据产品划分（参见图3-3）。每个产品线都包含所有业务职能，如财务、营销和会计，也就是说，所有的职能活动都由产品组来控制。这种结构最有可能在具有全球化组织结构的公司中找到。总部的管理人员做出了大多数的产品决策，来自子公司的投入是非常有限的。

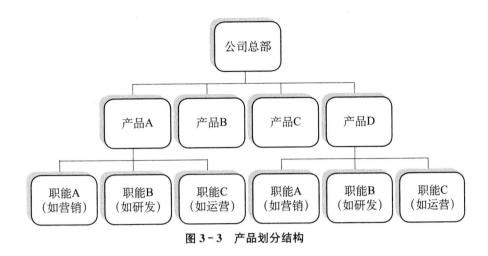

图 3-3　产品划分结构

地理划分结构[19]

在这种结构中，产品部门通常让位于地理分区结构，每个地区成为直接向首席执行官报告的独立部门。每个区域都有自己的一组专门的职能部门（参见图 3-4）。每个国家或地区的管理人员都有实质性自主权以适应母国产品部门的战略，并适应当地条件的特殊性。具有多国化组织结构的公司更有可能使用这种类型的划分结构。

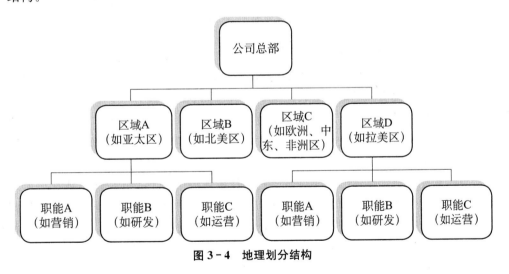

图 3-4　地理划分结构

随着对更多商业中心的需求增加，例如为了容纳更多的国家和额外的研发中心以使产品适应本地客户，简单分层的职能划分、产品划分和地理划分结构都不足以处理当今跨国企业复杂的需求，因此这些跨国公司通常有多种组织形式和网络。现代跨国企业的组织需要的是职能、产品和地理划分结构的组合。

全球化矩阵结构[20]

由于既要关注成本控制，又要关注跨国界的整合，企业倾向于寻找方法来协调公司的许多关键组成部分：子公司、产品线、本地和全球客户、业务职能、研发、区域和中央总部等。因此，这些关键因素的不同组合方式被开发出来，以将传统的业务职能与国家、产品整合起来（见图3-5）。通常这些组织设计会随着公司推进全球化的过程及其遇到的挑战而演变。

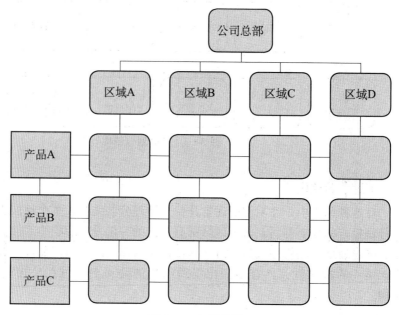

图3-5　矩阵结构

矩阵结构涉及两个或多个报告路径。通常情况下，管理者向当地的上司报告，同时向产品组或区域或总部职能办公室报告。有时，会有三条或更多条报告路径，它们可能具有同等的重要性，或者具有不同的优先级。

矩阵结构导致了一个新的困境，并且需要一套新的技能。全球化业务的许多不同需求要求全球化企业将管理重点既要放在地方层面，又要放在公司全局层面。这个矩阵不能解决这种困境，它只是管理环境中的一部分。在最好的情况下，矩阵结构允许当地和全球的现实进行协调；在最坏的情况下，它会使管理者追求狭隘的目标，而不考虑对矩阵的其他分支，即对组织的其他部分的影响。个体的忠诚度和多上级的问题必须得到解决。最终，在这种全球化矩阵的组织中工作的管理者必须学会更加广泛地思考，如前所述——发展网络技能以协调资源，解决权衡问题，通过影响和说服力而非一定要通过直接权威来管理。

在个人层面，管理者面临的最重要的整合问题是忠诚度的偏离。忠诚是有区域性的，也就是说，人们对每天看到的、一起花时间进行社交的同事会更忠诚。如果正式的组织结构需要与陌生人（特别是另一个国家的陌生人，甚至这个国家是总部国家）交流，那么我们只能预期他们会将注意力优先转向当地同事，除非他们愿意在发展跨境关系方面做出巨大努力。有趣的是，对忠诚的态度会因国家文化和功能特性而有所不同。例如，西班牙和法国的管理人员更偏向对远程的（通常是中心的）组织部分忠诚，而英国、爱尔兰的管理人员更偏向忠于当地同事。为了培养区域性的以及中心-地方的这种忠诚关系，人力资源管理部门必须对管理人员进行培训，并且通过他们来培养员工的忠诚。

3.4　国际人力资源管理以及国际化组织的设计与结构

如前所述，组织设计指的是管理层用来安排组织的各个组成部分的过程或方式。这一过程会越来越复杂，并在很大程度上呈现出新的、复杂的组织和人员问题，例如跨界谈判、文化敏感性、跨越国界和时区的协调与控制、跨界和跨文化团队合作以及全球学习和一体化。随着国家、文化数量的增加，国际商业活动的多样性以及跨国团队和特别工作组的使用持续增加，国际人力资源管理在帮助企业确保其全球化工作方面发挥了越来越重要的作用。在组织设计时，组织的整合程度目标以及可接受和/或者必要的差异化程度目标会指导国际人力资源管理。

国际人力资源管理不仅需要设计能够支持跨国企业的组织结构，使不同部分的整合更加紧密，而且必须组织自身工作为跨国企业有效的资源分配提供人力资源服务。传统的国际人力资源管理观点认为，在国际化的早期阶段，组织国际人力资源管理自身工作的最好办法，要么是在总部为子公司的人力资源需求提供服务（通过外包），要么是雇用当地人力资源经理提供服务。然而，这两个选择都有严重的缺点。总部人力资源经理在管理本国以外的人力资源（由于国际性经验的缺乏以及东道国的法律和文化的复杂性）时往往是无能为力的；当地的人力资源经理尽管对在当地提供人力资源服务比较熟悉，但可能不具有成本效益，并且在当地环境中提供的人力资源服务往往缺乏战略人力资源的视角。

为了弥补这些缺点，随着现代互联网和通信技术的发展，一种新的组织形式正在出现，它为跨国企业提供人力资源服务。这种在跨国企业全球运营中提供人力资源服务的新形式称为"共享服务"和"卓越中心"。在共享服务模式中，各个国家的分公司也可以获得各个方面的国际人力资源服务。考虑到内联网的强大功能，各国都可以访问卓越中心而不必自己开发它。以这种方式，所有跨国公司的国外业务都可拥有世界级的国际人力资源管理能力。

3.5　正式结构和非正式结构

跨国企业及其国际人力资源部门管理的挑战是学习如何管理所有网络和联系。网络是最重要的联系形式之一，以下是对其简短的介绍。

3.5.1　网络

将复杂的全球业务联系在一起，最重要的就是管理者开发出联结公司各中心的非正式网络。只有管理者彼此交流以完成他们的规划，并且可以相互信任实现其不同目标时，这些网络才会正常运行。网络的建立需要不断关注整合的技能和管理方案。

目前，企业已经尝试了一系列的策略，将复杂的全球业务与日益复杂的正式结构（包括多维矩阵）结合起来，包括产品划分、职能划分、国家业务划分、区域和母国总部、各专业中心（比如研发、全球培训与发展），以及跨国并购、国际合资企业、合作伙伴和虚拟团队等，这些都将在下一章中介绍。

正是由于这些多样又复杂的层次，非正式的关系网络得以发展，以便处理日常业务活动的组成部分，如业务规划。这样的非正式网络只有在这样的环境里才能发挥作用：需要互动和协调的员工对整个公司及各部分的发展方向具有共识，他们的自我控制能力强，并且愿意合作以及包容差异。这就要求我们重视整合的管理技术，即一种目的在于整合企业的管理和执行力以培养有效使用网络的必要能力的管理实践的发展。[21]我们会在第10章关于国际培训和管理发展中更充分地讨论这种全球化管理发展方案。

3.5.2　跨国团队的使用和管理

鉴于组织变得日益复杂，全球化企业的大量工作要求在全球分散的组织之间，以及在这些组织中各个分散的部门中的人之间具有高度的相互交流和相互依存关系。这种互动通常被归入一个工作组或团队。[22]这类团队由来自不同的组织（或同一组织的各个部分）、区域、时区、国家、文化，操不同的语言，具有不同的思维和工作方式的人员组成。这类团队通常有虚拟团队的特点，也就是说，不要求面对面，也不要求在同一地点，地理分布广泛。

1. 跨国团队的类型

跨国团队有许多不同的名称，如全球团队、多元文化团队、跨文化团队等，指的都是人们以团队协同工作、具有共同目标，但是并不位于同一地点，通过电子手段进行他们的工作。在本书中，这样的团队通常被称为跨国团队，这是本章描述的主要结构和最常用的措辞。

2. 跨国团队的挑战

跨国团队代表了管理人员职能方式的巨大变化，并提出了两个重大的新挑战。[23]这两个挑战都来自与员工和管理人员地理位置分离有关的问题，这种分离一方面是全球化的必然结果[24]，另一方面是因为现代技术的发展[25]。

第一个挑战与管理你看不到的人有关。管理者必须从对员工活动进行管理转向对项目及其结果进行管理。第二个挑战是重新定义管理的角色。由于跨国团队的"虚拟"性质，管理者对在不同区域工作的员工进行管理，这就产生了很大的不确定性。因此，这些团队往往主要是自我管理，成员工作相互依赖，并且可以通过互联网协调。

3. 虚拟团队的普及

这部分关于跨国团队的讨论，目的是充分了解其面临的问题并提出解决方案，以便国际人力资源管理人员能够提供必要的建议、培训和改善方法，确保全球化公司能够获得预期的和可能的利益。更多细节可以参阅 Schuler，Jackson & Luo《跨国联盟中的人力资源资源管理》（*Managing Human Resources in Cross-Border Alliances*）。[26]）学习管理这些团队将变得越来越重要，因为这样的虚拟团队变得更加普遍，原因有以下几点：

■ 全球业务的复杂性需要来自不同地方的、具有多种能力的人员的互动和联结。

■ 虚拟团队为企业节省了团队出行见面或重新安置团队成员使他们一起工作的费用。

■ 互联网、视频电话会议和 Skype 等技术使跨国团队更容易以虚拟方式会面。这些团队可以选择在一种或两种不同模式中工作[27]：

（1）他们可以面对面地完成一切（或大多数事情），这需要大量出行使得成员聚在一起（这也是避免首选面对面的团队方式的一个原因，因为他们能够以电子方式会面）。

（2）他们可以在虚拟模式下，依靠电子技术实现互动，来完成大部分的工作。

4. 虚拟团队管理的最佳实践

许多问题产生于过度依赖虚拟团队和虚拟模式的团队会议。一个未解决的问题是那些使用计算机长大的、更习惯于通过计算机或手机与他人沟通的年轻人是否不需要面对面就能进行有效的沟通，并足够信任看不见的团队成员。使用电子邮件可能增加互动的数量，但一些研究表明沟通的质量会下降。[28]

事实上，大多数研究表明，虚拟团队成功运作的关键是团队成员之间的信任水平。这种信任水平似乎需要团队成员通过面对面的形式不断积累，尤其是在团队刚成立阶段。[29]虚拟团队的一些经验也表明，在虚拟团队中存在信任的"半衰期"，即不超过三个月信任的程度就会低于某一危险阈值。[30]这表明为了维持健康的工作关系，虚拟团队可能需要每三个月左右就进行面对面的交流。

负责管理全球化公司的偏远分支的管理者，目前在管理虚拟团队上面临着额外的挑战。如前所述，这些团队执行工作任务跨越了距离、文化差异、时区和技术方面的障碍。大多数管理培训仍然认为管理技能是管理者在自身的文化环境中面对面使用的，然而这已经不是这些管理者所面对的现实了。使用旧技能来管理新的远程业务带来的是大量的工作出行、不当的管理（因为信任和关系还未得到发展）。这些新组织的管理者需要获得建立远距离关系和团队合作的技能。表 3 - 1 展示了一些有关跨国和虚拟团队有效管理的经验教训。

表 3 - 1　有效管理跨国和虚拟团队的最佳实践[31]

■ 制定电子邮件协议，包括适当的主题、频率和使用时间、对紧急程度的定义、何人何时应该参与、使用标题的重要性、期限的定义和使用等。

■ 选择适合虚拟团队成员的人员，包括做事有主见、具有较强的沟通能力和良好的虚拟团队技能（能够使用电子邮件等）的人。

■ 一开始就确定团队领导者。

■ 让虚拟团队项目专注于任务，具有明确的目标、对象和截止日期。

■ 提供充足的面对面的社交时间，以建立虚拟形式工作所需的信任。

■ 庆祝达到目标和项目完成。

■ 明确想要克服的协作障碍，并一起解决。

■ 为团队提供文化导师，以处理跨文化问题和误解，以及提供 IT 人员帮助解决技术问题。

续表

- 确定当危机发生时，人们应该做什么，包括联系谁和组内的决策层次结构。
- 确定虚拟团队的基本规则，包括多久互动一次、使用何种虚拟沟通形式、如何分享项目信息等。

3.5.3　全球化学习型组织

最终，将全球化企业联系在一起的纽带是其所具备的知识和社会资本，包括全球员工所拥有的经验、知识和技能，以及在全球范围内共享和使用这些知识的能力。在当今世界，任何公司唯一可持续的竞争优势是比竞争对手更快地学习和创新，更快地对持续的波动和变化做出反应，创造一种学习和培养的文化。促进跨国学习是成功的唯一途径。[32]在当今的全球经济中，"变化是复杂混乱的，所以许多人由于对未知的恐惧……当不确定努力能否成功时，相比于尝试做出根本性的变化，保持原样可能更让人感到安心"[33]。但是，一个公司必须改变，以便在当今的环境中生存和繁荣。它必须承担风险，找到方法来促进学习，让改变成为可能。正如英国石油阿莫科公司（BP Amoco）前首席执行官约翰·布朗（John Browne）所说："学习是公司适应快速变化的环境的核心能力。"[34]从全球角度来看，这意味着公司必须在全球范围内促进学习——跨越不同国家、地区的组织部门，在全球化团队和虚拟团队内，在承担外国任务的人员以及从这些任务返回之后的员工中，在国际合资企业和跨境合作伙伴、联盟中。

正如彼得·圣吉（Peter Senge）所说："也许在历史上第一次，人类有能力创造出远多于人类能够吸收的信息，创造出远大于任何人能承受的人际间的相互依赖，并且加速产生任何人都无法跟上脚步的变化。"[35]因此，对企业的挑战是，在全球基础上学习必须成为管理重心。仅仅依靠技术（如创建IT数据库以及知识和经验存储库）是无法解决这一挑战的，仅仅阐述合作的原则和价值观也是不行的。人们必须愿意使用这样的知识资源，并且愿意学习。最后，人们必须认识到学习的重要性以及共享和使用信息的需要。

反过来，跨国企业和国际人力资源管理需要创建组织文化和结构，以及设计鼓励和促进这些态度和行为的人力资源政策和措施。这是在组织和知识管理中学习的本质。[36]

在经营国际业务方面，全球化公司必须使用具有国际经验和知识的人员，那些已被委派过国际任务的人员可以分配到组织的各个部门。它必须确保从海外返回的人可获得新的工作，能够将在海外学到的知识和技能运用到新工作中，并有机会分享这些知识技能。为了使公司获得全球学习的好处，有价值的外派员工必须在组织工作足够长的时间，以分享他们的经验，为公司的持续全球化做出贡献。由于跨国学习（利用全球化的经验和跨国公司的全球员工队伍的学习）是非常必要的，谨慎地管理外派员工以确保成功的外派和归国似乎显得至关重要。（这些问题在第3篇全球人才管理中详细讨论。）

企业还需努力让在本土工作的员工和管理人员能够接触和了解外国子公司、外国并购公司和合作伙伴的产品和工作流程，反之亦然，包括通过直接互动观察和学习访问彼此的业务。公司必须使员工和管理人员对整个组织都有所了解，包括最高层的执行团队和董事会。只有通过这些方式，全球化企业才能有效地利用已采纳的任何流程或技术，例如人才目录、共享信息的内联网等，促进全球范围内的学习。

3.6 结论

本章重点讨论了设计现代国际化企业复杂的组织结构的艰巨任务。首先，描述了跨国企业对两个相互冲突的因素（整合与本地响应）的要求是如何影响用于开展国际活动的组织设计和组织结构的。其次，概述了国际化公司在国际业务发展过程中所使用的各种结构。再次，描述了不同结构对国际人力资源管理的影响。最后，讨论了网络、跨国团队和全球化学习型组织在维护复杂组织结构方面的作用。

3.7 讨论题

1. 使用第 3 章中的材料，解释市场进入方法与组织结构的关系。

2. 跨国企业在设计组织结构时有哪些选择？它们与传统的人力资源管理的结构有哪些不同？

3. 人力资源管理如何确保具有全球化组织结构和跨国化组织结构的公司的成功？

4. 网络和学习型组织如何帮助中小企业建立竞争优势？

案例 3.1　凯捷：一个跨国组织（法国）

凯捷（Capgemini）成立于 1967 年，总部位于法国巴黎，是欧洲最大的 IT 软件和服务集团。该公司已采取一切可用手段（有机增长、收购和联盟）成为欧洲计算机服务和咨询领域的头号企业，截至 2014 年，已跻身全球 IT 管理和服务咨询领域的前五名。公司拥有近 14 万员工，分布在 40 多个国家和地区。例如，2000 年，凯捷收购了安永咨询（Ernst & Young Consulting）；2002 年，凯捷剥离了索格蒂集团（Sogeti Group），后者成为一家专门从事 IT 咨询和外包业务的全资子公司，该集团目前在 7 个国家拥有 2 万多名员工。

最初，计算机服务集团凯捷与企业管理和信息处理公司索格蒂合并后，将总部定在了法国，它们将在英国、荷兰、瑞士和德国的业务集中在一起，并且收购了欧洲和美国的大量小公司，从而将其业务覆盖范围扩大到了 IT 咨询、定制软件、外包服务、教育和培训领域。近年来，这一战略已将凯捷的工作扩展到印度、捷克和瑞典等国家，并与 SAP 和微软（Microsoft）等大型软件公司建立了主要合作伙伴关系。此外，它们现在在亚太地区（包括澳大利亚和中国）以及拉丁美洲都有业务。2013 年，亚太和拉丁美洲的销售额增长了 12%。公司在澳大利亚的收入增长了 16%。全球扩张对于凯捷来说非常重要。

凯捷一向高度分散，但其内部战略一直是当其任何一个分支机构的人员达到 150 人时，该分支机构就一分为二。这使该公司在响应当地需求变化方面具有更大的灵活性。决策和直接的客户服务都由较小的团队来完成。

凯捷已经开发了信息共享系统，以确保在一个国家或企业开发的创新解决方案迅速传播到其他国家和企业。其中包括电子公告板、广泛的电子和语音邮件设施，以及通常在项目团队中合作的非正式专业人员网络。

这一快速增长的跨国公司面临的挑战中也包括人力资源方面的挑战，例如，将其各种各样的组织整合成一个具有共同文化的群体，使其能够在复杂的关系网中工作，同时受益于公司承诺的"家庭"之间存在的关系的优势。在内部，凯捷的国际人力资源团队致力于澄清和协调各个国家和市场的角色、目标、系统和资源，尤其是其中熟练的专业人员。例如，凯捷的创世纪计划花了两年时间才实现了这种整合，现在凯捷认为自己离实现成为现代跨国企业的目标更近了。

资料来源：Capgemini website（2014），http：//www.capgemini.com；also http：//en.wikipedia.org/wiki/Capgemini；Segal-Horn，S.，and Faulkner，D.（1999）．*The Dynamics of International Strategy*，London International Thomson；and Segal-Horn，S.，and Faulkner，D.（2010）．*Understanding Global Strategy*，Andover，Hampshire，UK：South-Western Cengage Learning EMEA.

问题：

1. 促使一家公司成为跨国企业的因素有哪些？
2. 凯捷符合跨国企业的标准吗？为什么？
3. 跨国企业的人力资源的职责是什么？跨国企业的人力资源管理与多国化公司的人力资源管理有什么不同？
4. 在凯捷的业务结构战略中，你发现了哪些问题？

［注释］

1　Change is the only constant, *The Business Times*, Feb. 14, 2014. Also mentioned in IBM Centennial Lecture, March 31, 2011 (www. http://www.ibm.com/ibm/files/Y856416N01277W70/centennial_lec ture_ture_erich_clementi_austria_preparedremarks.pdf).

2　Galbraith, J.A. (2014). *Designing Organizations: Strategy, Structure, and Process at the Business Unit and Enterprise Levels*, 3rd ed., San Francisco: Jossey-Bass Evans; Pucik, V., and Bjorkman, I. (2010). *The Global Challenge: Frameworks for International Human Resource Management*, New York: McGraw-Hill; Bartlett, C.A., and Ghoshal, S. (1989). *Managing Across Borders: The Transnational Solution*, Boston: Harvard Business School Press; Galbraith, J.R. (1998). Structuring Global Organizations, in Mohaman, S.A., Galbraith, J.A., and Lawler, E.E., III (eds.), *Tomorrow's Organization: Crafting Winning Capabilities in a Dynamic World*, San Francisco: Jossey-Bass, pp. 103–129.

3　Galbraith, J.R. (1998), Structuring global organizations, in Mohrman, S.A., Galbraith, J.R., and Lawler, E.E., III, (eds.), *Tomorrow's Organizations: Crafting Winning Capabilities in a Dynamic World*, San Francisco: Jossey-Bass, pp.103–129. Also see Galbraith, J.R. (2014). *Designing Organizations: Strategy, Structure, and Process at the Business Unit and Enterprise Levels*, San Francisco: Jossey-Bass & Pfeiffer

Imprints, Wiley; Galbraith, J.R. (2010). The multi-dimensional and reconfigurable organization. *Organizational Dynamics*, 39(2), 115–125.

4　Based on ibid.

5　Evans, P.A.L. (1992). Human resource management and globalization. Keynote address delivered to the 2nd International Conference of the Western Academy of Management, June 24–26, Leuven, Belgium; Evans, P., Pucik, V., and Barsoux, J.-L. (2002). *The Global Challenge: Frameworks for International Human Resource Management*, Boston: McGraw-Hill Irwin; and Galbraith, J.R. (2000). *Designing the Global Corporation*, San Francisco: Jossey-Bass.

6　Evans, P.A.L. (1992).

7　Galbraith, J.R. (2000), p. 1.

8　Based on Bartlet, C., Ghoshal, S., and Beamish, P. (2010). *Transnational Management: Text, Cases and Readings in Cross-Border Management*, Boston: Irwin McGraw Hill; Bartlet, C., and Ghoshal, S. (1998). *Managing Across Borders. The Transnational Solution*, Boston, MA: Harvard Business School Press; Harzing, A. (2004) *Strategy and Structure of Multinational Companies*, in Harzing, A.W.K., and Van Ruysseveldt, J. (eds.), *International Human Resource Management*, 2nd ed., London: Sage Publications, pp. 33–64.

9　Based on Bartlet, C., Ghoshal, S., and Beamish, P. (2010). *Transnational Management: Text, Cases and Readings in Cross-Border Management*, Boston: Irwin McGraw Hill.

10　Ibid.

11　Ibid.

12　Pucik, V., and Evans, P. (2004). The human factor in mergers and acquisitions, chapter 8, in Morosini, P. and Steger, U. (eds.), *Managing Complex Mergers, Real World Lessons in Implementing Successful Cross-cultural Mergers and Acquisitions*, London: Prentice Hall, pp.161–187; Bartlett and Ghoshal (2010).

13　Segal-Horn, S., and Faulkner, D. (1999). *The Dynamics of International Strategy*, London: International Thomson Business Press.

14　Palmisano, S.J. (2006). Multinationals have to be superseded, *Financial Times*, June 12: 19.

15　Source: http://www.ferro.com/About/History/(2014). Adapted from E. Brandt, Global HR. *Personnel Journal*, March 1991. Also see Bartlett, C.A., and Ghoshal, S. (2010). *Managing Across Borders: The Transnational Solution*, Boston: Harvard Business School Press; Segal-Horn and Faulkner (1999).

16　This has been the traditional perspective to describe organizational structure. For early work on this topic see Rumelt, R. (1986). *Strategy, Structure, and Economic Performance* (Rev. ed.), Boston, MA: Harvard Business School Press; Chandler, A.D., Jr. (1962). *Strategy and Structure: Chapters in the History of the American Industrial Enterprise*. Cambridge, MA: MIT Press; Miles, R., and Charles S. (2003). *Organizational, Strategy, Structure and Process*, Stanford: Stanford University Press. For more current work see Galbraith, J.A. (2014). *Designing Organizations: Strategy, Structure, and Process at the Business Unit and Enterprise Levels*, 3rd ed., San Francisco: Jossey-Bass Evans.

17　Palmisano (2006).

18　Ibid.

19　Ibid.

20　For more information on the Global Matrix Structure see Galbraith, J.R. (2013). Matrix management: structure is the easy part. *People & Strategy*, (1), 6; Galbraith (2014).

21　Evans, P.A.L. (1992), *op. cit.*, p. 4.

22　See Rabotin, M. (2014). Connecting virtual teams: global, virtual teams must learn how to align behaviors and collaborate across cultures and around the world. *T+D*, (4), 32; Magnusson, P., Schuster, A., and Taras, V. (2014). A process-based explanation of the psychic distance paradox: Evidence from global virtual teams. *Management International Review*, (3), 283; Zander, L., Zettinig, P., and Makela, K. (2013). Leading global virtual teams to success. *Organizational Dynamics*, (3)., 228; Hoch, J.E., and Kozlowski, S.J. (2014). Leading virtual teams: Hierarchical leadership, structural supports, and shared team leadership. *Journal of Applied Psychology*, (3), 390; Erez, M., Lisak, A., Harush, R., Glikson, E., Nouri, R., and Shokef, E. (2013). Going global: Developing management students' cultural intelligence and global identity in culturally diverse virtual teams. *Academy of Management Learning & Education*, 12(3), 330–355; Klitmøller, A., and Lauring, J. (2013). When global virtual teams share knowledge: Media richness, cultural difference and language commonality. *Journal of World Business*, 48(3), 398–406; Armstrong, D.J., and Cole, P. (1995). Managing distances and differences in geographically distributed work groups, in Jackson, S.E., and Ruderman, M.N. (eds.), *Diversity in Work Teams*, Washington, DC: American Psychological

Association, pp. 187–215; Cascio, W.F. (2000). Managing a virtual workplace, *Academy of Management Executive*, 14(3), 81–90.

23　This section borrows heavily from Cascio, W.F. (2000). Managing a virtual workplace, *Academy of Management Executive*, 14(3), 81–90.

24　Marquardt, M.J., and Horvath, L. (2001). *Global Teams: How Top Multinationals Span Boundaries and Cultures with High-Speed Teamwork*, Palo Alto, CA: Davies-Black; Moran, R.T., Harris, P.R., and Stripp, W.G. (1993). *Developing the Global Organization*, Houston, TX: Gulf Publishing; Odenwald, S.B. (1996). *op cit.*; and O'Hara-Devereaux, M., and Johansen, R. (1994). *Globalwork: Bridging Distance, Culture, and Time*, San Francisco: Jossey-Bass. Also see Cramton, C.D., and Hinds, P.J. (2014). An embedded model of cultural adaptation in global teams. *Organization Science*, 25(4), 1056–1108; Zander, L., Mockaitis, A.I., and Butler, C.L. (2012). Leading global teams. *Journal of World Business*, 47(4), 592; Sullivan, B. (2013, Jul 04), International teams must also be local. *Financial Times*.

25　Duarte, D.L., and Snyder, N.T. (2006). *Mastering Virtual Teams*, San Francisco: Jossey-Bass; and O'Hara-Devereaux and Johansen (1994).

26　Schuler, R.S., Jackson, S.E., and Luo, Y. (2004). *Managing Human Resources in Cross-border Alliances*, London: Routledge.

27　Duarte and Snyder (2006).

28　Evans, Pucik, and Barsoux (2002).

29　Ibid., 314–315.

30　Armstrong, D.J., and Cole, P. (1995). Managing distances and differences in geographically distributed work groups, in Jackson, S.E., and Ruderman, M.N. (eds.), *Diversity in Work Teams*, Washington, DC: American Psychological Association, pp. 187–215; Cramton, C.D. (2002). Finding common ground in dispersed collaboration. *Organizational Dynamics*, 30(4), 356–367; De Meyer, A. (1991). Tech talk: How managers are stimulating global R&D communication, *Sloan Management Review*, 32(3), 49–66.

31　This list is adapted from Solomon, C.M. (1998). Building teams across borders. *Workforce*, 3(6), 12–17; Solomon, C.M. (2001). Managing virtual teams. *Workforce*, 80, 60–64; and Johnson, C. (2002). Managing virtual teams. *HR Magazine*, 47(6), 68–73. Also see Goodman, N., and Bray, S.M. (2014). Preparing global virtual teams for success. *Training*, 51(5), 64–65; Klitmøller, A., and Lauring, J. (2013). When global virtual teams share knowledge: Media richness, cultural difference and language commonality. *Journal of World Business*, 48(3), 398; Purvanova, R.K. (2014). Face-to-face versus virtual teams: What have we really learned? *The Psychologist Manager Journal*, 17(1), 2.

32　See, for example, Berry, H. (2014). Global integration and innovation: Multicountry knowledge generation within MNCs. *Strategic Management Journal*, 35(6), 869–890; Shieh, C., Wang, I., and Wang, F. (2009). The relationships among cross-cultural management, learning organization, and organizational performance in multinationals. *Social Behavior and Personality*, 37(1), 15–30.; Blomkvist, K. (2012). Knowledge management in MNCs: The importance of subsidiary transfer performance. *Journal of Knowledge Management*, 16(6), 904–918; Najafi-Tavani, Z., Giroud, A., and Andersson, U. (2014). The interplay of networking activities and internal knowledge actions for subsidiary influence within MNCs. *Journal of World Business*, 49(1), 122–131; Hocking, J., Brown, M., and Harzing, A. (2007), Balancing global and local strategic contexts: Expatriate knowledge transfer, applications, and learning within a transnational organization, *Human Resource Management*, 46(4), 513; Klitmøller, A., and Lauring, J. (2013). When global virtual teams share knowledge: Media richness, cultural difference, and language commonality. *Journal of World Business*, 48(3), 398–406; McGuinness, M., Demirbag, M., and Bandara, S. (2013). Towards a multi-perspective model of reverse knowledge transfer in multinational enterprises: A case study of Coats plc. *European Management Journal*, 31(2), 179–195.; Fang, Y., Wade, M., Delios, A., and Beamish, P.W. (2013), An exploration of multinational enterprise knowledge resources and foreign subsidiary performance. *Journal of World Business*, 48(1), 30–38.; Kotter, J. (2012), Accelerate! *Harvard Business Review*, November, 2–13.

33　Daft, R. (2002). *The Leadership Experience*, 2nd ed., Orlando, FL: Harcourt College, 582.

34　Prokesch, S.E. (1997). Unleashing the power of learning: An interview with British Petroleum's John Browne. *Harvard Business Review*. Sept.–Oct., 148.

35　Senge, P. (2006). *The Fifth Discipline* (updated and revised). New York: Doubleday/Currency, 69.

36　Jackson, S.E., and Schuler, R.S. (2001). Turning Knowledge into Business Advantage, *Financial Times*, January 15: Special Section, Part 14.

第 4 章
国际并购、合资和联盟

我们建立合作伙伴关系，以增加产品和服务的可持续性，帮助改善我们所经营的社区……我们一起来应对世界上的巨大挑战。

——杜邦公司（Dupout Corporation）[1]

学习目标

- 描述国际并购、合资和联盟的基本性质。
- 解释国际并购、合资和联盟对国际人力资源管理的主要启示。
- 确定国际人力资源管理专业人员在成功进行国际并购、合资及联盟中的角色。

除了前面章节描述的"白手起家"（from scratch）式海外经营措施，本章将讨论"走出去"的一些常见方法。在本章中，我们将讨论三种最常见的联合类型：国际并购（international mergers and acquisitions，IM&A）（例如，一个国家的一家公司收购另一个国家的一家公司），国际合资企业（international joint ventures，IJV）（例如，来自两个或更多国家的两个或更多公司创建一个新的独立的、合法的企业实体），国际联盟（international alliances）（例如，两个或多个公司形成正式或非正式的合作伙伴关系，建立一个新的独立的法律实体）。本章首先讨论国际联合所涉及的一些基本概念，然后讨论国际并购、国际合资中的国际人力资源管理问题，最后讨论国际联盟中的国际人力资源管理问题。

▌4.1 国际联合概述

所有国际联合形式都可以视为伙伴关系，这带来了很大的协调和整合挑战，所有伙伴关系形式都如此。[2]国际人力资源管理专业人员必须透彻了解它们涉及的国际业务领域，以便为高管有效规划全球业务提供建议。

国际并购、合资和联盟被企业越来越多地用于获取新兴市场和资源，比如技术和熟练人员。[3]这种跨境交易的数量和价值持续大幅增加。下面是最近关于跨境并购的重大实例[4]：

- 微软（美国）和诺基亚（芬兰）；

- 辉瑞（美国）和保罗卡（Polocard，波兰）；
- 谷歌（美国）和沙夫特（Schaft，日本）；
- 三星（韩国）和南诺无线（Nanoradio，瑞典）；
- 武田制药（日本）和奈科明（挪威）。

下面是更早的跨境并购：

- 英国石油（英国）和阿莫科（美国）；
- 戴姆勒奔驰（德国）和克莱斯勒（美国）；
- 宝马（德国）和罗孚汽车集团（The Rover Group，英国）。

来自不同国家的各种规模和类型的公司正在通过并购来获得或扩大其全球业务。[5]

一些压力促成了国际收购浪潮，包括需要不断通过收购外国竞争对手来赢得全球竞争优势、获得全球的市场准入和行业领导地位以及竞争所需的资产和资源（通常是技术和知识），但这些因素要么成本太高、花费时间太长，要么根本不可能在国内取得发展。[6]当收购成为进入新市场的一个选择时，就被视为开发当地市场的快捷有效方式，而不是从头开始建立这样的能力。

4.1.1 国际联合的其他形式

还有一些其他形式的国际联合。[7]在一些文化或国家中，伙伴关系即使不是进入市场的唯一途径，至少也是一种"聪明"的方式。外国人可以通过在当地建立合作伙伴关系——合资或其他联合方式，在该国做生意；或者是因为关系（通过建立合作伙伴关系）对在该文化中开展业务至关重要；抑或政府要求在本地建立合作伙伴关系。国际联合通常是指总部设在不同国家的公司之间建立的合作伙伴关系。

国际联合包括股权联合（equity combinations）和不涉及股权共享的投资（involve no shared equity investment）两大类别。[8]基于股权的国际联合（equity-based international combinations）是指长期关系——一个合作伙伴购买另一个合作伙伴的全部或大部分股权，并且需要控制合作伙伴的日常管理来管控联合公司中的各种商业问题。国际并购和国际合资企业是基于股权国际联合的两种主要类型。国际合资企业被定义为由两个或多个母公司创建的在法律和经济上新的独立的组织实体，它们共同投入资金和其他资源以实现某种目标。在国际合资企业中，新实体将有一个双方共同参与的新的总部，也可能建址于合资企业所在国。在国际并购中，如果买方知晓如何管理联合企业的运营，就会购买目标公司的控制权或所有权。

非股权国际联合根据特定合同关系分享利润、责任和资源，但不涉及一方购买另一方的股权。每个公司作为一个单独的法律实体来展开合作，承担自己的责任，并可以自由组织自己的资源、生产过程和运营。非股权国际联合包括联合开发项目（例如在能源部门）、联合研发（例如在制药部门）、联合生产协议（例如在制造部门）、联合营销安排（例如在耐用消费品部门）和长期供应协议（例如在零售部门）。

4.1.2　成功和失败的记录

　　一些调查表明，大部分（超过 50％）的国际收购、合资和合作伙伴未达目标，至少有 1/3 在几个月或几年内解散。[9]大多数组织不具备管理联盟的知识、经验或能力，不能最大化各方的收益。[10]与并购一样，国际联盟也可以建立长期管理关系并在整个过程中加以监管。事实上，跨国公司的许多高管的"心智模式"并没有从过去并购中常用的命令和控制方法转变为成功完成国际收购、合资或联盟所需的参与性、关系建立方式。

　　一般来讲，寻求收购或国际联盟的原因是财务或战略性的，因为觉察到运营、生产、服务、市场或技术可以产生兼容性或协同作用。公司通常基于以下五个方面的原因决定国际并购或合资以增加价值和利润或改善市场地位[11]：

　　（1）可以增强行业整合（从而降低产能过剩的代价）。通常当整体市场成熟并且市场机会处于平稳或萎缩状态时会如此考虑。

　　（2）可以推动当地公司向邻近地区发展。

　　（3）可以获得新市场扩张所带来的收入，如果公司不能从内部发展获得这类机会。

　　（4）可以获得新技术、新产品或新知识，如果公司内部没有资源来开发新产品或新技术。

　　（5）可以与一个或多个公司结合从而产生协同效应，形成一家具有绝对市场优势或规模经济的卓越企业，通常在新技术产生新的产业结构时会如此选择。

4.1.3　尽职调查

　　为了实现这些目标，公司需要进行彻底的初步尽职调查，仔细评估通过收购或与潜在目标公司合作所获得的"真实"价值。然而，在通常情况下，人们欣然促成这桩交易，意识到自己必须为之操劳……天下没有容易的并购。兼并和收购需要周密、精确地考量目标，仔细斟酌人和过程的问题，还必须快速完成。[12]

　　在最终"与公司联姻"之前展开有效尽职调查的重要性往往被严重低估。许多全球合资企业不是很成功，正是因为这一重要的尽职调查行动未能揭示出潜在的外国商业伙伴所存在的缺点或不兼容性。

　　一般来讲，尽职调查需要对财务和法律问题以及可能的产品和市场兼容性或协同效应进行详细审计。通常包括审查诸如年度报告、财务报表、产品手册、公司法律文件以及与潜在合作伙伴的业务实践相关的其他文件。关于主体、活动以及潜在合资企业的其他重要凭证和认证（如 ISO 认证）等一般信息通常也需要审计。

　　在合作前期的合并阶段对目标公司的尽职调查很少考虑关键人员、组织和人力资源问题，但这可能是决定合作成败的最终因素。人力资源的问题通常包括诸如高估合作公司的能力，夸大了联合所产生的协同效应，没有充分认识到公司计划、业务开展方式和文化方面的不兼容性，不愿意承担并购后经常遭遇的生产率降低和人员损失的成本。除了这些问题，还有不同国家的法律和文化系统之间存在的显著差异。这就更容易理解为何在任何国际并购或国际联盟之前，有必要进行尽职调查

（除了正常的财务和运营尽职调查）以及关注合并后的人员整合（people integration）问题。"全球化促进联盟（以及跨国收购）毫无疑问是战略的核心……在全球化名义下，联盟——协约非常有必要"。[13]

4.2　国际并购以及国际人力资源管理的作用

本节阐述了企业在收购计划和实施过程中遵循的一般过程。在理想情况下，人力资源在成功的国际并购计划和实施中发挥着重要作用。

4.2.1　联合过程

实际的联合过程通常会经历三个阶段，如图 4-1 所示。[14]每个阶段都有其特殊的问题和考虑。完成国际并购与建立国际合资企业以及国际联盟的这些阶段几乎是一样的，但其实国际合资企业和国际联盟都有各自的特征，本章将分别予以讨论。

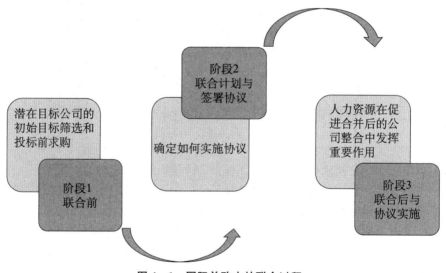

图 4-1　国际并购中的联合过程

联合包括如下阶段：

1. 阶段 1：联合前

该阶段涉及潜在目标公司的初始目标筛选和投标前求购（pre-bid courtship）、目标公司的尽职调查、价格制定、合作伙伴的联合方式谈判，以及协议合同措辞的商定。人力资源应紧密参与每一个步骤，特别是尽职调查过程，因为整合的许多方面都涉及人力资源和劳动力相关问题。尽职调查将在下一节详细讨论。

2. 阶段 2：联合计划与签署协议

一旦协议谈妥，就要决定如何实施协议、发现和处理差异及对于联合计划的不同看法，并实际签署协议。这一阶段，人力资源应该提供关于如何实施协议和预测实施期间将出现的问题的建议。

　　3. 阶段 3：联合后与协议实施

　　签署完协议就开始了艰苦的实施工作。在该阶段，人力资源需要帮助公司完成并购后的整合工作。人力资源的一个重要作用就是与员工沟通并购信息，以及制定合并后的业务愿景目标。此外，人力资源部门还需要对员工进行培训以使其接受和适应新环境，同时发展新任务和进行人员配置，以及设计新的薪酬和福利制度等。

　　在阶段 3 实施过程中遇到的问题应该在阶段 1 的尽职调查和阶段 2 的实施计划中得到解决，因为这些若没有完成，跨国联合就很难在短时间内得以实施。

　　表 4-1 总结了国际并购三个阶段的人力资源问题。

表 4-1　国际并购三个阶段的人力资源问题

阶段 1：联合前	■ 确定国际并购的理由 ■ 成立国际并购团队/领导机构 ■ 寻找潜在合作伙伴 ■ 选择合作伙伴 ■ 规划国际兼并或国际收购的管理过程 ■ 学习规划
阶段 2：联合计划与签署协议	■ 挑选整合管理者 ■ 设计/实施团队 ■ 创新结构/战略/领导 ■ 保留关键员工 ■ 激励员工 ■ 管理变革过程 ■ 沟通和包容利益相关者 ■ 确定人力资源政策与实践
阶段 3：联合后及协议实施	■ 巩固领导和人员配置 ■ 评估新战略和新结构 ■ 评估新文化 ■ 评估新的人力资源管理政策与实践 ■ 评估利益相关者的关注点 ■ 根据需要进行改进 ■ 过程学习

　　资料来源：Schuler, R. S., Jackson, S. E., and Luo, Y. *Managing Human Resource in Cross-Border Alliance* (Routledge Publishing, 2004). Used by permission.

4.2.2　尽职调查以及人力资源管理的作用

　　国际并购和合资高失败率的主要原因之一是在签署协议之前以及在实施阶段没有充分关注人力资源管理的相关问题。现有研究越来越多地将人与组织的不匹配作为企业不能获益的主要原因。[15]

　　遗憾的是，在尽职调查过程中，潜在合作伙伴诸多关乎成败的因素都被忽略了。其中有许多都与人力资源管理相关，例如企业文化中的兼容性或差异性、员工流失及其对后续高管继任的影响。失败通常与人、文化、人力资源系统的不兼容性有关，而不是最初以为的财务或战略利益问题。下一节将会讨论这些问题，揭示它们对于成功的重要性。实际的尽职调查过程所涉及的人力资源管理可能相当复杂。因此，接下来将描述与国际人力资源管理相关的尽职调查的过程和内容。

4.2.3　准备

■ 从人力资源管理的角度看，尽职调查的要点是人力资源管理专业人员应该参与该过程。列举关键问题清单和确定工作成员资格的工作应提前准备。人力资源管理专业人员应主动确保在合并完成前就已考虑到关键的人力资源管理问题。[16]

■ 预先确定要评估的行动计划和人力资源项目清单。

■ 创建一个 SWAT 团队，一旦管理人员开始考虑海外联合，它就将被启用。这类团队的特点应该包括好奇、具备非指导性的面试（non-directive interview）技巧、"阅读"人的能力等个人特质，以及全面把握时局的能力、必要的跨文化能力、语言能力和人力资源业务专长等。还应该规划 SWAT 团队的运营时机和方式。

■ 这些人应该具备技术和专业知识，知道所追求的目标以及如何达到这个目标，熟悉人力资源问题，如薪酬和福利等制度、不同的会计制度、不同的就业法律要求，对文化和语言差异保持敏感性，意识到可能存在的工会和劳动力差异。

■ 建立新的组织文化并向所有员工传播。

4.2.4　内容（通过人力资源的尽职调查需要评估的具体问题）

■ 这一部分包括一般的"人"的问题。这是影响整个组织和所有员工的问题。
　　□ 收购和被收购公司的国家及企业文化。[17]
　　□ 战略、管理和决策的关键执行方法的比较。
　　□ 隐藏"不可外扬的家丑"（skeletons in the closet），如悬而未决的诉讼、高管丑闻、高管的灰色收入、劳动力问题等。
　　□ 管理继任计划和识别两个公司的关键人物。
　　□ 管理能力。
　　□ 员工技能的质量和深度。
■ 语言技能。
■ 具体的国际人力资源问题，特别是收购和被收购公司之间的不兼容性。
　　□ 为养老金和医疗保健计划等福利备足资金。
　　□ 国外的就业法规，包括法律要求和执行做法。
　　□ 人力资源部门的现状、实践、政策和组织。
　　□ 企业文化的融合。

一旦对这些问题进行了评估，人力资源团队就必须关注人力资源政策与实践的具体问题，如下所述，这些领域通常在不同国家有很大差异。

（1）配置。配置实践——诸如招募决策、招聘决策、法律要求、工作合同、工作安排、工作描述等实践，不同公司可能有显著差异，特别是来自不同国家和文化的公司。

（2）薪酬。薪酬实践——诸如薪酬水平、薪酬比较、不同工作的评价、薪酬的形式和交付、额外月薪、奖金——可能会大不相同，并且在公司整合时可能会导致重大问题。

（3）福利。政府规定或提供的福利、自愿性福利是否算作收入，福利成本——比如保健、节日、假期、病假和事假、养老金——在跨国收购时都可能会导致重大问题。

（4）培训和管理开发/职业发展计划。提供培训的重要性、频率和方法，以及管理发展和职业发展计划——可能完全没有，也可能广泛涉及。要兼容这些不同形式相当复杂，可能会导致企业之间满意度的重大差异。

（5）人力资源信息系统。由于技术不兼容、国家之间的法律差异以及维护此类信息的不同重视程度，合并信息系统（劳动力和员工数据）将非常困难。

（6）工会/劳动关系性质/劳动合同。跨国收购和合资的缔约方不能忽视国家工会和劳动关系条例与实践。每个国家都有自己的法律和传统，大多数公司也有自己的习惯性操作。

（7）员工参与/工作委员会。许多国家要求正式员工参与其公司管理。这种工作委员会和共同决策的做法需要被评估并纳入跨国规划中。

4.2.5　整合过程

完成了尽职调查以及正式的合并/收购过程后，企业就要规划和实施企业整合。然而，并购后的组织整合常常会爆出大量问题。[18]

整合问题常被提及的一个原因就是对变革的抵制。人们被假定会寻求稳定，雇主方面的任何重大变化（例如收购）都会引起焦虑。收购和被收购公司的员工可能会感到失望、震惊、冷漠以及不安全，这会阻碍两家公司的日常运行，尤其是如果团队合作崩溃，人们可能还会表现出破坏性行为，压力也会蔓延。通常员工不相信组织有意愿践行期望、承诺及法律要求，因而员工也经常会表现出低承诺、缺乏忠诚和热情。员工还可能会丧失认同感和成员身份感，因为他们认为收购公司仅仅是热衷于控制被收购公司。事实上，灵活性最强的员工很可能离开（两家公司都会有，被收购公司的员工离开的可能性更大），其后的整合就变得更加困难。

抗拒变革的一个原因是雇员对企业文化或价值观（在国际背景下还有国家的文化或价值观）不再认可。适应文化的过程（个人和组织对彼此文化的适应和回应）可以通过多种方式进行，不是所有的方式都是健康的。[19]尽管双方通常都宣称并购是平等的，但在实践中，总有一个群体在适应过程中占主导地位。因此，文化适应过程可能产生以下结果（见图4-2）：

- 组合：维持各自文化。
- 混合：从每个文化中选出最佳元素。
- 新建：发展一种适合新组织的新文化。
- 同化：赋予一种文化合法性，并同化另一种文化的成员。

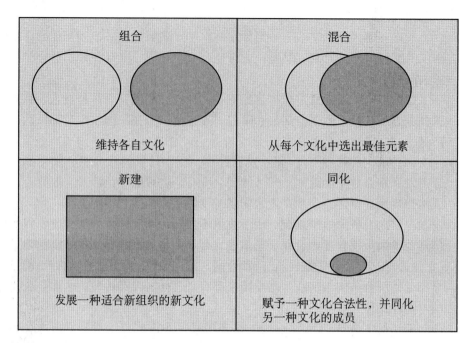

图4-2   国际并购中的四种整合方式

资料来源：Schuler, R. S., Jackson, S. E., and Luo, Y., (2004). *Managing Human Resource in Cross-Border Alliance*, London/New York：Routledge, p. 90.

关键是同化并不总是一家公司并购另一家公司的结果。当收购和被收购公司不能就最佳适应过程达成一致时（可能源于被收购者对收购者的吸引力、二者相似程度、收购企业文化多元的程度，或者是否属恶意收购等），就会出现问题，整合难以完成。

如何管理组织联合影响着收益。具体来说，利润和收入受到两家公司的协同效应和最佳实践的影响。如果联合处理不当，成本可能会很高，比如生产率降低、关键人才流失或消极文化效应的出现。在一些值得关注的案例中，比如雷诺和沃尔沃的合并、克莱斯勒和梅赛德斯-奔驰（Mercedes-Benz）的合并，所产生的组合就遭遇到了文化困境。也许最难处理的就是文化整合。[20]

怎样才能有效地管理文化整合呢？一般来说，为了评估这种可能性，人力资源管理专业人员需要思考以下问题：

■ 是否已识别并解决了文化距离和差异？

■ 是否设立执行领导小组，包括被收购方的高管团队成员，来明确领导变革过程？

■ 是否在新组织中创建了共同愿景，并将清楚界定的目标、角色和责任传达给所有员工？（参见本章末尾的 BCE 案例。）

■ 是否将经营战略与质量、技能和人数之间关联起来，以实现经营计划？

■ 是否确定了薪酬、激励和认可计划的流程和程序？

■ 是否有计划巩固或维持现有的退休福利和健康福利？

■ 是否建立了组织目标的衡量方案及奖励机制并进行沟通？

GE 资本（GE Capital，世界上最大的信贷提供者之一）在一体化进程中的教训就是一个典型的案例（见"国际人力资源管理实务 4.1"）。[21]

➡ 国际人力资源管理实务 4.1

GE 资本在跨国收购中的教训

经过多年的经验积累，GE 资本的收购-整合过程已被讨论、争辩、检验、修订和完善。现在已经健全并形成制度。以下是 GE 资本学到的关于如何确保收购成功的一些教训。

教训 1：收购整合不是一个离散的交易阶段，并不是在交易签署时才开始，相反，它在初期的尽职调查时就已经开始，是一个贯穿新企业管理的持续过程。

教训 2：整合管理是一项全面工作，需要被视为一个独特的业务功能，等同于运营、营销或财务。

教训 3：如果可能，应在交易签署后尽快做出、公布并实施关于管理结构、关键角色、汇报关系、裁员、重组和职业发展方面的整合决定。持续几个月的变化、不确定性以及焦虑会降低、耗损收购带来的价值。

教训 4：成功的整合不仅包括所涉业务的各种技术，还包括不同文化。整合文化的最佳方式是让人们迅速地一起工作来解决业务问题，并取得以前无法取得的成果。

即便花费十多年时间来完善收购整合流程，并通过内部网络来打造"最佳实践"，包括通信计划、百天计划、功能集成清单、车间议程、咨询资源和部门支持，这一过程仍然面临着持续的挑战。每次收购都是独一无二的，都有独特的业务战略、特质和文化。因此，GE 资本不遗余力地争取让每一个新的收购整合都能比上一个更好。或许 GE 资本所学到的一个最重要的教训是，必须不断锤炼能让整合过程奏效的能力，但这永远不会实现。

4.2.6　分离过程

有趣的是，分离过程（剥离）与收购过程非常相似。在剥离期间，只要被购买的公司是另一个更大公司的一部分，国际人力资源关注的大多数问题就是在收购过程中审查的问题。被出售公司的母公司仍需谨慎地进行全面的尽职调查，以评估诸如对工会合同、养老金负债（以及其他承诺和负债）和母公司财务及经营状况改善的影响。那些运营不善的企业，由于规划不够充分，往往面临着解散、剥离、分解、拆分或出售现有部分业务的后果。[22]

4.2.7　总结

在国际并购过程中，国际人力资源专业人员为了确保能够提供所需的建议，应该保证自己已准备好在规划、签署和执行这三个阶段，尤其是就尽职调查、文化影响、并购后国际人力资源的具体问题、整合计划等议题向高管提供程序和内容方面的咨询建议。所有这些项目需要被评估和处理的程度以及所需解决方案将取决于以下因素[23]：

- 企业的战略目标和想要的结果。
- 并购后企业预期的整合程度。
- 并购后企业的管理方向和目的。
- 文化环境因素。

最后，收购的成功取决于国际人力资源团队讨论、准备和实施的能力。

■ 4.3　国际人力资源管理和国际合资

以上关于国际并购中国际人力资源的讨论是基于相对宽泛的经验和文献的。然而，关于本章最后一个主题国际合资企业和国际联盟的文献则没那么多。不过，正如本章前面内容所指出的，这些国际联合公司越来越重要，需要国际人力资源管理专业学生和从业者加深理解。在这一领域，Schuler，Jackson & Luo 的著作《跨国联盟中的人力资源管理》从某种意义上说正是为了解决这个现实问题而写的。[24]

当一家公司在另一个国家收购了一家公司后，核心问题是将所购公司及其文化和实践整合到母公司。在国际合资企业中，一个新的法律实体被创建出来。关于国际合资企业的定义，最常用的是以下这个：一个独立的法律组织实体，两个或多个母公司持有部分股票，其中至少一家的总部位于合资企业的运营国之外。该实体受其母公司的共同控制，每家母公司在经济和法律上独立于其他公司。[25]

国际合资企业的例子如下：

- 威瑞森无线（Verizon Wireless）：母公司包括沃达丰集团（Vodafone Group，英国）和威瑞森电信（Verizon Communications，美国）。
- 跨大西洋合资公司（Transatlantic Joint Venture）：母公司包括法国航空公司（Air France，法国）、荷兰皇家航空公司（KLM，荷兰）、意大利航空公司（Alitalia，意大利）和达美航空公司（Delta，美国）。
- 日本星巴克咖啡有限责任公司（Starbucks Coffee Japan）：母公司包括 Sazaby League（日本）和国际星巴克咖啡（Starbucks Coffee International，美国）。

国际合资企业的核心挑战是创建一个新公司，包括所有维度、文化和实践。这个新实体可以效仿一个或多个合作伙伴，也就是说，它可以是一个整合性的实体，借鉴合作伙伴的文化和实践，或者，也可以建立一个文化和实践都不同于合作伙伴的全新的组织。[26]国际合资企业成功的一个关键在于合作伙伴清楚并同意这些选择。如果缺乏明确性就可能导致对该组织的绩效预期含混不清，常常还会达不到期望，最终导致组织解散。

本节介绍与国际合资企业相关的人力资源职责，目的是借鉴人力资源和国际合资企业的相关研究，提炼出影响国际合资企业成功的实践和政策。[27]早在 20 世纪 70 年代中期，国际合资企业就取代了全资子公司成为美国最流行的跨国投资形式[28]，也成为许多其他国家的公司非常喜欢的一种进入外国市场的形式。总体来说，国际合资企业已成为进入大多数新型全球市场的重要形式（即使不是，也是一种主要形式）。[29]

舒勒等（Schuler et al.，2004）提出了一个模型，有助于了解国际合资企业在建立和实施过程中的复杂性（见表 4-2）。国际合资企业一般经过以下四个阶段：

- 形成：合作阶段。
- 发展：国际合资企业自身。
- 执行：国际合资企业自身。
- 改进：国际合资企业自身及其促进。

表 4-2　国际合资企业的四阶段人力资源问题模型

阶段 1： 形成：合作阶段	■ 确定建立国际合资企业的原因 ■ 计划利用其潜在价值 ■ 筛选开发新业务的经理 ■ 寻找潜在合作伙伴 ■ 选择合作伙伴 ■ 了解控制、建立信任、管理冲突 ■ 协商安排
阶段 2： 发展：国际合资企业自身	■ 为国际合资企业选址并处理与当地社区的关系 ■ 建立合适的结构 ■ 组建国际合资企业管理团队
阶段 3： 执行：国际合资企业自身	■ 建立愿景、使命、价值观、文化和战略 ■ 制定人力资源管理政策与实践 ■ 解决执行中所面临的问题 ■ 国际合资企业的人员配置
阶段 4： 改进：国际合资企业自身及其促进	■ 合作伙伴之间的学习 ■ 将新知识转移给母公司 ■ 将新知识转移到其他地方

资料来源：Schuler, R. S., Jackson, S. E., and Luo, Y. (2004). *Managing Human Resource in Cross-Border Alliance*, London/New York: Routledge, p. 37.

本节余下部分将对国际合资企业的这些阶段展开阐释。

4.3.1　国际合资企业的阶段 1 和 2：形成和发展

1. 建立国际合资企业的原因

建立国际合资企业的原因包括以下几点（除了降低风险，与国际收购的原因没有太大差别，因为国际合资企业是一个新的独立实体）[30]：

- 了解当地市场、文化和经营方式，以便将这些知识转移给母公司，即向合资伙伴学习。
- 获得合作伙伴的生产技术、生产知识或制造方法。
- 满足东道国政府的要求和主张。
- 在缺乏更多直接投资的情况下实现规模经济。
- 获得本地市场形象和渠道途径。

- 获得重要的原料或技术。
- 与外国合作伙伴共担风险。
- 在全球竞争日益激烈的情况下增加竞争优势。
- 在日益全球化的市场中变得更具成本效益和效率。

大多数合资企业建立的首要动机似乎是一方或各方想要从合作伙伴那里获得知识。显然，要想从合作伙伴那里学到东西，合作伙伴必须具有分享意愿。如果各方都希望从其他合作者那里学习，那么为了达到目标，所有合作者都必须分享。这常常是冲突的根源，特别是在合作伙伴之间缺乏足够信任的情况下。这时，共享程度最低，原始目标的实现将受阻。通常从国际合资企业中学习的核心战略与人员的选择有关。"在合资企业和母公司之间转移工作人员可以提供一种信息分享机制，用于相互学习彼此的能力和专长，以及在产品开发方面产生协同效应。"[31] 但如果在国际合资企业中配置了不恰当的人员，比如人际技能或跨文化技能较低、技术能力有限的人，这一目标可能很难实现。

2. 跟踪记录

本章的前面部分花了相当大的篇幅来说明人力资源管理尽职调查对国际并购的成功的重要性，那里讲的都适用于国际合资企业的发展。合作伙伴文化（企业和国家）的兼容性、管理和决策风格、合资企业实践等，对于国际合资企业成功至关重要。[32]

与并购一样，国际合资企业的高失败率和管理复杂性也体现出对问题进行专门检查的必要性。[33] 早在 1987 年，申卡尔和泽拉（Shenkar & Zeira）就指出：即使国际合资企业已经成为"跨国参与最盛行的方式，真实的失败率和管理复杂性也表明需要更仔细地检查问题"。[34] 失败的原因多且复杂，但以下情况都与合资企业职责直接或间接相关。[35]

- 合作伙伴选择不当。
- 合作伙伴不明确彼此的目标，或目标不同。
- 谈判团队缺乏合资经验。
- 各方没有进行充分或现实的可行性研究。
- 各方没有了解清楚合作伙伴的真正能力。
- 合作伙伴没有进行全面的尽职调查，彼此不能充分学习，对于文化问题更是如此。
- 各方不能真实地判断合资及其对母公司的影响，特别是丧失控制和可能的利润，至少是短期利润。
- 在新企业的设计阶段未对组织和管理问题进行充分考虑。
- 各方未能充分整合大家的行动。
- 对伙伴关系的不对等承诺或者对合资企业的不平等贡献（实际或感知）。
- 合作伙伴互不信任。
- 合资企业的人员选择不妥。
- 母公司派来的经理不能很好相处。
- 当地的合作伙伴未向合资企业派驻最佳人选。

- 与政府合作，目标存在内生性差异（例如利润与可能的政治目标）。
- 国家利益分歧。
- 一个或多个合作伙伴方"不诚信"（bad faith），即一个或多个合作伙伴一直计划只从合作伙伴那里获取有价值的东西而不给予任何回报，即便它们在协商时已经有过承诺。
- 派来的管理者的忠诚和承诺不明确（或只是对派出公司）。
- 当地雇员不满派来的管理人员所享有的特权地位，特别是如果他们只是暂时被派驻合资企业。
- 新实体不知道应该遵循哪个母公司的规则（或者如果有必要，应该建立哪些新规则）。
- 新企业的管理实践未能适应当地文化。

如果国际合资企业的合作伙伴无法满足管理合资企业的要求（即与合作伙伴有效合作），那么采取非股权合作形式可能更合适，如伙伴关系或国际联盟（下一部分会讲述）。这类形式可以跨市场、交叉生产、许可或合作研发，如果出现不能克服的问题，终止合作也相对容易。[36]

对国际合资企业进行研究的学者发现，创建一个成功合资企业的一些关键要素包括需要从潜在合作者中寻找互补战略以及技术技能和资源，接受彼此的依赖，解决与合作者的相关问题，确保合作伙伴运营政策与实践的兼容性，消除合作伙伴之间以及新的国际合资企业管理团队和员工之间的沟通障碍，并采取强有力的措施来建立合作伙伴之间的信任和承诺。[37]

4.3.2 国际合资企业的阶段 3：执行

从人力资源管理的角度来看，从成功合资企业中可以获得以下经验[38]：

- 当国家和企业文化被融合时，合作者需要花时间建立信任，理解和调适彼此的利益。[39]
- 当合作者愿意相互学习时，工作设计可以得到优化。
- 招聘和人员配置政策应在合资早期阶段就明确界定。[40]
- 员工的招聘和培训应侧重于为应对工作积蓄能力，以及提高新组织所需的技术技能。[41]
- 绩效评估需要明晰的目标和明确的责任划分、完成任务的时间框架以及与不断变化的市场和环境需求相关的新企业内在灵活性。[42]
- 薪酬和福利政策应统一，以避免员工产生不公平感。
- 必须确保当地管理者在合资公司的职业机会，不能完全由母公司指派。
- 在建立企业的早期阶段，合作者必须就与工会的关系签订适当条款。
- 合作者必须在新企业中确定人力资源的具体作用（因为不同合作者的人力资源政策与实践可能不同）。
- 合资企业中的人力资源经理必须成为流程专家，来负责一些管理问题，比如就新组织建立的事宜与员工进行沟通，将合作方整合进合资企业中。
- 人力资源部门必须实施必要的培训（例如企业和国家的文化以及技术），整合并统一薪酬和福利制度以及绩效管理制度，以赋予国际合资企业一个专属自己的身份。

4.3.3　国际合资企业的阶段 4：促进

创建国际合资企业的一个主要原因在于合作者具有相互学习的愿望，这成为决定国际合资企业成败的一个要点。如果学习正在进行，那么合作者就必须确保将新知识转移给彼此，无论是在国际合资企业内还是转移给母国。

■ 4.4　国际人力资源管理和国际联盟

如前所述，国际联盟被定义为不会形成独立法律实体的非正式或正式伙伴关系或协议。近年来，这种形式变得越来越普遍和流行。[43]它们进入新市场的风险和成本相对较小。与国际收购一样，国际联盟和伙伴关系的运用也变得日益重要。[44]它们有多种形式，例如外包、信息共享、网络联盟、联合营销和项目研究。最激进的企业合作伙伴关系形式是诸如可口可乐和宝洁的联盟。像 IBM 这样的技术公司、辉瑞这样的制药公司，以及西门子和通用电气这样的多元化制造商都将合作纳入运营计划中，包括联合研究与联合营销。[45]

在现代的大多数合作伙伴关系中，国际联盟得以增长有三个重要原因：获得技术能力、研发能力以及新市场。电子邮件、文件共享、网络会议和协作工具使得国际联盟可以跨越公司和国家边界开展工作。过去，一般是通过并购来获得增长，公司缺乏什么就收购什么，这种方式现在仍然很流行。但是正如前文所述，重新建构公司代价高昂、耗时并且往往会失败。[46]被收购公司的最佳资产（员工）经常会跳槽到其他公司（常常是竞争者）。并购也经常因为债务增加、现金枯竭、股本稀释以及裁员和自愿离职导致核心员工流失而付出惨痛代价。国际联盟则能应对这个问题。相对于国际合资企业和国际并购而言，国际联盟是提升和建立（或获取）资源和技术最经济、最保险的方式：不会稀释股票，没有冒险的资产负债杠杆，如果管理妥善，也不会流失人才。如果联盟收效甚微，还可以解散。[47]

4.4.1　国际联盟的管理选择

与国际并购和国际合资企业一样，国际联盟也有多种设计选择[48]：
- 行家模式（operator model），只有一个主导者。
- 共享模式，利用双方的文化和实践。
- 自主模式，有意图地建立新的组织文化和管理结构。

合作伙伴需要讨论并商定所希望采取的国际联盟模式，以防止后面的误解和冲突。

人力资源的一般性问题

在国际联盟中可能有一些专门的"人员和一般管理问题"，人力资源可提供专业知识和咨询建议。这些问题只能由人力资源部门才能处理。[49]这些问题大多与国际并购和国际合资企业所面临的问题相似。

- 组织结构和汇报关系：在合作伙伴关系中通常不存在明确的管理结构，工作人员（包括人力资源专业人员）通常要向多个领导报告工作。[50]伙伴关系往往也不存在传统金字塔式的管理结构。一般是建立项目结构形式，成员来自母公司的临时安排，员工承担多重责任，既包括合作者的，也包括母公司的。
- 文化：与其他国际组织一样，都需要对国家和企业文化的不兼容性进行评估。这对合作伙伴内部以及合作伙伴与母公司之间的互动非常重要。
- 联盟前的尽职调查：这要求各方了解其潜在合作伙伴"不可外扬的家丑"，例如高管的丑闻、近期负面的媒体事件、裙带关系（雇用家族成员）等。
- 全球员工队伍：因为国际联盟将涉及不同文化的员工和管理人员，所以需要评估相关管理人员的跨文化技能，包括派驻国际联盟的高管和那些必须与国际联盟打交道的高管。
- 管理能力：国际联盟是否会优先考虑派驻最有才华的人？如果是，如果合作者真的希望合作成功，那么评估待派人才的质量就显得尤为重要。

4.4.2 国际联盟中人力资源管理的作用

通常根据国际联盟本身的规模来决定派驻的国际人力资源专业人员。[51]一般来说，向国际合作伙伴或国际联盟派驻的国际人力资源人员不仅需要与多方决策者（来自所有合作伙伴）周旋，运用更多谈判技巧，而且往往需要承担更多国内、国外的责任。

不同规则

举个例子，在伙伴企业中工作的人有可能仍然属于合作方的雇员，因此不仅难以被"监督"，而且在法律方面可能不在联盟地区的就业保护范围内。这赋予伙伴企业在薪酬和工作分配方面更大的灵活性，但是当"雇员"在母公司的法律范围内时，也可能会导致重大法律责任，比如性骚扰索赔。根据税法，来自不同母公司的员工，可能无权享受相同的福利计划，从而导致不公正和不公平感的问题。

▋ 4.5　结论

国际联合或某些伙伴关系形式近年来变得非常流行。然而，大部分组合都未能实现财务或战略目标。这通常是由于对人力资源职能重视不足。本章考察了联合的过程，并提供了一个框架和内容，用于对正在考虑跨国联盟的企业的国际人力资源管理政策与实践进行全面的尽职调查。这种调查被视为国际联合成功的关键。国际联合包括国际并购、国际合资企业和国际联盟。本章大部分章节描述了国际人力资源管理以及国际人力资源专业人员在设计、促进和实施这三种国际联合方面的作用。鉴于这三种联合方式的使用越来越多，国际人力资源管理能够并且应该在确保其设计和实施的成功方面发挥重要作用。

4.6　讨论题

1. 有些管理人员认为，国际合资企业问题太多，注定要失败。你同意吗？为什么？

2. 选择三个在近几年已完成国际并购的知名跨国公司，它们成功了吗？人力资源管理在推进国际并购成功方面发挥了什么作用？

3. 国际合资企业和国际联盟的优点和缺点是什么？

4. 跨国公司通过并购、国际合资企业和联盟进行国际扩张的原因分别是什么？哪些变量会影响决策？你认为哪个选择最好？

案例 4.1　BCE 收购电讯国际（加拿大）

兰斯·理查兹（Lance Richards）是电讯国际（Teleglobe）的前任国际人力资源总监，历经英国电信（British Telecom）与 MCI、GTE 与贝尔大西洋（Bell Atlantic），以及后来的 Teleglobe 与 BCE 等重大的跨国并购和联盟。这些经验让兰斯懂得在任何跨国收购或联盟中，确保员工知道正在发生什么、由谁负责，以及联合组织由谁领导都是国际人力资源部门需要负责的。兰斯学到的确保成功的一些具体经验包括：

- （收购和被收购公司的）首席执行官必须与员工接触，并与他们持续互动。
- 两家公司都必须明确、持续、及时沟通。
- 与员工的对话必须是双向的。员工必须拥有向企业和负责人提出问题、表达关心的渠道，并且能够获得反馈。

正如兰斯所说，在许多并购和联盟中，企业主管推出了一个精心设计的新实体的愿景，包括如何引领市场、如何超越其竞争对手。但对于一般员工而言，他们想听的仅仅是他们的工作会发生什么改变。在并购行动中，员工的智力资本往往（或说应该）被重点关注。但事实上，每天的工作结束之后，最应该记住的是员工所关心的事情，如为下一辆汽车付款或支付孩子下学期的学费。

BCE 收购 Teleglobe（于 2000 年 11 月 1 日完成）为说明如何应对员工对专业和坦诚的期望和关注提供了一个很好的例子。BCE 有限责任公司是加拿大最大的通信公司，提供各种服务，如宽带通信以及向私人和公共客户提供内容服务。在向公众公布市场售后服务时间的同时，所有员工都收到了一封电子邮件，其中包含一条预先录制好的视频链接，并附有两家公司领导人发来的信息。他们清楚地阐述了收购的原因以及好处，并承诺会在两家公司的整个兼并过程中保持无缝沟通。

在公司的内网上还建立了一个 O&A 委员会，公司所在 43 个国家的所有员工都可与其建立联系，并且会在五个工作日内得到回复。一个月内，BCE 任命了一位新的首席执行官。他到任的第一个星期就与雇员召开了数次会议。最初，他亲自在公司的主要就业城市进行演讲，然后换成多国的现场广播，最后召开外围国家的电话会议。同时，他还发起了早餐会和午餐会，每次会议包括 15～20 名员工，一直持续了几个月。这样，新的首席执行官因为坦率赢得了员工青睐。关键是，电讯国际（和 BCE）立即为所有员工开放了各种单向和双向沟通渠道，并确保向所有人提供稳定的信息流。虽然这次收购在两年后因财务问题被剥离，但良好的沟通确实减少了员工自愿离职，并且强化了员工参与，促进了 BCE 的持续健康发展。

资料来源：www. bce. ca (2014)；Richards，L. J. (2001). Joining Forces. *Global HR*，April，31‐33.

问题：

1. 为什么这些沟通形式如此成功？你认为最重要的是什么？为什么？运用这些沟通手段的障碍有哪些？

2. 这种形式的沟通应该包括哪些内容？员工想要听到的是什么？这中间有什么不同？

3. 这种沟通一定要来自高层吗？其他人（如人力资源主管）提供类似信息能带来同样的成功吗？

［注释］

1　Dupont Corporate Website (2014), Dupont Collaborations http://www.dupont.com/corporate-functions/our-approach/sustainability/collaboration.html. Accessed Dec. 10, 2014.

2　See, for example, *World Investment Report* 2014, United Nations Conference on Trade and Development. UNCTAD; Schuler, R. S., Jackson, S. E., and Luo, Y. (2004). *Managing Human Resources in Cross-Border Alliances*, London: Routledge; Reuer, J., and Ragozzino, R. (2014). Signals and international alliance formation: The roles of affiliations and international activities. *Journal of International Business Studies*, 45(3), 321–337; *World Investment Report* 2000: Cross-Border Mergers and Acquisitions and Development, New York and Geneva: United Nations Conference on Trade and Development.

3　Ibid.

4　We used a variety of sources to identify recent and old mergers and acquisitions. Sources include: *World Investment Report* 2014, United Nations Conference on Trade and Development, UNCTAD; *Mergent* online database; *Bloomberg Businessweek*; *Fortune* magazine.

5　See Summers, N. (2104). The 2014 M&A boom: Almost $ trillion and growing, *Bloomberg Businessweek*, April 24, 2014; Baigorri, M., Campbell, M., and Kirchfeld, A. (2014). Mergers are back in fashion—for now. *Bloomberg Businessweek*, (4373), 50–51; Mergers and Acquisitions review, *Financial Advisors*, 2013. Thomson Reuters; Brakman, S., Garretsen, H., Charles Van, M., and Arjen Van, W. (2013). Cross-border merger and acquisition activity and revealed comparative advantage in manufacturing industries. *Journal of Economics and Management Strategy*, (1), 28; Wyss, S. (2012). Growth strategy: Mergers and acquisitions. *Chain Store Age*, 88(2), 30–32; Lester T. (2001). Merger most torrid, *Global HR*, June, 10–12, 15–16.

6　Based on an interview with Heinrich von Pierer, CEO of Siemens, by Javidan, M. (2002), reported in, Siemens CEO Heinrich von Pierer on cross-border acquisitions, *Academy of Management Executive*, 126 (1), 13–15; and Karnitschnig, M. (2003). For Siemens, move into U.S. causes waves back home, *The Wall Street Journal*, Sept. 8, pp. A1, A8.

7　Schuler, Jackson, and Luo (2004).

8　Ibid.

9　See McLetchie, J., and West, A. (2010). *Beyond Risk Avoidance: A McKinsey Perspective on Creating Transformational Value from Mergers*. McKinsey & Company; McKinsey & Company, Coopers & Lybrand, and American Management Association, reported in Marks, M. L. (1997), *From Turmoil to Triumph: New Life After Mergers, Acquisitions, and Alliances*, New York: Lexington Books.

10　Reported in Bates, S. (2002). Few business alliances succeed, report reveals, in Executive Briefing, *HR Magazine*, May, 12.

11 Bower, J. L. (2001). Not all M&As are alike—and that matters, *Harvard Business Review*, March, 93–101. Also see Kullman, E. (2012). DuPont's CEO on executing a complex cross-border acquisition. *Harvard Business Review*, 90(7/8), 43–46.

12 Beard, M. (1996). quoted in Bourrie, S. R., Merger misery, *Colorado Business*, October, 82.

13 Ohmae, K. (1989). The global logic of strategic alliances, *Harvard Business Review*, March–April, 143.

14 In the last few years a number of references have been published dealing with the management of mergers and acquisitions. These include: Krug, J., Wright, O., and Kroll, M. (2014). Top management turnover following mergers and acquisitions: Solid research to date but still much to be learned. *Academy of Management Perspectives*, 28(2), 143–163; Adomako, S., Gasor, G., and Danso, A. (2013). Examining human resource managers' involvement in mergers and acquisitions (M&As) process in Ghana. *Journal of Management Policy & Practice*, 14(6), 25–36.; Buiter, J. M., and Harris, C. M. (2013). Post-merger influences of human resource practices and organizational leadership on employee perceptions and extra-role behaviors. *SAM Advanced Management Journal*, (4), 14; Castro-Casal, C., Neira-Fontela, E., and Alvarez-Perez, M. (2013). Human resources retention and knowledge transfer in mergers and acquisitions. *Journal of Management and Organization*, (2), 188; Lee, D., Kim, K., Kim, T., Kwon, S., and Cho, B. (2013). How and when organizational integration efforts matter in South Korea: A psychological process perspective on the post-merger integration. *International Journal of Human Resource Management*, 24(5), 944–965; Lupina-Wegener, A. A. (2013). Human resource integration in subsidiary mergers and acquisitions: Evidence from Poland. *Journal of Organizational Change Management*, 26(2), 286–304; Gill, C. (2012). The role of leadership in successful international mergers and acquisitions: Why Renault-Nissan succeeded and DaimlerChrysler-Mitsubishi failed. *Human Resource Management*, 51(3), 433–456; Marks, M., and Mirvis, P. H. (2011). A framework for the human resources role in managing culture in mergers and acquisitions. *Human Resource Management*, 50(6), 859–877.

15 Coffey, J., Garrow, V., and Holbeche, L. (2002). *Reaping the Benefits of Mergers and Acquisitions: In Search of the Golden Fleece*, Oxford, UK: Butterworth-Heinemann, 9. All of the major references in this chapter that involve mergers and acquisitions, joint ventures, and alliances expand on this point. In addition, some of this section is adapted from McClintock, F. W. (1996). Due diligence and global expansion, *World Trade Center San Diego Newsletter*, p. 6; and Greengard, S. (1999). Due diligence: The devil in the details. *Workforce*, October: 68–72.

16 Adapted from Richard, L. J. (2001). Joining forces, *Global HR*, June, 20.

17 Reported in Hopkins, M. (2002). HR going global . . ., *Global HR*, April, 31–33.

18 Adapted from Kleppestø, S. (1998). A quest for social identity—The pragmatics of communication in mergers and acquisitions, in Gertsen, M. C., et al. (eds.), op cit., pp. 147–166.

19 Berry, J. W. (1980). Acculturation as varieties of adaptation, in Padilla, A. M. (ed.), *Acculturation Theory, Models and Some New Findings*, Boulder, CO: Westview Press, pp. 9–25; Gertsen, M. C., Sïderberg, A-M, and Torp, J. E. (1998), Different Approaches to the Understanding of Culture in Mergers and Acquisitions, in Gertsen, M. C., et al. (eds.), op cit., pp. 17–38.

20 Ibid.

21 See website http://www.ge.com/news/company-information/ge-capital (2014). Adapted from Ashkenas, R. N., DeMonaco, L. J., and Francis, S. C. (1998). Making the deal real: How GE Capital integrates acquisitions, *Harvard Business Review*, January–February, 165–178.

22 See, for example, Owen, G., and Harrison, T. (1995). Why ICI chose to demerge, *Harvard Business Review*, March–April, 133–142.

23 M&A cultural considerations (2001). Reported in *International Mobility Management Newsletter*, 2nd quarter, 7.

24 Schuler, Jackson, and Luo (2004); Schuler, R., Tarique, I., and Jackson, S. (2004). *Managing Human Resources in Cross-Border Alliances*, in Cooper, C., and Finkelstein, S. (eds.), *Advances in Mergers and Acquisitions*, Volume 4. New York: JAI Press, pp. 103–129.

25 Schenkar, O., and Zeira, Y. (1987). Human resources management in international joint ventures: Directions for research, *Academy of Management Review*, 12(3), 547.

26 Schuler, Jackson, and Luo (2004); Cyr, D. J. (1995). *The Human Resource Challenge of International Joint Ventures*, Westport, CN: Quorum Books.

27 See, for example, Schuler, R., and Tarique, I. (2012). International joint venture system complexity and human resource management, in Björkman, I., and Stahl, G. (eds.), *Handbook of Research in IHRM*,

Cheltenham: Edward Elgar Publishing, pp. 393–414; Baughn, C., Neupert, K.E., Phan Thi Thuc, A., and Ngo Thi Minh, H. (2011). Social capital and human resource management in international joint ventures in Vietnam: A perspective from a transitional economy. *International Journal of Human Resource Management*, (5), 1017; Goodman, N. (2012). T&D for global JVs and M&As: Training and development can play a significant role in making international joint ventures and mergers and acquisitions more rewarding and less risky. *Training*, (1), 126; Wong, Y. (2012). Job security and justice: Predicting employees' trust in Chinese international joint ventures. *International Journal of Human Resource Management*, 23(19), 4129–4144; Choi, C., and Beamish, P.W. (2013). Resource complementarity and international joint venture performance in Korea. *Asia Pacific Journal of Management*, 30(2), 561–576; Huang, M., and Chiu, Y. (2014). The antecedents and outcome of control in IJVs: A control gap framework. *Asia Pacific Journal of Management*, 31(1), 245–269; Welei, S., Sunny Li, S., Pinkham, B.C., and Peng, M.W. (2014). Domestic alliance network to attract foreign partners: Evidence from international joint ventures in China. *Journal of International Business Studies*, (3), 338; Cyr, D.J. (1995); Frayne, C A. and Geringer, J.M. (2000). Challenges facing general managers of international joint ventures, in Mendenhall, M., and Oddou, G. (eds.), *Readings and Cases in International Human Resource Management*, 3rd ed., Cincinnati: South-Western College Publishing; Schuler, R.S. (2001). Human resource issues and activities in international joint ventures, *The International Journal of Human Resource Management*, 12, 1–5; Schuler, R., Dowling, P., and De Cieri, H. (1992), The formation of an international joint venture: Marley Automotive Components, *European Management Journal*, 10(3), 304–309; Schuler, R.S., Jackson, S.E., Dowling, P.J. and Welch, D.E. and DeCieri, H. (1991). Formation of an international joint venture: Davidson Instrument Panel. *Human Resource Planning*, 14, 51–60; Schuler, Jackson, and Luo (2004); and Shenkar and Zeira (1987), 546–557.

28 Hladik, K.J. (1985). *International Joint Ventures: An Economic Analysis of U.S.-Foreign Business Partnerships*, Lexington, MA: Heath; and Liebman, H.M. (1975). *U.S. and Foreign Taxation of Joint Ventures*, Washington, DC: Office of Tax Analysis, US Treasury Department.

29 Barkema, H.G., Shenkar, O., Vermeulen, F., and Bell, J.H.J. (1997). Working abroad, working with others: How firms learn to operate international joint ventures, *Academy of Management Journal*, 40(2), 426–442.

30 This list draws heavily on Schuler (2001). See also: Vaidya, S. (2012). Trust and commitment: Indicators of successful learning in international joint ventures (IJVs). *Journal of Comparative International Management*, 15(1), 29–49; Ghauri, P.N., Cave, A.H., and Park, B. (2013). The impact of foreign parent control mechanisms upon measurements of performance in IJVs in South Korea. *Critical Perspectives on International Business*, 9(3), 251; Tjemkes, B.V., Furrer, O., Adolfs, K., and Aydinlik, A. (2012). Response strategies in an international strategic alliance experimental context: Cross-country differences. *Journal of International Management*, (1), 66; Zoogah, D.B., Vora, D., Richard, O., and Peng, M.W. (2011). Strategic alliance team diversity, coordination, and effectiveness. *International Journal of Human Resource Management*, (3), 510; Estrada, I., Martín-Cruz, N., and Pérez-Santana, P. (2013). Multi-partner alliance teams for product innovation: The role of human resource management fit. *Innovation: Management, Policy & Practice*, 15(2), 161–169; Pangarkar, N., and Wu, J. (2013). Alliance formation, partner diversity, and performance of Singapore startups. *Asia Pacific Journal of Management*, 30(3), 791–807; Gudergan, S.P., Devinney, T., Richter, N., and Ellis, R. (2012). Strategic implications for (non-equity) alliance performance. Long range planning. *International Journal of Strategic Management*, 45(5–6), 451–476; Child, J., and Faulkner, D. (1998). *Strategies of Cooperation*, Oxford: Oxford University Press; Pucik, V. (1988). Strategic alliances, organizational learning and competitive advantage: The HRM agenda, *Human Resource Management*, 27(1): 77–93; Shenkar, O. and Zeira, Y. (1987). Human resource management in international joint ventures: Direction for research, *Academy of Management Review*, 12(3): 546–557.

31 Cyr, D.J., *op. cit.*, p. 116.

32 Petrovic, J., and Kakabadse, N. K. (2003). Strategic staffing of international joint ventures (IJVS): An integrative perspective for future research. *Management Decision*, 41, 4; Cyr, D.J., *op. cit.*; Geringer, J.M., *op. cit.*; Geringer, J.M. (1988). Partner selection criteria for developed country joint ventures, *Business Quarterly*, 53, 1; Schuler, Jackson, and Luo (2004).

33 Beamish, P.W. (1985). The characteristics of joint ventures in developed and developing countries, *Columbia Journal of World Business*, 20(3), 13–19; Harbison, J.R. (1996). *Strategic Alliances: Gaining a Competitive Advantage*, New York: The Conference Board; Harrigan, K.R. (1986). *Managing for Joint Venture*

Success, Boston: Lexington; Schenkar, O., and Zeira, Y., *op. cit.*; Sparks, D. (1999). Partners, *Business Week*, October 5, 106.

34　Shenkar, O., and Zeira, Y., *op. cit.*, 546.[1987]

35　Adapted from Barkema, H., and Vermeulan, F. (1997). What differences in the cultural backgrounds of partners are detrimental for international joint ventures? *Journal of International Business Studies*, 28(4), 845–864; Harrigan, K.R. (1988). Strategic alliances and partner asymmetries, in Contractor, F. and Lorange, P. (eds.), *Cooperative Strategies in International Business*, Lexington, MA: Lexington Books; Park, S.H., and Russo, M.V. (1996). When competition eclipses cooperation: An event history analysis of joint venture failure, *Management Science*, 42(6), 875–890; Schuler, R.S. (2001), *op. cit.*; and Goodman, N.R. (2001). International joint ventures and overseas subsidiaries, presented at the Society for Human Resource Management Global Forum Audio Conference, December; and Cyr, D. (1995), *op. cit.*; and Yan, A., and Zeng, M. (1999), International joint venture instability: A critique of previous research, a reconceptualization, and directions for future research, *Journal of International Business Studies*, 30(2), 397–414. Also see Ertug, G., Cuypers, I., Noorderhaven, N., and Bensaou, B. (2013). Trust between international joint venture partners: Effects of home countries. *Journal of International Business Studies*, 44(3), 263–282.

36　Harrigan (1986).

37　Cyr (1995); Geringer, J.M. (1988), *Joint Venture Partner Selection: Strategies for Developed Countries*, Westport, CT: Quorum Books; Schuler, Jackson, and Luo (2004).

38　Cascio, W.F., and Serapio, M.G. (1991). Human resource systems in an international alliance: The undoing of a done deal? *Organizational Dynamics*, Winter, 63–74; Cyr (1995); Schuler, Jackson, and Luo (2004).

39　Bruton, G.D., and Samiee, S. (1998). Anatomy of a failed high technology strategic alliance, *Organizational Dynamics*, Summer, 51–63; Cascio, W.F., and Serapio, M.G., Jr. (1991), *Organizational Dynamics*, Winter, 63–74; Culpan, R. (2002). *Global Business Alliances: Theory and Practice*, Westport, CT: Quorum Books; Evans, P., Pucik, V., and Barsoux, J-L. (2002). *The Global Challenges: Frameworks for international Human Resource Management*. New York: McGraw-Hill Irwin; Fedor, K.J., and Werther, W.B., Jr. (1996). The fourth dimension: Creating culturally responsive international alliances, *Organizational Dynamics*, Autumn, 39–53; Inkpen, A.C. (1998). Learning and knowledge acquisition through international strategic alliances, *Academy of Management Executive*, 12(4), 69–80; Isabella, L.A. (2002). Managing an alliance is nothing like business as usual, *Organizational Dynamics*, 31(1), 47–59.

40　Schifrin, M. (2001). Best of the web: Partner or perish, *Forbes*, May 21, 26–28.

41　Ibid.

42　Schifrin, M. (2001).

43　Reported in You are not alone, *Fortune*, special advertising section, May, 2001, S2–S3.

44　Schifrin, M. (2001).

45　Fang, E., and Zou, S. (2009), Antecedents and consequences of marketing dynamic capabilities in international joint ventures, *Journal of International Business Studies*, 40, 742–761.

46　Michaels, J.W. (2001), Best of the web: Don't buy, bond instead, *Forbes*, May 21, 20.

47　Adapted from Applegate, J. (1996), Alliances quick way to grow: Links to Bombay firm open doors for architect, *The Denver Business Journal*, October 4–10, 3B.

48　Galbraith, J.R. (1995), *Designing Organizations: An Executive Briefing on Strategy, Structure and Process*, San Francisco: Jossey-Bass.

49　See, e.g., Schuler, R., and Tarique, I. (2012). International joint venture system complexity and human resource management, in I. Björkman and G. Stahl (eds.), *Handbook of Research in IHRM*, Cheltenham: Edward Elgar Publishing, pp. 393–414; Cascio and Serapio (1991); Fedor, K.J., and Werther, W.B., Jr. (1996). The fourth dimension: Creating culturally responsive international alliances, *Organizational Dynamics*, Autumn, 39–53; Isabella, L.A. (2002). Managing an alliance is nothing like business as usual, *Organizational Dynamics*, August, 47–59; Schuler et al. (2000); and Sunoo (1995): 28–30, 32–34.

50　Demby, E.R. (2002). Keeping partnerships on course, *HR Magazine*, December, 49–53.

51　Quoted in Demby (2002).

第2篇

国家和文化环境

第 5 章　国家、企业文化与国际人力资源管理

第 6 章　国际就业法、劳工标准和职业道德

第 7 章　国际员工关系

本篇扩展了本书中经常重复的主题：以多种方式影响多国企业和国际人力资源管理的外部因素的重要性。这些因素共同代表了国家和文化环境。第5章介绍了国家/企业文化的概念，以及这些概念如何影响国际人力资源管理，还讨论了文化在国际人力资源管理研究的实施和解释中的重要性，解释了文化如何影响对国际人力资源管理及其作用的理解。第6章描述了国际领域的法律、监管环境、道德行为和劳工标准。第7章探究了员工关系的性质，以及每个国家独特的工会和员工代表机构如何影响员工关系环境。国家和文化环境的所有这些因素构成了设计和实施国际人力资源管理政策与实践的环境。

第 **5** 章

国家、企业文化与国际人力资源管理

在美国联合航空公司（United Airlines），"外国"一词正在失去它的意义。

——美国联合航空公司[1]

学习目标

- 定义和解释文化。
- 解释文化在国际贸易中的重要性。
- 描述霍夫斯泰德和特朗皮纳斯的基本研究结果。
- 解释文化对国际人力资源管理的重要性。
- 描述文化的重要性和国际人力资源管理研究中遇到的困难。

本章介绍了国际人力资源管理外部环境最重要的方面之一。[2] 国际人力资源管理的许多最重要和最困难的挑战源于各国和跨国企业文化的差异。当公司在多个国家或与位于许多国家的企业开展业务时，这些差异通常会导致冲突。当商业人士缺乏对这些差异的知识或敏感性时，这就可能成为一个特别突出的挑战，这将导致他们在其业务政策与实践以及个人互动中犯错误。即使了解这种差异，他们在开展业务时仍然可能会错误地假设自己国家或公司的做事方式是最好的，因此，他们的行为方式可能会使他们的外国同行，在其他国家或公司与他们互动的人，如外国客户、供应商和员工，感到疏离。或者他们将会犯错误，导致业务和个人的问题。优先考虑自己的国家和企业的文化也可能使得他们忽视在其他国家及其企业中更好的做法。

就像在国际贸易环境中的两个长期参与者所言：

我们的文化知识和对文化的理解对商业企业结果的影响，远远大于任何其他方面的业务经验。没有对别人工作方式的洞察，我们就不能期望发展信誉、培养善意、激励劳动力或开发可销售的产品。文化影响我们发展和保持关系的方式。它帮助我们掌握如何在世界各地发展成为受尊敬的领导者的方式。对文化的理解从根本上影响着我们如何经营我们的业务，甄选人员时关注什么特点，如何培养全球人才，如何开展会议，如何管理员工和团队工作。[3]

拥有与不同国家和组织合作的知识和能力是影响国际商业活动和国际人力资源

管理成功的最重要的因素之一。因此，本章阐述了国家和企业文化的定义、性质和重要性，并提供了国际人力资源管理如何在多国企业中发挥作用的指导，如何学习文化差异以及如何利用这些差异来帮助建立全球竞争优势。本章阐述了关于文化的主要研究结果及其在理解文化对全球组织和国际人力资源管理的影响方面的作用。

5.1 文化的性质和重要性

不同的国家之间都存在差异，例如历史、政府和法律。正是由于这些差异，当跨国公司的业务涉及越来越多的国家时，业务也变得越来越复杂、困难。如今，跨国公司通常与几十个国家的客户和公司有业务往来。困难的出现主要是与这些国家文化之间的差异有关。

人们的价值观、信念和行为模式（例如，他们认为什么是正确的和错误的，正常的和不正常的）的差异对于商业活动至关重要。例如，跨国谈判、来自不同国家的人之间的销售互动、管理来自不同国家的员工、了解和处理来自不同国家的公司之间的合同，以及所有人力资源职责，如招聘和雇佣、薪酬、培训、劳动关系和绩效管理。

在国际领域（包括商业、政府或非营利部门）工作的人们（包括人力资源从业者）需要能够将他们所知道的文化和他们遇到的新文化融合。他们可以调整自己及公司的行为，使其在特定的商业和社会环境下更为有效。他们需要一种方法来应对国家之间文化差异所造成的重大限制。事实上，处理这些文化差异可能是决定国际企业是否成功的最重要因素。"国际人力资源管理实务 5.1"描述了麦当劳走向国际化的例子，以及它在应对扩展国家文化时的一些问题。[4]

➡ **国际人力资源管理实务 5.1**

将麦当劳变成全球品牌

麦当劳说明了大众市场供应商如何关注文化多样性的例子。巨无霸是典型的美国风格，以至于"McWorld"（麦克世界）成了世界对美国口味同质化的一个绰号。麦当劳发现，麦当劳产品在全球的受欢迎程度越来越受到例外情况的限制。

在 20 世纪 90 年代和 21 世纪初的大部分时间里，国际部一直支持着麦当劳。国内销售陷入困境，由加盟商和国家协调员推出的本土化运营，却取得了巨大的销售成功，收入连续 15 年增长。更为重要的是，对外国经营者自主权的转让，现在已成为整个公司的政策。

当印度尼西亚货币在 1998 年崩溃时，马铃薯进口变得异常昂贵，米饭被替代。在韩国，猪肉替代了牛肉。酱油和大蒜被添加到东南亚大部分地区的汉堡包中。奥地利推出了"McCafes"，提供各种当地咖啡混合物，现在是麦当劳餐厅的重要支柱。在世界各地，麦当劳还推出很多的本地食品，如在德国的啤酒和在印度的大豆、羔羊肉的汉堡包。

然而，在质量、清洁、速度和品牌的关键因素上，麦当劳仍然保持统一。"分权并不意味着无所作为，"麦当劳说，"这些东西是不能讨价还价的。"

最近，麦当劳在越南开设了一家餐厅。[5]将麦当劳引进越南的商人认为，麦当劳的成立对公司和国家都是有利的。[6]他说："麦当劳是一个非常谨慎的企业，如果麦当劳在市场上出现，则说明它做了正确的事情。"

接下来的内容介绍了提高文化意识和增进文化理解的模型，以便使国际人力资源管理人员能够更有效地应对其国际责任、与国际同事进行互动，增强他们从其他国家的人力资源措施中学习的能力。

5.1.1　文化的定义和描述

"文化"有许多定义。本书将使用以下定义：文化是一群人随着时间发展起来的共享的行为和信念的特征方式。在本书中，文化中的"群体"特指来自特定国家或地区的人及特定公司的成员。当然，这个概念也用于描述其他群体的价值观和行为，如特定职业、行业、年龄群体和种族群体的成员。

> **文化的定义**
>
> 文化是一群人随着时间发展起来的共享的行为和信念的特征方式。
>
> - 让他们知道他们是谁，属于哪里，应该如何行事。
> - 使他们拥有适应环境的能力（因为文化定义了在特定情况下哪种行为是适当的），并将这种知识传递给后代（国家文化）或新员工（企业文化）。
> - 影响管理过程的每个方面——人们如何思考、解决问题并做出决策。

正如谢尔和所罗门（Schell & Solomon）所言：

> 在童年的早期阶段学习和吸收，通过文学、历史和宗教强化，由英雄形象具象化，体现在潜在价值观和观点。文化是塑造了我们的想法和观念的强大力量。它影响我们对事和人的感知和判断方式，影响我们如何应对和解释它们，影响我们如何交流。在不同的社会中，文化及其含义和形式有所不同。这些差异可大可小。文化渗透到我们所了解的世界，并塑造了我们构建或定义现实的方式。[7]

当企业进入一个新国家并进行一些诸如创建工作定义和分类、雇佣活动时，仅使用其本国实践，可能导致巨大的异化和信任的缺失，也可能会导致进一步的后果，例如难以获得优质的劳动力。

5.1.2　理解文化的多层性

导致文化如此难以处理的原因之一是它的多层性。不同的国家、地区和公司的文化是明显不同的。这些差异清晰可见，包括食物、艺术、服装、问候语和历史。有时这些被称为潜在价值观和假设的产物或表现。[8]这些潜在的价值观和假设有时并不明显。

理解文化的多层性的一种方式是参考图 5-1，文化是由多个层次组成的一系列同心圆，像一个洋葱。[9]文化模型的层次提供了一种理解文化的方式，每一层从外部向内部移动，代表越来越不可见或不太明显却越来越重要，能够决定态度和行为的价值观和假设。这些层次包括：

■ 表面或显性文化（外层）：很容易被观察到的东西，比如衣服、食物、吃饭方式、建筑、习俗（如如何同别人打招呼和关系的重要性）、身体语言、手势、礼仪和赠送礼物的方式。

■ 隐藏文化（中间层）：价值观、宗教和哲学，如儿童抚养、什么是正确的和错误的观点。

■ 不可见或隐性文化（核心）：文化的普遍真理，所有文化价值观和信仰的基础。

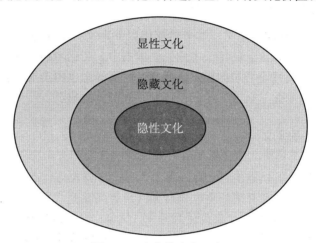

图 5-1　文化的三个层次

这种理解文化的方法贯穿全书，用来描述和评估各种商业和国际人力资源实践，例如为外派储备员工或为外派员工制定薪酬和激励措施。

人们培养在不同文化中工作的能力时，通常会经历一个过程，如图 5-2"跨文化能力的开发"所示。这种方法能够使人建立关于另一个人或群体的行为和价值观的知识，最终适应其他人或群体的行为和态度，甚至能够相互融合。前提假设是，在欣赏并且尊重其他人的文化差异之前，人们必须首先理解自己的文化价值观和信念，才能走向和解，并最终融入不同的国家和企业的文化中。

这三个阶段都具有挑战性，都需要从自己和他人的文化的基础教育和培训中获得，然后对其他文化进行反思，再发展出一种开放性，并最终愿意看到自己的价值观和行为在外国文化中的反馈。正如在对全球高管进行培养的广泛研究中发现的那样，生活在外国文化中，是学习处理"外来"文化复杂性的最好方式。[10]图 5-2 中所示的被称为"文化能力"的培养过程的其他步骤也很重要。

康尼格拉食品公司（ConAgra Foods）最近在中国的经历说明了这一过程。[11]当康尼格拉食品公司进入中国时，该公司抱着很大的希望，同时也很担忧，因为公司进入日本市场后，遇到了沟通障碍、文化失误和错过时机之类的问题。虽然这些问题最终都解决了，但康尼格拉食品公司认为它不能在中国犯同样的错误。为了找

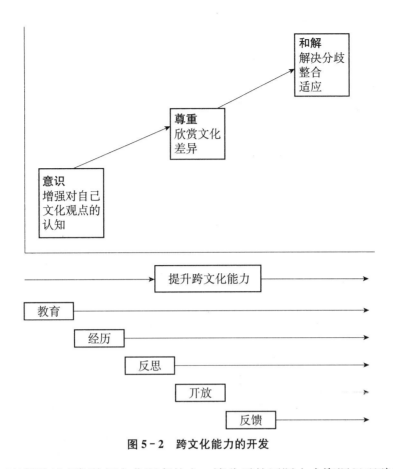

图 5-2　跨文化能力的开发

到一个可以帮助经理们缩短文化距离的人，该公司的国际人力资源经理聘请了 TLI（一家普通话培训学校）的创始人卡拉·卡恩斯（Carla Kearns）来为高管进行跨文化业务培训和辅导。

　　卡恩斯女士帮助这些高管认识中西方基本价值观的不同。如果忽视这些价值观，就有可能触犯到别人的底线，包括时间、层级、个人主义、个人关系和面子。在中国的大多数外国商人可能知道用双手交换名片和宴会上正确的座位安排，但要达成并签署协议，管理人员需要更加深入地学习并掌握价值观的差异。TLI 和卡恩斯女士在康尼格拉食品公司的这些努力取得了成功，使康尼格拉食品公司在中国市场取得了成功。

　　有关学习接受和适应一个或多个外国文化的准备和培训的更多信息，请参阅第 10 章关于全球培训和管理发展的内容。

■ 5.2　国家和地区文化

　　越来越多的研究人员正在评估是否可以将世界上各种各样的文化归纳为一些拥有类似的文化特征的文化圈。如果是这样，将大大减少与各国管理和人力资源实践决策相关问题的数量。

5.2.1　吉尔特·霍夫斯泰德的研究

最著名的国家文化研究（包含大量对文化价值观的一手数据）是由吉尔特·霍夫斯泰德博士（Dr. Geert Hofstede）在 IBM 位于世界各地的子公司中进行的。[12] 该研究的重点是在一系列与工作相关的因素的基础上确定国家差异和区域相似性。表 5-1 提供了对于这些因素的描述。[13]

表 5-1　吉尔特·霍夫斯泰德的文化维度

文化维度	内容
权力距离	对老板与下属之间权力距离的接受程度。社会中权力较低的成员接受和期望权力不平等分配的程度。在具有低权力距离的文化中，人们期望权力平等分配，还可能接受权力被分配给不那么强大的个体，重点是挑战权威，期望自主和独立。与此相反，高权力距离文化中的人们可能期望和接受不平等和陡峭的等级制度。高度尊重权威，导致权力集中，接受专制权威和直接领导。权力距离排名较高的国家包括马来西亚、危地马拉、巴拿马、菲律宾和墨西哥。排名较低的国家包括奥地利、以色列、丹麦、新西兰和爱尔兰。
个人主义或集体主义	个人主义或集体主义程度。此维度侧重于个人和群体之间的关系。高度个人主义的文化认为个人是最重要的，决定是基于个人的需要和兴趣的。在个人主义文化中，人们表达自己的看法、疑问，这种看法可以是直接的、对抗性的。高度集体主义文化认为群体才是最重要的，个体对群体（家庭、种姓、部落、地区、组织）表现出首要的忠诚度。所有决定都是基于群体的利益。在集体主义文化中，人们融合在一起，避免冲突。更多地强调个人所属的群体的福利，为了共同的利益，个人的需求、需要和梦想被搁置。在个人主义排名较高的国家，集体主义排名则较低，如美国、澳大利亚、英国、加拿大和荷兰。集体主义排名较高、个人主义排名较低的国家包括危地马拉、厄瓜多尔、巴拿马、委内瑞拉和哥伦比亚。
不确定性规避	不确定性规避或模糊容忍度。人们需要正式的规则和政策，这一维度指的是人们在不确定或模糊的情况下感到威胁的程度。它关注人们如何适应变化和应对不确定性。生活在具有高不确定性规避的文化中的大多数人在不确定和模糊的情况下可能感到不舒服，并且对用于指导他们的行为和态度的规则表示欢迎。他们倾向于相信绝对真理，信任专业人士。生活在低不确定性规避的文化中的人在不确定和模糊的情况和环境中可能更容易发展，并且倾向于抵制太多的规则和政策。他们更可能接受信念和价值观的相对性。不确定性规避和模糊容忍度低的国家包括希腊、葡萄牙、危地马拉、乌拉圭和比利时。不确定性规避和模糊容忍度高的国家包括新加坡、牙买加、丹麦和瑞典。
男性气质或女性气质	男性气质或女性气质在社会价值观中的程度。这个维度侧重于强调社会成就而不是教养的程度。这个维度的男性气质代表了社会对成就、英雄主义、自信和物质奖励的偏好。男性气质被看作强调雄心、获得财富和区别性别角色的特质。整个社会更具竞争力。相反，女性气质代表着合作、谦虚、关心弱者和对生活质量的偏好。女性气质被认为是关注和培养行为、性别平等、环境意识和更模糊的性别角色的特质。整个社会更加一致。男性气质排名较高的国家包括日本、奥地利、委内瑞拉、意大利和瑞士。女性气质排名较高的国家包括瑞典、挪威、荷兰、丹麦和哥斯达黎加。

续表

文化维度	内容
长期与短期导向	长期与短期导向的程度。此维度是在四个最初的维度之后添加的。从这个维度产生的与工作相关的价值行为后果很难描述，但存在一些特征： ■ 长期导向——业务结果可能需要时间才能实现；员工重视与他们雇主的长期关系。 ■ 短期导向——成果和成就是设定的，可在具体时限内达成；员工可能经常更换雇主。 长期导向排名较高的国家包括中国、日本和韩国。短期导向排名较高的国家包括巴基斯坦、尼日利亚、菲律宾、加拿大、津巴布韦、英国和美国。
务实与规范导向	务实与规范导向的程度。这个维度描述了过去以及今天的人如何应对我们周围发生的这么多无法解释的事情。在具有规范导向的社会中，大多数人都有尽可能多地解释的强烈愿望。这种社会中的人们对确立绝对真理和个人稳定的需要非常关注。他们对社会公约和传统表现出极大的尊重，为将来储蓄的倾向相对较小，并且注重快速实现结果。在具有务实倾向的社会中，大多数人觉得没有必要解释一切，因为他们认为不可能完全理解生活的复杂性。挑战不是为了知道真理，而是要过良性的生活。在具有务实倾向的社会中，人们相信真相在很大程度上取决于情况、背景和时间。他们表现出接受矛盾、适应环境的能力；他们表现出强烈的储蓄和投资倾向；他们在取得成果方面表现出节俭和毅力。在务实导向上排名较高的国家包括韩国、日本、中国和德国。在规范导向上排名较高的国家包括埃及、莫桑比克、马耳他、尼日利亚、多米尼加共和国和哥伦比亚。
放纵与克制	允许个人纵容人类基本欲望的程度与对这种行为的社会约束。放纵指一个社会允许相对自由地满足与享受生活和娱乐有关的基本且自然的人类欲望。约束指一个社会抑制需求满足并通过严格的社会规范来进行管理。放纵倾向排名较高的国家包括委内瑞拉、墨西哥、萨尔瓦多、尼日利亚、安哥拉和哥伦比亚。克制倾向排名较高的国家包括巴基斯坦、埃及、拉脱维亚、阿尔巴尼亚、保加利亚和爱沙尼亚。

资料来源：www.geert-hofstede.com（the Hofstede Center）；Hofstede，G.（2001）. *Culture's consequence*，2nd ed.，Thousand Oaks，CA/London：Sage Publications；Hofstede，G.，Hofstede，G. J. and Mindov，M.（2010）. *Cultures and organizations*：*Software of the Mind*，3rd ed.，New York：McGraw-Hill.

　　霍夫斯泰德发现，有些国家在这些特征上表现出一贯的相似性，有些国家在这些价值维度上存在明显的差异。关于跨国企业的重要结论是，在跨国企业的母国和母公司开发和实践的管理、组织系统可以施加于所有跨国企业的外国子公司的想法是错误的。[14]正如在本章结尾更加详细讨论的，这样的大规模研究是困难和昂贵的，并且难以复制。[15]

5.2.2　弗恩斯·特朗皮纳斯和查尔斯·汉普登-特纳的研究

　　弗恩斯·特朗皮纳斯博士（Dr. Fons Trompenaars）和查尔斯·汉普登-特纳博士（Dr. Charles Hampden-Turner）发表了类似的大规模研究结果（来自荷兰皇家壳牌公司的 50 多个国家的 1.5 万名员工）。[16]尽管他们专注于文化的不同方面，例如不同的文化如何赋予其文化成员地位，对时间和本质的不同态度，对个人和群体的不同态度，以及社会成员之间的关系。他们的总体结论与霍夫斯泰德得出的结论相似。特朗皮纳斯和汉普登-特纳得出结论，不同文化的区别可归为以下七个维度（见表 5-2）。

表 5-2　特朗皮纳斯和汉普登-特纳的文化维度

文化维度	内容
普遍主义与特殊主义（强调规则与关系）	普遍主义高度重视法律、规则、价值观和义务。普遍主义者试图基于这些规则公平地对待人们，但规则是在关系之前的。相反，特殊主义表明，每种情况和每种关系都决定了生活的规则。特殊主义者根据当前发生的情况和参与的人，对情况的反应可能会改变。典型的普遍主义文化包括美国、加拿大、英国、荷兰、德国、斯堪的纳维亚国家、新西兰、澳大利亚和瑞士等。典型的特殊主义文化包括俄罗斯、拉丁美洲等。
个人主义与集体主义（个人与群体）	个人主义强调个人自由和成就。个人主义者认为自己做出决定，并且必须关心自己的利益。相反，集体主义认为，群体比个人更重要。群体提供帮助和安全，以换取忠诚。群体总是在个人之前的。典型的个人主义文化包括美国、加拿大、英国、斯堪的纳维亚国家、新西兰、澳大利亚和瑞士等。典型的集体主义文化包括拉丁美洲国家、非洲国家和日本。
中性与情感（表达的情感范围）	在中性文化中，人们非常努力地控制自己的情绪。理性对他们的行动的影响远远超过感觉。人们不会透露他们的想法或他们的感觉。相比之下，在情感文化中，人们想要找到合适的方式来表达他们的情绪，甚至自发地在工作和社会情境中进行表达。在情感文化中，表达情感是受欢迎并且被接受的。典型的中性文化包括英国、瑞典、荷兰、芬兰和德国。典型的情感文化包括波兰、意大利、法国、西班牙和拉丁美洲国家。
特殊性与扩散性（与其他人的参与范围）	在特殊性文化中，人们将工作和个人生活分开。他们认为关系对工作目标没有太大的影响，虽然良好的关系很重要，但他们认为人们可以在没有良好关系的情况下一起工作。在扩散性文化中，人们看到他们的工作和个人生活之间的重叠。他们认为良好的关系对于实现业务目标至关重要，无论是在工作还是社交场合，与他人的关系都是非常重要的。人们在工作时间外仍然与同事和客户在一起。典型的特殊性文化包括美国、英国、瑞士、德国、斯堪的纳维亚国家和荷兰等。典型的扩散性文化包括阿根廷、西班牙、俄罗斯和印度等。
成就与归属（根据其他人的状况而定）	在成就文化中，人们认为你所做的事情决定了你是谁，他们以此确定你的价值。这些文化重视绩效，无论你是谁。在归属文化中，人们认为你应该因为你是谁而受到重视。在这些文化中，力量、头衔和地位定义了行为。典型的成就文化包括美国、加拿大、澳大利亚和斯堪的纳维亚国家等。典型的归属文化包括法国、意大利、日本和沙特阿拉伯等。
顺序时间与同步时间（人们如何管理时间）	在顺序时间文化中，人们喜欢事件按顺序发生。他们重视准时性，制定规划，维持计划。在这些文化中，"时间就是金钱"。在同步时间文化中，人们将过去、现在和未来看作交织的时期。他们经常同时处理多个项目，并将计划和承诺视为灵活可变的。典型的顺序时间文化如德国、英国和美国等。典型的同步时间文化包括日本、阿根廷和墨西哥等。
内部导向与外部导向（人们如何与他们的环境相关）	在内部导向文化中，人们相信他们可以通过控制自然或环境来实现目标，包括他们如何与团队和组织合作。在外部导向文化中，人们相信自然或环境控制着他们，他们必须适应环境以实现目标。在工作或关系中，他们将行动集中在他人身上，尽可能避免冲突。人们通常需要确保他们做得很好。典型的内部导向文化包括以色列、美国、澳大利亚、新西兰和英国等。典型的外部导向文化包括俄罗斯和沙特阿拉伯等。

资料来源：Trompenaars，F. (1992/1993). *Ride the Waves of Culture：Understanding Diversity in Global Business*，Burr Ridge，IL：Irwin；Trompenaars，F.，Hampden-Turner，C. (2004). *Managing People across Cultures*，West Sussex：Capstone；http://www.mindtools.com/pages/article/seven-dimensions.htm.

自霍夫斯泰德、特朗皮纳斯和汉普登-特纳报告这些研究后，其他研究人员和顾问报告了类似的发现或开发了其他方法来对文化价值进行分类。例如，全球领导和组织行为有效性（Global Leadership and Organizational Behavior Effectiveness，GLOBE）研究项目（由大型的多国教授团队组织的最全面的研究之一）将国家分为九个文化层面，包括自信、未来导向、性别差异、不确定性规避、权力距离、制度集体主义、群体内集体主义、绩效导向和人文导向。[17]这与霍夫斯泰德和特朗皮纳斯所提出因素存在很多重叠。表 5-3 总结了 GLOBE 的发现。

表 5-3　全球领导和组织行为有效性（GLOBE）的文化维度

文化维度	内容
自信	个人在与他人的关系中表现出自信、对抗和攻击的程度
未来导向	个人表现出面向未来行为的程度，例如延迟满足、规划和投资未来
性别差异	集体最小化性别不平等的程度
不确定性规避	社会、组织或团体在多大程度上依赖社会规范、规则和程序来减轻未来事件的不可预测性
权力距离	集体成员期望权力平等分配的程度
制度集体主义	组织和社会制度实践鼓励和奖励集体分配资源和集体行动的程度
群体内集体主义	个人在其组织或家庭中表达自豪感、忠诚度和凝聚力的程度
绩效导向	集体鼓励和奖励团队成员的绩效改进和卓越的程度
人文方向	集体鼓励和奖励个人公平、利他、慷慨、关爱和善良的程度

资料来源：http://www.inspireimagineinnovate.com/PDF/GLOBEsummary-by-Michael-H-Hoppe.pdf；House R. J., Hanges, P. J., Javidan, M., Dorfman, P. W., and Gupta V. (2004). *Culture, Leadership, and Oganizations. The GLOBE Study of 62 Societies.* Thousands Oaks, CA：Sage；Chhokar, J. S., et al. (eds.) (2007). *Culture and Leadership across the World：The GLOBE Book of In-Depth Studies of 25 Societies*, Mahwah, NJ：Lawrence Erlbaum.

5.2.3　国家文化集群

由于国家文化的数量如此之多，霍夫斯泰德和特朗皮纳斯等努力将具有相似文化背景的国家聚集在一起，并确定一组有限的变量，用以理解文化差异，这些努力受到了国际企业的欢迎。这些努力的希望在于：它们可以通过限制明显不同的国家或地区的数量，简化适应不同国家文化时遇到的问题。根据文化相似性，这些研究得出了以下的国家分组[18]：

- 盎格鲁：英国，澳大利亚，加拿大，爱尔兰，新西兰，南非，英国，美国。
- 阿拉伯：巴林，科威特，阿曼，沙特阿拉伯，阿拉伯联合酋长国。
- 远东：中国，印度尼西亚，马来西亚，菲律宾，新加坡，越南，泰国。
- 日耳曼：奥地利，德国，瑞士。
- 拉丁美洲：阿根廷，智利，哥伦比亚，墨西哥，秘鲁，委内瑞拉。
- 拉丁欧洲：比利时，法国，意大利，葡萄牙，西班牙。
- 近东：希腊，伊朗，土耳其。
- 北欧：丹麦，芬兰，挪威，瑞典。
- 单独：巴西，印度，以色列，日本，韩国。

具有广泛国际工作经验的人可能会认为，其中一些分组隐藏了重要的群体内部差异。[19]然而，研究表明，每个组中的国家确实在其文化概况上表现出显著的相似性。这些研究——即使它们仅仅符合管理者对某些国家特征的假设——可以为一般管理者和人力资源经理在外国运营和活动中制定政策和措施时提供指导。同时，这些研究为组织结构和管理提供许多方面的支持，并提出了建立区域部门以管理高度复杂的全球公司的建议。

5.2.4　一位有经验的从业者的观察

理解文化差异的一个有趣且实用的方法是基于理查德·格斯特兰（Richard Gesteland）在 30 年的职业生涯中作为外籍经理和国际谈判代表在许多国家的观察和经验。[20]格斯特兰发现，四种跨文化商业行为模式的差异为理解国际营销、谈判和管理提供了重要帮助。这四种模式包括：

■ 交易焦点与关系焦点。格斯特兰说，"做交易"与"建立关系"焦点的不同在商业文化之间形成了一条"巨大的鸿沟"，这种焦点的差异通常被证明是非常难跨越的。

■ 非正式文化与正式文化。当来自相对平等主义文化的人员与来自等级社会的人员相遇时，就会出现问题。

■ 刚性时间文化与灵活时间文化。一组文化明确时间限制；另一组则对时间和时间安排比较宽松，而更注重与周围人的关系。

■ 表达文化与保留文化。富有表现力的人通过口头、非语言和书面形式与他们的更保守的同事进行沟通，这通常会造成极大的混乱，从而破坏人们在跨文化营销、销售、谈判或管理方面所付出的最大努力。

这四种模式与霍夫斯泰德和特朗皮纳斯发表的研究结果存在一些相似之处且有额外的验证。这表明一些微小的差异对国际管理和谈判的实践至关重要。

5.2.5　过度简化文化差异的危险

尝试区分国家差异，然后将具有类似情况的国家和地区分组，并尽量减少文化差异的变量，可以简化各国的管理任务，但这可能会过度简化对文化差异的理解。[21]例如，布兰嫩（Brannen）表示，关注国家差异在两个层面上还存在不足：

（1）它对组内差异并没有进行足够的解释，也就是说，它将国家或文化视为同质的整体，国家或文化中的每个人都是相同的。

（2）它不能很好地理解文化是如何变化的，也就是说，它倾向于将文化视为一种不可渗透的、静态的文化。[22]布兰嫩认为，经验表明，文化并不像这些研究所认为的那样具有同质性和静态性，它们存在很大的不同，并随着时间的推移发生变化。

■ 5.3　国家文化和跨国企业文化

正如各国具有独特的价值观、规范、信仰和可接受的行为模式一样，公司也是如此。大多数跨国企业对它们的"企业文化"感到自豪，这些文化至少最初反映了它们的创始人的价值观，并发展成为企业个性，为员工提供如何做决定、如何对待同事和客户的行为模板。

对于许多公司，企业价值观优先于国家文化，特别是当二者之间发生冲突时。例如，源自斯堪的纳维亚国家的许多大型跨国企业可能对女性担任高级管理职位反应强烈。在其文化中，女性很少担任类似的职位（并且没有文化规范的支持）。来自西方国家的跨国企业可能会强烈支持平等主义、参与式管理风格和薪酬实践，并认为这些价值观非常重要，因此在外国运营中也实施这些做法，即使当地文化支持一套完全不同的价值观。亚洲跨国企业在经营和决策时，即使在其外国子公司的当地员工和管理者不接受或不理解的情况下，仍然会强调集体忠诚（group loyalty），尊重领导的意见。

5.4　文化趋同与偏离

正如我们之前讨论过的，影响国家文化和企业文化之间关系的一个主要问题就是集中化/标准化和本地化定制之间的冲突。这种困境可能不能彻底消除，因为它涉及国际人力资源管理政策与实践的各个方面。但这只是本章中描述的主要文化差异的后果之一。即使是麦当劳这样庞大的跨国企业，试图在世界各地坚持客户服务和产品质量的企业标准时，也会采用当地的菜单，以满足当地的口味。

随着全球化的发展，对于各国的文化价值观和特征是否日益趋同以及文化在国际商业中的作用存在一定的争议。[23]有一些证据支持现代技术和世界各地工业现代化正在影响企业采用类似的"最佳实践"（趋同）[24]，而国家的文化价值观和实践对业务和人力资源实践的影响则是不同的（偏离）[25]。现实很可能介于二者之间：

> 趋同与偏离（convergence and divergence）可能代表了两个极端。由于大多数企业难以在全球化和本地化之间找到最佳平衡点，现实可能更接近于"交汇点"（cross-vergence），或者是不同国家文化系统的混合。[26]

这里讨论了世界各地文化的趋同与偏离问题，它适用于各种人力资源管理实践。无论如何，随着全球经济持续增长，文化差异很可能会以各种复杂的方式影响国际商业和国际人力资源管理实践。管理和人力资源实践既可能受到来自发达经济体的大型跨国公司的实践的影响，也可能受到来自金砖国家（巴西，俄罗斯，印度，中国）以及规模较小但比较成功的经济体（如奥地利、瑞士、斯堪的纳维亚国家、韩国和新加坡）的影响。

5.5　国际人力资源管理研究

国际人力资源管理发展速度明显缓慢的原因之一是国际组织研究本身的不足。

这主要是由于文化对这种研究的重大和复杂影响。

随着国际商务的扩展，国际企业研究在 20 世纪 70 年代开始取得发展。[27]

然而，跨文化管理研究在整个 20 世纪 70 年代和 80 年代仍然受到限制。即使现在，它在管理和组织领域发表的研究成果中也只占了很少的一部分。[28]此外，到目前为止，已发表的大部分研究成果来自英语国家中的工业化国家或发达国家[29]，其中大部分是由美国（或美国培训的）或欧洲研究人员完成的[30]。其他学者的研究，如西欧、东欧、日本，以及新兴经济体（如金砖国家），在美国很少受到关注。[31]在商业相关学科中，管理、组织和人力资源管理已经不太受关注了。[32]所有这些因素导致人力资源管理领域的相关研究缺乏。

关于国际比较管理和一般组织特别是国际人力资源管理的有限研究，也被批评过于依赖对组织实践的描述（而不是批判性地评估此种实践），在研究设计和规划上不合时宜，缺乏开发案例材料和其他类型的纵向研究所需的持续努力，因此分析不够严谨。[33]

当然，还存在诸多其他原因。跨国、跨境或跨文化研究比较耗时，成本较高，并且通常需要精通多种语言，具有对多种文化的敏感性，还需要和来自不同国家、公司、政府的人进行合作。鉴于研究人员和研究场所之间的文化差异、翻译问题、多国研究团队之间的解释差异，以及研究设计的困难，例如如何使用控制组和对照组进行比较，我们能够理解国际人力资源管理领域的研究不够严谨的一些原因。[34]

与国际人力资源管理领域相关的研究数量持续增长，质量不断提升。[35]然而，如上所述，与国际业务相关领域的所有研究都存在一些问题，使研究难以开展和难以发表。[36]以下简要介绍国际人力资源管理研究相关的问题，以帮助对这类研究感兴趣的读者。

5.5.1 一般挫折

国际管理研究人员报告了四个特殊问题的挫折：

- 对文化和绩效等术语的定义不一致和不清晰。
- 关键术语的翻译不准确。
- 难以获得具有代表性的样本或相同的研究对象样本。很难从不同的文化中分离出研究者感兴趣的变量。
- 难以区分文化差异——在不同的国家经济和政治现实之间鉴别不同文化的共同的特征（例如研究国家或文化的发展阶段和政治制度的性质）。

5.5.2 国际人力资源管理研究的形式

国际人力资源管理研究基本上采取三种形式：

- 跨文化，即比较一个国家和另一个国家的问题与实践。
- 多元文化，即在多个国家或文化中研究一种实践或问题。
- 其他国家的人力资源实践，即描述对研究人员来讲一个或多个"外国"的人力资源实践。

已发表的研究成果主要聚焦于进行跨国、跨文化研究的诸多问题。

5.5.3　员工调查的具体情况[37]

大多数国际人力资源管理研究由学者进行，一些是由企业内部的研究人员进行。国际人力资源管理研究的功能之一是帮助公司评估其国际人力资源管理实践。这种内部研究的常用方法之一是雇员调查。尽管调查在研究设计方面可能相对简单，但仍然受到本节中描述的所有问题的影响。条目的翻译，工会和理事会的审查，管理时间的长度，不同的隐私指南或态度，管理方法，与跨国团队开展工作的困难，在不同国家员工调查数据收集的不同接受程度，都可能会导致问题。

5.5.4　基本假设

跨文化研究的基本模型和假设可以分为三类。研究者的观点将决定采用什么样的方法：调查问题的类型，所寻求的数据或信息的类型，以及结果的解释和普遍性。[38]

■ 普遍性。持有普遍主义假设的研究者认为存在一些普遍的文化特征。他们的研究任务是确定这些特征，从而证明某些管理和人力资源实践能在任何地方发挥作用。

■ 情境。持有这种观点的研究者认为，在不同的情境中有不同的管理实践。研究者的任务是确定导致不同人力资源或管理实践不同的文化情境。

■ 融合。持有这种观点的研究者假设具有相似工业和文化背景的国家在接近相似的经济成熟度时，将采取一套共同的管理做法。

5.5.5　具体困难

在进行国际/比较管理和国际人力资源研究、出版方面存在困难的一些具体原因如下：

1. 研究者的关注焦点

通常有以下两个焦点：

■ 客位。试图从特定的文化角度（即跨文化差异）来确定概念和行为。

■ 主位。试图确定不同文化相同的方面。

这两种方法都提供了合理的研究方向，但是在没有支持的情况下，如果研究使用主位方法（即假设文化间的通用性），会使得结果难以解释或导致研究设计和解释的错误，甚至导致审查和出版的问题。

这些方法显然是与普遍主义者和情境主义者相互作用的。普遍主义的方法将寻找证据，表明只有"一个最好的方法"，做法有分歧的国家最终也将得到一个最佳的方法。因此，纵向研究视角就变得非常重要。大多数文化研究都是静态的，也就是说，它没有考虑到以足够长的视角来研究，即使在一种文化（或更广泛的全球环境）中，压力也会导致重大的变化和适应。因此，如果在研究设计中忽略客位方法和主位方法之间的区别，或者做出不必要的普遍性假设，就会出现重大的方法学问题。

2. 语言问题

语言问题是进行跨国研究中遇到的许多问题的根源。

3. 测量和方法问题

当在多种文化或语言中进行研究时（例如，试图获得各种语言中术语的含义，特别是在问卷调查和访谈中），可能出现测量和方法问题。[39] "当所采用的测量或尺度未能反映受试者被测量属性的程度或范围时，就会出现测量误差。"[40] 这些误差可能是由量表设计或数学特性的缺陷、仪器有效性的问题或量表的不正确应用引起的。这些是任何研究都可能出现的方法问题。然而，跨国研究的复杂性增加了一些额外的问题，例如在不同语言版本中相应条目的对等性。[41] 此外，跨文化研究者需要意识到，在不同的国家或文化环境中，研究管理和研究响应是对等的。

5.5.6 跨文化研究中的等价性问题

在进行跨文化和跨国研究中包含三个关键的等价性问题[42]：

■ 度量等价性。这涉及试图确保需要被翻译成不同语言的各种形式的研究工具（如问卷调查或访谈）的测量特征是相同的。这通常是通过反向翻译完成的，即让翻译人员将翻译后的表格再翻译回原来的语言，以查看翻译后的问卷是否与原来的问卷意思相同。这一步是几乎所有此类研究都必须要有的。

■ 概念等价性。这里要注意的是，不仅要确保测量在不同的文化中具有相同的含义，而且要确保它们在结果上具有一致性，即测量结果是相似的。例如，在中国、韩国、日本和美国进行的一项跨文化调查中，研究人员发现，结论的显著性不仅受到国家差异的影响，还受到使用的量表类型的影响。[43] 作者认为，对不同态度量表的反应受文化的制约，因此，量表需要与国家情况相匹配。

■ 功能等价性。功能等价性是为了确保在每一种文化中以类似的方式看待所使用的术语，这就要求对文化有深入的了解，足以确定各种文化的价值和概念在每一种文化中的真正含义，从而产生功能的相似性。此外，功能等价性还涉及确保概念以相同的方式运用，并在每种文化中以相同的方式实现。

这里的要点是，通过跨文化研究取得的结果可能是由于研究本身的性质（如尺度、语言、措辞、翻译等）而不是由于所研究的变量存在任何"真正"的差异。另外，还有两个问题需要考虑：

■ 主题本身的主观性。不同文化在对待研究概念的方式上可能存在差异。西方研究的重点是客观性和特异性（至少在西方文化规范中）。非西方文化的人则会以不同的方式看待研究。例如，研究主题的选择可能因国家而异。传统上，美国企业倾向于采取行动，而法国企业则倾向于先思考后行动。使用客观测量可以研究行动或思想哪个在前哪个在后，但任何一种认为哪种是"正确"的管理的偏见都是主观的。

■ 文化以外的因素。除了文化，其他因素在解释跨文化和跨国研究的结果时可能也存在很多问题。例如，对有研究综述发现，对阿拉伯国家各种领导或管理风格的偏好研究的结果存在矛盾。[44]这些国家采用的管理方式因文化以外的环境因素而异。

5.5.7 国际人力资源管理的研究内容

传统上，大多数已出版的国际人力资源管理研究都与外派人员的甄选和准备有关。渐渐地，越来越多的研究将兴趣集中在当地的外国劳动力以及跨国企业和外国业务中的其他人力资源管理实践上。显然，国际人力资源管理中有许多重要的实践正得到越来越多的研究者的关注。

5.6 文化对国际人力资源管理的影响

本章的讨论说明了文化对国际企业和国际人力资源管理的重要性。事实上，国际企业和国际人力资源管理的各个方面都受到国家和企业文化的影响。本书中的其他所有主题都受到不同国家和企业文化的影响。外派人员的人力资源管理以及子公司、合资企业内当地劳动力的人力资源管理都是如此。

美国人力资源管理协会（SHRM）的一项研究表明，在以下方面特定文化对国际人力资源管理有重要影响[45]：

- 招聘和雇佣实践。
- 建立业务关系。
- 多种语言和沟通方式的使用。
- 对组织公平的看法。
- 决策。
- 绩效评估和反馈。
- 管理和领导能力的开发。
- 全球思维的培养。
- 改变跨文化职业的观点。

5.7 结论

本章介绍了国家文化和跨国企业文化的概念，讨论了它们对国际商业和国际人力资源管理成功的重要性。本章描述了两个最著名的研究人员吉尔特·霍夫斯泰德和弗恩斯·特朗皮纳斯的研究结果，以及一个极富经验的国际高管格斯特兰的结论。本章还描述了文化对国际人力资源管理的重要性，以及文化对进行国际人力资源管理研究时遇到的困难及其影响的重要性。文化差异影响国际商业和国际人力资源管理，使得二者更具挑战性和复杂性。跨国企业及其管理者需要理解和尊重这些差异以及在不同文化背景下工作的文化能力。

　　本章仅提供了介绍和参考框架，后文将会用到这些概念和想法，以帮助描述国际人力资源的复杂性和挑战。

■ 5.8　讨论题

　　1. 你如何定义或描述文化的概念？
　　2. 特朗皮纳斯和查尔斯·汉普登-特纳的研究与霍夫斯泰德的研究有何异同？
　　3. 从文化对企业的影响角度看，你认为最重要的因素是什么？
　　4. 不同国家的文化是否相互融合或出现分歧？
　　5. 由于国家文化和语言的差异，开展国际人力资源管理研究最主要的困难是什么？

案例 5.1　本地制造商的国际化和跨文化扩张：Barden（美国）和 FAG（德国）

　　Barden 是一家总部位于美国康涅狄格州丹伯里的精密滚珠轴承制造商，它的例子说明了作为一家本地化的公司，人力规划是如何成为全球性活动的。20 世纪 80 年代末，Barden 有机会大幅增加业务。为了实现这一点，它需要在下一年增加约 125 名员工。然而，丹伯里当地劳动力市场当时正在经历前所未有的低失业率。人力资源部门认为通过比较有创造力的方式，他们可以通过招募英语水平较差的新移民来获得足够数量的新员工。

　　Barden 发现，葡萄牙移民是非常可靠的长期雇员。Barden 使用了一个"伙伴"系统来帮助新员工熟悉他们的工作，并学会足够的"Barden"工作词汇。显然，这不足以在短时间内储备大量新的潜在员工群体。事实证明，来自很多不同国家（例如老挝、柬埔寨、巴西、哥伦比亚、多米尼加、危地马拉、智利、黎巴嫩、巴基斯坦、泰国和也门）的大量新移民，很少或不会讲英语。

　　为了正常运转，合格的 Barden 新员工必须掌握基本的"Barden"词汇，并能够查找标准操作程序以及材料安全数据表，掌握基本的数学、测量和认图。这对移民来说是一个重大挑战，尽管他们中的许多人在他们的国家获得了良好的教育。为了教会这些新员工足够的英语，语言培训公司 Berlitz 与 Barden 的培训部门合作开发一个特殊的、密集的课程。通过这个特别计划，在相当短的时间内培训六组八名新员工。所有的学员在连续的 15 个工作日里，每天要接受 Berlitz 教练四个小时的培训。

　　该方案产生了许多效果，远远超过 Barden 实现其新的公司增长战略的需求，并将这一名副其实的"多国集团"纳入其员工队伍。学员因为具备了新的语言能力，信心飙升。Barden 的主管深受鼓舞，获得了一些新的跨文化意识和能力（随着 Barden 成为一家国际公司，这些意识与能力在接下来的十年中变得非常有用），同时，还吸引了许多新的高质量员工加入。

1991 年，Barden 加入 FAG，一家位于德国施韦因富特（Schweinfelt）的公司。FAG 先在加拿大的斯特拉特福（Stratford），后来又在英国设立子公司。今天，Barden/FAG 被公认为超精密/超临界容忍值滚珠轴承制造行业的领导者，为航空、航天、汽车和医疗行业提供特种机械和设备。它们的成功在很大程度上源于多样化和多元文化的劳动力。

资料来源：Schuler, R. S. and Walker, J. W.（1990）. Human resource strategy: Focusing on issues or actions. *Organizational Dynamics*，summer，4-20；updated 2014 at：www. bardenbearings. com.

问题：

1. 移民是不是填补职位空缺的良好来源？雇用移民有哪些障碍？移民填补工作空缺在每个国家都是受欢迎的吗？

2. 目前全球人口结构是否适应或要求雇用外国移民？雇用外国移民的考虑是否应该成为每个公司劳动力战略的一部分？东道国和第三国如何雇用移民？

3. Barden 雇用移民时，必须克服什么文化障碍？你认为位于德国施韦因富特和加拿大斯特拉特福的 FAG 公司如何应对文化挑战？

4. 作为 Barden 的人力资源经理，你会如何处理新员工的需求，然后进行全球扩张？

［注释］

1　a UAL billboard in the terminal at Germany's Frankfurt Airport.

2　Much of this chapter is based on Schneider, S., Barsoux, J-L., and Stahl, G. (2014). *Managing across Cultures*, 3rd rev. ed., Upper Saddle River, NJ: Pearson Education Limited; Steers, R., Nardon, L., and Sánchez-Runde, C. (2013). *Management Across Cultures: Developing Global Competencies*, New York: Cambridge University Press; Chanlat, J-F., Davel, E., and Dupuis, J-P. (2013). *Cross-Cultural Management: Culture and Management Across the World*, London/New York: Routledge; Primecz, H., Romani, L., and Sackman, S. (2012). *Cross-Cultural Management in Practice: Culture and Negotiated Meanings*, Cheltenham, UK/Northampton, MA: Edward Elgar.

3　Schell, M. S., and Solomon, C. M. (1997). *Capitalizing on the Global Workforce*, Chicago: Irwin, p. 9.

4　Adapted from F. Trompenaars and C. Hampden-Turner (2001). Cultural answers to global dilemmas. *Financial Times*, Jan. 15, p. 14.

5　See Vietnam gets a taste for the Big Mac: Country's first McDonald's serves 400,000 customers in first month, Daily Mail.com (24, March 2014) website: http://www.dailymail.co.uk/travel/article-2586011/Vietnams-McDonalds-serves-400–000-customers-month.html#ixzz3GtYIXJPy; Ives, M. (Feb 7, 2014). McDonald's opens in Vietnam, bringing Big Mac to fans of Banh Mi, *New York Times* website: http://www.nytimes.com/2014/02/08/business/international/mcdonalds-chooses-its-moment-in-vietnam.html?_r=2.

6　Maresca, T. (Feb 10, 2104). The first McDonald's in Vietnam opened Saturday in Ho Chi Minh City.", USA Today website: http://www.usatoday.com/story/money/business/2014/02/09/vietnam-mcdonalds-ho-chi-minh-city/5337103/.

7　Schell and Solomon (1997), p. 8.

8　See, for example, Hofstede, G., Hofstede, G. J., and Minkov, M. (2010). *Cultures and Organizations: Software of the Mind*, 3rd ed., New York: McGraw-Hill; Hofstede, G. (2001). *Culture's Consequences*, 2nd ed., London: Sage; Schneider, S., Barsoux, J-L., and Stahl, G. (2014). *Managing Across Cultures*, 3rd rev. ed., Upper Saddle River, NJ: Pearson Education Limited; Hooker, J. (2003). *Working Across Cultures*, Stanford, CA: Stanford Business Books; Moore, K. (2003). Great global managers, *Across the Board*, May–June, 40–44; Peterson, B. (2004). *Cultural Intelligence*, Yarmouth, ME: Intercultural Press; Stroh, L. K., Black, J. S., Mendenhall, M. E., and Gregersen, H. B. (2005). *International Assignments*, Mahwah, NJ/London: Lawrence Erlbaum Associates; Thomas, D. C., and Inkson, K. (2009). *Cultural Intelligence*, 2nd ed., San Francisco: Berrett-Koehler Publishers; Trompenaars, F. (1992/1993). *Riding the Waves of Culture: Understanding Diversity in Global Business*, Burr Ridge, IL: Irwin, chapter 1; and Trompenaars, F., and Hampden-Turner, C. (2004). *Managing People Across Cultures*, West Sussex, England: Capstone Publishing Ltd.

9　Schell and Solomon (1997); Hofstede (1991). *Cultures and organizations: Software of the mind.* London: McGraw-Hill; Trompenaars (1992/1993); Trompenaars and Hampden-Turner (2004).

10　McCall, M. W., Jr., and Hollenbeck, G. P. (2002). *Developing Global Executives: The Lessons of International Experience,* Boston, MA: Harvard Business School Press.

11　Levin, D. (2010). Helping to bridge a cultural divide in China, *International Herald Tribune,* Dec. 22, 4.

12　Hofstede, G. (2001); Hofstede (1991); Hofstede, G. (2001); Hofstede, G. (2002). Cultural constraints in management theories, *CRN News,* 7(4), 1–3, 12–13, 16, 19, 22–23.

13　Source: www.geert-hofstede.com (the Hofstede Center) 4/18/14; www.BusinessMate.org 4/18/14; www.andrews.edu/~tidwell/bsad560/hofstede.html 4/18/14; Hofstede, G. (2001).

14　See, for example, Hofstede, G. (1984). Clustering countries on attitudinal dimensions: A review and synthesis, *Academy of Management Review,* 9(3), 389–398; Hofstede, G. (1983). The cultural relativity of organizational theories, *Journal of International Business Studies,* 14(2), 75–90.

15　Saari, L., and Schneider, B. (2001). Global employee surveys: Practical considerations and insights, paper presented at Going global: Surveys and beyond, workshop at the annual conference, Society of Industrial/Organizational Psychology, San Diego, April.

16　Hampden-Turner, C., and Trompenaars, F. (2012). *Riding the Waves of Culture: Understanding Diversity in Global Business,* 3rd ed., New York: McGraw-Hill; Hampden-Turner, C., and Trompenaars, F. (1993). *The Seven Cultures of Capitalism,* New York: Currency/Doubleday; Trompenaars, F. (1992/1993); and Trompenaars, F., and Hampden-Turner, C. (2004).

17　To learn more about GLOBE see Dorfman, P., Javidan, M., Hanges, P., Dastmalchian, A., and House, R. (2012). GLOBE: A twenty-year journey into the intriguing world of culture and leadership. *Journal of World Business,* (4), 504; Javidan, M., Dorfman, P. W., Mary Sully de, L., and House, R. J. (2006). In the eye of the beholder: Cross-cultural lessons in leadership from Project GLOBE. *Academy of Management Perspectives,* (1), 67; Javidan, M., and House, R. J. (2000). Cultural acumen for the global manager, *Organizational Dynamics,* 29(4), 289–305; Globe Research Team (2002). *Culture, Leadership, and Organizational Practices: The GLOBE Findings,* Thousand Oaks, CA: Sage; and Graen, G. B. (2006). In the eye of the beholder: Cross-cultural lessons in leadership from Project GLOBE, *Academy of Management Perspectives,* 20(4), 95–101; and the response to this analysis: House, R. J., Javidan, M., Dorfman, P. W., and de Luque, M. S. (2006). A failure of scholarship: Response to George Graen's critique of GLOBE, *Academy of Management Perspective,* 20(4), 102–114.

18　See Ronen, S., and Shenkar, O. (2013). Mapping world cultures: Cluster formation, sources and implications. *Journal of International Business Studies,* 44(9), 867–897; Ronen, S., and Shenkar, O. (1985). Clustering countries on attitudinal dimensions: A review and synthesis, *Academy of Management Review,* 10(3), 435–454; Ronen, S., and Shenkar, O. (1988). Using employee attitudes to establish MNC regional divisions, *Personnel,* August, 32–39.

19　See, for example, Earley, P. C., and Erez, M. (eds.) (1997). *New Perspectives on International Industrial/Organizational Psychology,* San Francisco: The New Lexington Press; Gesteland, R. R. (1999). *Cross-cultural Business Behavior: Marketing, Negotiating and Managing Across Cultures,* Copenhagen, Denmark: Copenhagen Business School Press; Gundling, E. (2003). *Working Globesmart,* Palo Alto, CA: Davies-Black Publishing; Hodge, S. (2000). *Global Smarts: The Art of Communicating and Deal-making Anywhere in the World,* New York: Wiley; Moran, R. T., Harris, P. H., and Moran, S. V. (2007). *Managing Cultural Differences,* 7th ed., Burlington, MA: Butterworth-Heinemann; and Scherer, C. W. (2000). *The Internationalists,* Wilsonville, OR: Book Partners.

20　Gesteland (1999).

21　Brannen, M. Y. (1999). The many faces of cultural data, *AIB Newsletter,* first quarter, 6–7.

22　Ibid.

23　See, for example, Festing, M. (2012). Strategic human resource management in Germany: Evidence of convergence to the U.S. model, the European model, or a distinctive national model? *The Academy of Management Perspectives,* (2), 37; Lertxundi, A., and Landeta, J. (2012). The dilemma facing multinational enterprises: Transfer or adaptation of their human resource management systems. *International Journal of Human Resource Management,* 23(9), 1788–1807; Škerlavaj, M., Su, C., and Huang, M. (2013). The moderating effects of national culture on the development of organisational learning culture: A multilevel study across seven countries. *Journal for East European Management Studies,* 18(1), 97–134; Brewster, C. (2012). Comparing HRM policies and practices across geographical borders, in Stahl, G. K., Björkman, I., and Morris, S.S. (eds.), *Handbook of Research in International Human Resource Management*, 2nd ed., Cheltenham: Edward Elgar, pp. 76–96; Mayrhofer, W., and Brewster, C. (2012). *Handbook of Research on Comparative Human Resource Management*, Cheltenham: Edward Elgar; Peretz, H., and Fried, Y. (2012). National cultures, performance appraisal practices, and organizational absenteeism and turnover: A study across 21 countries. *Journal of Applied Psychology*, 97(2), 448–459; Mayrhofer, W., Brewster, C., Morley, M.J., and Ledolter, J. (2011). Hearing a different drummer? Convergence of human resource management in Europe—a longitudinal analysis. *Human Resource Management Review*, 21(1), 50–67; Sparrow, P., Schuler, R.S. and Jackson, S. (1994). Convergence or divergence: Human resource practice and policies for competitive advantage worldwide. *International Journal of Human Resource Management*, 5(2), 267–299.

24　Mayrhofer, W., Brewster, C., Morley, M.J., and Ledolter, J. (2011); Brewster, C. (2012); Huo, Y.P., Huang, H.J., and Napier, N.K. (2002). Divergence or convergence: A cross-national comparison of personnel selection practices, *Human Resource Management*, 41(1), 31–44; Von Glinow, M.A., Drost, E., and Teagarden, M. (2002). Converging on IHRM best practices: Lessons learned from a globally distributed consortium on the theory and practice, *Human Resource Management*, 41(1), 123–140.

25　Yongsun, P., Chow, I., and Vance, C.M. (2011). Interaction effects of globalization and institutional forces on international HRM practice: Illuminating the convergence-divergence debate. *Thunderbird International Business Review*, 53(5), 647–659; Drost, E., Frayne, C., Lowe, K., and Geringer, M. (2002). Benchmarking training and development practices: A multi-country comparative analysis, *Human Resource Management*, 41(1), 67–85; Gerhart, B., and Fang, M. (2005). National culture and human resource management: Assumptions and evidence, *International Journal of Human Resource Management*, 16(6), 971–986; Pucik, V. (1997). Human resources in the future: An obstacle or a champion of globalization? *Human Resource Management*, 36(1), 163–167.

26　Vance and Paik (2011). The concept of "crossvergence," originated in Ralston, D., Holt, D., Terpstra, R.H., and Yu, K.-C. (1997). The impact of national culture and economic ideology on managerial work values: A study of the United States, Russia, Japan, and China, *Journal of International Business Studies*, 20(1), 177–207. See also Shimoni, B., and Bergmann, H. (2006). Managing in a changing world: From multiculturalism to hybridization—The production of hybrid management cultures in Israel, Thailand, and Mexico, *Academy of Management Perspective*, August, 76–89.

27　Pierce, B., and Garvin, G. (1995). Publishing international business research: A survey of leading journals, *Journal of International Business Studies*, 26(1), 69–89.

28　Adler, N.J. (1983). Cross-cultural management research: The ostrich and the trend, *Academy of Management Review*, 8(2), 226–232; Pierce and Garvin (1995).

29　Boyacigillar, N., and Adler, N.J., (1991). The parochial dinosaur: Organizational science in a global context, *Academy of Management Review*, 16(2), 262–290.

30　Thomas, A.S., Shenkar, O., and Clarke, L. (1994). The globalization of our mental maps: Evaluating the geographic scope of JIBS coverage, *Journal of International Business Studies*, 25(4), 675–686.

31　Thomas, A.S., et al. (1994); Hickson, D.J. (1996). The ASQ years then and now through the eyes of a Euro-Brit, *Administrative Science Quarterly*, 41(2), 217–228.

32　Inkpen, A., and Beamish, P. (1994). An analysis of twenty-five years of research in the *Journal of International Business Studies*, *Journal of International Business Studies*, 25(4), 703–713; Melin, L. (1992). Internationalization as a strategy process, *Strategic Management Journal*, 13, 99–118; Parker, B. (1998). *Globalization and Business Practice: Managing Across Borders*, Thousand Oaks, CA: Sage; Thomas et al. (1994).

33　Dowling, P.J. (1988). International HRM, in Dyer, L. (ed.), *Human Resource Management: Evolving Roles and Responsibilities*, Washington, DC: Bureau of National Affairs; Earley, P.C., and Singh, S.H. (2000). Introduction: New approaches to international and cross-cultural management research, in Earley, P.C., and Singh, S.H. (eds.), *Innovations in International Cross-cultural Management*, Thousand Oaks, CA: Sage; McEvoy, G.M., and Buller, P.F. (1993). New directions in international human resource management research, paper presented at the Academy of International Business annual meeting, Maui, HI, October 21–24; Tayeb, M. (2001). Conducting research across cultures: Overcoming drawbacks and obstacles, *International Journal of Cross-cultural Management*, I(1), 91–108; Triandis, H.C. (1998). Vertical and horizontal individualism and collectivism: Theory and research implications for international comparative management, *Advances in International Comparative Management*, XII, Greenwich, CT: JAI Press, 7–35.

34　See, for example, Zhan, G. (2013). Statistical power in international business research: Study levels and data types. *International Business Review*, (4), 678; Peterson, M.F., Arregle, J., and Martin, X. (2012). Multilevel models in international business research. *Journal of International Business Studies*, (5), 451; Michailova, S. (2011). Contextualizing in international business research: Why do we need more of it and how can we be better at it?. *Scandinavian Journal of Management*, (1), 129; Geringer, J., and Pend- ergast, W. (2012). Firmly rooting international business research in the soil of relevance: Integration and recommendations. *Thunderbird International Business Review*, 54(2), 263–269; Aguinis, H. and Henley, C. (2003). The search for universals in cross-cultural organizational behavior, *Organizational Behavior: The State of the Science*, 2nd ed., Mahwah, NJ/London: Lawrence Erlbaum Associates; Baruch, Y. (2001). Global or North American? A geographical-based comparative analysis of publications in top manage- ment journals. *International Journal of Cross-cultural Management*, 1 (1), 109–125; Bond, M.H. (1997). Adding value to the cross-cultural study of organizational behavior: Reculer pour mieux sauter, in Earley, P.C., and Erez, M. (eds.) *New Perspectives on International Industrial/Organizational Psychology*, San Francisco: The New Lexington Press, pp. 256–275; Earley, P.C., and Mosakowski, E. (1995). Experimen- tal international management research, in Punnett, B.J., and Shenkar, O. (eds.) *Handbook for International Management Research*, Cambridge, MA: Blackwell Publishers, pp. 83–114; Gelfand, M.J., Holcombe, K.M., and Raver, J.L. (2002). Methodological issues in cross-cultural organizational research, in Rogel- berg, S.G. (ed.), *Handbook of Research Methods in Industrial and Organizational Psychology*, Malden, MA: Blackwell Publishers, pp. 216–241; GLOBE Research Team (2002). *Culture, Leadership, and Organi- zational Practices: The GLOBE Findings*, Thousand Oaks, CA: Sage; Graen, G.B., Hui, C., Wakabayashi, M., and Wang, Z.-M. (1997). Cross-cultural research alliances in organizational research, in Earley, P.C., and Erez, M. (eds.), *New Perspectives on International Industrial/Organizational Psychology*, San Fran- cisco: The New Lexington Press, pp. 160–189; House, R.J., Hanges, P.J., Javidan, M., Dorfman, P.W., and Gupta, V. (2004). *Culture, Leadership, and Organizations. The GLOBE Study of 62 Societies*, Thousand Oaks, CA: Sage; Mattl, C. (1999). Qualitative research strategies in international HRM, in Brewster, C., and Harris, H. (eds.) *International HRM: Contemporary Issues in Europe*, London: Routledge; and Wright, L.L. (1995). Qualitative international management research, in Punnett, B.J., and Shenkar, O. (eds.), *Hand- book for International Management Research*, Cambridge, MA: Blackwell Publishers, pp. 63–81.

35 See specific academic journals and trade publications dedicated to IHRM such as *The International Journal of Human Resource Management, Journal of Global Mobility, The Asia Pacific Journal of Human Resources, South Asian Journal of Global Business Research, South Asian Journal of Human Resources Management, International Journal of Manpower, The Journal of Chinese Human Resource Management*, and *Human Resource Management International Digest* among others; for example, Aycan, Z., Kanungo, R.N., Men- donca, M., Yu, K., Deller, J., Stahl, G., and Kurshid, A. (2000). Impact of culture on human resource management practices: A ten-country comparison, *Applied Psychology: An International Review*, 49, 192–221; and (the most recent publication from this group) Sackett, P.R., Shen, W., Myors, B., Lievens, F., Schollaert, E., Van Hoye, G., Cronshaw, S.F., Onyura, B., Mladinic, A., Rodriguez, V., Steiner, D.D., Rolland, F., Schuler, H., Frintrup, A., Nikolaou, I., Tomprou, M., Subramony, S., Raj, S.B., Tzafrir, S., Bam- berger, P., Bertolino, M., Mariana, M., Fraccaroli, F., Sekiguchi, T., Yang, H., Anderson, N.R., Evers, A., Chernyshenko, O., Englert, P., Kriek, H.J., Joubert, T., Salgado, J.F., König, C.J., Thommen, L.A., Chuang, A., Sinangil, H.K., Bayazit, M., Cook, M., and Aguinis, H., Perspectives from twenty-two countries on the legal environment for selection, in Farr, J.L., and Tippins, N.T. (eds.) (2010). *Handbook of Employee Selection*, Clifton, NJ: Psychology Press, pp. 651–656.

36 Caligiuri, P.M. (1999). The ranking of scholarly journals in the field of international human resource man- agement, *International Journal of Human Resource Management*, 10 (3), 515–518; House, R.H., Hanges, P.J., Antonio Ruiz-Quintanilla, S., Dorfman, P.W., Javidan, M., Dickson, M., Gupta, V., and GLOBE Coun- try Co-investigators (1999). Cultural influences on leadership and organizations: Project GLOBE, in Mob- ley, W.H., Gessner, M.J., and Arnold, V. (eds.), *Advances in Global Leadership*, Vol. I, Stamford, CT: JAI Press; House, R.J., Wright, N.S., and Aditya, R.N. (1997). Cross-cultural research on organizational lead- ership: A critical analysis and a proposed theory, in Earley, P.C., and Erez, M. (eds.), *New Perspectives on International Industrial/Organizational Psychology* San Francisco: The New Lexington Press.

37 Harzing, A., Brown, M., Koster, K., and Zhao, S. (2012). Response style differences in cross-national research: Dispositional and situational determinants. *Management International Review*, (3), 341; Harzing, A.W., Reiche, B.S., and Pudelko, M. (2013). Challenges in international survey research: A review with illustrations and suggested solutions for best practice. *European Journal of International Management*,

vol. 7, no. 1, 112–134; Saari, L., and Schneider, B. (2001). Global employee surveys: Practical considerations and insights, paper presented at "Going Global: Surveys and Beyond," workshop at the annual conference of the Society for Industrial/Organizational Psychology, San Diego, CA, April.

38　Lubatkin, M.H., Ndiaye, M., and Vengroff, R. (1997). The nature of managerial work in developing countries: A limited test of the universalist hypothesis, *Journal of International Business Studies*, fourth quarter, 711–733; Punnett, B.J., and Shenkar, O. (eds.) (1996). *Handbook for International Management Research*, Cambridge, MA: Blackwell Publishers; Sparrow, P., Brewster, C., and Harris, H. (2004). *Globalizing Human Resource Management*, Routledge, London; and Vance and Paik (2011).

39　Mullen, M.R. (1995). Diagnosing measurement equivalence in cross-national research, *Journal of International Business Studies*, 15 (3), 573–596.

40　Cavusgil, S. T., and Das, A. (1997). Methodological issues in empirical cross-cultural research: A survey of the management literature and a framework, *Management International Review*, 37 (1), 81.

41　Cavusgil and Das (1997); Douglas, S.P., and Craig, S. (1983). *International Marketing Research*, Englewood Cliffs, NJ: Prentice Hall; Samiee, S., and Jeong, I. (1994). Cross-cultural research in advertising: An assessment of methodologies, *Journal of the Academy of Marketing Science*, 22 (3), 205–217.

42　Mullen (1995).

43　Yu, J.H., Keown, C.F., and Jacobs, L.W. (1993). Attitude scale methodology: Cross-cultural implications, *Journal of International Consumer Marketing*, 6 (2), 45–64.

44　Mattl (1999).

45　Lockwood, N.R., and Williams, S. (2008). *Selected Cross-Cultural Factors in Human Resource Management*, SHRM Research Quarterly, Third-Quarter, Alexandria, VA: the Society for Human Resource Management.

第 6 章

国际就业法、劳工标准和职业道德

Baker & McKenzie 自成立以来就是全球化的，全球化是我们的"基因"之一。

——全球职业律师事务所 Baker & McKenzie[1]

学习目标

- ■ 描述三个主要的法律体系和它们的主要不同之处。
- ■ 描述国际就业法及劳工标准并解释它们的影响。
- ■ 列举并描述不同国际贸易协定的目标。
- ■ 描述欧盟法规如何影响国际人力资源管理。
- ■ 从移民/签证、个人数据隐私/保护、反歧视法、终止法以及知识产权的角度来辨别影响人力资源的主要因素。
- ■ 将现行就业法规、道德标准、企业社会责任和公司治理结构与国际人力资源管理的政策与实践相融合。

就业法规是国际人力资源管理全球化的最重要的组成因素之一。本章着重研究全球经济中的国际就业法、劳工标准和职业道德。所有的全球性企业不仅必须遵守所在国的不断变化的就业法，还要遵守现行的国际标准。[2]一般而言，外国的法律与跨国公司所熟悉的国内法律有很大不同。跨国公司常常因为没有正确理解这些法律、标准和职业准则的要求而存在做出错误判断、追求激进战略以及使公司承担相关法律责任的风险。

无论是一个员工今天在日本明天就要去墨西哥，还是一个员工在英国会见来自瑞典的同事以完成在西班牙的项目，抑或是任何一家公司的经理针对在其他地方的业务做出战略性决策，他们所在的组织必须确保没有违反任何规定（基于法律或是国家文化）。经常修订和更新的法律法规使得企业活动保持现状或合法变得极其困难和复杂。

国际标准、国家贸易协定、与政府的商业外交以及不同的国家法律和文化都影响着跨国公司的运营。国家的、超国家的法律以及治外法权对国家和它的行为人（企业、劳动者组织、规则主体和个人）都有不同的法律和规则影响。除了遵守法律，许多其他的国际人力资源管理问题也会影响跨国公司的活动（例如移民限制、跨境数据隐私保护、歧视性法规、有效终止和还原规则、知识产权保护）。最后，除了遵守法律，现在人们也越来越关注跨国公司在与股东的关系中所展现的道德行为、做负责任的企业公民、建立透明的企业治理机制。不能遵守当地的就业法以及任何地区或国际适用的雇佣标准需要承担多重责任，这些责任不仅包括法律和财务责任，而且包括消极的员工和公众看法带来的潜在后果，如股东不安、消费者不满以及当地政府的敌意。

本章讨论了以下七个方面的内容：

- 不同国家的一般法律环境。
- 国际就业法。
- 比较就业法。
- 国家法律的域外使用。
- 国家法律对当地外资企业的应用。
- 移民法。
- 国际劳工标准和道德。

6.1　国际商务的制度法律环境

跨国公司及其国际人力资源管理者面对的法律环境是非常复杂的。世界上至少运行着三种主要法律体系。[3]一般而言，法律为我们的行为建立规则，并且通常是通过一系列的制度来实施的。法律以许多方式塑造了政府、经济和社会，它还是主要的社会调节器，调节着人与人、人与组织、组织与组织之间的关系。因此，这三种法律体系有各自独特的方法论去构建法律、充实法律和执行法律。这三种法律体系包括由英美发展起来的普通法体系、由法国发展起来的民法典和宗教法。

6.1.1　普通法

在普通法体系中，宪法阐明了每个人都要服从的少数、长期、普遍的原则。法律是基于宪法所规定的惯例、过去的实践以及法院通过解释宪法、具有法律效应的法规和以往规定而设立的法律先例。基于普通法的法律和法规往往是十分笼统的，具体的内容要随着时间不断发展。如果有疑问或歧义，相关解释通常会在审判前由法庭给出，并且这种解释通常是为了决定一般法律是否适用于这一情形。根据普通法体系，法律往往建立基本的原则，用优先级和实践来决定人们应该做什么、不应该做什么。

6.1.2　民法典

一部民法典是基于一个成文规则的详尽体系，主要有三种形式：商业的、公民的、刑事的。法规往往是非常具体的，它定义人们的基本权利和义务，在一些情况下这些权利和义务甚至可以追溯到更早的罗马法。民法的执行和解释决定了一个人是否做了一些民法不允许的事。

跨国公司需要了解这三种法律制度间的差异，以便了解法律和监管制度方面的预期和行为，特别是与管理和人力资源管理政策与实践有关的法律和监管制度，例如，禁止对不同群体的歧视的标准（各国之间会有所不同）、确定假日和解雇标准（各国之间也会有所不同）。这些制度不仅适用于企业的经营管理决策，而且适用于员工及其家庭的日常生活。如果雇员（及其管理人员），特别是那些国际派遣人员，以及他们的家人没有仔细了解当地的法律、警察局和法院是如何运作的，他们会（而且经常会）发现自己遇到重大困难。为了在制定政策与实践时符合所在国的法律法规，跨国企业的国际人力资源管理人员必须熟悉那些法律法规和执行机制，或者在很大程度上依赖当地法律顾问的专业意见。

6.2　国际机构劳工标准的建立

除了这些一般的法律体系，许多国际机构还参与建立劳工标准，这些标准适用于大多数（或许多）国家，也适用于有跨境商业行为的企业。[4]这些国际机构逐渐就基本的就业权利达成了一定的共识。广义标准详见表6-1。《国际劳工组织关于工作中基本原则和权利宣言》（International Labour Organization's Declaration on Fundamental Principles and Rights at Work）不仅被各类国际群体认可，而且被区域政治联盟以及国家立法机关认可。

表6-1　《国际劳工组织关于工作中基本原则和权利宣言》

- 结社自由以及有效承认集体谈判权。
- 消灭所有形式的强制或义务劳动。
- 有效废除童工。
- 消除就业和职业歧视。

资料来源：http://www.ilo.org/declaration/lang-en/index.htm.

6.2.1　国际组织

许多国际组织（如联合国、国际劳工组织、经济合作与发展组织、世界银行和国际货币基金组织（International Monetary Fund，IMF））都提高了影响跨国公司内部员工和劳动关系的劳工标准。在其他标准对国际组织成员有技术性约束时，有些标准会自动做出调整。以下简要介绍这些机构及其颁布的标准。

6.2.2　联合国

联合国在建立就业法或就业标准方面发挥的作用不大。直到现在，联合国只是通过国际劳工组织这样的代理机构来管理这一领域。在内部，联合国主要依托以跨国公司为重点的联合国贸易和发展会议（Conference on Trade and Development，UNCTAD)[5]以及区域经济委员会（如亚太经济社会委员会（Economic and Social Commission for Asia and the Pacific，ESCAP)），聚焦国际贸易的社会层面。主要是通过召开会议和委托研究来进行发展，这些研究的重点是自由贸易的社会影响和跨国公司日益增加的重要性。

但在最近几年，联合国也尝试着扮演一个更加积极的角色。2000 年 7 月，联合国大会采用了"全球契约"（Global Compact），号召全球企业拥护人权、劳工标准和环境领域的十项通用原则。[6] 表 6-2 列举了直接涉及国际人力资源的契约原则。[7] 和大多数国际标准一样，全球契约不是一个监管工具而是一个基于公共责任、透明度和披露的自愿倡议，通过有责任心和创造性的企业领导来对法律法规进行补充并提倡可持续发展和良好公民的身份。

表 6-2 对国际人力资源管理有利的联合国全球契约原则

- ■ 人权
  - □ 商业活动应该支持并尊重国际性呼吁的人权保护。
  - □ 确保不是滥用人权的同谋者。
- ■ 劳工
  - □ 商业活动应该支持结社自由以及认可集体谈判权。
  - □ 消除各种形式的强迫和义务劳动。
  - □ 有效废除童工。
  - □ 消除就业和职业方面的歧视。

资料来源：United Nations Global Compact；http：//www.unglobalcompact.org/abouttheGc/The Ten-principles/index.htm.

6.2.3 国际劳工组织[8]

国际劳工组织（International Labour Organization，ILO）成立于 1919 年，以改善各国工人的工作条件、生活水平和追求公正平等的待遇作为主要目标。国际劳工组织的成员代表团由政府、企业和工人代表组成。这样的三层机构作为国际劳工组织日常运营的机制。国际劳工组织目前拥有 187 个成员[9]，它还是目前唯一一个真正处理劳工问题（例如，说明适用于所有成员的普遍接受的就业标准）的全球性组织。

国际劳工组织在产业结构内制定了两种劳工标准——公约和建议。公约是国际性的条约，它可以在成员被批准时合法制约成员。建议是没有约束作用的指导方针，它可以协助各国执行公约。2000 年，国际劳工组织以压倒性的票数通过《国际劳工组织关于工作中基本原则和权利宣言》（参见表 6-1）。

6.2.4 经济合作与发展组织

经济合作与发展组织（OECD）源于欧洲经济合作组织（Organization for European Economic Cooperation，OEEC）。欧洲经济合作组织由多个欧洲国家组成，负责实施马歇尔计划，以重建第二次世界大战结束时饱受战争蹂躏的欧洲经济。经济合作与发展组织关注的内容比国际劳工组织更加广泛，经济合作与发展组织协调工业化国家的经济政策，还通过改善成员之间的经济、环境和社会政策来解决全球问题。经济合作与发展组织的成员数量最近已经增加到 38 个了[10]——所有工业化国家都已发展到商定的人均国内生产总值（GDP）门槛，并愿意遵守经济合作与发展组织的标准和协议。此外，经济合作与发展组织还与 70 多个非成员方[11]进行合作，这些非成员方担任经济合作与发展组织的观察员。

经济合作与发展组织有许多处理经济和社会发展各个层面问题的理事会，如就业、劳工和社会事务局。它的主要目的是调查一些问题，如就业模式的变化、就业水平中工资和工作条件的关系以及女性在职场中的地位。理事会本质上并不关注劳工标准的发展。

经济合作与发展组织关注的一个领域是为跨国公司制定指导方针。这些指导方针通过向企业、工会和非政府组织提供负责任的商业行为的全球框架来帮助它们。此外，这些指导方针包括企业行为在雇佣关系范围内的严格标准。

因为经济合作与发展组织是一个自发性组织，所以它不能制定有约束力的劳动标准，而只能制定自发性的指导方针。这些指导方针是在"Chapeau"协议（即地方法律和法规的指导框架）的框架下发布的，并为来自拥护这些指导方针的国家的跨国公司提供负责任的商业行为建议。许多经济合作与发展组织成员已将这些准则作为有关企业行为的国内法的基础。

6.2.5　世界银行和国际货币基金组织

世界银行[12]和国际货币基金组织[13]都对贸易政策的改革与劳动力市场（工资、失业等）的关系进行了广泛的研究。它们的主要兴趣是在项目的实施过程中提供社会保护措施。例如，它们推行的结构性改革（如国有经济部门私有化或降低保护性关税）导致了大量的裁员，它们推出了包括遣散费和工人再培训在内的计划。

6.2.6　国际贸易组织和条约

有许多国际贸易组织和区域贸易条约在所关注的领域内或多或少地追求共同的劳工标准。区域贸易协定中最著名的、发展最充分的是欧盟（EU），还包括北美自由贸易协定（NAFTA）、南方共同市场和东盟（ASEAN），以及其他欠发达地区的协定。

6.2.7　世界贸易组织

世界贸易组织（成立于 1995 年)[14]是一个进行多边关税减让谈判、非关税贸易壁垒减让谈判、国际贸易争端审查和裁决的国际组织。[15]它取代了先前的关税及贸易总协定（General Agreement on Tariffs and Trade，GATT）。到目前为止，世界贸易组织还没有采取任何直接行动来界定劳工标准。但是，在以美国和欧盟为首的发达国家的不断压力下，它要研究如何将劳动法规和人权问题与关税削减挂钩。

一些工业化国家和劳工倡导者认为，世界贸易组织应将贸易制裁作为一种手段，向那些在其看来违反了"核心劳工权利"的国家施压，这一术语涵盖了使用童工和强迫劳动等问题。倡导制裁者认为，一个劳工权利标准较低的国家，其出口具有不公平的成本优势，因此，他们认为，这是世界贸易组织应当考虑的议题。在世界贸易组织内部，已经就如何参与劳工问题进行了大量讨论，例如与国际劳工组织的联系。但迄今为止，还没有达成共识，也没有就如何做到这一点达成共识。

6.2.8 欧盟

欧盟的前身是欧洲经济共同体（European Economic Community，EEC，或只是 EC）——作为 1957 年《罗马条约》（Treaty of Roma）下的经济联盟（一个"共同市场"），是为了围绕降低关税和更自由的贸易而设立的。欧共体最初包括法国、德国、意大利、比利时、荷兰、卢森堡六个西欧国家。今天，欧洲经济共同体已经扩大到由 27 个成员[16]组成的欧盟（EU）（还有 5 个国家在"候选"名单上[17]），并已成为一个社会和政治联盟。随着国家数量的增加，成员人口规模也在增加，目前估计（2018 年）人口约为 5.1 亿[18]，已成为世界上最大的综合贸易集团之一。欧盟的政治结构包括五个不同的机构（欧洲议会（European Parliament）、欧盟理事会（Council of the EU）、欧盟委员会（European Commission）、法院（Court of Justice）和审计院（Court of Auditors）），每个机构都有特定的责任。[19]

在国际人力资源领域人们特别感兴趣的是欧盟的社会政策。[20] 欧共体的《社会宪章》于 1989 年通过，1992 年实施，规定了 12 项工人基本权利原则。采用这些原则以来，欧盟一直通过指令将其转化为实践，目的是确定每个成员应遵守最低限度的基本原则。同时，提高较贫穷国家的标准，鼓励那些希望提高标准的国家采取更高水平的工人保护措施，或者至少保持已经较高的标准。当然，这些原则和标准适用于所有在欧盟范围内运作的当地或外国公司。

根据 1991 年《马斯特里赫特条约》（Treaty of Maastricht），就社会政策的各个领域达成以下议定书，供欧盟广泛采用。

■ 要求所有成员一致同意的：社会保障、社会保护、个人离职、包括共同决定在内的代表/集体辩护、第三国国民的就业条件、促进就业的财政援助。

■ 要求获得合格多数票的：与环境、安全和健康、工作条件、信息和咨询、机会均等的劳动力市场机会/工作待遇以及劳动力市场之外的人员整合有关的问题。

■ 豁免（即由各国自行决定）：工资水平、结社权和罢工或停工权。

根据 1998 年《阿姆斯特丹条约》（Treaty of Amsterdam），欧盟在基本条约中加入了一个"就业章节"，目的是促进所有成员获得高水平的就业和社会保护。就业政策仍然是各成员的责任，但新的章节旨在共同关注就业政策，包括提高劳动力（特别是年轻工人和长期失业人员）的就业能力，鼓励和促进创业精神，鼓励企业及其员工具有更大的适应性（通过灵活的工作安排和内部培训的税收激励等现代化的工作手段达到），并提供更好的平等机会政策（解决在一些经济部门的性别差距，协调工作和家庭生活之间的冲突，促进重新融入劳动力市场，促进残疾人就业）。

欧盟通过了许多涉及社会保护总体目标的特定领域的指令。在欧盟范围内开展业务的任何企业的国际人力资源经理都有必要了解这些法规，并确保其公司的政策与实践遵守这些法规。跨国公司再也不能在欧盟的任何国家找到更具柔性的就业标准和法规。现在，欧盟指令适用于所有成员，随着成员的数量增加到 27 个，遵守欧盟内部指令的任务变得更加广泛和复杂。欧洲社会基金（European Social Fund）是根据《社会宪章》设立的，目的是通过将发展基金用于培训和再培训计划，特别是针对年轻工人和妇女、移民、在产业重组中受到失业威胁的工人、残疾工人和中小企业工人，以促进工人的区域和职业流动。

2009 年 12 月 1 日，《里斯本条约》（Treaty of Lisbon）生效。[21]这份组织性文件旨在加强欧洲议会的作用，并改善欧盟各机构的内部民主。《里斯本条约》包括对《社会宪章》具有重要意义的若干步骤。比如，它加强了 2000 年签署的《基本权利宪章》（Charter of Fundamental Rights），包括个人数据保护、庇护权、法律面前的平等和不歧视、男女平等、儿童和老年人的权利以及重要的社会权利（如防止不公平的解雇以及获得社会保障和社会援助的权利）。

6.2.9　《北美自由贸易协定》

加拿大、美国和墨西哥签署的《北美自由贸易协定》于 1994 年生效[22]，旨在促进三个成员国之间更广泛的贸易和更紧密的经济关系。然而，它引发了工会等团体的大量抗议，它们担心这种自由贸易可能对就业、工资和工作条件产生负面影响。作为回应，三个成员国就劳工问题达了一项补充协定。该协定（《北美劳工合作协定》（North American Agreement on Labor Cooperation，NAALC））于 1993 年列入《北美自由贸易协定》。根据该协定，三个国家都致力于尊重和执行本国的劳动法，除此之外，NAALC 还提供了在政策和实践上存在差异时协商解决问题的机制，并提供通过独立专家委员会评估这些不同实践模式的方法。

近几年，在公众或媒体的监督下，西半球所有国家（古巴除外）都举行了会议，就西半球自由贸易协定（或美洲自由贸易区（Free Trade Area of the Americas，FTAA））进行谈判。[23]自由贸易协定的目标之一是制定比《欧盟社会宪章》或任何其他现有贸易协定中列举的更具包容性的劳工标准。该计划的最初设想是在 2005 年前完成谈判，并使各成员在 2006 年前执行该协定。但各国在 2005 年底的谈判中对部分协定的执行表示了困难，目前该协定的最终签署已推迟到这些问题得到解决之后。一些评论家认为完全解决这些问题不太可能（他们认为这反而可能是件好事）。[24]实质上，美洲的欠发达国家抵制了发达国家的做法。例如，欠发达国家希望保留对其农业的保护，而发达国家则希望减少这些保护，为其农产品提供开放的市场。结果是，美国已向前推进与单一国家进行双边贸易协定的谈判。

6.2.10　拉丁美洲和亚洲贸易协定

拉丁美洲和亚洲国家之间已经组织和签署了一些贸易条约。

南方共同市场是 1991 年签署的一项共同市场协议，目的是在四个拉丁美洲国家（阿根廷、巴西、巴拉圭和乌拉圭）之间实现货物和服务的自由流通，并采用共同贸易和关税政策。1994 年，各国总统发表了一份联合声明，强调建立共同市场、就业、移民、工人保护和劳工立法的协调等有关问题。为处理劳资关系、就业和社会保障问题，成员国成立了三方（劳工、管理和政府）工作小组。1994 年，成员国建立了一个经济和社会协商中心，就劳动和社会问题向中央委员会提出建议。因此，劳动和社会问题是南方共同市场制度结构的一部分，但南方共同市场仍然是一个咨询的角色。

安第斯共同体（Andean Community）最初于 1969 年因《安第斯条约》（Andean Pact）建立，但自 1997 年以来一直被称为安第斯共同体。成员国包括玻利维亚、哥伦比亚、厄瓜多尔、秘鲁和委内瑞拉。安第斯共同体的目标是通过一体化和经济社会合作，在公平的条件下实现成员国的均衡和谐发展。到目前为止，它还没有特别关注劳工问题。

东盟（ASEAN）成立于 1992 年，旨在促进东南亚地区的经济增长、社会进步和文化发展，促进东南亚地区和平与稳定。东盟的成员国包括文莱、印度尼西亚、马来西亚、菲律宾、新加坡和泰国，此后又有其他国家加入（越南，1995 年；老挝和缅甸，1997 年；柬埔寨，1999 年）。东盟已就成员国内部贸易自由化的社会层面和影响进行了大量研究，然而，到目前为止，还没有为成员国制定标准。

亚太经济合作组织（Asia-Pacific Economic Cooperation，APEC）成立于 1989 年，旨在促进和加强亚太地区 21 个成员之间的经济增长、贸易、投资和合作。它的成员约占世界人口的 40%，占国内生产总值的 54%，占世界贸易的 44%，因此它涉及世界经济的很大一部分。然而，它并没有特别关注劳工问题。

6.2.11　商业外交

随着跨国企业在全球范围内的扩张，它们与各个政府的关系以及影响其活动和业务的一系列复杂的监管问题成为关注的焦点。这通常被称为商业外交，是一个新兴的跨学科领域，指影响外国政府政策和全球贸易监管决策的过程。它不局限于谈判进口关税和配额的商业机构和贸易官员的活动，还涉及国际商务的许多领域，比如：

- 贸易协商（关税和非关税壁垒、政治利益、贸易协定等）。
- 政策对决策的影响（商业利益、宏观经济的影响、公众看法等）。
- 政府监管（影响银行业、会计行业、电子通信行业等）。
- 立法（反垄断/竞争法、欧盟指令、美国的《萨班斯-奥克斯利法案》（Sarbanes-Oxley）等）。
- 标准（健康、安全、环境、数据隐私、产品安全、标签等）。
- 工业补助金（农业、研究与发展等）。
- 企业行为（人权、腐败和贿赂、企业治理、企业的社会责任等）。

虽然商业外交工作通常由贸易官员进行，但也包括各国政府及其部委、行业和专业协会、工会、民间社会组织、跨国公司国际部门的人员。国际人力资源因为关注公司的国际战略及公司在国外建立业务的活动，所以经常被要求为这些商业外交活动增加价值（提供信息、分析、咨询、谈判等服务）。

■ 6.3　跨国公司的全球法律和监管环境

国际人力资源经理需要从各个角度了解国际员工关系。对于许多国际人力资源管理者来说，他们的职责允许他们相对自主地制定国际人力资源政策，并做出可在所有国家适用的决策。因为存在各种立法权力的"拼凑"（在国家、国际和域外层面），所以国际人力资源部门必须：

- 遵守所在国的法律，了解当地法律法规。
- 遵守国际标准和超国家法规，了解国际劳工标准和超国家约束性法规。
- 遵守总部所在国的域外法律，了解域外法律。

6.3.1　国家法律规章

如本章前面部分所述，不同国家的就业法差异巨大，这使得国际人力资源管理的这一领域非常复杂。此外，随着越来越多的公司在其母国以外的国家开展业务，公司就需要考虑所在国的法律；跨国公司在国外业务中也不能忽视东道国法律。

国际人力资源可能犯的最大错误之一是认为总部的人力资源部门可以独自处理大量的外国法律法规。大多数跨国公司在其经营所在国雇用当地人力资源从业人员。此外，跨国公司还利用国际律师和当地律师为其提供合规性建议。仅仅了解当地法律往往不够，因为法律制度的基础在不同的国家可能有根本的不同。

6.3.2　超国家法

国际组织，如国际劳工组织和经济合作与发展组织，以及贸易协定和条约，如欧盟和《北美自由贸易协定》，已经为受其影响的成员制定了有约束力的协定、标准和法律文书。这些机构涉及多个国家的成员，因此，它们的标准和法律适用于许多国家，被称为"超国家"法律。然而，请注意，在许多超国家组织中，"约束"的概念意味着法律和标准可以形成直接或间接的约束。在成员一级，直接约束要求将标准或条约转换为国家法律。通常成员必须保证遵守本国法律。间接约束意味着所述的权利和标准虽然没有直接通过法律实施，但仍然能够转换成雇员和雇主的义务。

欧盟通过了很多适用于其成员的法律。欧盟采用了各种法律文书，如条例指令、决定、意见和建议，前三项对成员具有约束力。

在不同的欧盟法律文书中，指令对国际人力资源条例的实践影响最大，因为有几个欧盟指令是关于就业问题的。影响成员企业劳动和社会政策的欧盟指令汇总见表 6-3。

表 6-3　影响成员企业劳动和社会政策的欧盟指令

既得权力

在雇主之间合法转让或因合并而转其所从事的企业、业务或部分业务时，保护和维护工人的权利。

承诺转让（TUPE）条例

管理企业的转让，并保护员工在转让情况下的权利。雇员享有与前雇主相同的条款和条件，并具有连续的就业机会。包括为劳动密集型企业提供稳定的经济实体业务转移的环境。TUPE 条例无论解雇是否公平，它都影响着信息和咨询要求以及养老金。

欧洲劳资联合委员会

一旦有两个成员国涉及，即监管有关工作事项的跨国信息和协商（I&C）。它通过要求建立全欧洲工作委员会（EWC）来确立 I&C 的权利和程序，以在所有成员中负责 1 000 名员工，或在至少两个成员中的每个成员至少负责 150 名员工。如果已有一份涵盖欧盟劳动力的跨国 I&C 协议，则该指令不适用，但该协议到期后可以续签；如果没有，则属于指令范围。如果没有预先存在的协议，则适用该指令，中央管理层负责建立 EWC 和 I&C 程序。

续表

裁员

提供程序（I&C 阶段），以便在规定的时间内裁减规定数量的员工。

固定期限的工作

处理合同工的使用问题，保护定期合同工不受同等不利的雇佣做法和福利的影响。规定有连续四年或四年以上的固定期限合同的雇员被视为永久雇员。

信息与咨询

建立雇主与雇员之间的 I&C 一般框架和义务。适用于拥有至少 100 名员工。该指令仅为 I&C 制定了一个总体框架，并将实际安排（如工作委员会、工会等）留给成员制定。

工作时间

提供工作时间的界限，并确定最短休息时间、最长工作周（16 周平均 48 小时）、最短年假、带薪假期、夜间和轮班工作。

在处理个人数据和自由移动个人数据方面对个人的保护

通过严格限制个人数据的处理和传输（全部或部分通过自动方式）来保护隐私权。不仅影响人力资源信息系统、工资系统，而且涉及通过公司互联网、电子邮件、传真和语音邮件向欧盟以外不能提供足够的数据保护的国家传输个人信息。美国被欧盟视为一个不提供"同等数据保护"的国家，并否定了与欧盟的特别协议（安全港）。

产假；育儿假

制定措施保护孕妇、新母亲、正在母乳喂养的女工的健康和安全，包括怀孕和分娩的最短休假时间，以及从事工作的父母的最晚休假时间。

社会保障

避免员工在欧盟境内就业时社会保障福利的损失。适用于居住在成员国且适用成员国法律的受雇和自雇工人。例外情况（受母国社会保障法的约束）包括借调和在两个或两个以上成员国同时就业。

雇佣条款

规范雇佣合同的条款，并要求对主要雇佣条款做出书面声明。

欧盟养老基金

旨在协调欧盟各成员国的养老金立法，保护养老基金及其受益人，降低多个养老基金的运营成本。允许根据详细规则建立泛欧养老基金。

公平待遇和不歧视

为工作生活中的男女提供平等待遇；禁止基于性别、婚姻或家庭状况、种族和族裔、宗教信仰、性取向、残疾、年龄的歧视；要求男女同工同酬。

资料来源：Brik，D. h. c. R.（2007）. European Social Charter；Blanpain，R.（2010）. European Labour Law，in Blanpain，R.（edit.），*International Encyclopedia for Labour Law and Industrial Relations*，The Hague，The Netherlands：Kluwer Law International；Keller，W. L. and Darby，T. J.（eds.）（2003，2010，and annual updates）. *International Labor and Employment Laws*，Washington，DC：Bureau of National Affairs；EU websites：http：//ec. europa. eu/atoz_en. htm；http：//ec. europa. eu/sicoal/main. jsp? langld = en&catid=750.

欧盟指令的目的是通过建立一个共同框架来协调各成员国之间的法律。尽管成员国必须确保转变为符合指令一般原则的法律，但不同成员国的实际转变细节可能会有很大不同。总的来说，欧盟指令非常有效（即所有成员国都已将所需的保护措施转变为法律）。尽管欧盟试图协调就业立法，但成员国之间仍然存在很大程度的差异，甚至主要欧洲国家（法国和德国）之间以及旧欧洲和新欧洲（多个加入欧盟的国家）之间的差异仍然很大。如前所述，《里斯本条约》的社会议程部分的内容说明了欧盟在就业权方面的严峻形势。此外，预期未来欧盟判例法的重要性会越来越大（因为现有的指令和法律是通过欧盟的司法系统来解释的）。国际人力资源从业人员必须对这些变化保持警惕。

6.3.3　域外法律

一般来说，法律具有非域外性质的推定，这意味着它们只适用于颁布它们的国家的主权领土。除非法律明确规定其适用于该国以外的领土，否则推定其仅适用于管辖国内。然而，一些法律的制定都是将域外适用性写入其中。因此，每个跨国公司必须考虑其母国法律对其海外业务的适用性（称为国家法律的域外适用）。一般而言，国际法理学认为跨国公司要遵循其经营所在国的法律。但是，这个规则有一些例外。与其他国家相比，美国已经颁布了一系列法律，这些法律预计将由总部设在美国的跨国公司在域外实施，包括其大多数的反歧视法案、《反海外腐败法》（Foreign Corrupt Practices Act，FCPA）和《萨班斯-奥克斯利法案》。特别是，在就业权方面，美国跨国公司必须遵守三项美国反歧视法的域外适用，这意味着这些法律保护美国公司海外业务中为其工作的美国公民。1991 年，美国国会修订了《美国残疾人法》（Americans with Disabilities Act，ADA）和 1964 年《民权法案》（Civil Rights Act）第七章，以使这些法律具有域外效力。早在 1984 年，1967 年的《反就业年龄歧视法》（Age Discrimination in Employment Act，ADEA）也被赋予了域外效力。《民权法案》第七章禁止基于性别、种族、国籍、肤色和宗教的歧视和骚扰。《美国残疾人法》禁止歧视残疾人，并要求雇主为残疾人提供合理的住宿条件；《反就业年龄歧视法》禁止歧视年龄在 40 岁及以上的个人，并规定了退休年龄的标准。

毫无疑问，从美国的角度来看，美国的域外法律适用于为全球的美国公司工作的美国公民。

这一域外法律的问题可能会影响一个国家的立法，因此不仅美国跨国公司要考虑这个问题，而且每一个跨国公司都要考虑这个问题。国际人力资源管理的问题在于试图确定哪个国家的法律管理公司的劳动实践。是跨国公司总部/母国的域外法律还是东道国的法律？域外法律（这种情况通常来自美国）的事实并不一定意味着它适用于所有人（例如，来自各地的所有雇员）。适用哪项法律（母国还是东道国的）取决于跨国公司的控制动态、位置和公民身份。解决这一问题所采用的标准是所谓的"综合企业测试"：跨国公司全球业务的整合程度越高，其在东道国适用的域外法律就越有可能适用于非美国公民。四个因素决定了跨国公司全球业务的整合程度：

- 业务之间的相互关系。
- 日常管理。
- 劳动关系的集中控制，例如共同的集体协商协议。
- 共同所有权或财务的控制。

6.3.4　国家法律对地方外资企业的适用

跨国公司的一般规则是它们必须遵守其开展业务的国家的法律。因此，也可以从任何国家的角度来看待适用法律的问题，即如何将法律适用于本国境内的外资企业和经营企业。或者可以从公司的角度来看待，因为公司试图理解必须如何经营其外国子公司和合资企业。至少，跨国企业必须明白，适用的是当地法律而不是本国法律，尽管如上所述，来自美国等国家的跨国企业也可能发现自己受制于本国法律，至少在外国业务中对待本国公民雇员方面是如此。因此，与合格的当地雇员相比，在工作分配或晋升方面给予公司外籍员工优先权，这种做法可能会违反当地的反歧视法。

条约权利也会影响外国公司在东道国管辖范围内的运营。例如，自第二次世界大战结束以来，美国已与大约 20 个国家谈判签订了条约，这些条约被称为友谊、商业和航海（Friendship，Commerce，and Navigation，FCN）条约。除了其他事项，这些条约规定每个国家的公司在另一方领土内做出就业决定时，优先考虑本国的关键人员。[25]具体地说，FCN 赋予在美国设立自己分部的外国公司在美国聘用"自己选择的"管理人员、专业人员和其他专业人员的权利，尽管这种优惠可能违反了美国反歧视法。（当然，事实恰恰相反，美国公司在与美国签订此类条约的其他国家开展业务时，可以优先考虑美国雇员。）例如，在美国的日本公司为日本人保留其最高级的行政职位。在日本的美国公司也可以优先考虑美国高管。一些因为国籍歧视而被告到美国法院的外国企业（即在其本地子公司的就业决定中优先考虑其母国公民）使用了一种辩护说辞，即 FCN 条约赋予它们这样做的权利。美国法院和法律专家尚未就此类条约是否提供此类保护达成共识。

美国法律还有其他一些复杂的地方——通常要求对每一种具体情况分别加以解释，特别是涉及美国雇员和母国公民在美国外资子公司的待遇的情况。归根结底，跨国公司的国际人力资源管理经理需要确保他们在制定这些外国子公司的就业政策与实践之前了解当地的法律环境。

6.4　比较法

各国的就业法各不相同。跨国公司国际人力资源经理关注的重要领域包括移民法规、数据隐私、反歧视法、终止法和知识产权保护。这些领域中有许多是重叠的，这对国际人力资源经理（及其公司的法律顾问）来说非常重要，他们必须了解这些联系，并将其视为公司在经营所在国做出影响其员工的决定的依据。

6.4.1　移民/签证

每个国家都有对其公民身份的定义，并对允许进入其领土的移民进行控制。一些国家，如日本，允许非常有限的移民。其他国家，如美国、加拿大和以色列，即使可以控制被授予移民权的人，每年也会接纳大量的移民。其他国家，如英国和法国，一般允许其以前殖民地的公民入境。一个国家对移民的态度在任何时候都会因其特定的就业需求（以及其他政治和人道主义问题）而有所不同。随着态度和需求的改变，这些都会改变。

只要一个"外国人"被调到或在其国家工作六个月或更长时间，几乎每个国家都需要工作许可证或签证。当然，通常还有许多其他情况也有签证要求，即使这项工作只会持续几天。引发此类特殊签证需求的活动以及处理此类签证所需的时间因国家和情况而异。当决定将员工派往国外工作时，无论是短期出差还是数月或数年的长期派驻，国际人力资源经理都必须确保申请必要的签证，并且获得必要的批准。移民律师事务所专门帮助公司获得必要的签证和工作许可证，通常提供此类服务。

由于各国收紧了商务和旅游签证的审批程序，获得签证的审批可能非常复杂、耗时、昂贵和困难。雇用移民、在全球调动员工和在全球各地寻找人才的公司必须管理这种复杂事务，以有效地为其全球业务配备员工。人力资源的作用包括：在签证申请过程中预测障碍，了解不同国家的申请程序（或使用专业公司的服务），遵守必要的签证程序并进行跟踪。

欧盟在签证方面创造了一个特殊的案例，它的成员国之间有劳动力自由流动的条约规定。对于在欧盟区域内的流动，无须获得签证。拥有有效身份证或护照就足够了，因为欧盟公民有在任何欧盟成员国居住的权利，东道国将为其他成员国的公民颁发居住许可证。然而，对于一些新的欧盟成员国来说，虽然这些国家已经采取了劳动力自由流动的过渡措施，但仍然存在一些例外情况。

6.4.2 个人数据隐私/保护

互联网的出现和全球通信的便利化，使信息共享和传播的速度加快，对个人（例如员工和客户）信息的保护在许多国家日益受到关注。[26]通常这种关注是基于这些国家宪法对个人隐私的保护。

在欧洲，这种保护尤其强大。[27]1998年，欧盟发布了一项关于保护员工隐私的指令。在欧洲运营的跨国公司尤其感兴趣的是，根据指令（参见表6-3），欧洲雇员（包括在欧洲工作的国际派遣人员）的个人数据不得转移出欧洲，除非数据接收者居住的国家制定了可接受的隐私保护标准。在任何情况下，任何将员工数据从欧洲传输到美国（或欧洲以外的任何地方）的公司都必须密切关注如何管理和与第三方共享此类信息。这一直是美国跨国公司在欧洲特别关注的问题，因为在如何提供足够的隐私保护方面，在美国还没有达成共识，到目前为止，美国希望更多地依赖自我监管以及仅适用于医疗保健和金融机构等特定部门的法律。2000年底，欧盟同意了美国的"安全港"原则，遵守欧洲基本隐私标准的美国公司将向美国商务部证明它们遵守了该原则，欧盟将对此进行审查。这些认证公司将能够把欧洲和国际外派人员的数据从欧洲传输到美国。

6.4.3 反歧视法

在世界各地，各国正在通过立法保护雇员和求职者不受性别、种族、肤色、宗教、年龄或残疾方面歧视和骚扰的权利。许多国家和地区（如美国和现在的欧盟）制定的法律都相当完善，尽管在欧盟内部，这些领域存在明显的缺乏统一性以及可能存在性别歧视等问题。[28]直到千年之交，许多欧盟国家甚至还没有批准国际劳工组织提出的保护措施。2003年，指令在欧盟生效，指令要求所有成员国通过立法，禁止基于种族、性别、残疾、年龄、家庭地位和宗教或信仰的歧视。如本章前面所述，根据《里斯本条约》，这些权利最终在欧盟成员国内制度化。

反歧视法显然是国际劳工标准的一个领域，每个跨国公司都必须密切关注。[29]因为过去的国家和地区文化可能允许现在被禁止的做法，所以确保全球公司的所有经理和员工遵守这些新标准是国际人力资源管理的重大挑战。一些国家的法院开始在涉及跨国公司的案件中提及母公司国家的法律，因此国际人力资源及其跨国公司当然也必须密切关注这些差异。

表 6-4 列出了 12 个样本国家的反歧视法律覆盖范围，说明了在这一重要法律领域国家之间的高度可变性。所有跨国公司在全球开展业务时都需要密切关注这些法律。这也说明现在大多数国家都有了针对性骚扰或道德骚扰的法律保障。

表 6-4 某些国家禁止歧视的保护范围

欧盟	性别、婚姻或家庭状况、种族和族裔、宗教信仰、残疾、年龄；同工同酬
巴西	性别、年龄、肤色、家庭状况、怀孕、工会会员；同工同酬
保加利亚	年龄、种姓、残疾、语言、国籍、种族或民族、地区、宗教、性别认同、婚姻状况
德国	种族或族裔、性别或性取向、宗教信仰、残疾、年龄
印度	缺乏针对私营部门的全面反歧视法。然而，宪法禁止基于宗教、种族、种姓、性别和出生地的歧视。立法法案解决了雇员在招聘、工资、工作调动、男性和女性晋升、残疾人以及社会和教育落后阶层公民方面的歧视问题
印度尼西亚	性别、族群、种族、宗教、肤色、政治联盟；对妇女和儿童工作者（小于 16 岁）的特殊保护；没有关于性骚扰的立法（但法律为提出性骚扰投诉提供了依据）
墨西哥	宪法有对基于性别、种族、宗教、年龄、政治观点、国籍的歧视的保护；反歧视法根据种族、性别、年龄、残疾、社会或财务状况、健康状况、怀孕、语言、宗教、观点、性偏好、婚姻状况等定义了人的平等机会；对性骚扰和道德骚扰、同工同酬、童工的保护有限
俄罗斯	性别、种族、国籍、语言、社会出身、适当地位、居住地点、宗教信仰、与社会的关系、怀孕和儿童；没有关于性骚扰或道德骚扰的特别立法
英国	年龄、残疾、性别、婚姻和民事伙伴关系、怀孕和生育、种族、宗教信仰、性别或性取向；道德骚扰
美国	年龄（超过 40 岁）、性别、国籍、种族、肤色、宗教、残疾、士兵地位、怀孕和基因信息；性骚扰

资料来源：Based on Baker & McKenzie (2012). *The Global Employer: Focus on Termination, Employment Discrimination, and Workplace Harassment Laws*, Baker & McKenzie International, a Swiss Verein with law firms around the world, US Headquarters, Chicago; plus individual country websites.

6.4.4 终止法

在大多数国家，个人雇佣受雇员合同保护，该合同规定了雇佣条款和条件，包括雇主不能单方面或随意终止雇用。在美国，大多数地方都不存在"随意雇佣"的概念（雇主有权随意解雇员工，而员工有权出于任何原因随时辞职）。在大多数国家，雇主终止、裁员、重组、调动、外包或分包工作的权利受到了高度限制。在大多数国家，包括美国，雇员（或工作）不能以健康和安全、怀孕或生育、主张法定权利、工会活动，或性别、种族、宗教或残疾为由被解雇（或终止）。一般来说，企业需要寻找替代员工，要与工会、职工委员会和受影响的个人进行协商（如果涉及 20～100 人，通常在采取行动前提前 30 天；如果要裁员 100 人或更多人，则提前 90 天）。[30] 这包括任何外包工作转移到其他国家以及分包。

就强制裁员而言，通常只有三种情况被视为可接受：

- 业务停止。
- 工厂停工。
- 工作需求减少。

这些情况都涉及通知和咨询员工及其代表的要求。

除了裁员通知，大多数国家还要求向被解雇的员工支付工资。事实上，在大多数国家，即使有通知和协商，也很难以任何理由解雇任何员工，尤其是当解雇涉及多个员工（即裁员、迁移或重大裁员）时，通知和咨询都是必要的。即使终止合同是可能的并且已经完成了，公司通常仍然需要向所有涉及的个人支付大量的遣散费。即使因为纪律处分或表现不佳而终止合同，通常也需要支付此类款项。各国的离职做法不同，但仍然说明了解雇的法律要求和遣散费支付方式。[31] 在大多数国家，遣散费的数额是根据雇员的年龄、服务年限和最后的工资或薪金按比例计算的。

在一些国家，雇主很难解雇员工。例如，在葡萄牙，所有的雇佣关系终止都必须经过法律诉讼，在德国这样的国家，有着强烈的依赖职工委员会的传统，解雇是强制性协商的主题。此外，在许多国家，所有雇主支付的福利都被称为获得的权利，也就是说，一旦提供了这些权利，它们就不能被剥夺，即使在收购、员工调动、工作调动或业务结束导致的裁员情况下。雇主不能将工作或工人转移到新的国家或地区，如果在这一过程中员工的薪酬、福利比以前少。在许多国家（特别是在欧洲以及在欧盟法律中），雇员获得了其现有薪酬水平、福利和工作性质的权利，这些权利不能通过将雇员或工作转移到其他地点而减少。在通知和咨询之后，跨国公司通常会通过与受影响工人协商解决方案来"购买"他们的权利。不能只是单方面地减少他们的利益。最后一点是，在许多国家，任何类型的裁员都是相当昂贵的，需要国际人力资源管理部门密切关注。

6.4.5 知识产权

知识产权的概念包括员工创造的形式（以前有时称为工业产权），例如专利发明、商标、地理标志、工业和产品设计，以及可受版权保护的作品，例如小说、诗歌、戏剧、电影、音乐等文学艺术作品，以及绘画、摄影、雕塑、建筑设计等艺术作品。知识产权和国际人力资源之间有一些联系。例如，雇主通常将员工个人的发明和知识贡献视为其财产。因此，雇主采取了许多措施以保护此类"财产"——商业秘密（如客户和客户名单）、产品和工艺技术以及专利——得到法律保护（获得专利权），或与员工签订保密协议（也就是说，员工无权与其他人分享或提供这些信息，尤其是竞争对手，或将这些信息用于自身利益）。此外，雇主对于为其雇员和客户开发的培训材料和产品/服务手册等出版物拥有版权，以保证它们不受外界使用。

知识产权和财产权的保护在国际上尤其复杂，因为不同的国家对什么是财产有不同的概念，在保护知识产权方面的做法也各不相同。此外，没有任何国际机构能够将知识产权和版权保护扩展到跨国公司的全球范围。[32]

在工业产权方面，各国通常设有知识产权局（IPO）或政府内负责管理知识产权取得和维护制度的行政单位。国家不同，知识产权局的资源范围也不相同。较贫穷国家往往没有太多资源去审查、批准新专利的申请以及维护受保护的专利。世界知识产权组织（World Intellectual Property Organization，WIPO）是联合国的一个专门机构，负责促进全球知识产权保护。世界知识产权组织管理多项国际条约，并为其成员制定公约。《专利合作条约》（Patent Cooperation Treaty，PCT）大大减少了不同国家在专利方面的重复工作（申请、研究和执行），并允许在一个国家办事处申请。作为一种国际程序机制，它向商标所有人提供在几个国家保护其商标的机制，商标所有人只需直接向其本国或地区商标局提交一份申请。

在版权方面，不存在单一的法令将版权保护延伸到世界各地，相反，每个国家都有自己的版权法。然而，各国之间有许多关于版权保护的双边协定和国际条约。大多数国家遵守两项国际协定之一：《伯尔尼公约》（Berne Convention）（提供国家保护和自动保护）和《世界版权公约》（Universal Copyright Convention）（仅提供国家保护）。国家保护（最低限度的保护）意味着地方法律适用于国内发生的所有版权侵权行为，即使原作是在其他地方创作的。自动保护是指即使作品不符合国家规定的手续（版权通知和注册），也适用于当地法律。为了确保完全的版权保护，跨国公司必须调查有关国家是不是《伯尔尼公约》或《世界版权公约》的成员，以及它们是否与创作原作的国家签订了任何贸易协定。它们必须研究非《伯尔尼公约》成员以及任何适用贸易协定没有自动保护条款的国家的当地法律，并遵守任何必要的手续，如向这些国家的国家版权局登记。

另外一个考虑因素是在拥有高度专业化技术或其他对竞争能力至关重要的知识产权形式的公司中，要涉及不同国家对竞业禁止协议的态度。这些协议由员工签署，并作为他们个人雇佣合同的一部分，限制他们在某个特定时间段内为竞争对手工作、自行建立一个新的竞争业务，或将竞争关键信息带到他们的新公司（以前的竞争对手）。[33]跨国公司必须注意用可理解的语言（非法律术语）编写这些竞业禁止协议，并将这些协议翻译成其所在国当地语言（通常是当地法律要求的）。

■ 6.5　国际伦理和劳工标准框架

随着越来越多的跨国公司在其母国以外的国家开展业务，其价值观和实践也越来越受到广泛关注。[34]国际管理机构、民间社会组织、劳工组织和特殊利益集团越来越多地对跨国公司的商业惯例的"伦理"性质提出质疑，尤其是其与就业惯例有关时。尽管贫困水平下降，总体人口福祉似乎有所改善，但人们对全球化、工人剥削和日益增长的不平等，特别是对欠发达国家的影响的担忧正在增加。正因为如此，有关商业规则、道德规范、人力资源政策与实践的不确定正在加剧。[35]

本章最后一节讲述了对国际商业道德，特别是与国际人力资源管理相关内容的关注。国际伦理学主要研究跨国商业行为的正确与错误，以及文化（国家和公司的）差异对跨国公司道德行为的影响。国际伦理还涉及腐败和贿赂问题，以及跨国公司在开展国际活动时面临的各种伦理困境。跨国公司的道德，特别是与员工直接相关的问题，往往被归入国际人力资源条例，因此，这里的主要关注点是道德对全球人力资源实践的影响。

6.5.1　国际伦理和文化

在全球伦理学领域，即使是最有见识、最有用意的高管也常常不得不重新考虑他们的观点。一个企业的母国和另一个国家可能对同一工作内容看法不一，可能对什么是道德行为有着非常不同的标准或看法。[36]有证据表明，不仅国家和文化之间存在差异，甚至不同行业之间也存在差异。[37]通常一个人的国家视角会影响在另一个国家或文化环境中做事的方式。即使世界各地在基本人权价值观（例如参考《联合国世界人权宣言》）和道德原则上存在相对一致的情况，但显然，在所谓的道德标准方面，不同国家存在着相当大的差异。[38]也就是说，不同的国家文化看待各种就业和商业行为问题的视角是不同的，例如贿赂、礼物或恩惠、逃税或童工。托马斯·唐纳森（Thomas Donaldson）是世界顶级的国际伦理专家之一，他讲述了一个负责一家美国公司的国外经营的外籍经理的故事。根据公司的政策，该公司解雇了一名偷东西的雇员，并将他移交给地方当局。[39]后来，该经理得知这名雇员因违反一项重要的法律而被地方当局处决。显然，制定公司政策的文化背景与经理执行政策的文化背景大不相同。

> 伦理相对主义认为，正确的东西是社会定义为正确的东西。没有绝对的正确或错误。

为了理解这样的伦理差异，伦理学家将可能的方法描述为从伦理相对主义到伦理绝对主义的连续统一体。在这个连续统一体的一端是伦理相对主义，它表明什么是正确，什么是社会定义的正确。这一定义可以在个人（个人相对主义）或社会（文化相对主义）层面上。在相对主义的观点中，没有绝对的正确或错误；更确切地说，只要法律没有禁止这种行为，个人或社会的价值观在决定这种行为的正确或错误方面发挥着至高无上的作用。从这个角度来看，如果一个社会认为，妇女不应为同一项工作获得与男子相同的报酬，那么这样的规则在当时来说将被视为正确的。在伦理相对主义下，没有外部参照系来判断一个社会的一套规则是好是坏。因此，在伦理相对主义下，试图将价值观强加于东道国的国际人力资源管理者犯下了通常被称为伦理沙文主义的错误。在伦理相对主义下，遵循当地有关员工待遇的做法是完全合适的。虽然表面上看起来这是一种自由、开放的做法，但这种观点可能导致母国公民认为这是完全不可接受的行为，例如童工或严重不平等。当人们考虑到来自外部文化的人能否真的对特定文化中的正确或错误有一个本地的理解时，这种"在罗马时，按罗马人的做法去做"的观点就会受到挑战。

> 伦理绝对主义是一种观点，即存在一套普遍的伦理标准或原则，这些标准或原则在任何时候、任何情况下、所有文化中都适用。

相反的立场称为伦理绝对主义。这是一种观点，即存在一套普遍的伦理标准或原则，这些标准或原则在任何时间、任何情况下、所有文化中都适用。伦理绝对主义认为道德价值和原则是永恒的，它们在所有的地方和时间都普遍、平等地适用。这种标准化的方法经常反映在跨国公司的全球道德准则中（即在任何情况下都不应违反的一套普遍原则）。这可能对国际人力资源经理非常有用，因为这表明哪些当地做法（即使它们可能与母国的做法截然不同）在道义上是可以接受的，因为它们不违反普遍原则，而哪些在道义上是不可接受并且不能被遵循的，因为它们违反了普遍原则。这一观点的问题在于：具体说明了什么是普遍原则，并为为什么这些原则以及只有这些原则才是真正普遍的制定了一套逻辑。在采用单一文化或宗教价值观作为普遍的价值观时，存在着伦理沙文主义的风险。

这两种理念都会给国际人力资源经理、跨国公司全球员工，尤其是被派往外国子公司的国际派遣员工带来潜在的问题。为了应对这些极端情况，一些人建议，跨国公司应通过合作对共同文化道德困境做出独特的反应，在不同的道德观点中找到共同点，这被称为世界主义。[40] 这种方法要求在道德选择上协调看似对立的差异，需要辩论、努力和妥协。但对于跨国公司的多元化员工及其国际管理者来说，这样的解决方案并非易事。

> 世界主义要求在道德选择上协调看似对立的差异，需要辩论、努力和妥协。但对于跨国公司的多元化员工及其国际管理者来说，这样的解决方案并非易事。

6.5.2 国际人力资源管理中的道德困境

国际人力资源部门和跨国公司面临的基本道德困境之一是当雇佣行为在母国被视为非法或错误，但在东道国是合法的或可接受时，管理层应该怎么做。[41] 例如，在雇佣、就业或薪酬方面的性别或种族歧视，使用童工，提供不安全的工作条件。托马斯·唐纳森试图为跨国环境下的决策提供一个框架，以解决这些可能的道德困境。[42] 唐纳森说，任务是"容许文化多样性，同时坚决反对在道德上鲁莽行事"。[43] 在某些方面，他的做法是绝对的，因为它依赖于 30 项基本国际权利的声明（这些基本国际权利已得到联合国、国际劳工组织等国际机构的承认）。其中，可能有 10 个左右直接适用于国际人力资源管理关注的问题。这些权利包括人身自由权、财产所有权、免于酷刑、公正审判、非歧视性待遇、身体安全、言论和结社自由、最低限度的教育、政治参与、在公平和安全的条件下工作的自由以及获得体面的生活。组织需要避免剥夺个人在任何地方从事商业的权利（即使在某些国家，这些权利中的一些没有得到很好的承认或认可）。

"国际人力资源管理实务 6.1"说明了这一点。[44]

➡ 国际人力资源管理实务 6.1

列维·施特劳斯制定的全球劳工标准

列维·施特劳斯公司（Levi Strauss）制定了全球采购和运营指南，以解决工作场所的问题。公司可以使用这些指南来选择生产 IT 产品的业务合作伙伴。该指南确立于 1992 年，是跨国公司为其商业伙伴创建的首批指南之一。参与条款详述了从环境要求到健康和安全问题的所有内容，其中包括工资、歧视、童工和强迫或监狱劳动问题。为了制定这些指导方针，公司采用了原则性推理方法（列维·施特劳斯公司用来指导员工如何将道德原则转化为行为的决策工具）。为了启动它们，公司对其全球的承包商进行了审计。

列维·施特劳斯公司发现，在孟加拉国，有两个承包商在工厂雇用看起来未成年的工人。国际标准规定工人的合理工作年龄为 14 岁。当公司让工厂老板注意到这一点时，工厂老板问公司希望工厂做什么。没有出生证明，因此无法确切知道这些孩子的年龄。此外，即使这些孩子还不到 14 岁，他们也很可能是家庭收入的重要贡献者，而且可能会被迫以其他方式比如乞讨谋生，这比在工厂工作更不人道。

"因此，我们一方面面临着一系列非常明确但难以实施的原则，另一方面面对着未成年工人的现实，这严重影响他们的家庭收入。"列维·施特劳斯公司全球通信高级经理理查德（Richard）说。解决方案是什么？"承包商同意不再雇用未成年人。"他说。他们还聘请了一名医生，利用世界卫生组织确定的生长图表，对 14 岁以下的孩子进行检查。尽管不雇用未成年人可能会迫使他们在其他地方找工作，但列维·施特劳斯公司的立场是在道德上对其可以控制的问题负责，例如负责任的用工条件。

列维·施特劳斯公司还与承包商进行了谈判，要求承包商将他们已经雇用的 14 岁以下工人从生产线上撤走，列维·施特劳斯公司支付了孩子们的校服、学费和书本的费用，这样他们就可以上学了。当他们到了 14 岁时，他们就可以回到原来的工作岗位。承包商遵守了所有要求。

然而，并不总能为在国际环境中开展业务提供足够的实际指导方针。当国际人力资源经理和跨国公司的管理层试图决定他们的组织是否可以遵循在东道国而不是在母国合法和道德上可接受的做法时，托马斯·唐纳森建议他们在道德决策时问自己一系列问题。

首先，为什么这种做法在东道国是可以接受的，但在国内不行？这个问题的答案分为两类：

（1）因为东道国相应的经济发展水平。

（2）与经济发展无关的原因。

如果答案是经济发展水平，那么下一个问题是，如果母国处于同一经济发展水平，它是否会接受这种做法？如果它会，那么这种做法是允许的。例如，建立一个化肥厂，它为国家提供必要的产品，尽管在化肥厂工作的员工有患职业病的风险。如果母公司（或母公司所在国）愿意在类似情况下自行承担这一风险，那么在唐纳森的框架内建造这样一座工厂是可以的。第二个答案是，差异不是来自经济因素，这就需要更复杂的决策过程，经理必须提出两个附加问题：

（1）在东道国成功开展业务而不采取这种做法可能吗？

（2）这种做法明显违反了基本权利吗？[45]

只有这两个问题的答案都是否定时，这种做法才是允许的。也就是说，如果这种做法对在该国开展业务至关重要，并且没有侵犯基本权利，那么这种做法就是可以接受的，否则，组织应拒绝遵守当地惯例。例如，过去人们在新加坡经常看到这样的招聘广告："招聘 21～28 岁的亚洲女性"。这种广告违反了美国（和其他国家）有关年龄、性别和种族歧视的法律和法规。从伦理的角度来看，美国或欧盟在新加坡的子公司是否可以发布这样的广告？（请注意，在法律上，美国反歧视法律的域外管辖权可能适用于在新加坡运营的美国公司。）根据托马斯·唐纳森的说法，答案是否定的，因为歧视与经济发展水平无关，在新加坡做生意并非必要，而且违反了基本的国际非歧视待遇权利（在联合国和国际劳工组织等多个国际机构的决议以及欧盟和美国的国内法中规定的权利）。

在讨论各国的伦理态度和实践问题时可能会遇到许多困难。显然，政策与实践之间的差距往往相当大。例如，解决童工问题的办法不一定很容易并以有利于有关各方的方式发展。[46]

道德问题已成为跨国公司高管以及政府和非政府组织的首要关注点。人们越来越希望找到解决这些问题的方法，既能保护全球员工的权利，又能为组织提供准则，使组织能够以有利于客户、员工、所有者/股东、供应商和所开展业务的社区等的方式开展业务。许多组织和个人提出了平衡极端情况的指导原则。[47]国际人力资源管理者必须积极考虑这些通常纳入全球商业行为准则的全球道德问题，并接受对这些问题提出的一些解决方案。

最后，在国内外开展业务的公司的道德行为和行为的保证取决于其管理者的态度和行为。因此，建议企业可以采取三个步骤，帮助确保其员工不仅行为得体，而且合乎道德[48]：

■ 制定一套清晰明了的核心价值观，作为全球政策和决策的基础。

■ 培训国际员工，让他们提出有助于在核心价值观背景下做出文化敏感和灵活的商业决策的问题。

■ 平衡政策要求和灵活性或想象力要求。

鉴于这三点是总体方法的一般指导原则，表 6-5 列出了一系列步骤，这些步骤为跨国公司设计行为准则并确保全球运营的道德标准有效实施提供了一些指导。[49]

表 6-5 跨国公司设计行为准则并确保全球运营的道德标准有效实施的指南

指南	概括
制订全球伦理计划的原因	明确制订全球伦理计划的原因——即使是出于合规的原因（国内或国外）。这是一个跨越不同文化和地区建立桥梁的机会，还是一种灌输一套共同的企业原则和价值观，以团结公司及其全球客户和供应商的方式。为符合道德规范的供应商和客户设计和实施参与条件
规范化标准	将企业价值观和正式的行为标准视为绝对标准，一旦制订了计划，就不允许地方性变化

续表

指南	概括
咨询所有利益相关者	广泛咨询受影响的人员，包括实施该计划的国际人员和未来可能实施该计划的初级管理人员。允许外国业务部门帮助制定道德标准和解释道德问题
仔细选择措辞	将术语有效地翻译成其他语言。比如，"伦理学"这个术语（或概念）应很好地翻译成其他语言。诸如管理责任、企业诚信或商业惯例等术语歧义较少，易于翻译
代码的翻译	仔细翻译代码——在将代码传达到国外的运营部门时，公司必须仔细翻译代码的含义，并筛选出母国的偏见、语言和示例
翻译"道德规范"培训材料	翻译"道德规范"培训材料。培训材料和活动需要仔细翻译和介绍
指定一名道德官员	为海外业务指定一名道德操守官——对于有大量员工的地区，应任命一名当地道德操守官，最好是了解该地区语言和习俗的本地人
重视国际法	重视国际法而不仅仅是母国法。当提及"许多国家的法律"、联合国的准则、国际劳工组织甚至经济合作与发展组织时，接受程度会更高
识别业务案例	在东道国，支持减少机构腐败的工作。在处理与你的道德标准相冲突的文化差异时运用道德想象力。被认定为诚信度高且关注当地情况的国际性公司，往往能够在争取消费者以及政府机构的竞争中获得优势
识别共同点	虽然了解存在的重大文化差异很重要，但从根本上说，世界各地的人的共同点远多于他们的不同点。他们有许多相同的优先事项、利益和基本伦理原则。大多数时候，真正的挑战是如何有效地沟通这些原则

资料来源：Donaldson, T. (1996). Values in tension: Ethics away from home. *Harvard Business Review*, Sept. - Oct., 48 - 62.

在国际背景下，伦理问题的处理确实非常复杂。然而，跨国公司在日常运营中必须面对这些问题。国际人力资源应通过教育、培训和解决这些困难，使其在提高公司员工的道德行为意识方面发挥不可或缺的作用。

6.5.3 企业社会责任

许多跨国公司开始关注自己作为企业公民的角色。企业社会责任、公司治理和可持续性在跨国公司的运营中越来越重要，而国际人力资源在其全球组织实施这些活动的过程中发挥着越来越重要的作用。

企业社会责任是企业不断做出的承诺，不仅有道德行为，而且要有助于其所在社区的经济发展，并改善其员工及其家庭和整个社会的生活质量。

企业社会责任使跨国公司意识到，它们可以通过在全球范围内运营获得利益。因此，它们应该像关注创造增长和利润一样关注全球生态足迹，或者它们的行动（和不作为）对自然环境产生的影响。

跨国公司的社会责任可以从股东向外部利益相关者提供价值的连续性来看。虽然过去的思维强调组织只能满足其股东、客户和员工的需求，但当前的思维意味着组织还必须明确其为社会带来的经济和社会效益。[50]将环境问题和平等问题与股东回报（也称为三重底线）放在同等位置上，现在被认为是大型跨国公司的企业社会责任。更进一步，企业和商业人士的社会责任要与其社会权力（如规模、财力、可见度）相称。这就是所谓的社会责任铁律。外部利益相关者期望负责任的跨国公司将重点放在可持续性管理上，确保既能满足人们当前的需求，又不会损害后代满足需求的能力。

企业社会责任不仅是一种心态，还包括跨国公司为履行其社会责任采取的一系列深思熟虑的行动。如图 6-1 所示，许多不同类型的活动就像一把伞。

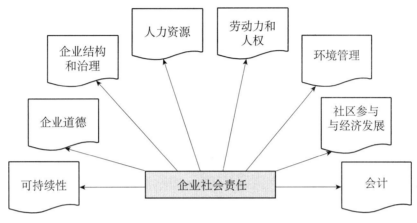

图 6-1　企业社会责任

资料来源：Phillips. R., and Claus, L. (2002). Corporate social responsibility and global HR: Balancing the needs of the corporation and its stakeholders. *International Focus*, SHRM.

跨国公司越来越重视企业社会责任的原因有很多，它可以提高公司在市场上的声誉，降低业务和法律风险，吸引客户并提高客户忠诚度，避免投资者和基金经理的压力，吸引并留住希望为负责任公司工作的员工。许多跨国公司与其他组织协商，以实施和改进其企业社会责任计划。它们还关注社会投资公司（它们管理的投资组合仅包括被认为对社会和环境负责的公司）、社会企业家（围绕社会责任或环境可持续性产品建立商业模式）和社会风险投资家（寻找有前途的社会企业家进行投资）。

国际人力资源管理正成为跨国公司企业社会责任项目的实施者。以下是确保企业社会责任计划成功的建议：

■ 制定全球企业社会责任政策——这种政策必须是整个组织战略的组成部分。

■ 获得高水平的支持——企业社会责任活动，如任何变革活动，必须明确地得到高级管理层支持，以加强其实施。

■ 传播——提高对企业社会责任活动的认识，明确传达企业社会责任政策。

■ 创建企业社会责任文化——培养一种应对道德、环境和社会责任等难题的文化。

■ 提供足够的培训——就跨国公司的行为准则、企业社会责任活动以及规定的行为和活动对经理和员工进行教育和培训。

■ 建立报告和建议机制——鼓励员工报告有问题的行为，并在自己遇到道德困境时寻求帮助。

- 将企业社会责任纳入管理层的绩效管理——评估并奖励员工在日常工作中践行公司价值观。
- 沟通——使用持续的沟通来保持信息的活跃，分享故事和经验教训。
- 以身作则——与任何管理活动一样，当行动者没有以身作则，允许其偏离原则而没有后果时，企业社会责任举措将不会受到重视。

6.5.4 企业治理

企业治理是指在组织中做出决定的基础。它涉及决定如何设定公司目标，然后通过不同的绩效监管机制（如管理团队、董事会、投资者和股东）实现及管理的结构和关系。鉴于许多西方跨国公司（例如安德森咨询（Anderson Consulting）、安然（Enron）、世通（World Com）、泰科国际（Tyco International）、百瑞勤系统（Peregrine Systerms）和西门子）深受丑闻困扰，这一主题受到越来越多的关注，并正在通过立法加以规范，这并不奇怪。美国的《萨班斯-奥克斯利法案》要求美国所有上市公司董事会、管理层和会计师事务所遵守，并且必须在国内外适用。它是因这些公司丑闻而制定的。

6.5.5 可持续性

可持续性越来越受到跨国公司的关注。布伦特兰委员会（Bruntland Commission）将可持续性定义为"在不损害后代满足自身需求的前提下满足当前需求"。[51] 萨维茨和韦伯（Savitz & Weber）在《一石三鸟》（*The Triple Bottom Line*）中主张发现可持续性最佳点，并将其定义为"企业利益（财务利益相关者）和公众利益（非财务利益相关者）共享的共同点"。[52] 对于人力资源来说，可持续发展的最佳点是组织利益与员工利益无缝融合点。

未来，国际人力资源从业人员将越来越多地被要求对跨国公司的管理决策提出疑问：

- 决策对员工公平吗？
- 决策可以长期持续吗？
- 就污染和碳足迹而言，这个决定是不是绿色的？
- 决策过程是透明的吗，便于监督吗？

> 可持续性是在不损害后代满足自身需求的前提下满足当前需求。管理决策是否符合这个标准？

6.5.6 制定全球战略行为准则政策

全球就业法、法规、标准和道德规范对于跨国公司来说的复杂性的含义是，跨国公司需要制定战略政策，建立一套行为准则，根据其影响深远的管理人员和员工队伍的就业关系定义可接受的行为。[53] 这些行为准则应称为"企业文化"，这是一种坚持并支持遵守所有国家和国际员工关系条例的文化，在处理这些条例时，进一步定义了什么是法律和道德行为。如果没有行为准则政策，企业及其管理者和员工可能会面临以下情况：刑事责任、个人职业生涯受损、员工离职、公司全球声誉受损、股价下跌、组织和管理混乱、员工行为误导，甚至可能导致整个组织混乱。

关键是高级管理层必须坚持认为对组织伦理的支持是"他们想要的经营业务的方式"。通过这种方式，遵守某些劳动标准的决定是基于确定的企业文化和政策，而不是基于任何个人的偏见或偏好，也不是基于任何特定国家的感知文化实践。

■ 6.6　结论

本章研究了国际劳工标准、全球就业法律和法规以及国际伦理和社会责任的广泛性质。本章考察了国际商务的制度背景。国际组织已经颁布了跨国公司的劳工标准。此外，还讨论了一些影响跨国公司的监管问题，如移民控制、数据保护、反歧视和骚扰、终止法以及知识产权。最后，本章考察了跨国企业伦理问题及其与文化的关系，以及如何解决道德困境。

■ 6.7　讨论题

1. 为什么就业法对国际人力资源管理很重要？
2. 有一部法律比所有其他的法律更重要吗？如果有，是哪个？
3. 哪个就业法和就业标准最值得跨国公司关注？为什么？
4. 选择一个与就业相关的人力资源道德困境，分析这一道德困境，给出人力资源应该如何处理的建议。
5. 什么是可持续的人力资源实践？它们是如何影响员工的？
6. 当涉及雇佣关系时，人力资源部如何发现组织的可持续发展最佳点？

案例 6.1　**竞业禁止协议和知识产权：Value Partners（意大利）和贝恩公司（Bain & Company，美国）在巴西的冲突**

Value Partners 总部位于意大利米兰，是欧洲主要管理咨询公司之一，客户遍布 40 个国家，在 15 个城市设有办事处，由麦肯锡公司（McKinsey & Company）意大利办事处的前合伙人于 1993 年创立。1994 年，在巴西圣保罗和阿根廷布宜诺斯艾利斯开设了海外办事处。到 1997 年底，圣保罗办事处有 20 名员工，年收入约 500 万美元，主要为意大利客户和当地公司提供服务。

竞争对手贝恩公司是一家大型管理咨询公司，由波士顿咨询集团（Boston Consulting Group）的七位前合伙人于 1973 年创立，总部设在波士顿。贝恩公司于 1997 年 10 月设立了圣保罗办事处，到 11 月初，贝恩公司几乎雇用了所有 Value Partners 的员工。

Value Partners 在巴西和纽约对贝恩公司提起诉讼，指控其使雇员违背信任和忠诚，以及窃取机密和专有信息。纽约法院裁定，纽约不是审理此案最方便的地方，在巴西处理此案将更加方便和有效。不幸的是，对于 Value Partners 而言，巴西法律没有针对美国员工不忠诚和盗窃知识产权的重大补偿和惩罚性赔偿条款。纽约联邦法院明确表示，Value Partners 可以在一个更方便的地方重新提起针对贝恩公司的诉讼。

因此，Value Partners 在贝恩公司总部所在地波士顿重新提起诉讼。经过五周的审判，陪审团认定贝恩公司对不公平竞争负有责任，并判给 Value Partners 1 000 万美元的赔偿金（要求全额赔偿）。初审法院在判罚 250 万美元的利息后，驳回了贝恩公司的所有庭审后动议。

随着劳动力市场越来越全球化，企业与外籍当地员工（如海外 IT 员工或呼叫中心）建立了新的关系，企业越来越难控制员工从一个雇主跳槽到另一个雇主，以及他们将知识产权（如产品、工艺技术或客户名单和偏好）从前雇主转移到新雇主。因为不同国家之间的规则（和文化）有很大的不同，所以在雇佣合同中执行竞业禁止协议变得非常困难。

这种情况表明，执行契约（如竞业禁止协议）非常困难，特别是在涉及外国公司的情况下。限制性契约越合理，世界各地的法院就越有可能执行。但在某些司法管辖区，如拉丁美洲和美国加利福尼亚州，雇佣合同中的竞业禁止条款被认为是非法的。然而，总的来说，竞业禁止条款限制的时间越短，所涵盖的人的范围越狭窄，就越有可能跨境实施。

资料来源：Hall, L. (2001). Protecting your vital assets. *Global HR*，July-August，46 - 52；update（2014）：ht-to：//en. wikipedia. org/wiki/ bain _ & _ Company；http：//en. wikipedia. org/wiki/Value _ Partners.

问题：

1. 了解并比较三到五个不同国家的与知识产权保护和竞业禁止协议相关的法律。

2. 员工是否可以随意从一个雇主跳槽到另一个雇主？对这种行为有什么限制吗？雇主是否可以自由地"雇用"竞争对手的雇员？

3. 人力资源部能做些什么来使这种员工流动的影响最小化？

4. 网络和互联网（以及社交媒体）是否改变了知识产权的重要性？它们是否改变了雇主看待知识产权的方式？它们是否改变了员工查看 IP 的方式？各国的法律制度和文化如何？它们是如何变化的？

［注释］

1　Printed on literature of Baker and McKenzie, the world's largest global employment law firm.

2　See, for example, Florkowski, G. W. (2006). *Managing Global Legal Systems*, London/New York: Routledge, in the Global HRM series; and Baker and McKenzie (2012). *The Global Employer: Focus on Termination, Employment Discrimination, and Workplace Harassment Laws*, Baker & McKenzie International, a Swiss Verein.

3　See, for example, http://en.wikipedia.org/wiki/Law; Florkowski, 2006.

4　Much of the information in this section comes from documents of the International Labour Organisation, Geneva, Switzerland, such as the report on International Organizations by their Working Party of the Social Dimensions of the Liberalization of International Trade; and from Blanpain, R. (ed.) (original publication 1997, with frequent looseleaf updates), *International Encyclopedia for Labour Law and Industrial Relations*, The Hague, The Netherlands: Kluwer Law International; Bronstein, A. (2009). *International Comparative Labour Law: Current Challenges*, Geneva: ILO and Hampshire, England: Palgrave Macmillan; Keller, W. L. and Darby, T. J. (eds.) (2003 and 2010). *International Labor and Employment Laws*, Vols. I and II,

Washington, DC: The Bureau of National Affairs, International Labor Law Committee, Section of Labor and Employment Law, American Bar Association.

5 See, for example, the *World Investment Report* (most recent edition, 2009), published by UNCTAD. Refer to the UNCTAD website at http://www.unctad.org for information on UNCTAD's work and access to extensive data about global foreign direct investment from and to various countries and the role of transnational corporations.

6 Berkowitz, P.M. (2003). Avoidance of risks and liabilities through effective corporate compliance, paper presented at the 4th Annual Program on International Labor and Employment Law, Center for American and International Law, Dallas, TX, 10 September; www.unglobalcompact.org; www.wikipedia.org/wiki/United_Nations_Global_Compact.

7 See United Nations Global Compact: http://www.unglobalcompact.org/abouttheGc/TheTenprinciples/index.html

8 Keller, W.L. and Darby, T.J. (eds.) (2003 and 2010); www.ilo.org.

9 Source: International Labour Organisation.

10 Source: Organisation for Economic Co-operation and Development (OECD): http://www.oecd.org/about/membersandpartners/list-oecd-member-countries.htm.

11 Source: Official website of the Organisation for Economic Co-operation and Development (OECD): http://www.oecd.org/about/membersandpartners/.

12 Source: Official website of the World Bank: http://www.worldbank.org/en/about/history.

13 Source: Official website of the International Monetary Fund: http://www.imf.org/external/about/histcoop.htm.

14 Source: Official website of the World Trade Organization: http://www.wto.org/english/thewto_e/whatis_e/whatis_e.htm.

15 Florkowski, 2006; Murphy, E.E., Jr. (2001). The World Trade Organization, in Keller, W.L. (ed.). *International Labor and Employment Laws*, 2001 Cumulative Supplement to Volume 1, Washington, DC: Bureau of National Affairs and International Labor Law Committee Section of Labor and Employment Law of the American Bar Association, pp. 44–1 to 44–13.

16 Source: Official website of the European Union: http://europa.eu/about-eu/countries/index_en.htm.

17 Ibid.

18 Source: Demographics of the European Union, http://en.Wikipedia.org, 2014. Accessed July 7, 2014.

19 Source: Official website of the European Union: http://europa.eu/about-eu/institutions-bodies/index_en.htm.

20 Carby-Hall, J.R. (2006). The Charter of Fundamental Rights of the European Union—the social dimension, *Managerial Law*, 48 (4), 430–446; Federation of European Employers, The European social dimension (2014). available on their website: http://www.fedee.com/histsoc.html, accessed July 7, 2014; Nielsen, R. and Szyszczak, E. (1997) *The Social Dimension of the European Union*, 3rd ed., Copenhagen: Handelshøjskolens Forlag/Copenhagen Business School Press; Orbie, J. and Babarinde, O. (2008). The social dimension of globalization and EU development policy: Promoting core labour standards and corporate social responsibility. *Journal of European Integration/Revue d'Intégration Européenne*, 30 (3), 459–477; Orbie, J. and Tortell, L. (eds.) (2009). *The European Union and the Social Dimension of Globalization*, London: Routledge.

21 Official website of the European Union: http://europa.eu/lisbon_treaty/index_en.htm. Accessed July 8, 2014.

22 Source: Official website of the Office of the United States Trade Representative: http://www.ustr.gov/trade-agreements/free-trade-agreements/north-american-free-trade-agreement-nafta. Accessed Jan. 15, 2014.

23 Manley, T. and Lauredo, L. (2003). International labor standards in free trade agreements of the Americas, paper delivered at the 4th Annual Program on International Labor and Employment Law, Dallas, Texas, 30 September–1 October.

24 Official website of the FTAA: www.ftaa-alca.org.

25 Darby, T.J. (2001). Extraterritorial application of U.S. laws, in W.L. Keller (ed.) *International Labor and Employment Laws*, 2001 Cumulative Supplement to Volume 1, Washington, DC: The Bureau of National Affairs and the International Labor Law Committee Section of Labor and Employment Law of the American Bar Association, 50 (52), 50–74.

26 Hall, L. (2001b). Data dangers, *Global HR*, October, 24–28; Kremer-Jones, B. (2002). Think before you send. *Global HR*, July/August, 52–59; Liptak, A. (2010). When American and European ideas of privacy collide, *The New York* Times, Feb. 26, http://www.nytimes.com/2010/02/28/weekinreview/28liptak.html. Accessed Feb. 28, 2010; Society for Human Resource Management (SHRM) (2000). Protecting the

privacy of employees based in Europe. *SHRM Global Perspectives* 1(1),1, 6–7 (originally published in *HRWIRE*, by the West Group); Wugmeister, M.H. and Lyon, C.E. (eds.) (2009). *Global Privacy and Data Security Law*, Arlington, VA: Bureau of National Affairs.

27 Society for Human Resource Management (2000). Are you EU privacy-compliant? *International Update* (newsletter of the SHRM Institute for International HRM, which later became the SHRM Global Forum), No. 3, 10; Martinez, M.N. (1999). European law aims to protect employee data. *International Update* (newsletter of the SHRM Institute for International HRM, now the SHRM Global Forum), No. 1, February, 1, 3; Minehan, M. (2001). Complying with the European privacy data directive. *SHRM Global Perspective*, No. 5, 1, 6–8; Minehan, M. and Overman, S. (2000). Companies to begin EU safe harbor registration. *HR News*, December, 19 (12), 1–2; Wellbery, B.S. and Warrington, J.P. (2001). EU data protection requirements and employee data: December 2001, International Focus White Paper of the SHRM Global Forum, Alexandria, VA: Society for Human Resource Management; and Wellbery, B.S., Warrington, J.P., and Howell, R. (2002). EU data protection requirements: An overview for employers. *Employment Law*, (Morrison and Foerster Newsletter), 14 (1), 1–12.

28 See, for example, It's a man's world, business study finds, report on World Bank study, *AOL News*, downloaded from http://www.aolnews.com/world-bank-study-shows-business-laws-in-most-countries-hold-. . . . Accessed Aug. 16, 2014.

29 See, for example, Baker & McKenzie (2000). *Worldwide Guide to Termination, Employment Discrimination, and Workplace Harassment Laws*, Chicago, IL: Commerce Clearing House; Conway, M.E. (1998). Sexual harassment abroad. *Global Workforce*, September, 8–9; Eurobarometer (2007). *Discrimination in the European Union*, Brussels: European Commission; Javaid, M. (2002). Race for knowledge. *Global HR*, November, 59–60; Keller, W.L. and Darby, T.J. (eds.) (2003 and 2010); and Mackay, R. and Cormican, D. (2002). The trouble with religion. *Global HR*, December/January, 26–30.

30 Baker & McKenzie (2012). *The Global Employer: Focus on Termination, Employment Discrimination, and Workplace Harassment Laws*, a Swiss Verein, Baker & McKenzie; Berkowitz, P.M., Reitz, A.E. and Müller-Bonanni, T. (eds.) (2008). *International Labor and Employment Law*, 2nd ed., Vols. I and II, Chicago, IL: Section of International Law, American Bar Association; Blanpain, R. (2010); Keller, W.L. and Darby, T.J. (2003 and 2010).

31 Adapted from International Labour Organization (2000). *Termination of Employment Digest: A Legislative Review*, Geneva: International Labour Organization; and Shillingford, J. (1999). Goodbye, adios, sayonara. *HR World*, July/August, 27–31 (data on separation practices from Drake Beam Morin).

32 See, for example, Friedman, P. (2010). China's plagiarism problem, downloaded on 6/2/2010 from Forbes. com: http://www.forbes.com/2010/05/26/china-cheating-innovation-markets-economy-plagiarism . . . .

33 Hall, L. (2001a). Protecting your vital assets, *Global HR*, July/August, 46–52.

34 Briscoe, D.R. (2011). Globalization and international labor standards, codes of conduct, and ethics: An international HRM perspective, in Wankel, C. and Malleck, S. (eds.), *Globalization and Ethics*, Information Age Publishing, pp. 1–22.

35 Briscoe, D.R. (2000). *International Focus: Global Ethics, Labor Standards, and International HRM*, Alexandria, VA: Society for Human Resource Management White Paper, Winter; Digh, P. (1997). Shades of gray in the global marketplace. *HR Magazine*, April, 91–98; Florkowski, G., Schuler, R.S. and Briscoe, D.R. (2004). Global ethics and international HRM, in Berndt, R. (ed.). *Challenges in Management*, vol. 11: *Competitiveness and Ethics*, Berlin: Springer; Kumar, B.N. and Steinman, H. (eds.) (1998). *Ethics in International Management*, Berlin: de Gruyter; Gesteland, R.R. (1999) *Cross-Cultural Business Behavior*, Copenhagen, Denmark: Copenhagen Business School Press; and Morgan, E. (1998) *Navigating Cross-Cultural Ethics: What Global Managers Do Right to Keep from Going Wrong*, Burlington, MA: Butterworth-Heineman; Perkins, S.J. and Shortland, S.M. (2006). *Strategic International Human Resource Management*, 2nd ed., London/Philadelphia: Kogan Page; Tsogas, G. (2009). International Labour Regulation: What have we really learnt so far? *Relations Industrielles/Industrial Relations* (Université Laval). 64 (1), 75–94; Vickers, M.R. (2005). Business ethics and the HR Role: Past, present, and future. *Human Resource Planning*, 28, 26–32.

36 Donaldson, T. (1996). Values in tension: Ethics away from home. *Harvard Business Review*, September–October, 48–62; Singer, A.W. (1991). Ethics: Are standards lower overseas? *Across the Board*, September, 31–34.

37　Schlegelmilch, B.B. and Robertson, D.C. (1995). The influence of country and industry on ethical percep-tions of senior executives in the U.S. and Europe. *Journal of International Business Studies*, Fourth Quarter, 859–881.

38　Adler, N.J. with Gundersen, A. (2008). *International Dimensions of Organizational Behavior*, 5th ed., Mason, OH: Thomson South-Western; Armstrong, R.W. (1996). The relationship between culture and perception of ethical problems in international marketing. *Journal of Business Ethics*, 15 (11), 1199–1208; Fleming, J.E. (1997). Problems in teaching international ethics. *The Academy of Management News*, March, 17; McNett, J. and Søndergaard, M. (2004). Making ethical decisions, in Lane, H.W., Maznevski, M.L., Mendenhall, M.E., and McNett, J. (eds.). *Handbook of Global Management: A Guide to Manag-ing Complexity*, Malden, MA/Oxford: Blackwell Publishing; Moran, R.T., Harris, P.R. and Moran, S.V. (2007). *Managing Cultural Differences*, 7th ed., Burlington, MA/Oxford: Butterworth-Heinamann.

39　Donaldson, T. (1996). Values in tension: Ethics away from home, *Harvard Business Review*, Sept.–Oct., 48–62.

40　Buller, P.F. and McEvoy, G.M. (1999). Creating and sustaining ethical capability in the multinational cor-poration, *Journal of World Business*, 34 (4), 326–343.

41　This section is adapted from Fisher, C.D., Shoenfeldt, L.F., and Shaw, J.B. (1993). *Human Resource Man-agement*, 2nd ed., Boston, MA: Houghton Mifflin; Original sources: Stace, W.T. (1988). Ethical relativity and ethical absolutism, in Donaldson, T. and Werhane, P.H. (eds.) *Ethical Issues in Business*, Englewood Cliffs, NJ: Prentice Hall, pp. 27–34; Shaw, W. and Barry, V. (1989) *Moral Issues in Business*, Belmont, CA: Wadsworth, pp. 11–13; and Donaldson, T. (1989) *The Ethics of International Business*, New York: Oxford University Press.

42　See, for example, Donaldson, T. (1996).

43　Donaldson, T. (1989), p. 103.

44　Adapted from Solomon, C.M., Jan. 1996, Put your ethics to a global test, *Personnel Journal*, p. 239.

45　Donaldson, T. (1989), p. 104.

46　Cullen, H. (2007). *The Role of International Law in the Elimination of Child Labor*, Leiden/Boston: Martinus Nijhoff Publishers; Heppler, B. (2008). Is the eradication of child labour "within reach"? Achievements and challenges ahead, in Nesi, G., Nogler, L. and Pertile, M. (eds.), *Child Labour in a Globalized World: A Legal Analysis of ILO Action*, Hampshire, England/Burlington, VT: Ashgate Publishing, pp. 17–428.

47　Donaldson, T. (1996).

48　Digh, P. (1997).

49　Adapted from Tansey, L.A. (1996). Taking ethics abroad. *Across the Board*, June, 56, 58; Donaldson, T. (1996).

50　Phillips. R. and Claus, L. (2002). Corporate social responsibility and global HR. Balancing the needs of the corporation and its stakeholders. *International Focus*. SHRM, 1–7.

51　United Nations, Our Common Future: Report of the World Commission on Environment and Development, accessed at www.un-documents.net/ocf-02.htm#1. Accessed 7 July 7, 2014.

52　Savitz, A. and Weber, K. (2006). *The Triple Bottom Line*, San Francisco, CA: Jossey-Bass, p. 3.

53　Paskoff, S.M. (2003). Around the world without the daze: Communicating international codes of conduct, paper presented to the 4th Annual Program on International Labor and Employment Law, The Center for American and International Law, Dallas, Texas, 1 October.

第 **7** 章
国际员工关系

我想说，我和我们的员工关系良好。我不把他们当作工会或者非工会的一员，而是当作福特的员工……我们公司有很多第一代、第二代、第三代、第四代、第五代甚至第六代的员工……那些雇员帮助汽车公司度过了艰难岁月。

——福特汽车公司执行主席小威廉·克莱·福特（William Clay Ford, Jr.）[1]

学习目标

- 描述全球工会会员的本质。
- 描述全球产业关系的演变和组成。
- 解释工会和跨国公司之间的关系。
- 描述跨国公司处理全球化劳动关系的各种策略。
- 描述各种非工会工人代表所使用的方法。
- 解释国际劳动关系中的诉讼风险。

本章的话题有很多称谓，例如员工关系、雇佣关系、劳动关系、产业关系。这里我们主要使用"员工关系"这个词。既然本书是关于国际化的内容，我们将会使用"国际员工关系"（international employee relations，IER）。近些年，许多国家已经发展出了工会的替代品，例如工作委员会、共同决定、工人合作社。制造业已经成为大多数国家使用劳动力越来越少的一个行业，服务和信息技术已经成为大多数国家经济中占比最大的部分。因此，本章使用"员工关系"一词来涵盖所有经济和政府部门最广泛背景下的工作关系，同时也具有国际化意义，能涉及工会以及其他的员工代表形式。

劳动律师和人力资源从业者通常不熟悉其他国家的劳动和就业政策法律、制度和实践。正如上一章所强调的那样，每个国家都有其独特的劳动关系法律和惯例，跨国公司的雇员和劳动关系实践也需要因地制宜。事实上，跨国企业很可能面临不熟悉的员工关系实践和无计划的外国业务，跨国公司必须根据其经营所在国的就业法进行管理。

在全球化情景下，了解员工关系的最重要的一点是每个国家都是不同的。每个国家都有一套特定的关于雇员与雇主之间关系的价值观、实践和规章制度。因此，国际化运营的企业（以及民间社会组织、慈善机构和政府）必须要增强理解和灵活性，用多种方法来处理工会和其他员工代表形式的问题。本章的主要目的是帮助读者理解这些方法的多样性，以便能够有效地管理雇佣关系。更具体地说，本章概述了全球范围内的劳动关系和就业关系，并回顾了与国际员工关系有关的一些问题，包括国际工会会员、国际员工关系的演变、替代工人代表的方法，如工作委员会和共同决定，以及跨国公司在国际员工关系中的政策与实践。[2]

7.1 全球工会会员

比较不同国家的工会会员资格与分析比较大多数其他形式的国际数据一样困难。例如，接受关于不同国家的工会会员资格的数据的完整性，并比较关于工会密度的数据（某个特定国家属于工会会员的劳动力百分比）面临着如下问题：基本信息的来源、术语的定义、报告数据中数据的本质、数据中的报告错误、创建数据的记录机制的质量、追踪合法劳动力市场之外的特殊群体的困难，以及选择劳动力基础来计算工会密度。所有这些问题在不同国家之间差异很大，因此，对于各个国家的实际工会成员和工会密度这一类问题难以比较和评估。表 7-1 显示了许多国家的工会密度。将日本和美国的数据进行比较，可以发现即使在发达国家中，工会密度也各不相同。

表 7-1 部分国家工会会员占比

国家	工会会员占员工的百分比（%）
澳大利亚	18.2
加拿大	31.4
智利	14.6
丹麦	83.6
爱尔兰	29.5
日本	17.9
马来西亚	9.3
毛里求斯	25.4
新西兰	20.5
挪威	71.8
秘鲁	1.8
新加坡	35.5
瑞典	80.9
瑞士	19.8
英国	25.8
美国	11.3

资料来源：International Labor Organization（based on 2012 data），http：//laborsta.ilo.org/xls_data_E.html.

第二个问题涉及工会的力量，通常以工会会员的数量（与有资格加入工会的人数相关）来衡量。然而，这一衡量标准并没有真正反映出工会的作用以及工会的有效性，而是侧重于反映以成员数量为基础的潜在的工会谈判压力。[3]通常工会成员越多，在讨价还价中就越具有影响力。在一些国家，工会代表所有工人（尽管只有一小部分是工会成员），而在另一些国家，工会只代表它的真正成员。在一些国家，工程师和科学家等管理人员和专业人员属于工会，而在另一些国家，他们则不属于工会。在某些国家，工会被视为管理层的合作伙伴，而在另一些国家，工会与公司之间（或雇员与雇主之间）存在着长期的对立。在一些工会强大的国家，其实际成员很少（例如德国），而在一些工会不强大的国家，其成员实际上相当多（例如墨西哥、日本）。在瑞典等国家，工会会员占劳动力比例较高，而在美国等国家，会员比例较低。

7.2 国际劳动关系及其组织的演变[4]

虽然 19 世纪早期工会运动在某些方面已经发展成为非常国际化的运动，但很快工会变得更加民族主义和保护主义，这主要是受工业化国家差异（这为工会的发展创造了很大的推动力）以及两次世界大战的影响。在第二次世界大战结束时，国际劳工联合会分为两个派系。随着冷战的结束以及全球贸易的迅速发展，具有工会传统的国家的焦点开始变得全球化。[5]今天，随着跨国公司的增长，人们对劳工运动产生了强烈的兴趣，为了完成共同的与劳工有关的使命而跨越国界联合起来。在过去的 50 年里，来自不同国家的工会联合起来建立了一个国际工会组织，试图发展出更有效地应对跨国企业及其全球化的能力。与此同时，雇主也创建了类似的行业协会，为全球劳动关系提供跨境和跨行业的对话。

7.2.1 世界工会联合会

世界工会联合会（World Federation of Trade Unions，WFTU）成立于 1945 年，致力于将世界各地的工会聚集在一个单一的组织中。当时许多西方工会组成了国际自由工会联合会（ICFTU），WFTU 主要是来自社会主义国家的工会联合会。

7.2.2 国际自由工会联合会

国际自由工会联合会（International Confederation of Free Trade Unions，ICFTU）是 1949 年与世界工会联合会（WFTU）分裂后成立的。它把西方世界的主要工会组织起来。国际自由工会联合会于 2006 年解散，加入国际工会联盟（ITUC）。

7.2.3 国际工会联盟

国际工会联盟（International Trade Union Confederation，ITUC）是由各国工会联合会组成的伞式组织（包括 154 个国家和 1.68 亿工人），旨在捍卫全球化时代的工人权利。国际工会联盟的主要任务是通过工会之间的国际合作以及全球主要机构的宣传和倡导来促进和捍卫工人的权益。[6]

7.2.4　欧洲工会联合会

欧洲工会联合会（European Trade Union Confederation，ETUC）成立于 1973 年，旨在促进欧洲劳动人民的利益，并在欧盟机构中代表他们。其主要目标是通过与欧盟所有机构的合作，积极参与最高级别的经济和社会政策制定来促进欧洲社会模式。

7.2.5　世界劳工联合会

世界劳工联合会（World Confederation of Labour，WCL）是一个国际工会联盟。它将来自世界各国（主要来自第三世界国家）的自治和民主工会联合起来。在过去的几年里，世界劳工联合会对经济全球化的新自由主义模式采取了批判态度。

7.2.6　经济合作与发展组织的工会咨询委员会

工会咨询委员会（Trade Union Advisory Committee，TUAC）是一个国际工会组织。它是工会与经济合作与发展组织及其各委员会的接口，特别是那些关注工人和人权的委员会。

7.2.7　全球工会联合会

全球工会联合会（Global Union Federations，GUF）是代表特定工业部门和职业群体的国际和区域工会的国际联合会。大多数主要工会是一个或多个全球工会联合会的成员，代表其成员的利益。目前有十个特定行业部门或职业群体有全球工会联合会：教育；建筑和木工；记者；冶金工人；纺织、服装和皮革工人；运输工人；食品、农业、酒店、餐厅、餐饮、烟草和相关工人；公共服务；化学、能源、采矿和相关工人；工会网络。

▎7.3　工会和跨国公司

全球贸易和跨国企业数量的增加引起了工会对主要国家和地区的关注。工会主要担心的是，跨国公司可以通过将工作转移到世界上没有工会或工会薄弱的地区，从而操纵工人。一般来说，这些地区效益较低，工作条件较少受到保护，劳动力成本较低。工会不是在全球范围内组织的，并且没有国际法能跨越国境协商，而且工会往往主要关注当地或者本国成员的问题（因此有时很难和其他国家的工会合作），因此认为跨国企业的权力要大于工会。跨国企业经常在许多国家的许多行业中运营。相比之下，工会一般只存在于某个国家的某个行业。因此，工会通常只会给跨国公司带来一部分压力——一个行业（甚至一个行业内的一家公司）。

许多汽车公司在澳大利亚建立了制造工厂，例如福特、通用汽车、霍顿

（Holden）和丰田（Toyota）。[7] 2013 年 12 月之前，2/3 的汽车工业宣布退出澳大利亚市场，理由是澳大利亚生产汽车的成本过高而其市场有限。根据早先的合同，丰田应该支付 2014 年的两次小幅加薪，尽管它可能决定在 2016 年或 2017 年之前终止在澳大利亚的生产。但与工会达成的企业协议通常要求（由法院支持）在对加薪进行投票之前，先对"没有额外索赔"进行投票。丰田一直在表达对澳大利亚文化的担忧（对加班的态度、对出勤的宽松态度以及整体工作表现）。汽车工人工会对丰田的这一"惩罚"体现出丰田显然不太熟悉相关的劳动关系内容。

上面谈到了国际工会组织的发展情况，工会之间在跨国集体谈判层面的合作很少，而且没有与跨国公司类似或平行的工会结构，因此，国际工会未能与跨国公司谈判适用于全球所有业务的全球协议（尽管航空业最近的一些集体协商协议已经在朝那个方向发展）。

实际上，工会认为跨国公司可能会有如下行为：

■ 在社会保护较低、工资和福利较低的国家（通常这意味着没有工会或工会非常弱）开办工厂，远离那些拥有更强的工会、更强的保护以及更高的工资和福利的国家。

■ 面对来自其他国家工人的竞争，在一个国家强迫工人降低他们的工资和福利，以保住他们的工作。

■ 通过在劳动力调整成本最低的国家重组业务，利用法律规定的工人福利差异，迫使这些低收入国家的工人承受过度的错位负担。

其中一个结果是，工会开始寻求在跨境和跨国范围对劳动关系施加影响的方法。各国工会联合会和最近成立的国际工会联盟以及全球工会联合会正在向各国工会提供援助，并与国际劳工组织和经济合作与发展组织等机构密切合作，加强和执行关于劳工标准的契约和声明。它们的最终目标是发展跨国谈判，尽管目前没有任何法律或法规要求进行此类谈判，也没有任何国际机构可以执行这些谈判。正如前一章所述，国际劳工组织和经济合作与发展组织的指导方针试图超越仅仅建议跨国企业遵守其所在国现行的劳动关系法规的范围。国家法院在做出判决时开始遵守或考虑这些国际标准或公司的母国法律，这至少部分是由于这些国际联合会的压力。然而，目前这些指导方针和标准只有在个别公司和政府愿意与允许的情况下才有效，遵守这些指导方针和标准基本上是自愿的。

世界各地的一些劳动纠纷表明工会对跨国公司的压力越来越大。当雷诺（一家法国公司）在比利时菲尔福尔德关闭比利时工厂并解雇了 3 100 人（1997 年）时，比利时劳工法院裁定雷诺违反了需要在裁员前进行协商的工人咨询规则。当英国的玛莎百货（Marks & Spencer）2001 年宣布关闭其 18 家法国商店并解雇了 1 500 名员工时，法院判决玛莎百货违反了法国劳动法，最终这些商店没有关闭，而是被出售给了法国零售商老佛爷百货（Galeries Lafayette）。2004 年，在德国的西门子，虽然工人每周工作时间从 4 天延长到 40 小时且没有额外工资，但工会避免了 4 000 多个工作岗位的外包，证明了工会作为就业保护者的作用。2005 年，英国航空公司（British Airways）行李处理人员为同情盖特航空餐饮美食公司（Gate Gourmet）而举行的非正式罢工迫使餐饮服务商解决了争议，并向其员工提供了条件更好的裁员协议。2006 年，墨西哥 65 名矿工在一次采矿事故中丧生，墨西哥全国矿业联盟（National Mining Union）接管了墨西哥集团（Grupo Mexico），在政府行动未能支持劳工之后，70 多家墨西哥公司发生了自发的罢工行为，采矿业和钢铁业整体瘫痪。这些罢工证明了有组织的员工的政治力量。

跨国谈判仍然存在许多障碍[8]：

- 各国之间的劳动关系法律和惯例差异很大。
- 缺乏核心或具有国际权威的劳动关系或全球劳动法。
- 不同国家的主要经济文化差异。
- 雇主反对。
- 工会缺乏集中决策权。
- 跨国界的工会活动缺乏协调。
- 不同的国家优先事项。
- 员工不愿意将当地关注的问题置于其他国家工人的关注之下。

随着跨国公司变得更加全球化，它们必须与这些国际劳工组织以及各种各样的国家和地方工会打交道。不可避免的是，涉及多个国家甚至多个雇主和多个联盟的谈判将会发展。商业全球化问题已经成为许多跨国公司谈判的一部分。然而，在全球劳动关系快速发展之前，需要解决以下问题：

- 哪些规则适用于解决争议？
- 哪些规则适用于谈判过程？
- 什么法律将会涵盖两个或更多国家的公司之间或公司与多个国家的工会之间的谈判之类的问题？

尽管如此，工会已经对保护个体工人权利产生了重大影响，工会活动导致了亲劳工（pro-labor）和亲雇员（pro-employee）立法的制定，特别是在欧盟和日本。许多欧盟的指令和协议（例如父母休假指令、兼职工作指令、定期合同指令、家庭工作和远程办公框架协议）都是工会压力下的结果，工会往往成为政府和管理层的强有力的社会伙伴。在一些欧盟国家，工会可以邀请政府在某个地区和整个工业部门范围内强制实施集体协议。

在日本，工会的发展有着不同的历史。尽管日本的工会结构与欧洲和欧盟的工会结构完全不同，但日本工会也可以对雇佣关系和雇员权利产生重大影响，例如终身雇佣惯例和年功序列（protection of seniority）。现在，工会面临的挑战是发展适应和处理全球商业现实的全球机制。

7.4 跨国公司和劳动关系

跨国企业必须或多或少地与工会以及政府机构在全球范围内共享决策权。对于许多企业而言，它们在国外业务中所面临的情况往往与在国内处理的情况截然不同。因此，劳动关系的责任通常留给那些最有可能熟悉当地情况的人，即当地子公司或合资企业的人力资源（或劳动关系）经理。

　　跨国公司经常在全球范围内制定解决高管薪酬等问题的方法，但这种全球范围内解决劳动关系的方法非常罕见。跨国公司内部的国际人力资源部门在全球范围内遵循七种处理劳动关系的方法之一（见表7-2）。

表7-2　全球范围内的七种处理劳动关系的方法

1. 移交（由母公司总部）	用这种方法，员工关系的责任完全留给了东道国的当地经理
2. 监视	用这种方法，总部的国际人力资源管理经理会通过在每个外国区域就劳动和就业责任问题问一些明智且有洞察力的问题，来预防母公司的重大问题
3. 指导与建议	这是比监视更高一级的方法。总部的国际人力资源管理经理将会给子公司的经理提供不间断的建议和指导，通常就总部的规章制度进行劳动关系的指导。当然，这在很大程度上需要关于当地劳动关系和实践的更高水平的知识。不过总的控制权还是在当地员工的手里
4. 战略规划	在这种程度上，国际劳动关系问题与跨国公司的战略规划就合并了。全球公司各个方面的管理，包括劳动关系和员工关系，会被整合进一个项目，特别是为了政策目的。当地的控制仍然存在，但是所有的劳动关系实践都会遵循全球化的战略
5. 设置限制并批准例外	用这种方法来处理国际人力资源关系的跨国公司能对当地实践提供更多控制。子公司在严格界定的范围内被允许拥有更多自由，但是任何想要尝试不同方法的努力都要获得总部同意
6. 总部的管理	在这种方案中，当地子公司的员工在劳动关系方面没有政策或行为自由，所有的劳动关系行为都直接由总部的员工指导
7. 总部国际人力资源和当地管理的融合	在这种方法中，劳动关系和员工关系是由当地（国）的人力资源管理的，它在总部的国际人力资源的帮助下进行，主要是侧重于常规的战略和政策

　　美国公司（以及一些亚洲公司）有强烈的反工会或至少是非常敌对的态度，倾向于采用选项5、6或7的方法运作（见表7-2）。这些公司努力确保在海外业务中尽可能地遵循其总部的做法。当然，在许多国家，这些公司必须与第三方打交道，不管它们是否愿意（例如有些地区的工作委员会和工会谈判是强制性的）。

　　由于每个国家在劳动关系法律和实践的演变上是如此不同，把劳动关系和员工关系的主要责任留给地方一级往往是唯一可行的办法。

　　本书的目的不是要深入介绍各国的工会关系，而是提供对劳动关系法律和实践变化的一些介绍，以便让学生和国际人力资源管理者了解这些变化对全球跨国公司运营的影响的重要性。本章末尾介绍了福特汽车公司全球劳资关系的案例。[9]显然，对于像福特这样的跨国公司来说，全球劳动关系确实非常复杂。

　　国际人力资源管理人员在评估各国工会的权力或重要性时遇到的一个困难是，各国在如何衡量会员资格以及工会合同所涵盖的人员方面存在差异。例如，尽管法国工会会员占工人的比例相对较低（约为9%），但工会在政府制定有关所有工人的政策和立法以及制定一般工业政策方面发挥着非常重要的作用，法律要求雇主与任何出席的工会谈判，并执行有关工资率的国家政策。[10]事实上，在法国，90%～

95％的工人受到工会谈判合同的保护，即使工会的实际会员人数相当少。在大多数斯堪的纳维亚国家，退休工人仍然是工会成员，教师和工程师等专业协会成员有时也包括在内。

另一个问题是由员工关系的快速变化造成的。各国之间的差异仍然相当明显。[11]如表 7-1 所示，一些国家的工会会员人数占比相当低（这不一定表示谈判合同中涵盖的工人少），而另一些国家工会会员人数占比则相当高，如丹麦和瑞典。

从劳动关系实践来看，一些国家已经建立了符合国家法律和传统的产业关系体系。在这个环境中，每个国家都制定了反映自己特殊的历史政治及社会经验的传统和法律框架。因此，跨国开展业务的公司必须理解并应对世界各地劳资关系的巨大差异。这通常会导致劳动关系职能的分散化（与一般人力资源管理职能一样），使子公司在管理员工关系方面具有相当大的自主性。

7.5 不同国家劳动关系的演变

接下来简要介绍世界许多国家劳动关系的演变。在一些国家（例如加拿大、美国、德国和日本），工会活动的重点基本上是经济活动。也就是说，工会主要涉及其成员关心的经济问题，例如工资率、工作时间和工作安全。通常通过某种形式的工会管理集体谈判来体现。这种劳动关系形式通常被称为商业工会主义。

在其他国家，特别是英国、法国、意大利和拉丁美洲，工会往往具有很强的政治性，一般通过政治行动而不是直接的集体谈判来实现其目标。这通常被称为政治工会主义。这并不是说"以商业为中心"的工会不会试图影响政府实现有利于其成员的立法，而"以政治为中心"的工会不参与集体谈判。工会的历史模式一直是前者的活动形式而不是后者。

此外，在一些国家，工会活动的重点是全行业甚至全国范围的工会联合会和雇主协会之间的谈判；在其他国家，工会关系非常分散，几乎完全在当地公司层面进行，双方是代表一个企业的工会和那家公司。

总之，即使在工业化国家（通常是工会化程度很高的国家），劳动关系中的主要差异也与以下问题有关：（1）谈判发生的水平（国家、地区、行业或单一公司，甚至是单一工作场所）；（2）涉及的工人类型（手工业、工业、服务、政府、专家）；（3）工会管理关系的集中程度；（4）谈判的范围，即通常包括在谈判和合同中的议题；（5）政府参与或可以干预的程度；（6）就业问题，如工资率和福利，取决于立法行动与集体谈判；（7）工会化程度。为了在跨国公司的整个运营过程中有效地处理劳动关系，国际人力资源管理者需要了解这些问题以及在开展业务的每个国家这些问题的差异。

最后一点，管理层和工会关注的经济和政治问题并非一成不变，而是在不断地变化。全球化、技术和工作岗位以及人口结构的变化都极大地影响着大多数国家工会（以及公司）的作用和重要性。[12]

有趣的是，与其他跨国公司相比，美国（以及亚洲）跨国公司在理解和处理世界各地的劳动关系方面往往面临更为严峻的问题，因为它们的劳动关系在许多方面与其他国家截然不同。以下是美国劳动关系领域的主要特征：

- 只有非监督非管理的员工有资格组织或加入工会。
- 一般来说，专业和技术员工不组织或加入工会。
- 工会和雇主之间的合约主要是在基层层面开展的，一个工会对应一个雇主。
- 这种集体谈判合同在法律上可以强制执行，通常持续三年。
- 谈判的重要项目是工资、工作时间和工作情况。
- 员工和雇主双方通过大量的规章制度互相约束行为。
- 通过既定的申诉程序（而不是通过重新谈判合同）来处理对合同内容含义的分歧，由工会和管理层共同解决，并在陷入僵局的情况下由私人雇用的中立仲裁员来解决。

这种高度分散的商业工会主义与其他大多数国家的工会主义形式有很大不同。[13]在大多数国家，劳动关系的实践与这些特征截然不同，甚至完全相反。因此，许多美国跨国公司难以应对劳动关系实践的多样性，因为它们的经验和熟悉程度可能无法为如何在其他国家开展劳动关系提供足够的指导。

关于当地工会环境还有一些问题，无论来自哪个国家的跨国公司都必须考虑。跨国公司需要寻求有关全球劳动关系实践的特定类型问题的答案，无论它在哪里运营（见表7-3）。

表7-3　跨国公司需要考虑的当地工会环境问题

现有工会	某个国家的工会性质如何？是否承认工会的权力？
组织水平	工会如何组织（按公司、地区、行业、国家、工艺）？工会是公司层面的、区域层面的还是国家层面的？公司内部是否存在多个工会，因此跨国公司必须和在同一子公司或组织内的多个相互竞争的工会进行谈判？
工会范围	焦点是一般性的还是行业特定方面的？大多数谈判是在全国和整个行业范围内进行的，适用于所有或大多数雇主和雇员吗？
联系	有政治或宗教背景吗？工会是否与政党有关？如果是，有哪些工会？它们与宗教组织有关吗？具体是哪个？
员工类型	谁属于工会？谁受合同约束？是否有白领工会？管理者是否属于工会？是否有只雇用工会会员的要求或做法？在什么情况下员工必须属于工会？
工会密度	集体谈判协议涵盖的员工百分比是多少？
工会类型	劳动关系的焦点在哪里？是集体谈判还是个人代表，还是二者兼而有之？是政治的还是经济的？有工会谈判代表吗？有员工委员会吗？如果有，它们是独立的还是属于工会？
谈判伙伴	公司必须和谁谈判？谁是公司层面的谈判伙伴？政府在谈判中的作用是什么？雇主协会：各国雇主协会的性质和作用是什么？存在哪些协会？跨国公司属于吗（为什么属于或不属于）？会员资格意味着什么？大多数雇主都加入了吗？公司能否避免加入？是否有义务与它们保持一致？
操作方法	制定工作场合员工关系的流程是什么？是否有法律义务在公司内设立员工代表机构，并遵守通知和咨询程序？对通知和咨询要求是什么？选票是强制性的吗？员工代表是否有特定的权利和保护措施？

续表

工会协议的类型	工会协议通常涉及哪些重要问题？合同中包含哪些内容？它们在本质上是特定的还是一般性质的？
工会协议的约束力	它们是否因一些原因容易失效？合同在什么情况下需要重新谈判？如果对合同条款的含义或适用有分歧，如何确定？合同重新谈判了吗？是否使用停工？是否使用某种形式的调解或仲裁？政府在谈判中发挥积极作用吗？
罢工和产业行动	在什么情况下工会会罢工？什么原因促使工会罢工？什么形式的产业行动是常见的？如果出现罢工，会出现法律上的管制吗？"第二"产业行动是常见和合法的吗？发现自己成为产业行动主体的雇主可以使用哪些制裁方法？
无工会	是否可能没有工会？健康的员工关系能否从一个没有工会的环境中产生？

表 7-3 中的所有问题都说明了不同国家劳动关系实践之间可能存在重大差异。这只是国际人力资源经理和跨国公司必须学会应对的众多复杂领域之一。

7.6　非工会工人代表

在许多国家，已经发展出代表工人的其他形式。这里描述了三个这样的替代机构。

7.6.1　工作委员会

在许多国家，尤其是在欧洲，工作委员会是员工关系的一个重要组成部分。[14]在欧洲的许多国家，特别是荷兰、德国、法国、匈牙利和意大利，工人参与与其雇主经营有关的决策的权利有着悠久的传统。这些权利是组织和集体谈判权利的补充。在另外一些国家，如美国、日本、澳大利亚、墨西哥和英国，没有这样的历史，也没有在其劳动关系体系中出现工作委员会的概念或实践，这些国家的国际人力资源经理必须了解这些工作委员会要求中涉及的内容和保留专业的法律意见。

从本质上讲，这些工作委员会（由公司选出的员工代表组成）有权接收信息，并就公司做出的许多决定提供咨询（尤其是减轻公司和行业内重组的社会后果）。工作委员会有权批准与就业有关的（甚至更广泛地说，与企业相关的）决定的程度因国家而异。例如，由于欧洲许多国家长期存在工作委员会，欧盟下指令要求在所有成员国范围内至少拥有 50 名员工（或在任一国家拥有 20 名员工）的雇主通过工作委员会或者其他相关的形式向员工提供通知和咨询，例如工作保障、工作组织以及就业条款和条件等。[15]根据新指令，成员国必须通过立法，要求每个拥有超过 50 名员工的雇主有义务通过工作委员会提供通知和咨询。一旦立法通过，如果雇主自己不这样做，工人可以要求他签署一个"被通知和同意"的协议。

"国际人力资源管理实务 7.1"描述了一家美国公司（惠普（Hewlett Packard））在英国建立通知和咨询框架的努力。[16]

➡ **国际人力资源管理实务7.1**

惠普的跨境工人代表

2002年5月，惠普和康柏（Compaq）的合并引发了欧洲工人的广泛不满。根据欧盟的要求，这种企业合并要求在欧盟拥有1 000名或者更多员工的公司，在两个或两个以上成员国中拥有至少150名员工的公司，同他们的员工代表（通过工作委员会）商榷每一个需要仔细考虑的商业决定，例如裁员、重组和改变工作安排（这些都是由合并引起的）。

由于这一经验，惠普采取了新的欧盟通知和咨询指令（EU Inform and Consult Directive）下的倡议，以及正在进行的英国立法，使其成为第一家在英国宣布"通知和咨询"框架的美国公司，该框架已获得其员工的同意。在季度会议上，惠普管理层就诸如惠普英国商业战略、财务和运营绩效、投资计划、组织变革以及预期的关键就业决策（如裁员、外包、劳动力协议和健康与安全）等事项与员工代表进行了协商并告知他们。

英国惠普核心管理人员与每季度从四个英国业务部门中选出的惠普员工代表参加惠普咨询论坛。惠普欧洲员工关系主管沃利·拉塞尔（Wally Russell）表示："我个人的偏好是，我们掌握自己的命运。因此，让我们现在一起努力，开发一个适合惠普文化的模式……"

此外，一个之前的欧盟指令要求在整个欧盟拥有超过1 000名员工的雇主以及在每两个欧盟国家拥有至少150名员工的雇主建立一个欧洲范围的工作委员会，在所有跨国界决策时提供通知和咨询。在这条指令之下，更多的雇主不仅需要建立国家要求的工作委员会，而且需要建立一个欧洲范围的工作委员会。在欧洲运营的公司，来自没有工作委员会概念的国家，必须要学着适应欧盟的要求。这意味着任何决定，例如工厂或办公室的关闭、业务重组或跨国转移工作——包括业务外包和分包以及裁员等，都要求公司在实施决策前，必须通知工作委员会并进行协商。在一些国家，例如德国，工作委员会必须认可决策的性质以及实施计划；在另外一些国家，例如英国，关于决策的影响及缓和措施也被要求进行广泛协商。

2001年10月，欧盟通过了一项立法，允许在欧盟运营的公司成立欧洲总公司，也称为"社会欧洲公司"（SE），而不必根据每个成员国的法律成立单独的公司。这样，在欧洲运营的跨国公司可以形成一个单一的、集中的实体，以避免其经营业务的每个国家法律不同导致的复杂性。虽然大多数工作委员会设在欧洲国家，但其他国家（如阿根廷、孟加拉国、日本、泰国和南非）也有。这些工作委员会可以由管理层和员工代表组成（如丹麦、比利时），也可以由员工代表组成、管理层成员监督（如日本、法国），或由没有管理层监督的员工代表组成（如奥地利）。

应注意，成立工作委员会的最小公司规模因国家而异，工作委员会成员的数量也随着当地员工的数量而变化。尽管工作委员会是员工关系的核心工具，也是通知和咨询的代表机构，但国家间的差异很大。在一些国家（如德国），工作委员会甚至可能与管理层做出联合决定（共同决定）。

7.6.2 共同决定

德国等国家比通知和咨询的工作委员会更进了一步。德国已经发展了一种被称为"参与"或共同决定的程序。共同决定是一种法律要求，员工在监事会或董事会中有代表并参与重大战略决策（员工不仅仅是被咨询，而是管理层必须征得他们的同意）。

共同决定与工作委员会的不同之处在于它包含制定决策的部分。大多数欧盟公司都有某种参与形式，使得员工代表参与公司的决策过程。只有三个国家（比利时、意大利和英国）没有关于董事会级别代表的国家立法。

员工参与（在大多数欧盟国家）是一个连续的过程，从运营问题到全面的战略决策，从简单的通知和咨询到工作委员会和共同决定。员工参与的范围可以从纯粹的出勤和咨询角色（例如法国，尽管那里的员工可能扮演更积极的角色，在做关于他们的决定时，坚持要拥有近乎完全接受和同意的权力）到成员资格和共同决策权（例如德国）。

有三种相应的共同决定系统：

- 双重制度：监事会（员工代表占 1/3）和监督董事会（如奥地利、德国、丹麦）。
- 单层制：董事会只有一个，有 1~2 名职工代表。
- 混合系统：强制性参与，但仅作为咨询角色（如法国）。

7.6.3 工人合作社[17]

第三种形式的员工关系包括工人合作社。今天，最著名的是位于西班牙北部巴克斯地区（总部设在蒙德拉贡小镇）的一系列合作社，被称为蒙德拉贡合作社（Mondragon Co-operative Corporation，MCC）。这一由工人所有的企业和其他机构（如学校、社会保障局和银行）组成的综合体始于 20 世纪 40 年代中期，由一位当地牧师负责处理西班牙北部和法国南部的巴斯克自治区的贫困、教育缺乏和经济机会不足等当地问题。工人合作社成立于 1956 年，由牧师和五位年轻的当地工程师创立。这些合作社现在已经扩大和发展到有 10 万多人加入，其中有工人 6.5 万，年销售额超过 200 亿美元，净利润 10 亿美元，在许多国家拥有 225 家公司（工业、零售和金融），其中包括 150 家合作社。

蒙德拉贡合作社一直非常成功，如果这种参与的概念可以应用于经济问题，将意味着工作场所由工人自己拥有和管理。这样一个对所有人开放、工人团结和平等的经济体系取得了巨大的成功，它为员工-雇主关系提供了一种新的方式。

■ 7.7 全球员工关系中的诉讼风险

在国际就业法和员工关系中，国际人力资源管理和跨国公司面临的最重要压力之一是诉讼的可能性增加。诉讼风险包括在外国司法管辖区的判断和决策出错，以及与外国雇员和国际外派人员打交道时犯错。近年来，由于缺乏对员工的保护，跨国公司被法院追责的趋势明显上升。越来越多的跨国企业因在外国司法管辖区的活动违规而被起诉。过去，跨国公司之所以能够阻止此类诉讼，是因为本国和外国司法管辖区的问题。然而，最近的案例表明，由于外国法院越来越愿意同时根据母公司所在国法律和外国法律提起此类诉讼，上述这种抗辩理由不充分。

▌ 7.8 结论

本章重点关注全球背景下雇员与雇主关系的本质。这是本篇的最后一章。每个方面都在政策与实践的框架内进行了描述。正如本章所述，员工关系发展的主要形式涉及工会的形式和活动。本章还总结了员工的参与和代表性的三种替代形式：工作委员会、共同决定和工人合作社。

本章描述和讨论了区域、国家和国际层面的工会性质，以及跨国公司与这些工会互动的方式。提供了大量的例子来说明不同国家的工会和员工关系的多样性，展示了跨国公司的员工关系环境的复杂性。跨国公司必须了解不同形式的工会和当地文化，以及在开展业务的每个国家与员工关系有关的法律法规。

最后，本章介绍了工作委员会（由公司必须告知并获得与员工有关决策同意的当选员工组成的委员会）、共同决定（员工有权担任董事会或监事会成员，具有不同的权力来影响雇用员工的决策）和工人合作社（一种工人所有制和企业管理的形式，最好的例子是在西班牙北部，现在已经在世界各地都有运营）。

▌ 7.9 讨论题

1. 国际组织颁布的各项劳工标准对跨国公司有何影响？影响的本质是什么？
2. 欧盟指令（如在人力资源领域的指令）如何影响成员国和跨国公司？
3. 作为对全球化加剧的应对，劳工运动是如何演变的？
4. 非工会工人代表是什么？你认为我们将来会看到更多这些类型的代表吗？

案例 7.1　福特汽车公司的国际化劳动关系（美国/全球）

福特汽车公司在 30 多个国家制造汽车、卡车以及零部件，在全球约有 18.1 万名员工。除了六个没有工会的国家，它与每一个有制造业务的国家的企业工会都进行了谈判。在意大利等国家，公司还必须同员工和经理进行谈判。

因为工会和国家的多样性，谈判在不同的国家以不同的形式开展。例如，在澳大利亚，所有的主要问题首先是由当地的小组委员会讨论，在协议达成后，它将会被带到福特汽车公司的全国谈判委员会。在德国，谈判是在所有的汽车公司和汽车工会之间进行的，通过全国雇主协会和全国金属加工工人联合会——这个组织代表了所有汽车公司的员工——进行。

即使是复杂的谈判，谈判也几乎只在地方（国家）层面进行，在全球层面的协调很少。可以想象，这不仅引起了协调问题，而且使福特汽车公司自身产生了问题。位于密歇根州迪尔伯恩市福特总部的国际劳动事务规划和员工关系主管办公室（现在合并到全球制造和劳动关系办公室）只有一个人在负责。国际劳动事务主管说："我的主要工作是告诉美国公司的所有部门全世界各地在发生什么，以及它们会如何影响商业。"

资料来源：Excerpted from a presentation by David Killinger, Director, International Labor Affairs, on Ford Motor Company's global labor relations, delivered at the Faculty Development Seminar on International HRM at the University of Colorado, Denver, June 8, 2000; ford Annual Report 2013. http://corporate.ford.com/our-company/investors/reports-financial-information/annual-reports.

问题：

1. 比较两个主要国家的工会关系。工会（和雇主）是如何组织的？协商的性质和作用是什么？政府扮演什么角色？是否有其他形式的真正的员工代表？

2. 你看到的跨国公司在与多个国家的工会协商时出现的问题是什么？你建议如何解决这些问题？

3. 你预测全球经济中工会和工会关系的未来是怎样的？为什么？

[注释]

1 Mentioned in Morganteen, Jeff (Thursday, 27 Mar 2014), Labor unions saved Ford in our "darkest" hour: Bill Ford. CNBC, http://www.cnbc.com/id/101529786. Accessed April 7, 2014.

2 For more detail, refer to the volume in this series on these topics: Morley, M.J., Gunnigle, P. and Collings, D.G. (2006). *Global Industrial Relations*, London/New York: Routledge.

3 Visser, J. (2006). Union membership statistics in 24 countries, *Monthly Labor Review*, January, 38–49.

4 This short summary is based on the following: Baker & McKenzie (2009). *Worldwide Guide to Trade Unions and Works Councils*, Chicago, IL: CCH Inc.; Bamber, G.J., Lansbury, R.D. and Wailes, N. (eds.) (2010). *International and Comparative Employment Relations*, 5th ed., Thousand Oaks, CA: Sage Publications; Ferner, A. and Hyman, R. (eds.) (1998). *Changing Industrial Relations in Europe*, 2nd ed., Oxford, UK/Malden, MA: Blackwell Publishers; Hansen, E.D. (2001). *European Economic History*, Copenhagen, DK: Copenhagen Business School Press; Hyman, R. (2001). *Understanding European Trade Unionism*, London/Thousand Oaks, CA: Sage Publications; Keller, W.L. and Darby, T.J. (eds.) (2009). *International Labor and Employment Laws*, 3rd ed., Washington, DC: The Bureau of National Affairs and the International Labor Law Committee Section of Labor and Employment Law, American Bar Association; Morley, M.J., Gunnigle, P. and Collings, D.G. (eds.) (2006).

5 Cf., ICTUR (2005). *Trade Unions of the World*, 6th ed., London: John Harper Publishing.

6 William, F. and Williamson, H. (2006). International unions form body to defend workers' rights in era of globalization. *Financial Times*, November 2.

7 Potter, B. (2014), Australian workplace culture partly to blame for Toyota's exit, *The Australian Financial Review*, Feb. 11, retrieved at http://www.smh.com.au/business/commment-and-analysis/australian-workplace-culture-partly-to-blame-for-toyotas-exit-20140211-32djv.html#ixzz2tXZ9MiGt. Accessed Feb. 15, 2014.

8 Rothman, M., Briscoe, D.R. and Nacamulli, R.C.D. (eds.) (1992). *Industrial Relations Around the World*, Berlin: Walter de Gruyter; Levinson, D.L., Jr. and Maddox, R.C. (1982). Multinational corporations and labor relations: Changes in the wind? *Personnel*, May–June, 70–77.

9 Excerpted from a presentation by David Killinger, Director, International Labor Affairs, on Ford Motor Com-

pany's global labor relations, delivered at the Faculty Development Seminar on International HRM at the University of Colorado, Denver, 8 June 2000.

10　Baker & McKenzie (2009); Goetschy, J. (1998). France: The limits of reform, in Ferner, A. and Hyman, R. (eds.) (1998). *Changing Industrial Relations in Europe,* 2nd ed.; Keller and Darby (eds.) (2009); Schneider, B. (2004), Global industrial relations, presentation to the Faculty Development Program in International Human Resource Management, June 7–11, Denver, CO.

11　Frege, C. (2006), International trends in unionization, in Morley, M.J., Gunnigle, P. and Collings, D.G. (eds.), pp. 221–238; and Gooderham, P., Morley, M., Brewster, C. and Mayrhofer, W. (2004). Human Resource Management: A universal concept? in Brewster, C., Mayrhofer, W. and Morley, M. (eds.), *Human Resource Management in Europe,* Oxford: Elsevier, pp. 1–25.

12　Refer to Part II: Contemporary developments in global industrial relations, in Morley, Gunnigle, and Collings (eds.) (2006).

13　Bamber, G.J., Lansbury, R.D., and Wailes, N. (eds.) (2010). *International and Comparative Employment Relations,* 5th ed.; and Rothman, M., Briscoe, D.R., and Nacamulli, R.C.D. (eds.) (1993) *Industrial Relations Around the World: Labor Relations for Multinational Companies.*

14　See, for example, Baker & McKenzie (2009); Gill, C. (2006), Industrial relations in Western Europe, in Morley, Gunnigle, and Collings (eds.) *Global Industrial Relations,* London/New York: Routledge, pp. 71–85; and Keller and Darby (eds.) (2009).

15　Fox, A. (2003). To consult and inform, *HR Magazine,* October, 87–92.

16　Adapted from Fox, A. (2003). To consult and inform, *HR Magazine,* October, 87–92.

17　This section deals primarily with Mondragon (Spain) workers' cooperatives. The information is drawn from Herrera, D. (2009). Mondragon Cooperative Corporation: The ten core principles and their foundations, lecture to course on the Mondragon co-operatives, delivered in Mondragon, Spain, 7 July; Kasmir, S. (1996). *The Myth of Mondragon,* Albany, NY: State University of New York Press; MacLeod, G. (1997). *From Mondragon to America,* Sydney, Nova Scotia, Canada: University College of Cape Breton Press; MCC (2007). *Corporate Management Model,* Mondragon, Spain: Mondragon Corporacion Cooperativia; Ormaechea, J.M. (1993). *The Mondragon Cooperative Experience,* Mondragon, Spain: Mondragon Corporacion Cooperativa; and Whyte, W.F. and Whyte, K.K. (1991). *Making Mondragon: The Growth and Dynamics of the Worker Cooperative Complex,* Ithaca, NY: ILR Press.

第3篇

全球人才管理

第 8 章　国际劳动力规划和配置

第 9 章　国际招募、甄选和归国安排

第 10 章　国际培训和管理发展

第 11 章　国际薪酬、福利和税收

第 12 章　国际绩效管理

第 13 章　国际劳动力福祉与国际人力资源信息系统

第 14 章　国际人力资源管理比较：不同区域和国家
的概况

本篇对国际人力资源管理政策与实践进行了全面概述。国际人力资源管理政策与实践吸引、选拔、开发、评估并留住员工，为其提供报酬、安全感和幸福感。本书的这一部分集中于特定国际人力资源管理政策与实践，跨国公司可以在母国或者总部的运营环境下使用这些政策与实践，也可以在当地运营环境下使用。这对外资公司和其子公司以及其他形式的跨境合资企业或者联盟都有很重要的意义。第8章和第9章集中在吸引和选拔的政策与实践。第8章讨论了全球化公司劳动力规划和人员配置的特征以及相关问题，包括对跨国公司所具有的多项选择的概述。第9章基于前一章论述了跨国公司的招募、甄选和归国安排问题，主要集中在国际外派人员（international assignee，IA）的选择上。它还描述了在国际外派人员的选择过程中遇到的许多问题，以及在处理这些问题时的最佳实践，包括归国的安排问题。第10章着重于跨国公司的培训和发展，专注于外派人员和在外资企业工作的当地员工的培训和准备问题，以及跨国公司中的领导力和管理能力的发展。第11章讨论了跨国公司薪酬和福利问题，同样聚焦于外派员工，但也描述了跨国公司尝试为其全球的运营和员工设计和应用统一的薪酬福利计划。第12章关注在国际舞台上与员工绩效管理相关的许多问题。第13章为全球商业旅行者和国际外派员工以及他们的家人讲述了许多与卫生、安全和治安环境等相关的问题，也讲述了用来解决这些问题的危机管理程序的设计。第14章是本篇的最后一章，概述了全球各地有效和适当的国际人力资源管理政策与实践的广泛的多样化。跨国公司有必要了解当地的人力资源政策与实践，这样才能在将全球各地的传统和法律同总部的政策与实践进行匹配时做出有效的决定。

第 8 章
国 际 劳 动 力 规 划 和 配 置

我们的领导者从世界各地寻找最聪明的人才，给这些人才所需要的资源以使他们做到最好。

——三星公司[1]

学习目标

■ 描述国际人力资源的预测过程以及在为跨国公司预测国际人力资源时遇到的挑战。

■ 解释跨国公司在全球市场上进行人员配置时对不同的国际员工可以选择的不同方法。

■ 描述不同人员配置选择和不同员工类型对跨国公司的含义。

公司人才的质量对于学习能力、创新和执行力是至关重要的。在正确的地方、正确的时间、以合适的薪酬拥有一个合适的人才对每一个企业都是一个重要的全球问题。[2]国际劳动力规划和配置是指在不同国家的组织中，估计人员需求、招募、甄选和归国安排的整个过程（见图 8-1）。全球化公司进行劳动力配置面临着巨大的挑战。除了要履行母国正常的招聘职责，跨国公司的人员配置还包括对员工的跨国迁移进行安置等更具挑战性的责任。在当今的人才环境中，跨国公司的人员配置已经成为其全球人才管理的核心问题。

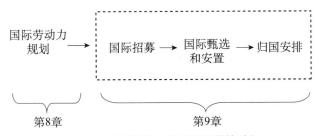

国际劳动力规划 → ┌─ 国际招募 → 国际甄选和安置 → 归国安排 ─┐

第8章　　　　　　　　　第9章

图 8-1　国际劳动力规划和配置的过程

以往跨国公司的人员配置政策与实践都是从公司总部和母国企业文化的视角开发的，主要涉及员工到外国子公司执行外派任务以及子公司在东道国进行人员配置问题。现在，人事政策与实践已变得更为复杂，涉及全球各地（传统的子公司、合资企业、战略联盟）的劳动力、本地员工，以及从某个业务派到其他业务的员工。人力资源全球化的一个趋势就是跨国公司的员工来源慢慢从西方国家转到新兴市场国家。跨国公司甚至跨越组织边界通过外包、离岸外包、内包的形式来寻找所需要的人才。[3]

本章介绍了为跨国公司的国际业务进行人员规划和配置的相关的属性和问题。首先描述跨国公司国际劳动力规划的挑战，然后描述跨国公司在全球进行人员配置时的不同选择，最后就衡量哪种方法最有效提出了一些问题。

8.1 国际劳动力规划

国际劳动力规划的目标是估计跨国公司的人力资源需求并开发满足这些需求的计划。这里所指的劳动力是指公司的员工。公司招聘员工的数量和地点根据不同因素有很大不同，比如不同地方男性和女性的就业率、整体的失业率、是否只有当地人才能申请相关工作、是否只有具备要求的教育或技能才能申请工作等。前文已多次说明，当今全球经济的特征之一——企业业务的广泛性，增加了人力资源管理的复杂性，包括需要使用大量不同的语言，接触大量不同的文化，以及面对各种各样的雇佣法。跨国公司的劳动力招募池遍布所有这些地方，说着各种不同的语言，展现各种文化所特有的价值观和行为，还受到差别很大的雇佣法的管制。

因此，具有跨国业务的公司必须在业务所在地找到员工（如果当地没有所需要的员工，就要派遣员工过去），学会在不同的地方和文化里去招聘，并在公司认为最有意义的地方部署员工。在最好的情况下，人力资源专业人士被要求提供有关其全球业务地点以及是否参与任何跨境收购、合资企业或联盟的信息。如果不是在做出这些决定之前，至少在做出这些决定之后，人力资源部将负责确保对新的或现有的国际业务进行及时的人员配置。由于许多技术工人可能短缺，人才的获取和部署是全球人力资源部门的一项重要任务。在今天的全球环境中，只有那些能够吸引最好的全球人才，并通过有吸引力的工作环境和富有经验的管理战略去培养、开发和留住这些人才的组织才会取得成功。[4]

8.2 影响国际劳动力规划的因素

图 8-2 提供了影响国际劳动力规划进程的因素。

8.2.1 数据的可得性

跨国公司劳动力规划的主要障碍是缺乏准确的劳动力数据，特别是在欠发达地区和新兴经济体。理想的情况是，每个国家或者每个地区的劳动力特征相关的数据（包括劳动参与率、受教育的水平和质量、技能训练的情况、外语水平、失业率等）都是国际人力资源能得到的，这样就可以规划当地公司的劳动力。这些数据通常由

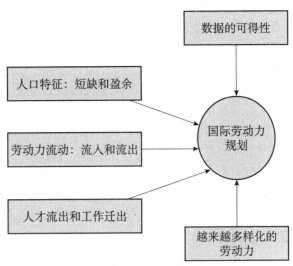

图 8-2　影响国际劳动力规划的因素

政府机构，或者国际机构，如国际劳工组织或者经济合作与发展组织来提供。但是在许多新兴国家，并不总是有这种政府机构，或者它们提供的数据不够充足、不够准确。在任何一种情况下，它们通常都不能为国际人力资源管理部门提供合适的数据来评估能否在特定地方找到具备必要技能和教育背景的人或者具备开发潜质的人来满足公司的人员配置需求。

这通常意味着国际人力资源专家必须通过独立的来源获取这样的数据。有时候这些数据可以从国际或当地的咨询公司那里获得。通常还可以从当地的商会、大使馆、帮助外国公司在当地进行采购的公司等渠道获得足够的信息。此外，国际人力资源经理通常可以从其他在特定的外国语言环境中具有一定经验的公司那里获得所需要的信息。关键是跨国企业不应假设当地劳动力足以提供它们所需的人才（这正是通常做的事——让人力资源部规划和雇用必要的劳动力）。获得充分的信息应成为在何处与何人开展业务的决策过程的一个组成部分。无论如何，国际人力资源部门应该提供这些信息。

8.2.2　人口特征：短缺和盈余

发达经济体可能面临的最重要的劳动力问题是人口老龄化和劳动力短缺，退休的人比进入劳动力市场的人多，2007—2009 年全球经济衰退以及随之而来的高失业率已经预示了这种担忧的重要性。[5] 相比之下，大多数发展中国家和新兴经济体关注的劳动力问题是庞大的年轻劳动力往往缺乏跨国公司工作所需的技能。

在很大程度上，这些特征决定了各国劳动力资源的性质。男性和女性劳动力参与度在不同国家之间差别很大，这个因素本身对任何国家劳动力的规模都有重大影响。[6] 当然，技术已经使得可以在几乎任何地点使用工人而不需要他们搬迁到雇主所在的地方。人们想住在哪里也可能影响跨国企业对工作地点的选择。

在老龄化方面，日本、德国和英国等国家的 60 岁以上人口比例很高；印度、墨西哥和南非等国家的 60 岁以上人口比例很小，而 25 岁以下人口的比例相对更高。[7]在某些方面，这些相反的情况为全球劳动力提供了平衡，发展中经济体年轻工人的富余为发达国家的老龄化和劳动力萎缩提供了劳动力。这包括通过外国直接投资、跨境合资企业、合作伙伴关系、外包、分包、离岸外包等方式形成的劳动力注入和工作外流。

"国际人力资源管理实务8.1"[8]是企业如何应对劳动力短缺的一个例子。在这种情况下，荷兰通过雇用退休人员来解决这一问题。事实上，所有对劳动力短缺的举措都是相互交织的，因为各国寻求新的方法来处理短缺问题。各个国家和公司正在讨论使用各种招聘来源，从移民到退休人员，到机器人和计算机。在不同的文化和国家中，选择也是不一样的。劳动力短缺表明，跨国企业正在寻求将全球业务扩展到发展中国家的战略，它们必须考虑可能需要哪些类型的员工来从事工作。

➡ **国际人力资源管理实务8.1**

在荷兰应对劳动力短缺

弗朗斯（Frans），一个曾经飞往世界各地的飞行员，现在卖男装，而且他非常喜欢这份工作。招募那些厌倦退休生活或需要补充养老金的老年人是荷兰应对劳动力短缺的一个新战略。在一个名为"65+"的项目中，荷兰创立了一个专门招聘老年人的就业机构。

荷兰的公司发现，它们的老员工异常积极，经验丰富，并且非常忠诚。不久前，"荷兰福利国家（Dutch welfare state）"为提前退休的人补贴退休金。很多人选择了退休。但现在，由于过去40年的低出生率和荷兰经济的快速增长导致劳动力短缺，企业发现劳动力市场供不应求，阻碍了经济增长。

有趣的是，劳动力短缺导致了一些全国性的辩论，涉及一些敏感问题：应该允许多少移民进入该国？政府可以强迫人们重新接受培训吗？政府是否应该提高退休年龄，提高多少？

无论如何，退休之后又回来工作的荷兰人会发现这是一个有益的经历。退休的飞行员弗朗斯说，我以前卖过飞机，所以我想，也许现在可以卖西装。他觉得在玛莎百货的兼职工作很有趣，他在这里可以遇见很多人，他可以在这里使用他的许多技能，练习他的多种语言。

对于希望在新兴市场开展业务的公司，国际人力资源管理在确保当地合格劳动力方面的作用至关重要。例如，当爱丁堡的海事服务公司BUE Marine搬进阿塞拜疆首都巴库时，为了利用其自然资源，它面临着大量的人力资源挑战——从裙带关系、低技能到欺骗性简历。公司发现，当公司想在发展中国家立足时，需要研究劳动力成本、文化差异、利益、法律管辖权、如何在当地雇用人员，以及政府在合同和执法中的作用。[9]公司依靠国际人力资源管理来预防劳工问题，并向高级管理人员提供有关处理此类关键问题的成本的信息。

■ 8.3 越来越多样化的劳动力

全球化、现代技术和全球劳动力市场上的全球交流日益增多的结果之一是，在当今全球经济中，拥有所需教育和技能的人越来越多地分布在世界各地，所有种族和国籍的潜在雇员都能找到。[10]这将显著提高全球企业应对员工多样性的水平。此外，全球性公司的员工来自许多国家过去不太参与劳动力市场的群体，包括老年人、女性、残疾人、各种宗教派别的人。

8.3.1　劳动力流动：流入和流出

世界正在以前所未有的规模经历移民潮（移民国外和移居国内），它正在创造大量工人的流动。

数以百万计的人在国外工作，要么作为传统的外派人员，要么作为受雇移民到其他国家填补空缺。像菲律宾这样的一些国家每年都会有目的地派遣一部分劳动力到其他国家工作。墨西哥有许多劳动力通过非正式移民迁到邻国。爱沙尼亚、罗马尼亚和波兰的劳动力通过合法的方式流向本地区的其他国家，如欧盟其他国家。此外，数百万人由于内乱或自然灾害而被迫离家，成为永久性难民。一些创建欧盟基金会的条约（如 1957 年的《罗马条约》）包括促进工人在国家间流动的条款。这使人们可以寻求最好的工作机会，促进欧盟公司通过吸收欧盟成员国的人才获得高质量的劳动力，并最终在成员国之间调整工资和福利的"竞争环境"，使公司不会因为国家之间的工资差异或政府做法不同，产生相对于它们的竞争对手的优势或劣势。其他一些协定，如北美自由贸易区、南方共同市场和东盟，也包括劳动力流动条款。欧盟正在发展这种区域贸易条约的模式，其他地区考虑促进劳动力流动的方式也只是时间问题（参见第 6 章就业法关于这些条约的讨论）。

8.3.2　人才流失和工作迁出

许多国家特别是新兴市场国家和发展中国家中受过教育和有技能的公民离开本国到发达国家寻找薪水更高的工作，被称为人才流失，这是令人担忧的主要问题之一。从发展中国家的角度来看，发展中国家在教育和培训上为其公民花费了大量资源之后，这些公民被招聘到富裕国家，这是人才流失。发展中国家认为自己需要这些人来发展本国的经济。

除了人才流失，还有一种，即通过子公司、合资企业、外包和离岸外包，将发达经济体的工作和就业机会转移到发展中国家，这正日益受到许多全球公司的追捧，并受到发展中国家的鼓励。双方从这种安排中都获得了收益：跨国公司获得了外国的人才，缓解了母国劳动力短缺的问题，并降低了成本；发展中国家的人才从跨国公司那里获得了工作岗位和收入。

总而言之，如今的跨国企业，在多个国家都有业务，其员工队伍遍布全球。这些公司的国际人力资源经理的任务是加快招聘有能力的、高绩效的人才，从而在全球市场上获得可持续的竞争优势。规划和雇用这样的劳动力是一项复杂的活动。包括确定需要什么样的教育和技能，在哪里找到人才，以及如何招聘和聘用人才。这对全球业务来说要较为困难。本章的第一部分对这个过程的复杂性进行了描述。

每个国家的劳动力市场都不同。收集劳动力规划和预测所需的信息是一个非常大的挑战。国际人力资源管理职能就是要使企业的劳动力预测与全球人才供应相匹配。事实上，"在快速变化的全球经济中，世界一流的人才规划是成功的关键"。[11] 全球劳动力预测和规划之后，跨国公司的下一步行动是通过招聘和人员配置来实现这些规划，详见本章的其余部分。

■ 8.4 国际人员配置[12]

跨国企业的人员配置包括在地方一级的招聘和流动劳动力的管理，也就是说，在一个地区招聘的员工由于不同的时间和目的被重新安置到其他地区。在跨国企业的员工配置中，企业可以使用四种方法[13]，如表 8-1 所示。前三种方法主要用于在子公司中配置重要职位的人员，如管理和行政职位。[14] 每种方法都有自己的优点和缺点。

表 8-1　国际人员配置

民族中心主义的人员配置	优点	缺点
跨国公司往往从总部国家雇用并派遣国际工作的员工到子公司。 这种方法通常适用于： ■ 总部有强烈控制子公司的需要 ■ 子公司还处于发展的最初阶段 ■ 当地没有合适的人才 ■ 具有全球化策略的跨国公司最有可能采用这种方法	■ 当地没有合适人才时可以立即填补子公司职位空缺 ■ 使总部可以控制和协调子公司的运营，保证子公司之间有共同的组织文化 ■ 使母国公司的人员获得国际经验	■ 使用母国公司员工成本高 ■ 母国公司员工与东道国员工的关系危机（由于薪酬不同等因素） ■ 阻止或者减缓东道国员工的职业发展进程
多中心主义的人员配置	优点	缺点
跨国公司更愿意为子公司配置本地员工。 这种方法通常适用于： ■ 本地化运营的需要对于竞争优势变得重要 ■ 每个子公司都很独立并适应了当地的环境 ■ 具有多国化策略的跨国公司更有可能采用这种方法	■ 更有效地进入当地社区和市场 ■ 向当地社区和政府传达子公司遵守当地文化的信号 ■ 比使用母国公司人员成本低	■ 当地员工可能不会全身心为跨国公司服务 ■ 当地人可能无法获得国际经验 ■ 对当地人来说，职业发展和晋升的机会是有限的
区域中心主义的人员配置	优点	缺点
跨国公司倾向于使用特定地区的员工。 这种方法通常适用于： ■ 有将子公司安排到不同区域的需求 ■ 每一个地区独立运营，并具有很多自治权 ■ 跨国公司有多个区域性总部 ■ 关键职位上是第三国家人员和母国公司人员	■ 通过在同一个地区共享人力资源减少成本 ■ 管理人员可以发展特定地区的专有技能 ■ 能够回应每个地区特定的需求	■ 缺乏跨文化视角 ■ 职业发展机会只局限于特定地区 ■ 到公司总部任职对地区经理来说很难

续表

全球中心主义的人员配置	优点	缺点
跨国公司从世界各地招揽人才，不论国籍。 这种方法通常适用于： ■ 跨国公司的子公司具有不同程度的集中性和分散性 ■ 子公司之间有紧密的联系 ■ 具有跨国化策略的跨国公司更有可能使用这种方法	● 员工可以发展全球化思维 ● 能够招到最好的人才 ● 对表现优秀者来说，职业机会是真正全球化的 ● 员工可以与来自不同地区、不同文化背景的人一同工作	● 管理大量的国际派遣员工的成本很高（如安置和培训成本） ● 管理几个国家之间的工作授权是一个复杂的过程 ● 要求不同国家的员工具备很强的沟通能力

资料来源：Based on Scullion, H. and Collings, D. (2006). *Global Staffing*, London：Routledge；Collings, D. and Scullion, H. (2006). Global staffing, in Stahl, G. K. and Björkman, I. (eds.) *Handbook of Research in International Human Resource Management*, Cheltenham, UK, Edward Elgar；Harzing (2004)；Borg, M. and Harzing, A.-W. (2004). Composing an international staff, in Harzing, A.-W. and Van Ruysseveldt, J. (eds.), *International Human Resource Management*, 2nd ed., Thousand Oaks, CA/London：Sage Publications, pp. 251－282.

　　重要的是要注意，如表 8－1 所示，国际人力资源的人员配置实践面临着与招募、雇用、培训、薪酬、管理业绩和福利，以及留任和配置一支来自多个地区、在多种国家文化和法律制度下的全球劳动力队伍有关的问题。

8.4.1　传统的国际外派人员和当地员工

　　一直以来，跨国公司的人员只是简单地被描述为包含三种类型的国际员工：母国员工（parent-country nationals，PCNs）、东道国员工（host-country nationals，HCNs）和第三国员工（third-country nationals，TCNs）[15]（见表 8－2）。

表 8－2　传统的国际外派人员和当地员工

	优势	劣势
母国员工 跨国公司的员工是跨国公司总部所在国公民	■ 熟悉跨国公司的企业文化、价值观、目标和宗旨 ■ 国际经验可能会带来职业机会 ■ 提供对子公司业务的控制 ■ 将企业价值观、文化和知识从总部有效转移到子公司，反之亦然	■ 跨文化调整新文化可能很困难 ■ 可能与地方政府促进当地就业的政策相冲突 ■ 可能代价昂贵（例如迁移、薪酬、失败的可能性） ■ 归国安排可能具有挑战性和困难
东道国员工 在外国子公司工作，是外国子公司所在国公民的跨国公司员工	■ 熟悉当地的文化、经济、政治和法律环境 ■ 成本相对较低（例如不需要搬家或者少搬家，当地薪酬水平） ■ 可以有效地响应东道国对子公司业务本地化的要求 ■ 能够被当地同事、工人、员工和政府官员接受。	■ 缺乏对跨国公司母国文化的了解 ■ 降低对子公司的控制能力 ■ 可能不是最合格的 ■ 对总部的忠诚度低

续表

	优势	劣势
第三国员工 非母公司所在国或子公司所在国的公民，在外国子公司工作的员工	■ 通常被视为母国员工和东道国员工之间的折中 ■ 维护成本比母国员工低 ■ 可以增加子公司所在国不具备的技能 ■ 可以为工作环境增加多样性/多元文化 ■ 更容易迁移（例如从一个子公司迁移到另一个子公司）	■ 对跨国公司母国文化和企业文化不熟悉 ■ 由于某些国家或地区的旅行限制，交流可能受到影响 ■ 可能不被当地人接受

资料来源：Based on Scullion, H. and Collings, D. (2006). *Global Staffing*, London: Routledge; Collings, D. and Scullion, H. (2006). Global Staffing, in Stahl, G. K. and Bjorkman, I. (eds.) *Handbook of Research in International Human Resource Management*, Cheltenham, UK, Edward Elgar; Harzing (2004); Borg, M. and Harzing, A.-W. (2004). Composing an international staff, in Harzing, A.-W. and Van Ruysseveldt, J. (eds.), *International Human Resource Management*, 2nd ed. Thousand Oaks, CA/London: Sage Publications, pp. 251–282.

　　大多数国际人力资源管理文献都关注母国员工，当母国员工转移到另一个国家，在外国子公司或其他类型（如合资企业或联盟）的组织工作一年以上，他们通常被称为外派者或国际外派人员。历史上，公司使用的"外派"一词是指从母公司或总部迁至外国子公司或从事海外业务的雇员。今天，"国际外派人员"通常用于描述从一个国家转移到该公司在另一个国家的子公司的人员，外派过程为期一年以上。

　　当外派人员回国时，他们被称为归国人员。管理外派人员历来是国际人力资源管理人员最耗时的工作。

　　在国际人力资源管理中，大多数涉及外派人员或国际外派人员的文献都假设所有外派员工是传统的外派人员，研究中一般用"国际外派经验"或"外派"来简单地提及。但同国际人力资源管理的其他职能一样，国际外派也变得更加复杂。

　　当东道国员工为了学习组织及其产品和文化而被派遣到母公司的总部，为期一年或更短，通常被称为派入（inpatriates）。

8.4.2　外派的目的

　　有很多方法来描述派遣人员执行国际任务的目的。[16]一般来说，这些目的可以合并成两大类：需求驱动的目的和学习驱动的目的。需求驱动的目的包括让国际外派人员担任总经理或董事，进行子公司初创和推出新产品，进行技术转让，解决问题，执行会计、销售和制造等职能任务，以及组织控制。学习驱动的目的包括管理发展（国际商业技能和一般管理技能）、知识转移，以及让当地人融入企业文化和价值观。除了对总经理的需求，越来越多的目的是通过短期任务来实现的，而不是三到五年的外派。[17]

8.4.3　当今国际员工的多样性

　　尽管使用外派人员似乎是国际业务人员配置的合理选择，但是至少对于初创企业、技术转让和主要管理职位（如总经理和销售经理），利用外派人员时的若干问题导致跨国企业为实现其在外国业务的目标而寻求其他选择。其中一些问题包括：在选择国际派遣的员工时出现错误，派遣费用高昂，难以就国际派遣向员工及其家属提供适当的培训和支持以及由此造成的适应外国环境的问题，国际外派人员的失败太频繁，当地国家希望雇用当地员工和管理人员，在管理归国方面也会遇到问题。[18]结果是，许多跨国公司发现，对外派人员给予过多的优先权已不再有意义。

事实上，国际管理人员完全可以来自不同的地方，而不仅仅是传统的大型跨国公司的总部。[19]表8-3提供了跨国企业在全球市场上雇用许多不同类型的国际员工的简介。[20]

表8-3 国际外派人员的类型

当地员工或本国人	在本地雇用的员工（以多中心主义的员工配置方式聘用的东道国公民）
本国的国际员工	员工不会离开家，但与客户、供应商和其他国家的同事（通过电话、电话会议、电子邮件和传真等）进行国际业务
国际通勤员工	生活在一个国家（通常是他们的母国），但在另一个国家工作，并定期跨越国界进行工作的员工。他们可以住在家里，但每天或每周去往另一个国家工作
经常性出差员工	员工经常进行几天、几周或几个月的国际旅行。这些国际旅行通常包括前往各个国家或各洲
短期国际派遣	员工的外派工作时间不到一年（越来越多地被用来替代长期的国际任务，通常不需要员工家庭的搬迁）
国际外派人员	这是超过一年的国际任务，包括完全搬迁。这是传统的外派人员和大多数关于国际雇员的研究和调查的焦点。这些国际外派可以是中期外派（12~24 月）或长期外派（24~36 个月）
本地化员工	通常指的是雇员被派往外国工作但作为当地雇员雇用（有一些搬迁津贴）的情况。这可能是因为他们真的想在那个国家工作，如他们与当地人结婚，或者出于其他原因想在该地区度过其职业生涯。还可能涉及国际派遣员工在外派结束后转换为永久的当地身份。显然，该选项降低了跨国公司的总成本
永久性全球化员工	这些员工基本上将他们的整个职业生涯从一个地方转移到另一个地方
隐藏性派遣	这是用来描述未曾通知人力资源部门，而是由管理者直接外派员工的术语。许多短期外派人员属于这一类别
移民（A）	这是指传统的第三国员工，雇员在外国子公司工作，但其国籍是另一个国家，因此他们成为子公司国家的移民
移民（B）	这是指由母公司雇用（在国内或作为新移民被带入该国）并在母国工作的员工。移民可能出生在外国但在母国长大；可能在外国出生和长大，然后移民；或者出生在外国移民父母的母国，并在母国或其本国（外国）长大。这些可能性都导致了不同的技能和文化能力
实习（短暂移民）	这些工人被带入公司的母国作为实习生或学员进行短期（六个月至两年）工作，特别是用来填补劳动力短缺

续表

回归	这些工人被带到公司的母国短期实习或受训，特别是用来填补劳动力短缺
"回头客"（boomerangs）	这些人是已经移民出去，现在被雇用公司派遣到母公司的所在国，从而返回到他们原来的国家；或是在公司的母国有经验的外国人，被派遣返回他们原来的国家
二代外派员工	这些是入籍公民（已成为公民的移民），通过外派任务转移到出生国以外的国家
临时外派员工	这些是临时或合同外派人员，当公司有需要时，就会从公司外部雇用他们
奖励或惩罚性派遣	这些人都处于职业生涯末期，他们要么得到了一份理想的外派工作，以便在几年后退休时享受和得到养老金，要么被派到一个困难的地方或接受一份不受欢迎的外派工作，以度过他们剩下的职业生涯
外包员工	当跨国企业决定为一个雇员或一组雇员的服务付钱给别人时，就会出现这种情况。也就是说，这家公司把工作转移到另一个国家，转包给当地的一家公司去做。如果雇员仍受雇于公司，但位于外国地区，这通常被称为离岸外包。近年来，全球雇佣公司已经发展起来，为海外提供一定的就业岗位。一些公司使用自己的全球雇佣公司来安置全球流动员工，简化薪酬和福利，因为全球雇佣公司中的每个人都获得相同的薪酬和福利
虚拟国际化员工	这是大部分工作通过电子媒体如电话会议、电子邮件、电话、视频会议和传真等进行的情况
自发型外国员工	这个术语是指出国旅行（通常作为游客或学生），但在旅行时寻求工作并在外国工作，通常是来自公司母国的个人。这是由那些有意在外国寻找工作的个人采取的方式。或者他们去另一个国家接受教育或培训，然后留下继续工作
退休人员	这是指雇用一家公司的退休人员从事短期外派工作

■ 8.5 国际人员配置的选择：对于跨国公司的启发

国际人力资源管理专业人员需要更清楚地意识到，他们对国际雇员的责任因国际雇员的特殊形式及其经营国家、外国经营的类型或公司的全球化阶段的不同而不同。[21]

员工多样化的增加为全球劳动力的甄选、配置和管理带来了各种各样的新挑战。这些不仅需要所有管理人员（尤其是国际人力资源）提高他们的跨文化意识、知识和技能、外语能力，也需要他们提高在国际环境下的整体管理能力。

例如，公司在如何管理全球劳动力的绩效方面还有很多需要学习的地方。传统外派人员的绩效管理做得并不是很好，尽管许多跨国企业都有多年的外派人员绩效管理的经验。本章描述的众多不同类型的国际雇员之间以及全球经理和国际雇员之间的跨国互动产生了许多新的绩效管理问题，随着雇员类型的增加，这些问题变得更加重要。国家文化对绩效的影响，以及如何定义绩效标准、评审员的评审能力等都成为关键的问题。[22]

对于短期出差人员而言，外派六个月的工作，薪酬和支持服务可能不同于派遣三至五年的经理。一个移民或外国留学生到外国子公司工作，与一个人从一个外国子公司调到另一个外国子公司工作相比，他们的薪酬和支持服务也不同。

表 8-4 列出了一些国际人力资源和全球企业为了更好地管理其全球劳动力而需要解决的问题的类型。

表 8-4　关于如何更好地管理全球劳动力的相关问题

1.	每类国际员工的合理使用程度是什么？
2.	为每个类型的国际员工做出的准备和支持有何不同？都是什么形式？
3.	公司的国际战略或结构是否影响了国际雇佣的类型？换句话说，在什么战略（国际化、多国化、全球化、跨国化）、结构（子公司、合资企业、联盟、分包合同）或管理方向（民族中心主义、地区中心主义、地理中心主义）下倾向于使用什么类型的国际雇员？
4.	哪一类型的国际雇员必须具备国际商务或跨文化能力？例如，是否所有的国际雇员都需要充分的跨文化准备、培训和支持？是否所有的国际雇员都需要充分了解如何进行国际业务？
5.	每一类国际雇员分别会出现什么样的绩效管理问题？如何解决这些绩效管理问题？
6.	国际雇员类型不同，是否会导致特定的管理、组织和国际人力资源结果？例如，留任的困难是否因国际派遣类型而异？员工、培训、薪酬和管理解决方案是否因国际派遣类型而异？
7.	使用各类国际雇员的工作内容和商业目的（管理、销售、控制、技术转让、业务开发、产品开发、管理发展）分别是什么？为什么？哪个最有效？工作外包和离岸外包是否会继续？这样做对跨国企业的国内劳动力有什么影响？

不同的雇佣或配置情况的目的有很大不同。例如，这些目的可能包括执行生产操作任务、组建新产品项目团队、短期的交易谈判、中期的技术转让、长期的管理和控制任务、个人发展任务或开始新的任务。显然，在每种情况下寻求的最终结果都是不同的，雇佣组织寻求的技能和能力也应根据任务的目的而有所不同，但对跨文化理解和能力的需求可能是相似的。

■ 哪种类型的国际雇员最具成本效益？哪种提供了最好的商业成果？需要审查成本差异的程度以及国际人力资源管理衡量和管理这些差异的能力。根据作者的经验，国际员工派遣的成本很少被衡量，收益几乎从来没有被衡量过，这使得对国际派遣的投资回报率进行评估几乎是不可能的。由于跨国企业面临着持续而巨大的成本压力，这似乎应该是一个值得关注的领域。

■ 各类国际公司在利用各类国际雇员方面的最佳实践是什么？

■ 不同类型的国际员工是否会面临不同程度的压力或其他的个人问题？最近研究人员开始研究与各种形式的国际活动有关的压力等问题，例如，寻求确定与不同类型的国际任务有关的特定问题的程度和性质。[23]

对这里提出的问题的回答和对这些问题的分析可以在很大程度上帮助满足业务需求，以确保在日益复杂的全球业务环境中能够很好地发挥员工的能力。为了充分履行其支持跨国企业人员配置的使命，国际人力资源部门需要明确哪种类型的国际员工在何时、出于何种目的工作绩效最好。

管理全球劳动力为国际人力资源管理带来许多问题。[24]本章对管理全球劳动力的整个过程的许多问题进行了阐述。在多个国家拥有全球员工的公司还必须应对当地员工以及员工的跨国流动问题。

■ 8.6　结论

本章介绍了国际企业的人力资源规划、预测和配置。首先描述世界各地不断变化的劳动力市场，探讨了跨国企业计划从这些劳动力市场获得的劳动力的情况。各国市场的性质，就其人口特征、个人技能和能力而言，其可及性和成本因国家和地区的不同而大不相同，这是国际商业决策成功与否的一个重要决定因素。本章还提供了在跨国企业进行人员配置时可以选择的多种方法。

■ 8.7　讨论题

1. 为什么规划和预测全球劳动力如此困难？
2. 为什么有那么多的国家为人才流失而烦恼？
3. 如果你有机会在你的下一个工作被派遣到国外，你会期望得到什么样的支持？如果你是国际人力资源经理，你会提出什么样的政策或做法来处理国际派遣？
4. 跨国公司未来十年的全球劳动力配置发展趋势是什么？

案例 8.1　**Woo 公司中来自"第三方"国家的高管**

在全球人力资源和企业聚焦于全球人才管理的背景下，跨国公司正在开发更多的"第三国"的海外岗位。随着新兴市场业务的增加和传统国际任务成本的提升，很多企业面临市场所需的技能短缺的情况，只能从总部或子公司所在国家外的第三国招聘员工。这些第三国员工常常因为他们会讲几种语言、了解特定行业或者特定国家而获得工作。第三国员工的平均人数逐年增加。

先锋国际良种公司（Pioneer Hi-Bred International）在海外关键岗位上雇用了 29 名第三国员工，这是五年前的三倍，部分原因是他们能够接受非洲和中东的较艰苦的生活条件。欧洲瑞侃公司（Raychem）有十几个这样的外国人担任着这样的高管职位，这个数字在过去的八年里每年都在增加。瑞侃公司高级副总裁爱德华（Edward Keible）说，随着欧洲贸易壁垒的降低，这个数字还会继续增加。在瑞侃公司，经营意大利子公司的是一个法国人，法国的销售经理是一个比利时人，而西班牙子公司的负责人是一个古巴人。

斯科特纸业（Scott Paper）的第三国经理人队伍规模在三年之内从两个人发展到十几人，它的首席人力资源官表示将加紧招聘那些愿意在欧洲或太平洋沿岸进行流动的年轻外国人。

资料来源：European Migration Network Focused Study 2013；*Attracting Highly Qualified and Qualified Country Nationals*，European Commission；Baker & McKenzie（2014）. Mobilizing the work force globally. *The Global Employer*，（2），1-3；Fouad，S.，Hahm，W. And Leisy，B.（2010）. *Managing Today's Global Workforce*，New York：Ernst & Young；Lubblin，J. S.（1991）. Firms woo executives from "third countries"，*Wall Street Journal*，September 16，B1.

问题：

1. 在这些第三国公民的使用过程中，你看到了哪些与文化相关的问题？
2. 如何才能理解和处理这些与文化相关的问题？
3. 国际人力资源管理需要担任什么样的角色来应对第三国员工的使用所产生的文化问题？
4. 对于寻找足够的人才来填补全球需求，有其他的选择吗？

[注释]

1 Samsung corporate website (www.samsung.com). Values and pphilosophy. Retrieved from http://www.samsung.com/us/aboutsamsung/samsung_group/values_and_philosophy/. Accessed Nov. 24, 2014.

2 Sparrow, P., Scullion, H., and Tarique, I. (eds.) (2014). *Strategic Talent Management: Contemporary Issues in International Context*, Cambridge: Cambridge University Press; Collings, D. (2014). Integrating global mobility and global talent management: Exploring the challenges and strategic opportunities. *Journal of World Business*, 49, 253–261, Tarique, I., and Schuler, R. S. (2010). Global talent management: Literature review, integrative framework, and suggestions for further research. *Journal of World Business*, 45(2), 122–133.

3 This term refers to the ability of firms to use the input of non-employees for in-house projects, much like the development of "open source" software. Sometimes this is referred to as the "Wiki Workplace," which refers to the use of mass collaboration, which is taking root in the workplace connecting internal teams to external networks or individuals facilitated by the Web 2.0 platform for collaboration. As a result, the boundaries of the organization are extended in terms of the workforce that can be accessed by the firm. See, The wiki workplace, in Tapscott, D. and Williams, A.D. (2006). *Wikinomics: How Mass Collaboration Changes Everything*, New York: Portfolio Penguin Group, pp. 239–264.

4 Kelly, L.K. (Heidrick and Struggles) (2007). Mapping global talent. *Essays and Insights,*, *Economist* Intelligence Unit, London: The Economist.

5 There are many references on this subject—although there has been far less attention to it during the 2007–2010 global recession. Even so, many employers have expressed difficulties in finding employees with the high level of skills they need, even during a period of high unemployment. Here are only a few of the references to labor shortages: *2013 Talent Shortage Survey, Research Results*, Manpowergroup (www.manpowergroup.com); Spears, V.P. (2012). Global talent shortage worries multinationals more than revolution or recession. *Employee Benefit Plan Review*, 67(2), 27; Boardman, M. (1999). Worker "dearth" in the twenty-first century, *HR Magazine*, June, 304; Golzen, G. (1998). Skill shortages around the globe. *HR World*, November–December, 41–53; Herman, R., Olivo, T., and Gioia, J. (2003). *Impending Crisis: Too Many Jobs, Too Few People*, Winchester, VA: Oakhill Press; Johnston, W.B. (1991). Global work force 2000: The new world labor market. *Harvard Business Review*, March–April, 115–127; Leonard, S. (2000). The labor shortage, *Workplace Visions*, 4, 1–7; Patel, D. (2001). HR trends and analysis: The effect of changing demographics and globalization on HR. *Global HR*, July–August, 9–10.

6　Female labor force participation rates as % of active (employed plus unemployed) population between the ages of 15 and 60. Rates published by OECD, 2013. www.oecd.com, Accessed 15 Sept. 15, 2013.

7　Estimates from data provided by the World Bank, *World Development Indicators*. Available at www.world-bank.com/world-development-indicators. Accessed Oct. 13, 2014.

8　Adapted from, Amid shortage of workers, Dutch find reward in hiring the retired (2000). *San Diego Union-Tribune*, April 23, p. A–29.

9　Hall, L. (2001). Talent mapped out, *Global HR*, April, 30, quoting Alan Tsang, Managing Director for Asia of the search and selection firm Norman Broadbent.

10　Friedman, T. L. (2005). *The World Is Flat*, New York: Farrar, Straus and Giroux.

11　Sullivan, J. (2002). Plan of action, *Global HR*, October, 22.

12　See, for example, Caligiuri, P., Lepak, D., and Bonache, J. (2010). *Global Dimensions of Human Resources Management: Managing the Global Workforce*, New York: Wiley; and Dickman, M. and Baruch, Y. (2011). *Global Careers*, London/New York: Routledge.

13　Perlmutter, H. V. and Heenan, D. A. (1986). Cooperate to compete globally. *Harvard Business Review*, March/April, 135–152.

14　Harzing, A.-W. (2004). Composing an international staff, in Harzing, A.-W. and Van Ruysseveldt, J. (eds.), *International Human Resource Management*, 2nd ed., Thousand Oaks, CA/London: Sage Publications, pp. 251–282.

15　See, for example, Harzing (2004).; Caligiuri, Lepak, and Bonache 2010; Fernandez, F. (2005). *Globalization and Human Resource Management*, New York: HNB Publishing; Gross, A. and McDonald, R. (1998). Vast shortages in talent keep employers searching. *International HR Update*, July, 6; Melton, W. R. (2005). *The New American Expat*, Yarmouth, ME: Intercultural Press; Schell, M. S. and Solomon, C. M. (1997). *Capitalizing on the Global Workforce*, Chicago: Irwin; Stroh, L. K., Black, J. S., Mendenhall, M. E., and Gregersen, H. B. (2005). *International Assignments: An Integration of Strategy, Research, and Practice*, Mahwah, NJ/London: Lawrence Erlbaum Associates; Vance, C. M. and Paik, Y. (2010). *Managing a Global Workforce*, 2nd ed., Armonk, NY/London: M. E. Sharpe. The terms PCN, TCN and HCN were first introduced into the IHRM literature by Patrick Morgan, at that time (1986) director of international HR at Bechtel: Morgan, P. (1986). International human resource management: Fact or Fiction? *Personnel Administrator*, 31 (9), 43–47.

16　See, for example, Edström, A. and Galbraith, J. R. (1977). Transfer of managers as a coordination and control strategy in multinational organizations. *Administrative Science Quarterly*, 22 (June), 248–263; Harzing, A.-W. (2001a). Of bears, bumble-bees, and spiders: The role of expatriates in controlling foreign subsidiaries. *Journal of World Business*, 36 (4), 366–379; Hays, R. (1974). Expatriate selection: Insuring success and avoiding failure. *Journal of International Business Studies*, 5 (1), 25–37; Roberts, K., Kossek, E. E. and Ozeki, C. (1998). Managing the global work force: Challenges and strategies, *Academy of Management Executive*, 12 (4), 6–16; Tahvanainen, M. (1998). *Expatriate Performance Management*, Helsinki: Helsinki School of Economics Press; and Tung, R. L. (1991). Selection and training of personnel for overseas assignments. *Columbia Journal of World Business*, 16 (1), 68–78.

17　Carpenter, M. A., Sanders, W. G. and Gregersen, H. B. (2001). Bundling human capital with organizational context: The impact of international assignment experience on multinational firm performance and CEO pay. *Academy of Management Journal*, 44 (3), 493–511; Harzing, A.-W. (2001a); Harzing, A.-W. (2001b). Who's in charge? An empirical study of executive staffing practices in foreign subsidiaries. *Human Resource Management*, 40 (2), 139–158; Stahl, G. T., Miller, E. L. and Tung, R. L. (2002). Toward the boundaryless career: A closer look at the expatriate career concept and the perceived implications of an international assignment. *Journal of World Business*, 37 (3), 216–227; and Tung, R. L. (1998). American expatriates abroad: From neophytes to cosmopolitans. *Journal of World Business*, 33 (2), 125–144.

18　Adler, N. J. with Gundersen, A. (2008). *International Dimensions of Organizational Behavior*, 5th ed., Mason, OH: Thomson/South-Western; Bachler, C. (1996). Global inpats: Don't let them surprise you. *Personnel Journal*, June, 54–56; Forster, N. (2000). The myth of the international manager, *International Journal of Human Resource Management*, 11, 126; Groh, K. and Allen, M. (1998). Global staffing: Are expatriates the only answer? Special report on expatriate management. *HR Focus*, March, 75–78; Minehan, M. (1996). Skills shortage in Asia, *HR Magazine*, 41, 152; Tung, R. (1987). Expatriate assignments: Enhancing success and minimizing failure, *Academy of Management Executive*, 1 (2), 117–126.

19　Black, J. S., Morrison, A. J. and Gregersen, H. B. (1999). *Global Explorers: The Next Generation of Lead-*

ers, New York/London: Routledge; Fernandez, F. (2005). *Globalization and Human Resource Management*, New York: HNB Publishing; Ferraro, G. (2002). *Global Brains: Knowledge and Competencies for the Twenty-first Century*, Charlotte, NC: Intercultural Associates; Hodge, S. (2000). *Global Smarts: The Art of Communicating and Deal-making Anywhere in the World*, New York: Wiley; Keys, J. B. and Fulmer, R. M. (eds.) (1998). *Executive Development and Organizational Learning for Global Business*, New York/London: International Business Press; McCall, M. W., Jr. and Hollenbeck, G. P. (2002). *Developing Global Executives: The Lessons of International Experience*, Boston, MA: Harvard Business School Press; Moran, R. T., Harris, P. R. and Moran, S. V. (2007). *Managing Cultural Differences*, 7th ed., Burlington, MA/Oxford: Butterworth-Heinemann; Rosen, R., Digh, P., Singer, M. and Phillips, C. (2000). *Global Literacies: Lessons on Business Leadership and National Cultures*, New York: Simon & Schuster; Scherer, C. W. (2000). *The Internationalists: Business Strategies for Globalization*, Wilsonville, OR: Book Partners; Stroh et al. (2005); Vance, C. and Paik, Y. (2011), *Managing a Global Workforce*, 2nd ed., Armonk, NY/London: M. E. Sharpe.

20 This is just a summary. If the reader would like more information, more complete descriptions, and references to support these different types of international employees, please contact the lead author, Dr. Dennis Briscoe, at dbriscoe@sandiego.edu.

21 See, for example, Adler, N. and Ghadar, F. (1990). Strategic human resource management: A global perspective, in Pieper, R. (ed.), *Human Resource Management: An International Comparison*, Berlin: de Gruyter, pp. 235–260; Black, J. S., Gregersen, H. B. and Mendenhall, M. E. (1992); Stroh, L. K., Black, J. S., Mendenhall, M. E., and Gregersen, H. B. (2005). *International Assignments: An Integration of Strategy, Research, & Practice*, Mahwah, NJ/London: Lawrence Erlbaum Associates; Evans, P., Pucik, V., and Björkman, I. (2011). *The Global Challenge: International Human Resource Management*, 2nd ed., New York: McGrawHill/Irwin; Luthans, F., Marsnik, P. A., and Luthans, K. W. (1997). A contingency matrix approach to IHRM, *Human Resource Management*, 36(2), 83–199; and Shenkar, O. (1995). Contingency factors in HRM in foreign affiliates, in Shenkar, O. (ed.), *Global Perspectives of Human Resource Management*, Englewood Cliffs, NJ: Prentice Hall, pp. 197–209.

22 Borkowski, S. C. (1999). International managerial performance evaluation: A five country comparison. *Journal of International Business Studies*, 30(3), 533–555; Briscoe, D. R. (1997). Assessment centers: Cross-cultural and cross-national issues, in Riggio, R. E. and Mayes, B. T. (eds.), Assessment centers: Research and applications [Special Issue], *Journal of Social Behavior and Personality*, 12(5), 261–270; Caligiuri, P. M. (1997). Assessing expatriate success: Beyond just "being there." *New Approaches to Employee Management*, vol. 4, 117–140; Gregersen, H. B., Hite, J. M., and Black, J. S. (1996). Expatriate performance appraisal in U.S. multinational firms, *Journal of International Business Studies*, 27(4), 711–738; Milliman, J., Nason, S., Gallagher, E., Huo, P., Von Glinow, M. A., and Lowe, K. B. (1998). The impact of national culture on human resource management practices: The case of performance appraisal. *Advances in International Comparative Management*, 12, 157–183; and Oddou, G., and Mendenhall, M. (2000). Expatriate performance appraisal: Problems and solutions, in Mendenhall, M. and Oddou, G. (eds.), *Readings and Cases in International Human Resource Management*, 3rd ed., South Western, pp. 213–223.

23 See, for example, DeFrank, R. S., Konopaske, R., and Ivancevich, J. M. (2000). Executive travel stress: Perils of the road warrior. *Academy of Management Executive*, 14(2), 58–71; and Harris, H. (2000). Alternative forms of international working, *Worldlink*, 10(4), 2–3.

24 This introduction to the rest of this section of the text is partially based on Boudreau, J. W. (2010). *IBM's Global Talent Management Strategy: The Vision of the Globally Integrated Enterprise*, Alexandria, VA: Society for Human Resource Management; CARTUS and National Foreign Trade Council (2010). *Navigating a Challenging Landscape*, Global Mobility Policy and Practice Survey, New York: Authors; Deloitte Development LLC (2010). *Smarter Moves: Executing and Integrating Global Mobility and Talent Programs*, New York: Deloitte Touche Tohmatsu; and Gerdes, D. R. and Kessler, J. H. (eds.) (2010). Mobilizing the work force globally—best practices to maintain compliance and manage staffing needs, in Baker & McKenzie, *The Global Employer*, XV (2). May issue.

第 **9** 章
国际招募、甄选和归国安排

BP 的外派员工常常将其在海外的工作描述成他们最充实且富有价值的经历之一。

——BP 公司[1]

学习目标

- 概述子公司员工配置中国际外派人员或外派者的问题。
- 描述招聘国际外派人员或外派者所涉及的各种问题。
- 描述为国际事务甄选国际外派人员的一般过程以及甄选国际外派失败的案例及原因。
- 描述国际外派人员成功甄选的特征和最佳实践。
- 解释归国的本质。

之前的章节介绍了在跨国经营中，国际劳动力规划和配置的复杂职能。除了常规的国内招聘（在全球化背景下从多族裔和文化中招聘与选拔员工），国际人力资源经理还要承担新的职责，包括利用国际招募和甄选员工（例如母国员工、东道国员工和第三国员工）。本章主要关注招募、甄选和调回员工或外派者，其他一些章节会探讨其他类型国际员工（东道国员工和第三国员工）的甄选。

- 招募包括寻找和吸引合格的申请者，从而形成一定数量的候选人为聘任做准备。
- 甄选主要是收集和分析申请人的信息，这一过程是为了选择最适合的人。
- 归国安排是指将国际外派人员和他们的家人从海外送回国。

▉ 9.1 国际外派人员配置

在外国子公司，特别是在"走出去"的早期阶段，管理、市场营销和技术运营职位的典型雇佣做法非常强调外籍人员的使用。[2]跨国公司把人员从一个国家迁移到另一个国家有很多原因，最关键的原因就是这些人的技术或专业知识有助于新的企业的管理。[3]此外，越来越多的跨国公司意识到国际经验对高级管理职位的重要性，并以国际派遣来促进公司的发展。[4]

历史上，公司使用"外派人员"一词，指的是员工从母公司调到外国子公司，或是从总部调到海外。今天，"国际外派人员"一词通常用来描述员工从一个国家迁移到另一个国家停留超过一年，但还是在同一家公司。

表 9-1 展示了跨国公司为海外运营配备人员的四种常见方式。首先是借调。被借调的员工还是母公司的人员，这是最常用的配置外派人员的做法。这些员工要么从总部派向子公司，要么从分支机构派到总部或其他分公司。其他方式，如转移就业、全球雇佣公司和双重雇佣使用得较少。

表 9-1　基于国际转移的雇佣选择

典型的选择包括以下四个：

1. 借调——员工仍然受雇于母国雇主（通常是总部，但有时是子公司），但借调到东道国的一个企业（通常是子公司，有时是总部）。这是典型的外派或调入。
2. 转移就业——由本国雇主终止雇用，但又被东道国的新雇主雇用。
3. 全球雇佣公司——雇员与国内的雇主终止关系，在全球雇佣公司（GEC）就业，全球雇佣公司让该员工为东道国企业工作。有时全球雇佣公司为母国的雇主所有，并为所有母公司的子公司提供服务。
4. 双重雇佣——员工在工作过程中同时拥有多个雇佣关系（即为两个或两个以上的雇主工作，分开计酬）。

资料来源：Baker & McKenzie (2014). *The global Employer：Focus on Global Immigration and Mobility*，Baker & McKenzie International，a Swiss Verein with member law firms around the world.

尽管全球企业使用多种方法和多种类型的员工去经营它们的国际业务，但企业主要还是使用传统的国际外派人员。已经进行很长一段时间的国际化业务的大型跨国公司，如联合利华、荷兰皇家壳牌和福特汽车公司，将管理人员从一个子公司调到另一个子公司，从一个国家调到另一个国家（以及从总部调到子公司），以便于在管理层级之间建立全球关系，开发共同的企业形象和企业文化，并确保在正确的时间、正确的位置上拥有必要的人才。

在增加国际外派人员的使用方面，在所有规模化的跨国公司中，有不同的动力运转机制去使用国际外派人员。

■ 较大的跨国公司使用本地员工的比例和规模都较大，但管理团队仍需要国际经验。为了增加国际经验，公司越来越喜欢将管理者从母公司或地区总部（包括海外管理者）派往其他国家。

■ 近期发展国际业务的公司，严重依赖来自母国的国际外派人员发展业务。不仅因为公司对现有管理者的信任多于不熟识的海外经理，还由于公司缺乏海外运营经验，与现有的管理人员一起建立新海外业务将更容易。

■ 有时增加国际外派人员只是因为当地缺乏拥有合格的技能的人才。然而，随着全球化交流，发展中国家的成百上千万的学生在发达国家留学，这为发展中国家和新兴经济体提供了世界先进水平的教育，使这一影响因素迅速减弱。一个更紧迫的问题是这些新兴市场缺乏监管和管理技能。

几项研究表明，国际外派人员的数量增加，并且由于全球商业机会扩大[5]，绝对数字还将增长，尤其是在中国和印度等大型市场。

国际外派人员的数量随国际业务的运营阶段而变化。在海外经营的最初阶段，启用国际外派人员（尤其是来自总部）的要求很高。为了实现运转和海外业务或事务的启动，要全面融入新国家进行技术转移（包括生产和管理技术、产品知识转移）。在当地公司的管理者和技术、职能员工吸收这些方面的知识后，国际外派人员的数量将会减少。之后国际外派人员数量会再次增加，这是因为本地运营将逐步融入全球运行框架。此外，随着企业变得更加全球化，它们需要管理者拥有更多国际经验，以便提高企业的全球竞争优势。在这个阶段，全球经理人很可能来自任何国家，不一定主要来自母国。

因此，员工全球流动对于在不同国家从事业务的跨国组织而言是至关重要的。正如世界上最大的全球律师事务所 Baker & McKenzie 的声明："让合适的人，在正确的时间、正确的地方，并以合法的方式获得支持对全球商业的成功至关重要。"[6]

9.2　国际招募

招募的过程被定义为搜寻和吸引合格的申请者来形成空缺职位候选库的过程。招募是高度依赖人力资源规划过程的。在组织的短期和长期劳动力需求确定后，招募就开始了。招募开始前需要解决如下几个问题[7]：

- 组织需要补充多少职位？是短期的（少于一年）还是长期的（超过一年）？
- 组织需要申请者短期还是长期派遣？
- 组织希望采取什么样的薪酬策略？即组织打算提供低于市场平均水平还是市场平均水平或是高于市场平均水平的薪酬？
- 组织是否寻求不同于公司目前员工的申请人？这将如何影响招募过程？
- 组织在寻求新的申请者时看重的是什么能力？

一旦搜寻的员工数量、类型和任职资格确定后，组织需要确定哪些劳动力市场地理位置分布广泛，且最有可能提供所需的员工。有两个主要的招募来源：内部招募和外部招募。

内部招募关注来自组织内部的候选人，包括[8]：

- 全球人才管理库：以电子化的方式记录了组织中与工作有关的员工信息，包括他们的知识、技能和能力、教育背景、过去的表现、兴趣等。
- 内部全球领导力项目参与者：教育项目旨在让高潜力的员工提高全球领导能力。
- 现任外派者：个人曾经外派或正在外派工作中。
- 提名：从现有或有潜质的管理者以及前任或现任外派者中推荐。
- 内网：只有在岗员工可以看到招募信息，通常贴在公司的内部网系统，对外派感兴趣的员工会找到这些帖子并提交申请。
- 国际继任计划项目：为高潜力海外岗位的员工设计一些项目，比如"观察旅行"或"短期发展"等外派安排。

内部招募经常受到青睐，因为这种招募方式能够减少由雇主和雇员评价带来的劳动力成本。然而，内部招募也在一定程度上限制了申请人的规模和质量，并可能产生内斗和近亲繁殖的现象。

外部招募从组织外部发掘候选人，包括[9]：

■ 员工推荐：在职员工或外派者举荐。

■ 招聘会：雇主和潜在的申请者在有组织的活动中见面。

■ 公司网站：公司的专门求职网站，让潜在的申请者了解组织中的就业机会。每个国家和地区/公司内部的子公司都可能有自己的专用求职网站。

■ 高管猎头公司：专门从事特定类型的个人、工作或者行业的招募公司。这里主要指拥有全球网络和关系的猎头公司。

■ 专业协会或网络：专业协会及其网络成员是潜在的求职者，或其可以为国际业务提供一个平台或网络。

■ 竞争企业：竞争对手的现任外派人员或前外派人员是潜在的申请者。从其他公司招募在岗员工被称作"员工掠夺"（employee raiding），这种行为在特定的环境或国家中是不道德或非法的。

■ 面向公众的通用全球领导力项目（由咨询公司或培训公司提供，或在大学和学院开展）：大多数项目是为全球领导者职位提供感兴趣的管理者或高级别的学生。

经理应该使用多种招募渠道，增加多样性和产生更多的申请者。

虽然上述招募来源可以为外派工作（母国员工或第三国员工）或本地雇佣（东道国员工）找到候选人，但吸引候选人在国家间工作也成为跨国企业的一个重要挑战[10]——如何找到对具体外派工作感兴趣以及对国际职业生涯有持久兴趣的人。[11]跨国公司需要找到高度接受国际职业生涯的候选者。[12]在研究人们为什么从事国际工作时，个人对国际职业生涯的态度是一种最常见的评估因素。[13]

有几个因素会影响一个人对国际职业的接受程度或国际派遣的接受意愿[14]：

■ 工作适应性/技术能力。

■ 文化适应性。

■ 人格特征。

■ 对外派工作的渴望程度。

■ 候选人的成熟度。

■ 外语能力。

■ 国际外派工作是否有良好的前景。

除了上述因素，还有其他因素会影响国际职业生涯的接受度：

■ 过去的国际经验。

■ 年龄。

■ 性别。

■ 家庭状况。

■ 婚姻状况。

■ 受教育程度。

■ 目的国家。

- 职业机会支持。
- 企业文化。
- 职业和归国计划。
- 海外派遣的时长。
- 海外医疗保健计划。
- 所得税均衡政策。
- 东道国住房援助。
- 配偶就业援助。
- 配偶出国意愿。
- 孩子教育津贴。

跨国公司的另一个挑战是发展雇主声誉[15]以吸引候选人，尤其当从外部劳动力市场招募候选人时。雇主声誉有时也称为雇主品牌，是指潜在候选人对于组织作为理想的工作场所和寻求国际经验的评估。组织的雇主声誉主要基于组织对组织以外个人发出的信号或消息。这些信号可以通过媒体（如报纸和商业杂志）、前雇员、招募广告、客户对公司的产品和服务的反应以及公司网站来得到，还包括潜在报酬、好处、声望和职业发展。对潜在的候选人而言，雇主声誉是至关重要的，因为大多数候选人对组织的认识仅限于用人单位在市场上的声誉，而不是组织的实际人力资源政策与实践。[16]

跨国公司面临的最后挑战是管理人才短缺，雇主找不到拥有胜任能力的人。[17]人才短缺发生在国家经济繁荣时期以及在经济状况不确定的时候。[18]更严重的是在服务行业，特别是当经济状况改善的时候。[19]

在人才短缺的背景下，跨国公司所面临的挑战是如何发展战略来吸引高绩效申请者和专家。定位（即在哪里找到人才）成为一个关键问题。

"国际人力资源管理实务9.1"说明了这一点。

➡ 国际人力资源管理实务 9.1

在全球劳动力市场中寻找人才

今天，靠近你的顾客仍然是很重要的。在人才争夺战中，位于最适合吸引高绩效员工和专业人士的地方也非常重要。在过去的几年里，特定的一些地点已成为人们居住和工作的首选场所，高素质的员工可以在这样的地区站稳脚跟，他们能够创建工作—生活平衡，满足当前的需要。

这样的地方在哪里？

事实证明，人们更喜欢小城市。例如，格罗宁根，一个不知名的荷兰北部小镇；埃因霍温，荷兰的主要商贸区。诚然，传统的受欢迎的大城市仍然具有吸引力，但也有一些新的地区，吸引着跨国企业需要的人才。

在欧洲，这些区域包括从巴塞罗那，到法国南部、意大利北部、瑞士和德国南部，这是一个已经拥有世界上最高的人均收入水平的区域。充满吸引力的欧洲大城市还包括阿姆斯特丹、布鲁塞尔、伦敦、巴黎、尼斯、柏林、米兰、都柏林和苏黎世。在亚洲和大洋洲，这样的城市包括悉尼和布里斯班、奥克兰、新加坡、吉隆坡、首尔、东京和上海。如果一个全球公司在有客户需求的地方找不到人才，那么它就需要找出人才在哪里。

9.3　国际甄选

甄选是指为了选择最适合这份工作的人而收集和分析申请人信息的过程。国际外派人员的甄选决策是至关重要的，错误的选择会对海外业务的成功以及外派经理人的职业生涯产生重大的负面影响。

9.3.1　甄选决策

好的甄选决策能识别或最大限度地预测国际外派人员的绩效，以及能否留在外国工作直到合同结束。[20]此外，好的甄选决策能够预测国际外派人员中谁最有可能在外派和回国后忠诚于组织。[21]

1. 成功的外派经历

从总部的角度来看，好的甄选决策要考虑的一个重要因素是能否完全理解"成功外派经历"的过程（见图 9-1）。

在所有人力资源管理活动中，为了做出适当的选择，对外派进行全面的工作分析（包括国外的工作环境和文化的分析）是必要的。因此，理解"成功的外派经历"过程的第一步是从技术和文化两方面需求入手对外派人员的工作以及国家方面的情况进行全面分析。[22]基于这些信息，评估候选人是否具有成功在海外生活和工作的能力。如果候选人被选中，那么他就需要准备外派工作，并根据外派时长获得补助。在这之后，国际外派人员可以准备归国。最后一步就是成功归国。

2. 缺乏潜在的国际外派人员

甄选国际外派人员的问题越来越多，包括如何发掘有必备技能的员工，如何使他们在新的环境中发挥作用并成功说服他们接受外派任务。对于双职工家庭来说，外派会破坏员工的生活，导致员工工作与生活不平衡的问题。同时，外派会对职业生涯产生不确定性影响。因此，员工越来越不愿意承担外派工作。[23]

3. 能力概要

外派人员的能力概况分析是选择决策过程的重要一环。表 9-2 列出了 21 世纪外派管理者所需的重要技能。[24]惠而浦公司（Whirlpool Corp）副总裁埃德·邓恩（Ed Dunn）曾说："21 世纪的管理者应该拥有多环境、多国、多职能、多种经营、跨行业的经验。"联合利华主席迈克尔·安格斯（Michael Angus）补充说："大多数上升到了顶级职位的人都会说外语，他们都至少在两到三个国家的不同产品领域工作过。"[25]

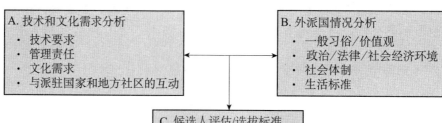

A.技术和文化需求分析	B.外派国情况分析
· 技术要求	· 一般习俗/价值观
· 管理责任	· 政治/法律/社会经济环境
· 文化需求	· 社会体制
· 与派驻国家和地方社区的互动	· 生活标准

C.候选人评估/选拔标准
· 可用性
· 工作能力
· 性格特征
· 职业地位
· 外派的意愿
· 家庭状况
· 性别
· 语言技能

D.候选人的准备工作/家庭
· 提前前往外国参观
· 工作/国家导向
· 跨文化培训
· 语言培训
· 薪酬/福利/税收
· 房屋
· 咨询归国人员
· 赞助

E.外派时长
· 长期
· 短期

F.准备归国
· "回家"的赞助
· 职业咨询
· 文化取向

G.回到祖国
· 适应祖国
· 适应工作
· 期望职业进步
· 期望职业发展

图 9-1　成功的外派经验

资料来源：Adapted from Briscoe，D. R. and Gazda，G. M.（1989）. The successful expatriate，*Proceedings*：*Managing in Global Economy*，third biannual international conference，Eastern Academy of Management，Chinese Hong Kong，November.

表 9-2　21 世纪外派管理者能力概要

核心能力	管理含义
多视角	广泛的多产品、跨行业、多功能、多种经营的多国、多环境经验
熟练的线性管理	有成功操作海外战略业务单位/一系列重大海外项目的记录

续表

核心能力	管理含义
严谨的决策技能	有能力并有记录证明做出了正确的战略决策
足智多谋	具备适应东道国政治环境的技能
文化适应性	利用自身文化的混合性、多样性和经历能够快速并很容易地适应外国文化
文化敏感性	具有应对多文化、种族、国别、性别、地区的人际技能，能感知到文化的差异
创建团队	能够整合多元文化团队去完成公司的使命和目标
身体适应性与心理成熟度	能承受外派工作的压力
好奇心与学习能力	具有持续学习国际文化、国家与全球贸易的兴趣
扩展能力	管理含义
电脑知识	能够很好地利用电子系统交换战略信息
谈判能力	有记录证明在多文化或多国环境下成功进行了战略谈判
变革能力	有记录证明成功发起并实现了战略或全球组织变革
有远见	迅速识别并对东道国的战略机会、政治经济变革做出响应
授权的艺术	有记录表明实行了参与式管理，并能在多文化环境下授权
国际业务能力	有记录证明在全球环境中执掌业务

资料来源：Black，J. S.（2006）. The mindset of global leaders：Inquisitiveness and duality，in Mobley，W. H. and Weldon，E.（eds.），*Advances in Global Leadership*，vol. 4，pp. 181 – 200；Black，J. S.，Morrison，A. and Gregersen，H.（1999）. *Global Explorers：The Next Generation of Leaders*，New York：Routledge；Howard，C. G.（1992）. Profile of the 21st-century expatriate manager，*HR Magazine*，June，96；Marquardt，M. J. and Berger，N. O.（2000）. *Global Leaders for the 21st Century*，New York：State University of New York Press；and Rosen，R.，Digh，P.，Singer，M. and Philips，C.（2000）. *Global Literacies：Lessons on Business Leadership and National Cultures*，New York：Simon and Schuster.

甄选决策高度重视与公司战略和目标的一致性，这种倾向变得越来越普遍。[26] 成功的全球企业将全球人员配置决策与全球业务目标相关联。更重要的是，国际战略和实现战略的结构越复杂，国际人员配置决策就变得越关键。

甄选决策还需要考虑接收方（东道国）管理者和地理位置。成功的国际外派任务不仅要考虑国际外派人员，还要考虑接收方管理者和公司，以及派出方管理者和公司。[27] 通常情况下，派出方管理者很少有国际经验，因此，对于如何处理外派并没有一个清晰的想法，也可能淡化外派任务困难的程度。接收方管理者可能有相同的问题：没有在总部或者本国以外的国家和地区工作过，他们不知道成功的外派任务优势何在。仅仅依靠国内的成功经验指导、管理和评估国际外派人员，再加上不理解外国的压力环境，这些对国际外派人员在一定程度上会造成负面影响，而接收公司不理解母公司的看法可能使问题更加严重。

从个人的角度考虑国际外派时，研究表明主要存在两个影响因素：提高工资和改善就业机会。除了获得外国工作经验的强烈兴趣，是否享受海外生活也决定了他们承担类似任务的意愿。这表明做国际外派的决策时应关注以下因素的重要性。

9.3.2　甄选的标准

跨国企业甄选国际外派人员的具体标准在决定国际外派人员将来的成败方面起到重要作用。首先，需要看看各种跨国企业选择国际外派人员的标准，然后在选择国际外派人员、准备和支持外派、帮助他们在外派结束后成功回国这些步骤中吸取经验教训。最重要的是确定选择国际外派人员的标准，包括工作适应性/技术能力、文化适应性、性格特征以及渴望外派任务。

■ **工作适应性/技术能力**　大多数公司外派甄选主要是基于候选人的专业技术。[28]也就是说，焦点是他们胜任目标职位所要求的能力。然而经验表明，本书中讨论的其他议题都至少和个人的工作能力一样重要。不过，至少在小型和中型企业（也常常发生在大公司），通常是母公司主管个人在外派上做出选择，这个决策通常是基于个人对填补目前职位或技术需要的感知能力。

■ **文化适应性**　跨国公司的经验表明，要成功完成海外任务，文化适应性与个人技能同样重要。[29]外派者必须能够适应新的远距离的环境，同时有效地展现他们的技术和管理专长。他们必须欣然接受新的文化。虽然专业技术通常是重要的（大多数公司派遣员工的主要原因），但大多数外派人员面临的主要困难在于管理能力不足和他们的家人不适应外国环境。美国公司往往比许多其他国家的跨国公司更重视个人的工作经验和专业知识，因此往往会经历更多外派调整上的困难。

文化适应能力最重要的一个组成部分是跨文化适应[30]，这是指个体在多大程度上能心情舒畅地生活在一个新的文化之中。文化适应能力被定义为，个体在东道国工作（工作适应），与东道国公民互动（交流调整），对东道国的非工作环境的反应和感受。[31]

■ **性格特征**[32]　研究者发现，成功的、适应良好的国际外派人员有一些共同的人格特质。某些性格特质使国际外派人员开放地接受新的文化规范，与东道国的人建立联系，收集文化信息，并且应对新环境的模糊性所带来更大的压力。大五人格特质[33]与跨文化调整、工作绩效、国际外派人员终止外派的意愿相关。[34]大五人格特质包括：

（1）外向性（指个体善于交际、活跃、健谈、充满阳光和情感充沛）[35]

（2）随和（喜欢合作、善于交际、宽容、大度、讲理）[36]

（3）责任心（有目标、勤奋、有条理、可靠、自律）[37]

（4）情绪稳定性（个体的焦虑、冷静、自信、担心、不安全感和紧张）[38]

（5）经验的开放性（个体的独特性、理智、好奇、创造力、想象力和传统性）[39]

预测国际外派人员成功的最重要的性格特征之一是经验的开放性。[40]国际外派人员在经验的开放性上取得较高得分需要做到以下几点[41]：

□ 正确评估新的社会文化环境。

□ 准确感知和解释新的文化。

□ 较少的刚性对错的观点，了解在新文化中什么是合适的和不恰当的。

□ 接受价值观、规范，并接受新文化的行为。

■ 渴望外派任务（候选人和家庭）　因为适应外国文化对于国际外派人员的绩效是很重要的，外派人员对外派工作的渴望程度决定了他们是否愿意做出必要的调整。这些需要在评估候选人的早期阶段进行审查。

除了上述标准，以下因素也能对国际外派的甄选产生影响[42]：

（1）候选人的成熟度。比如，做事主动，能独立决策，情绪稳定，对不同人有相应的敏感度，对于工作或非工作都有一个全面的知识体系，以便能与知识渊博的外国同事和联系人讨论一些感兴趣的话题。

（2）掌握外语的能力（即掌握多种语言）。当地语言能力与国际外派人员的成功正相关。[43]

（3）外派者和他的家庭对外派工作抱有良好的期望（即外派者想要出国）。

（4）拥有适当的个人特征。如身体健康、能够平衡个人的职业生涯和家庭生活、足智多谋、具有良好的适应性并渴望学习和体验新事物以及交到新朋友，以上都是增加外派工作成功概率的因素。

对成功的国际外派人员的测试

有几家公司和顾问们收集了成功的国际外派人员的概况，并从中开发出对国际外派人员的甄选测试。[44]基于具有类似情况的人更可能在外派中成功这一普遍有效的假设，这些要素被用于筛选潜在的国际外派人员，比如经验、教育情况、个人兴趣和活动、灵活性、家庭状况、对类似任务的渴望程度。有一些是针对外派候选人及其配偶的自我评估工具，以便他们自己和雇主评估外派的合适程度，另一些则为实现成功外派提供必要信息以帮助培训候选人。

当一个组织开始发展国际业务时，它通常不会奢侈到自己开发其内部的国际管理者，它可能缺少拥有必要的知识和经验或文化语言能力的员工，需要从外部招聘这样的人或从专业咨询公司获取。当然，许多企业启用没有经验的管理人员和销售人员来寻求国际机会，这就不可避免地会导致几个月甚至经常是数年的失败，因为这些管理者还在学习国际业务。这种专家有时也可以从其他国家招募，从长远来看，也可以从当地大学中招募，或者从母公司所在的国家或公司运营所在的国家招募。

9.3.3　甄选方法

不同的组织使用不同的方法来选择国际外派人员。正如上面总结的，它们有不同的标准，在应用中会使用一个或多个标准。以下是甄选方法的简介，并且说明了甄选国际外派人员的方法可能与国内人员配置的方法没有多大区别。区别在于文化的影响，如何将文化应用于整个过程和每一个步骤，这是值得关注的。

■ 面试（国际外派人员及其配偶）　最好是由本国的代表（代表职位的技术要求）、东道国的代表（可能是东道国管理者）和一个跨文化者合作完成，即有评估候选人及其家庭适应外国文化的能力的人。

■ 正式评估　大量正式的评估工具是由专业心理学家设计的，主要是评估候选人的个人特质和能力，这对成功适应外国文化有重要作用。比如适应性、灵活性、新经验的开放性和良好的人际关系技巧。[45]关键在于这些工具是否可靠并能有效预测外派成功。国际人力资源管理者或其他管理人员在使用评估工具时需要确保他们从顾问和经理处能得到信度和效度的证据。

■ **委员会决策** 在许多大型跨国公司，选择外派人员的过程由委员会决定。委员会由企业人力资源部、东道国经理、发展部经理和职能经理组成，根据个人的偏好评估候选人过去的表现和未来的潜力、外派的需求以及候选人发展需求以便进行决策。

■ **职业规划** 国际外派人员的甄选可以作为个人职业生涯和跨国企业继任计划的一个步骤。

■ **自荐** 许多跨国公司会使用上述程序的组合，但在通过以上评估之后还会看候选人的自荐。跨国企业通常使用某种正式的自我评估工具来让候选人花时间去考虑如何置身于外国及其文化之中，并评估他们是否认为自身已经准备好或具备必要的技能、经验及对海外派遣的态度。[46]自我评估可能会让个人意识到他们并没有准备好，但他们也许愿意在自己以后的职业生涯中接受这样的任务。因此，自荐也许并不是现在外派，也可能是他们在获得必要的技能和经验以后再被甄选外派。自我评估过程是职业规划的一部分。当他们认识到他们的家庭成员在国际外派成功中的重要性时（家庭成员缺乏迁移到另一个国家的意愿），候选人可能自己弃权。

■ **内部职位和个人意向** 通常结合面试或其他评估活动。

■ **推荐** 来自高管或直线经理与海外人力资源需求的匹配。

■ **评估中心** 一些组织使用评估中心来评估候选人是否适合外派。[47]在使用这种工具评估国际外派候选者时，很少有跨国公司充分考虑文化对评估中心的所有方面的影响，包括评估者的文化敏感性。

外派人员的实际选择方法可能是国内人员配置决策的扩展程序。小公司可能使用非正式和自组织的程序，更大更有经验的公司可能已经开发出更加正式和标准化的程序。甄选的主要结果是选出那些能够接受持续的全球派遣工作的人，因此，高管做出决策时应该全盘考虑企业、个人和家庭的因素，以提高国际外派成功的概率。

9.4 国际外派失败

跨国公司在选择外派人员时应保证外派人员和他们的家庭能够适应另一个国家，而且拥有完成工作必备的专业知识。许多企业缺乏国际业务经验，往往忽视文化适应的重要性。忽视文化的重要性，加上公司倾向于根据技术能力选择外派员工，常常会导致被外派的员工没有得到培训或适应文化的帮助。[48]这经常会导致外派人员失败而提早回国，甚至被解雇。

失败不仅是无法完成任务，还是一个更复杂的问题。[49]国际外派人员的失败可以分为三种类型：退出；完成工作但是没有适应当地文化或接受当地经验；在归国后离职。国际外派人员提前退出外派任务但还是留在公司的情况尽管也被认为是失败，但事实上它比没有意识到外派的错误要好多了。任务完成但没有适应当地文化的失败中，国际外派人员尽管没有提前返回，但绩效不佳、效率低下。这种类型的失败可能会导致项目成本高昂却毫无效果，并且损害与当地雇员的关系。最后一个类型的失败是外派人员在归国后短时间内离职（通常是一年之内），对于公司而言这是损失最大的一种失败。

这三种形式的外派失败是跨国企业关注的传统形式。然而，国际外派失败也可能是个人对经历不满、对当地条件不适应、无法接受当地人，或无法找到和培养当地的继任者（见表 9-3）。此外，有许多因素严重影响外派成功率（这有助于解释为什么日本和欧洲公司没有像许多美国公司一样有那么多的外派失败），这些因素包括：外派时长（日本和欧洲的公司在长期外派时，雇主会为国际外派人员提供更多调整过渡的时间）；接受培训和引导（培训和引导有助于外派者成功适应新国家及其文化）；在选拔过程中缺乏人力资源的参与；过多强调外派者的专业技术而排除其他特质；缺乏母国公司和家庭的支持。

表 9-3 外派失败的定义

- 通常的定义是提早归国或终止外派。
- 但也可定义如下：
  - □ 低绩效的外派。
  - □ 外派中没有充分发挥员工作用。
  - □ 外派者或其家庭不满意外派经历。
  - □ 不适应当地情况。
  - □ 不被当地人接受。
  - □ 损害海外业务关系。
  - □ 无法识别或失去海外业务机会。
  - □ 无法找到和培养当地的继任者。
  - □ 归国不久后离职。
  - □ 归国后不使用外国经验。
- 复合因素：
  - □ 外派时长。
  - □ 关心归国的程度。
  - □ 在选拔时过分强调技术能力而忽视其他必要的特质。
  - □ 外派培训程度。
  - □ 外派时的支持力度。

大量的调查和研究发现，外派者提前归国最重要的因素是他们的家庭或自身无法适应外派。[50]母公司往往只向外派人员提供一些相应的准备工作，而不对其家庭成员提供帮助。此外，到达外国地区之后，国际外派人员在工作时能加入同事之中，拥有人际联系优势，而其配偶和家庭成员往往需要自己适应新环境，发展当地关系，但他们通常对文化理解不足，不会当地语言。因此，与他们的配偶和家庭成员相比，外派人员本身常常更容易适应。表 9-4 列出了当提早从外派中归国或终止任期时最常见的失败原因。[51]

表9-4　外派失败的原因

- 配偶无法适应或配偶不满意。
- 外派者无法适应。
- 其他家庭方面的问题。
- 外派候选人选拔失误或不符合预期。
- 外派者的个性或情感成熟度低。
- 外派者无法应对更大的海外工作的责任。
- 外派者缺乏技术能力。
- 外派者缺乏海外工作的动机。
- 对外派生活质量不满意。
- 不满意薪酬福利。
- 对文化语言准备不足。
- 对国际外派人员及其家人在外派中的支持不够。

资料来源：Adapted from National Foreign Trade Council［NFTC］，Society Human Resource Management（SHRM），and GMAC Global Relocation Services（GMAC GRS）/Windham International *Global Relocation Trends Annual Survey Reports*，2000—2014；Stroh，L. K.，Black，J. S.，Mendenhall，M. E. and Gregersen，H. B.（2005）．*International Assignments*：*An Integration of Strategy Research*，&. *Practice*，Mahwah，NJ/London：Lawrence Erlbaum Associates；and Tung，R. L.（1987）. Expatriate assignments：Enhancing success and minimizing failure. *Academy of Management Executive*，1（2），117-126.

　　当然，国际外派人员无法适应或感到与新的文化融合有困难也是主要障碍。[52] 外派者常常对外国文化怀有成见和偏见，以及带着偏见强烈认同自我文化做事的方式，都使他们在外派中感到不适。[53]

9.4.1　跨国公司选拔国际外派人员的失误

　　导致跨国公司与国际外派人员产生问题的原因如下[54]：
- 做出外派决定的前置时间太短。
- 未给外派人员提供足够的出国前的文化和语言培训。
- 没有将外派人员的配偶包括到外派的决策中。
- 没有给外派人员的配偶和孩子安排派遣地的提前访问。
- 没有给外派人员的配偶和孩子安排语言课。
- 没有给外派人员的配偶和孩子安排文化培训。
- 外派人员的配偶没有工作咨询的机会。
- 外派人员的配偶没有国内事务联系。
- 很少有人向国际外派人员及其家人提供帮助。

9.4.2　成功配置国际外派人员的挑战

　　以上讨论均指出一个现实情况，即对跨国公司而言，确保选拔出最好的外派员工存在诸多挑战。具体包括以下问题：配偶、语言、家庭、女性外派者、生活方式、本土化（或"入乡随俗"）、职业发展、成本和派入。

　　1. 配偶

　　外派是否取得成功不仅仅是看业务，还有许多个人和文化的问题也很重要。例如，组织资源咨询公司（Organization Resources Counselors，ORC）的研究发现，国际人力资源经理认为双职工夫妇的外派是他们面临的五大挑战之一。[55]班纳特联合公司（Bennett Associates）关于陪同配偶出国就职的一项调查显示，排除其他干扰，帮助陪同配偶找到合适的工作是双职工家庭援助首选项。[56]

根据伦茨海默国际公司（Runzheimer International）和组织资源咨询公司的调查，近 50％的公司为双职工的国际外派人员的配偶提供工作援助。[57] 87％的公司用必要的帮助方式提供临时干预措施，只有 13％的公司有正式政策。对配偶支持项目分为三大类：个人适应、职业维护和抵消收入的损失。调查发现，雇主为随行配偶的资助是外派者满意与否的关键。调查中期望的干预类型包括以下几个：

- 预先评估和访问外派地。
- 职业和人生规划的咨询。
- 准备出发和重新工作的旅行。
- 配偶或家庭咨询。
- 跨文化/语言培训。
- 外派援助，以帮助配偶定居和迅速建立社交网络。
- 猎头公司帮助配偶找到就业机会。
- 公司雇佣或咨询机会。
- 公司内部网络和求职协助。
- 签证和工作许可证援助。
- 为外派员工安排短期任务。
- 通勤婚姻的资助。
- 学费或培训补贴。
- 为职业发展旅行付费。
- 安排和支付儿童医保。
- 部分补贴配偶的异地安置。
- 增加员工薪酬、奖金和非现金福利。
- 引入新职业介绍服务。
- 第二份收入税收均衡。
- 配偶激励奖金。
- 伙食补贴。

2. 语言

持续困扰国际外派人员和外国劳动力的问题之一是语言问题。如前所述，表达和理解当地语言的能力与国际外派人员的成功正相关。[58]国际外派人员是否需要学习所在国家的语言？当地员工在多大程度上需要知道或学习母公司的语言？与关注文化差异一样，对语言差异的关注影响了大多数国际业务，这不可避免地成为选拔国际外派人员的一个问题。

英语已经成为国际商务语言，大公司在世界各地的高层管理人员大部分使用英语。对国际外派人员来说，掌握工作中所涉及的东道国语言也非常重要。子公司的管理者可能说的是母公司的语言，但如果业务关系要蓬勃发展，国际外派人员需要学会客户和同事的语言。[59]跨国公司需要以各种方式提供语言培训，它们通常会发现，在全球业务发展中越来越多的员工可以说外语是个优势。

外语培训为员工提供与其他国家的同事沟通所需的语言技能。[60]在对外派者的调查中，语言常常被认为是他们的工作中最重要的个人或职业挑战。[61]在德国的外派者说："在任职期间只说英语是一个很大的错误，你可以只说英语，但为了成为他们中的一员，你必须说他们的语言。"[62]居住在巴西的外派者提供建议："要不惜一切代价学会东道国语言。"[63]许多企业无法完成重要外派任务的一个主要原因是缺乏足够的语言专业知识和准备工作。正如本节所讨论的，许多公司不提供任何语言培训机会。

英语成为国际商务语言是有原因的。[64]即使如此，并非所有互动都能以英语进行，特别是在东道国。如上所述，与客户、供应商和员工打交道最好使用当地语言。越来越多的跨国交流以英语进行。事实上，现在估计，除了汉语，英语是世界上最常用的语言。[65]这样的结果是，雇用能说流利英语的当地员工可能与要求国际外派人员说流利的当地语言一样重要。即使如此，很明显，使用当地语言的能力对一个国际外派人员与当地居民、当地客户和供应商打交道，以及适应东道国文化并被那个文化接受都是相当重要的，这二者都是成功外派的关键。

3. 家庭

国际外派人员提出的许多挑战涉及他们的家庭。越来越多的管理人员和专家决定是否接受外派任务时都要求雇主安置他们的配偶和孩子。国际外派人员可能有未成年儿童的问题、家庭成员的健康问题、有需要赡养的父母、有婚姻矛盾或自己的心理健康有问题（例如抑郁症），或他们的孩子有特殊教育的需求（如有学习障碍或有天赋的孩子，甚至孩子准备上大学）。如果国际外派人员或其家庭成员有某些特定的健康问题，可能会导致公司不能够获得海外工作签证。这些类型的个人或家庭问题既是外派者选择的问题，也是接受和适应外国文化的问题。然而，企业为了保证它们需要的外派人员的数量，避免在人员配置决策中可能被指控为非法歧视，必须接受这些国际外派候选人并找到方法来解决他们的问题。

许多关注这些问题的企业对国际外派人员及其配偶和家庭成员进行健康检查，以确定是否存在可能妨碍外派的健康问题。即使是轻微的健康问题有时也不能在外国得到治疗，因为可能没有合格的医疗专业人员或设施。

今天最重要的家庭挑战可能是双职工夫妇和未结婚的伴侣迁移的问题。在这两种情况下，国际外派候选人的伴侣给国际人力资源管理提出了难以解决的挑战。

4. 女性外派者

大多数国际外派人员是男性。但是，在过去的25年里，通过调查发现，女性在国际工作中所占的百分比从5%～6%增加到20%～22%。[66]这个低百分比可能与东道国对女性在专业领域的能力或担任管理角色的刻板印象有很大关系。[67]很多研究表明，女性较少从事海外任务的一个关键因素是主管一般认为女性不太容易接受外国文化。[68]接受国际任务的女性的其他障碍包括她们的双职工婚姻，或国内管理者不选择她们，或认为女性对外派不感兴趣等。[69]近年来，成功接受外派任务的女性人数不断上升。但除了银行业，女性在国际劳工组织的总人数中仍然只占相对较小的比例。[70]当然，除了非常专业的职位，外派女性在沙特阿拉伯等一些国家仍然受限。[71]

　　然而，证据表明，跨国企业的女性外派者相对较少的事实可能更多是因为母国和公司的偏见，而不是东道国或外国子公司的偏见或限制。[72]即使在传统上以男性为主的文化（亚洲和中东）中，女性也会像男性同事那样渴望这种机会（与男性同事寻求这些机会的原因相同），而且她们的表现往往优于男性同事。[73]

　　通常女性外派人员被视为其公司的代表或专业人士，很少会感到母公司的刻板印象所产生的偏见，但这并不意味着妇女从未受到刻板印象影响，在有些文化中不接受妇女工作，除非是不需技术的低报酬工作。[74]但是，也有证据表明，女性在国际外派任务中往往相当成功。[75]

　　此外，女性外派人员还有随行配偶或未婚伴侣和家庭需要考虑，因此需要给予她们和男性同事同样的考虑。女性明显对国际职位感兴趣，而且她们在全球任务中表现良好。[76]日益增长的全球竞争压力使跨国企业必须充分利用其所有资源，包括女性员工。[77]

5. 生活方式

　　越来越多的跨国企业必须处理好那些寻求外派任务或有资格获得这样的职位的雇员，他们生活在可能被称为"另类的"生活方式之中，而这些生活方式在国外目标地可能是不被接受的。这可能涉及同居、单亲父母等。除此以外，还可能涉及员工工作之外的活动，这些活动对个人非常重要，他们可能无法在东道国进行这些活动。所有这些情况都给国际人力资源管理带来了挑战，并要求相关人员努力去克服。

6. 本土化或"入乡随俗"

　　许多跨国企业面临的一个涉及外派人员的挑战是在外派任务中，外派人员待在海外的时间超过外派时长，这通常是公司的要求，但有时是国际外派人员自己的要求。[78]在这种情况下，即使他们"像当地人一样"生活，国际外派人员仍然会继续领取他们的外派津贴和奖励。这些特定的国际外派人员可能对海外运营的成功是至关重要的，这使得难以对他们进行其他安排。他们会与当地人结婚，并在外国组建家庭。为了解决这个问题，许多公司制定了政策，例如要求所有的国际外派人员如果在外派中停留时间长于任务期，则应向当地申请补偿。即使有这样的政策，仍然会给处理这种特殊情况带来问题。如果没有这样的政策，这就可能是一个特别具有挑战性的问题。

7. 职业发展

　　因为公司常常期望外派工作是有成效的，并且许多公司期望组织中某一级别及以上的经理具有国际经验，所以外派记录已成为个人职业规划中的重要组成部分，这变得越来越普遍。[79]挑战在于从组织（主要管理者可能有自己的想法，想要填补外国职位）和个人（他们可能看不到职业优势）两个角度来管理职业发展。公司可能会说明国际外派对员工职业发展的重要性，但观察表明，回到母公司的国际外派人员并不总是被赋予利用外国经验的任务。

8. 外派成本

　　从公司的角度来看，国际外派的一个主要挑战是控制成本。将员工从一个国家迁移到另一个国家成本非常高，无论是直接报酬（薪酬和福利）还是其迁移费用。

因此，许多跨国企业正在寻找降低成本的方法。[80]例如，跨国企业正在通过更多的短期任务和扩展商务旅行取代国际外派，或外包国际外派人员的管理方面，以及寻找途径减少外派任务的高薪酬激励和高成本附加项。至少有一些跨国企业认识到它们可以通过制定更好的选择流程、更好的准备和导向，以及更好地为国际外派人员及其家庭提供目的地支持服务，最大限度地降低失败的成本和改善归国程序。即使企业抱怨国际外派人员成本很高，一些调查却发现，许多企业并没有做太多的工作来应对这种高额成本。[81]

9. 派入

如上一章所述，派入是指描述从外国子公司或合资企业迁往总部所在国母公司的特定雇员（东道国员工或第三国员工）。派入通常相对较短（从几个月到一或两年），目的是对子公司员工进行关于母公司的产品和文化的培训，并给员工介绍操作、思维方式和企业文化。[82]这些外派人员被越来越多地用来在有限的时间内满足母公司的职能或技术需要，或在特定时间内为多国团队服务。选拔和管理公司内部人员的挑战与外派人员的挑战基本相同。从外国子公司的角度来看，公司内部人员是一个"外派者"。从总部的角度来看，个人是一个内部人。在这种情况下，国际人力资源管理的问题是考虑总部接收外派员工的经验以及与任何外派员工的经验相关的问题。

■ 9.5　成功外派的最佳实践

外派成功是外派失败的反面。通常外派成功定义如下：

- 完成海外任务（实现目标）。
- 在外派时适应跨文化环境。
- 外派中拥有良好的工作绩效。[83]

有时这些因素被视为一个单一的构念，也就是说，它们被视为问题的组合，它们共同去定义一个成功的外派。但研究表明，它们是分开的概念，意味着每一点都需要注意。[84]这表明外国环境（公司和国家的文化和实践）、当地管理、技术技能和外派人员的个人特征在最终的外派成功中都发挥着作用。

许多国际人力资源管理咨询实践、调查和研究项目已经找到在选择国际外派人员方面的示范做法。[85]这些发现的简介见表9-5。遵循这些建议将大大有助于国际人力资源管理在外派管理中取得成功。

表9-5　国际外派人员选拔的最佳实践

- 让人力资源管理者参与全球战略规划。
- 将每项任务与公司战略联系起来。
- 人力资源管理参与外派决策和支持服务。
- 在外派过程中和外派之后，帮助外派人员及其家人实现平稳过渡。
- 利用评估过程，为国际职位选出最好的员工。
- 涵盖从设计到员工和家庭的回报的每一步计划，坚持管理国际外派。

续表

更具体地说，建议：

- 定期审查外派政策与实践，以确保符合当前的业务和战略形势。
- 培训内部工作人员应对国际外派人员。
- 在招聘外派候选人时要诚实地告知工作内容和地点。
- 为外派提供充足的前置时间。
- 在外派工作开始时，考虑配偶/家庭等因素。
- 为国际外派人员及其家庭提供语言和文化培训。
- 意识到双职工和随行配偶问题的重要性，以及财务和其他方面的问题（出发前工作咨询、关系网络、教育和培训、求职援助、工作许可的法律援助和归国时的职业帮助等）。
- 为整个家庭提供外派前的实地考察。
- 不要忽视归国问题。

资料来源：GMAC Global Relocation Services/Windham International, National Foreign Trade Council, and SHRM Global Forum (2014 and previous years). *Global Relocation Trends Annual Survey Report*, New York：GMAC GRS/Windham International；Lomax, S. (2001). *Best Practices for Managers and Expatriates*, New York：John Wiley & Sons；Stroh, L. K., Black, J. S., Mendenhall, M. E. and Gregersen, H. B. (2005). *International Assignments：An Integration of Strategy, Research, & Practice*, Mahwah, NJ/London：Lawrence Erlbaum Associates；Vance, C. M. and Paik, Y. (2006). *Managing a Global Workforce*, Armonk, NY：M. E. Sharpe.

9.5.1　东道国员工

一般来说，跨国公司会为子公司配置当地人员（也称东道国员工）。有时这些员工可能被后文所述的第三国员工以及本国或地区的国际外派人员取代。当然，是否有足够的潜在员工接受足够的培训、教育、技术、业务、管理和语言技能，对于跨国企业的东道国员工队伍的配置战略至关重要。如果决定在缺乏必要的教育或培训的国家设立子公司或业务部门[86]，那么国际人力资源管理者必须找到其他方法来雇用必要的劳动力，例如通过培训当地人、雇用第三国员工或引入母公司的国际外派人员。

9.5.2　依赖本地管理人才

昂贵的国际外派人员及其在外派时常常发生的失败，加上当地人员配置的趋势（使用和发展当地人才），以及区域中心主义（使用区域人才）和全球中心主义（对资源、市场和人员配置的真正全球性方法），已使得近年来在国外运营中更多地依赖当地管理人员。[87]当地人当然了解当地的语言和文化，不需要大量的搬迁支出。此外，东道国政府往往倾向于更大程度的本地控制和发展并使用当地人，甚至可能通过立法，要求在外国企业和合资企业中使用当地工人。事实上，一些国家要求大多数工作人员来自当地的劳动力。在消极方面，当地经理可能对总部的目标和程序缺乏足够的了解，并且可能难以使用公司母国语言。因此，外派人员的配置，特别是那些关键的管理和技术职位，必须根据具体情况来决定。新进入国际业务的公司在有母公司管理人员控制的情况下，可能会更自如一些。多年来一直在世界各地经营的跨国企业，认为在国际业务中，母国员工越少，越容易操作。出于发展、控制和协调的原因，这些跨国公司有可能不使用传统的外派人员，而是将经理和职能专家从一个国家移到另一个国家。最后，对大量高素质人员的需求也使得越来越需要使用更多的外国（东道国）员工。[88]

大多数跨国企业倾向于为外国子公司聘用当地人，在总部聘请本国公民。在区域组织，地区职位由外国和母国管理人员混合组成。这种国籍组合一般随着公司业务的性质和产品战略而变化。如果区域专家在消费品或有限产品线的情况下发挥主要作用，则母国人员在海外作业中将很少使用。当产品专门知识非常重要或正在服务工业市场时，母国人员将更广泛地执行外国任务，因为他们通常能够迅速获得本国的供应来源和技术信息。服务行业也往往由更多的母国人员担任外国职位，特别是在外国地区为本国公司提供服务的情况下，银行业就是如此。[89]

9.5.3 第三国公民

在公司需要有技能的人或者人们从一个国家到另一个国家移动相对不自由的情况下，公司更倾向于使用第三国公民。近年来，随着全球性人才（例如 IT、计算机专家和工程师）短缺，许多公司都选择雇用来自拥有这些技能的第三国人员，就像在国内一样来填补它们在国外子公司的职位。母公司如果不易获得或无法获得足够数量的管理人员和技术人员，会越来越多地使用第三国公民。[90]

虽然世界上大部分人力资源来自发展中国家，但大多数高薪工作是由工业化国家提供的。发达国家逐渐将业务分包给发展中国家的公司，雇用海外员工，直接投资于发展中国家的业务，而发展中国家的企业家和商业领袖仍能发展自己的成功的全球性企业。在潜在员工所在地和工作所在地之间，就业和人才的日益平衡会产生以下影响：

■ 这将导致人们大规模迁移，包括移民、临时工、退休人员和游客。无论他们在哪里，最大的流动群体将是那些年轻、受过良好教育的人。

■ 这将导致一些工业化国家重新考虑它们的保护主义移民政策，因为它们要依靠和争夺外国出生的人才。

■ "剩余"人力资本可以用来增加国家财富。具体来说，它可以帮助人们受过良好教育但经济不发达的国家，如菲律宾、印度、埃及、古巴、波兰、匈牙利、巴西、阿根廷、南非和墨西哥。

■ 它将迫使像日本这样的劳动力短缺、移民困难的国家大幅提高劳动生产率，以避免经济增长放缓。这些国家的公司将使用更多的技术，并将更多的工作转移到劳动力过剩和更便宜的地区。

■ 这将导致工业化国家之间劳动实践逐步标准化。40 小时的工作周将在日本被接受，并将出现关于工作场所安全和员工权利的世界标准。[91]

在工业化国家，特别是在美国、欧洲国家和日本，人口老龄化导致的劳动力短缺现象引起了人们的广泛关注。[92]全球劳动力供给持续增长（主要是发展中国家）。此外，随着妇女进入劳动力市场，发展中国家劳动力规模进一步增长。妇女参加工作在大多数发达国家已经得到很好的解决（尽管不是所有国家，在一些发达国家，如德国和日本，女性参与率仍然相当低）。当这些人口差异与发达国家和发展中国家之间不同的经济增长率相结合时，发达国家的公司更有可能在发展中国家寻找工人，并将工作转移到这些国家。正如产品和服务市场已经走向全球一体化，劳动力市场也将如此发展。从某种意义上说，这可以减轻发展中国家劳动力过剩所造成的压力，但在另一个意义上说，这也可能加剧发展中国家和发达国家之间的经济差异，因为跨国公司雇用受过教育和训练的发展中国家的劳动力，减少这些国家可用的人力资源以满足自己的发展需要。

关于第三国公民，如上所述，提高对当地管理人员和技术专家的重视，这意味着企业越来越愿意寻找来自所有国家的管理和技术人才，以便派往任何国家。第三国公民通常是海外人员配置问题的有效解决方案。

9.5.4　移民法

国际人力资源管理人员配置的一个重要问题涉及移民法的性质和适用条件。这个主题在第 4 章中介绍过，但在这里需要考虑，因为它对全球公司的人员配置至关重要。由于新移民被聘用，国际外派人员要取得签证，人力资源经理与其他国家的官员为外派出国的管理人员和技术员一起安排工作签证（不同国家的各种各样的移民法规超出了本书的范围）。可以说，每个国家都非常严格地控制移民，现在，由于对全球恐怖主义的日益关注，大多数国家更加关心移民的水平和性质。国际人力资源管理人员有必要管理公司面临的所有形式的签证和移民问题，或者知道在哪里获得必要的专业知识，以确保公司遵守每个国家的法律和政策。

█ 9.6　归国安排

在任务结束时，国际外派人员或是归国，或是被重新派到另一个国家，或者留在东道国。如前所述，归国指的是国际外派人员及其家庭从东道国"回家"。对于许多外派人员及其家人而言，"回家"可能比刚开始迁移到国外更加困难。即使如此，在外派工作的整个过程中，这个问题往往被忽视。[93]

外派人员所获得的国际经验通常具有挑战性，让人感到兴奋。大多数国际外派员工的报酬都相当高，国际外派人员及其家庭在国外通常生活条件要比在国内好。因此，外派者通常会期望他们的雇主能让他们在新的和更好的职位发挥他们的新经验和激情，并且回国后他们的亲戚和朋友也将分享他们的热情。

如果跨国企业要获得并利用其国际外派人员学习到的经验和知识，那么这些有价值的员工必须留在组织中足够长的时间以分享他们的经验，这就要求跨国企业重视国际外派人员的归国安排。

跨国公司用于确保外派成功和获得归国经验的实践如下：指派专人来照顾归国的外派人员，包括保证外派者回国后了解重要事件和公司变化，保证外派人员的职业利益，如在外派人员准备返回时，考虑安排外派人员到关键空缺职位，提供职业咨询以确保完成返回时的工作任务，满足其归国需要等；为外派人员及其家人提供重新融入本土文化的培训和帮助；利用其在特别任务组和项目中获得的技能，以及归国的特殊支持网络，为国际外派人员和他的家人提供海外派遣和归国服务。[94] 这些步骤对确保顺利归国调整大有帮助。"国际人力资源管理实务 9.2"描述了孟山都公司如何重新设计归国工作，以更有效地利用国际外派人员和他们的国际经验，将其与国内业务结合起来。[95]

➡ **国际人力资源管理实务 9.2**

孟山都归国计划

孟山都公司对其归国政策进行了大量调整，重点是外派人员归国的后勤计划。公司希望外派人员在技能和文化能力方面有所发展，在他们回国之后，可以将他们安置在需要其近期海外经验的项目中。国际人力资源经理说，公司越来越关心外派人员从其外派经历中所获得的个人与文化方面的提升能够给公司带来的利益。

阿玛托（Amato）说，归国计划从回国前的 6～18 个月开始。主要涉及为外派人员定位其返回后合适的位置，并且为外派人员及其家人提供广泛的辅导计划。

回国后的工作方向非常清晰：在新工作中向同事们和管理人员进行汇报，并向公司提供关于全球发展的建议，尤其是提供与国内孟山都不同的观点。同事们应该告知外派者在国外期间组织发生的变化，鼓励管理人员为那些需要新的全球知识的委员会、工作组吸引归国者。

9.6.1　重返本国的挑战

现实是外派人员归国后逐渐就被淡忘了，公司通常没有充分利用外派者的国际经验或知识，这段外派经历对外派人员职业生涯的影响公司也考虑不多。通常归国者被重新分配到类似于其两三年前离开母公司时所担任的职位，而他们的同事很可能已经得到晋升。归国者常常发现很难将其全球经验与国内管理联系起来。[96]国内管理者通常没有任何国际经验，或者与这些经验不相关（外派人的朋友和同事也可能如此）。对于归国者，他们重新融入公司和在公司内找到工作面临着挑战。全球经验可被视为有益的外国情况，但国内经理通常认为国内经验更重要。对许多国内直线经理来说，发展国际经验和全球化的经营理念是首席执行官的工作，全球化通常不是直线经理为了实现区域目标而需要关心的问题。

9.6.2　归国者的组织支持

跨国公司可以为归国者提供支持以解决上述问题。支持的做法可以分为三个阶段：外派之前、外派期间和外派完成后。图 9-2 显示了支持归国过程的各种国际人力资源管理实践。

1. 外派之前

外派人员的职业规划需要在国际任务开始之前做好，并在任务期间定期更新。这项任务需要成为一个更大的计划的一部分，以便将外派者调遣到能够使用国际知识和经验的特定位置。一些公司使用的程序之一是利用归国导师，他们也是外派人员在国内办公室的联系人，至少部分负责关注外派人员的利益和前景，他们也为国

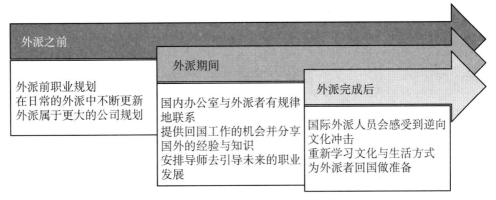

图 9-2　归国者的组织支持

际外派人员了解归国的事情提供途径。

2. 外派期间

在此期间的支持活动对保证高留任率至关重要。[97]国内办公室和外派者之间必须有明确、持续和定期的沟通。应为外派者提供返回祖国的机会，以及与组织的其他成员分享经验和知识的机会，这为外派人员提供了与主管和同事保持高度可见性的可能。外派人员也应该被指派导师来指导其未来的职业发展。[98]电子邮件和内部网通信应包含外派人员，应积极鼓励外派人员回国与同事和导师交流。[99]

3. 外派完成后

无论是对国际外派人员还是对其家庭成员，外派结束后的重新适应都是一个巨大的挑战。归国者及其家人常常难以适应回国后的生活。通常国际外派人员（和他的家庭）都要经历逆向文化冲击（重新调整家庭文化）。大多数人被外国经验改变，不仅必须重新学习他们原来的文化和生活方式，而且这些可能与他们离开时已经有所不同。事实上，外派人员在国外时，时间不会停滞不前，虽然本国或本公司的变化对于身在其中的人而言是不可见的，但对于回归者来说，这些变化可能很大。[100]正如跨国企业需要为外派者提供跨国文化培训，它们也应该为外派者回国做准备，并准备好在国内工作中利用这些人的海外经验。外派归国安排的准备工作可以使归国者形成对整个外派经历的一个满意的态度。不良的态度可能导致归国者离职，不满意的归国者更有可能辞职，并寻求另一个能发挥其外国经验和技能的职位。

4. 归国后的知识迁移[101]

外派提供了获取国际知识（例如关于全球运营的复杂性、国家市场的特点、商业气候、文化模式的知识）的机会。外派者掌握了在另一个国家如何看待他们的组织的第一手经验。因此，归国者在加速知识从东道国到总部的转移方面发挥了重要作用。跨国企业需要设计最适当的机制（例如指导计划、培训会议）来获取、保留和整合归国者所获得的知识和专长。

▋▋9.7　结论

本章的重点是国际人力资源管理对人员配置的责任。解释了跨国企业招聘、选拔和归国等相关问题，主要侧重于外派和归国、国家间员工流动以及东道国和第三国公民的就业。因为母国公民的聘用对于跨国公司的国际人力资源管理非常重要，所以本章的许多内容讨论了母国员工的选择和管理，外派人员对外派任务的适应，以及外派人员在任务结束时回归本国面临的问题。本章还审视了选拔和管理国际外派人员方面遇到的困难，并提出跨国企业成功使用国际外派人员的一些方法，以确保利用好这些外派人员和他们的国际经验。

■ 9.8　讨论题

1. 如果你在下一个工作中有机会长期外派，你期望或要求什么类型的支持计划？

2. 如果你需要为外派任务选择一名员工，你将如何做？你将根据什么特征来确保成功？

3. 你认为国际人力资源管理在管理国际外派人员时面临的最大挑战是什么？为什么？

案例 9.1　基于项目的工作环境的世界职业市场

以前需要把员工带到工作地点，但随着万维网、互联网、手机和全球通信的出现，现在可以通过组织跨国项目团队、通过互联网招聘员工将工作发送到员工所在地，或使用开源软件来适应全球协作。这些新的工作和就业方式，随着计算机技术的提升及越来越多行业对 IT 技能的长期需求，应运而生。

例如，来自瑞士伯尔尼的一家公司为了一个半导体设计项目从白俄罗斯、印度、以色列和爱尔兰招聘了一群离散数学和图形理论的博士。团队成员从未离开他们的国家，团队领导从未离开他的家庭办公室，而任务不到截止日期就完成了。

在后工业化时期，客户期望获得更快的服务、更短的产品生命周期。他们从世界各地聚集最好的人才。当项目完成后，团队解散，成员转移到新的项目。最终的结果是一个不同于以往的新的和高效的全球劳动力市场。

即使对于小企业而言，它们的新人才库也是整个世界。新一代的在线服务为小企业提供寻找专业技能和实惠劳动力的机会。主流企业可以购买一个虚拟的自由职业者国际市场，在俄罗斯招聘计算机程序员，在意大利招聘平面设计师，在印度招聘数据分析师。小企业也可以像大公司一样放眼世界，接触到各种各样的服务机会。技术进步使远程工作和虚拟团队更加可行。自由职业者越来越多地接受客户服务、数据录入、写作、会计、人力资源、营销等任务，几乎可以远程执行任何"知识过程"，甚至可以在社交网络上设置和管理业务。

在某些情况下，这种模式下的成本节约是巨大的。例如，俄罗斯、印度或巴基斯坦的程序员的小时工资只是北美或欧洲的一小部分。这些自由市场还允许小企业快速组建团队，寻找专业知识，开始新的计划，然后在不需要时解散团队。

位于美国威斯康星州一个小城镇的小型制造公司 Tailor Made Products 的首席执行官约翰·怀尔德（John Wilde）想要建立一个名为"好奇厨师"的儿童厨房小工具的网站，他在 oDesk（全球主流的外包服务平台之一）雇用了印度的一家公司，支付了大约 2 万美元，是美国成本的一半。

资料来源：Travelling talent. （2014，Oct 10）. *The Economist* （Online）；www. https：//www. odesk. com （2014）；Pattison, K. （2009）. Enlisting a global work force of freelancers. *The New York Times*，June 24，2009，Small Business Guide；Norris, C. D. （2000）. Already starting：A world marketplace for jobs. *International Herald Tribune*，August 8，6.

问题：

1. 世界上最好的生活（和工作）的地点在哪里？你想住在哪里？你想在家工作吗？你有兴趣在全球团队工作吗？什么技能和能力使人们能够生活和工作在他想要的任何地方？你对创立或在微型跨国公司工作感兴趣吗？

2. 这些新的工作方式对人力资源的影响是什么？

［注释］

1. http://www.bp.com/en/global/corporate/careers/working-at-bp/expats.html. Accessed Jan. 25, 2014.

2. For more complete discussion of the management of expatriates, refer to the following sources:, Brewster, C. (1991). *The Management of Expatriates*, London: Kogan Page; Fernandez, F. (2005). *Globalization and Human Resource Management*, New York: HNB Publishing; Lomax, S. (2001). *Best Practices for Managers and Expatriates*, New York: Wiley; Melton, W. R. (2005). *The New American Expat*, Yarmouth, ME: Intercultural Press; Scullion, H. and Collings, D. G. (eds.) (2006). *Global Staffing*, London/New York: Routledge; Morgan, B. S. (ed.) (2014). *The Global Employer: Focus on Global Immigration and Mobility*, Chicago: Baker & McKenzie; Stroh et al. (2005); and Caligiuri, P.M. and Colakoglu, S. (2007). A strategic contingency approach to expatriate assignment management, *Human Resource Management Journal*, 17(4), 27–54

3. GMAC Global Relocation Services/Windham International, National Foreign Trade Council, and SHRM Global Forum (2014 and previous years). *Global Relocation Trends Annual Survey Report*, New York: GMAC GRS/Windham International; Morgan, B. S. (ed.) (2014).

4. For more information on international experiences see Takeuchi, R., Tesluk, P., Yun, S. and Lepak, D. (2005). An integrative view of international experiences: An empirical examination. *Academy of Management Journal*, 48, 85–100: Selmer, J. (2002). Practice makes perfect? International experience and expatriate adjustment. *Management International Review*, 42, 71–87.

5. For example, see Cartus (2014). Trends in global relocation. *Global Mobility Policy and Practices*, Danbury, CT: Cartus; Brookfield (2013). *Global Mobility Trends*, New York and Toronto: Brookfield Global Relocation Services.

6. Morgan, B. S. (ed.) (2014), p. 1.

7. Jackson, S., Schuler, R., and Werner, S. (2012). *Managing human resource*, Cengage Learning; Mason, OH; Heneman, H., and Judge, T. (2009). *Staffing Organizations*, Middleton, WI: McGraw-Hill Irwin; Phillips, J., and Gully, S. (2009). *Staffing Organizations*, Upper Saddle River, NJ: Pearson, Prentice Hall.

8. Based on Heneman, H., and Judge, T. (2009); Phillips, J., and Gully, S. (2009).

9. Heneman and Judge (2009); Phillips and Gully (2009).

10. Tarique, I., and Schuler, R. (2008). Emerging issues and challenges in global staffing: A North American perspective. *The International Journal of Human Resource Management*, 19 (8), 1397–1415.

11. Ibid.

12. Tharenou, P. (2002). Receptivity to Careers in International Work—Abroad and at Home, *Australian Journal of Management*, 27, 129–136；Tharenou, P. (2003). The initial development of receptivity to working

abroad: Self-initiated international work opportunities in young graduate employees, *Journal of Occupational and Organizational Psychology*, 76, 489–515.

13 Tharenou (2002); Tharenou (2003). Also see the work on self-initiated expatriation: Cao, L., Hirschi, A., and Deller, J. (2014). Perceived organizational support and intention to stay in host countries among self-initiated expatriates: The role of career satisfaction and networks, *The International Journal of Human Resource Management*, 25(14); Tharenou, P. (2013). Self-initiated expatriates: An alternative to company-assigned expatriates? *Journal of Global Mobility*, 1(3), 336–356; Doherty, N., Dickmann, M., and Mills, T. (2011). Exploring the motives of company-backed and self-initiated expatriates. *The International Journal of Human Resource Management*, 22(3), 595; Doherty, N., Richardson, J., and Thorn, K. (2013). Self-initiated expatriation and self-initiated expatriates. *Career Development International*, 18(1), 97–112; Nolan, E.M., and Morley, M.J. (2014). A test of the relationship between person-environment fit and cross-cultural adjustment among self-initiated expatriates, *The International Journal of Human Resource Management*, 25(11), 1631; Rodriguez, J.K., and Scurry, T. (2014). Career capital development of self-initiated expatriates in Qatar: Cosmopolitan globetrotters, experts and outsiders, *The International Journal of Human Resource Management*, 25(7), 104; Selmer, J., and Lauring, J. (2011). Acquired demographics and reasons to relocate among self-initiated expatriates, *The International Journal of Human Resource Management*, 22(10), 2055; Tharenou, P., and Caulfield, N. (2010). Will I stay or will I go? Explaining repatriation by self initiated expatriates, *Academy of Management Journal*, 53(5), 1009.

14 Another term used in the expatriate management field is "willingness to accept a foreign assignment." This list includes factors that influence both an individual's receptivity to an international career and his/her willingness to accept a foreign assignment. The list was derived from: Konopaske, R. and Werner. S. (2005). US managers' willingness to accept a global assignment: Do expatriate benefits and assignment length make a difference? *The International Journal of Human Resource Management*, 16(7), 1159–1175; and Tharenou (2002); Tharenou, P. (2003). For additional information see Benson, G., Pérez-Nordtvedt, L., and Datta, D. (2009). Managerial characteristics and willingness to send employees on expatriate assignments, *Human Resource Management*, 48(6), 849; Konopaske, R., Robie, C. and Ivancevich, J. (2005). A preliminary model of spouse influence on managerial global assignment willingness, *The International Journal of Human Resource Management*, 16(3), 405–426.

15 For more information see Friedman, B. (2009). Human resource management role implications for corporate reputation. *Corporate Reputation Review*, 12(3), 229–244; Baruch, Yehuda (1997). Evaluating quality and reputation of human resource management. *Personnel Review*, 26(5), 377–394; Hannon, John M, and Milkovich, George T. (1996). The effect of human resource reputation signals on share prices: An event study. *Human Resource Management*, 35(3), 405

16 Caligiuri, P., Colakoglu, S., Cerdin, J., and Kim, M. (2010). Examining cross-cultural and individual differences in predicting employer reputation as a driver of employer attraction. *International Journal of Cross Cultural Management: CCM*, 10(2), 137.

17 Sparrow, P., Scullion, H. and Tarique, I. (2014). *Strategic Talent Management: Contemporary Issues in International Context*, Cambridge University Press.

18 Tarique, I., and Schuler, R. (2010). Global talent management: Literature review, integrative framework, and suggestions for future research. *Journal of World Business*, 45, 122–133.

19 Tarique, I. (2014). *Seven Trends in Corporate Training and Development: Strategies to Align Goals with Employee Needs*, Upper Sadler River, NJ: Pearson.

20 Caligiuri, P., Tarique, I., and Jacobs, R. (2009). Selection for international assignments. *Human Resource Management Review*, 19, 251–262; Black, J.S., Mendenhall, M.E. and Oddou, G. (1991) Toward a comprehensive model of international adjustment: An integration of multiple theoretical perspectives. *Academy of Management Review*, 16(2), 291–317; Caligiuri, P.M. (2000a). Selecting expatriates for personality characteristics: A moderating effect of personality on the relationship between host national contact and cross-cultural adjustment. *Management International Review*, 40(1), 61–80; Doms, M., and zu Knyphausen-Aufseß, D. (2014). Structure and characteristics of top management teams as antecedents of outside executive appointments: a three-country study. *International Journal of Human Resource Management*, 25(22), 3060–3085; Bhatti, M.A., Kaur, S., and Battour, M.M. (2013). Effects of individual characteristics on expatriates' adjustment and job performance. *European Journal of Training & Development*, 37(6), 544–563; Downes, M., Varner, I.I., and Hemmasi, M. (2010). Individual profiles as predictors of expatriate effectiveness. *Competitiveness Review*, 20(3), 235–247.

21 Caligiuri, Tarique and Jacobs (2009); Florkowski, G., and Fogel, D. (1999). Expatriate adjustment and commitment: The role of host-unit treatment. *International Journal of Human Resource Management*, 10, 782–807.

22 Refer to the model.

23 Global mobility in the context of global talent management. World Bank Community Conference on Global Mobility, Washington DC, 2011.

24 Dragoni, L., Tesluk, P.E., VanKatwyk, P., In-Sue, O., Moore, O.A., and Hazucha, J. (2014). Developing leaders' strategic thinking through global work experience: The moderating role of cultural distance. *Journal of Applied Psychology*, 99(5), 867–882; Holt, K., and Kyoko, S. (2012). Global leadership begins with learning professionals. *T+D*, 66(5), 32–37; Caligiuri, P., and Tarique, I. (2014). Individual accelerators of global leadership development, in Osland, J., Li, L. and Wang, L. (eds.), *Advances in Global Leadership*, 8th ed., Bingley, UK: Emerald Publishing; Caligiuri, P. and Tarique, I. (2009). Developing managerial and organizational cross-cultural capabilities, in Cary Cooper and Ron Burke (eds.), *The Peak Performing Organization*, Abingdon, UK: Taylor & Francis; Caligiuri, P., and Tarique, I. (2009). Predicting effectiveness in global leadership activities. *Journal of World Business*, 44, 336–346; Black, J.S. (2006). The mindset of global leaders: Inquisitiveness and duality, in Mobley, W.H. and Weldon, E. (eds.), *Advances in Global Leadership*, vol. 4, pp. 181–200; Black, J.S., Morrison, A. and Gregersen, H. (1999). *Global Explorers: The Next Generation of Leaders*. New York: Routledge; McCall, M.W., Jr. and Hollenbeck, G.P. (2002). *Developing Global Executives: The Lessons of International Experience*, Boston, MA: Harvard Business School Press.

25 Quoted in Howard, C.G. (1992). Profile of the 21st-century expatriate manager. *HR Magazine*, June, 93–100.

26 See, for example, Caligiuri, P., Tarique, I. and Jacobs, R. (2009). Selecting international assignees. *Human Resource Management Review*, 19, 251–262: Donegan, J. (2002). Effective expatriate selection: The first step in avoiding assignment failure. *Expatriate Advisor*, spring, 14–16.

27 Hawley-Wildmoser, L. (1997). Selecting the right employee for assignments abroad. *Cultural Diversity at Work*, 9 (3), 1, 12–13.

28 See, for example, the discussions of this point in Collings, D.G. and Scullion, H. (2012). Global staffing, in G.K. Stahl, I. Björkman and S. Morris (eds.), *Handbook of Research in International Human Resource Management* (2nd ed.), Cheltenham, UK and Northampton, MA, USA: Edward Elgar Publishing, pp. 142–161; Lazarova, M.B. and Thomas, D.C. (2012). Expatriate adjustment and performance revisited, in Stahl, G.K., Björkman, I. and Morris, S. (eds), *Handbook of Research in International Human Resource Management*, 2nd ed., Cheltenham, UK and Northampton, MA, USA: Edward Elgar Publishing, pp. 271–292; and Stroh et al. (2005).

29 Cf endnote 16.

30 Black, J.S. (1990). The relationship of personal characteristics with the adjustment of Japanese expatriate managers. *Management International Review*, 30, 119–34; Black, J.S., and Gregersen, H.B. (1991). When Yankee comes home: Factors related to expatriate and spouse repatriation adjustment. *Journal of International Business Studies*, 22, 671–694.

31 Black, J.S. and Stephens, G.K. (1989). The influence of the spouse on American expatriate adjustment and intent to stay in Pacific Rim overseas assignments. *Journal of Management*, 15, 529–44; Caligiuri, P., Tarique, I., and Jacobs, R. (2009). Selection for international assignments. *Human Resource Management Review*, 19, 251–262.; and Stroh et al. (2005).

32 Caligiuri, P., and Tarique, I. (2012). International assignee selection and cross-cultural training and development, in Stahl, G.K., Björkman, I., and Morris, S. (eds.), *Handbook of Research in International Human Resource Management*, 2nd ed., Cheltenham, UK and Northampton, MA: Edward Elgar Publishing; Caligiuri, P., Tarique, I., and Jacobs, R. (2009). Selection for international assignments. *Human Resource Management Review*, 19, 251–262.; Stuart (2009).

33 Digman, J. (1990). Personality structure: The emergence of the five factor model. *Annual Review of Psychology*, 41, 417–440. McCrae, R., and John, O. (1992). An introduction to the five factor model and its applications. *Journal of Personality*, 60, 175–216.

34 Caligiuri, P. (2000b). The big five personality characteristics as predictors of expatriate success. *Personnel Psychology*, 53, 67–88; Caligiuri (2000a).

35 Costa, P., and McCrae, R. (1992). Normal personality assessment in clinical practice: The NEO Personality Inventory. *Psychological Assessment*, 4, 5–13; Caligiuri (2000b).

36 Barrick, R., and Mount, K. (1991). The big five personality dimensions and job performance: A meta-analyses.

Personnel Psychology, 44, 1–26.; Costa, P., and McCrae, R. (1992). Normal personality assessment in clinical practice: The NEO Personality Inventory. *Psychological Assessment*, 4, 5–13.

37 Barrick, R., Mount, K., and Judge, T. (2001). Personality and performance at the beginning of the new millennium: What do we know and where do we go next? *International Journal of Selection and Assessment*, 9, 9–30; Barrick, R., and Mount, K. (1991). The big five personality dimensions and job performance: A meta-analyses. *Personnel Psychology*, 44, 1–26.

38 Barrick and Mount (1991); Costa and McCrae (1992).

39 Barrick and Mount (1991); Costa and McCrae (1992).

40 Caligiuri, P., and Tarique, I. (2012); Caligiuri, P., Tarique, I., and Jacobs, R. (2009). Selection for international assignments. *Human Resource Management Review*, 19, 251–262; Caligiuri, P. (2000b).

41 Caligiuri, P., and Tarique, I. (2012); Caligiuri (2000a).

42 See, for example, Kempen, R., Pangert, B., Hattrup, K., Mueller, K., and Joens, I. (2015). Beyond conflict: The role of life-domain enrichment for expatriates. *International Journal of Human Resource Management*, 26(1), 1–22; Mahajan, A., and Toh, S.M. (2014). Facilitating expatriate adjustment: The role of advice-seeking from host country nationals. *Journal of World Business*, 49(4), 476–48; van Erp, K.M., van der Zee, K.I., Giebels, E., and van Duijn, M.J. (2014). Lean on me: The importance of one's own and partner's intercultural personality for expatriate's and expatriate spouse's successful adjustment abroad. *European Journal of Work and Organizational Psychology*, 23(5), 706–728; Kawai, N., and Strange, R. (2014). Perceived organizational support and expatriate performance: Understanding a mediated model. *International Journal of Human Resource Management*, 25(17), 2438–2462; Hippler, T., Caligiuri, P., and Johnson, J. (2014). Revisiting the construct of expatriate adjustment. *International Studies of Management and Organization*, 44(3), 8–24; Black, J.S. and Mendenhall, M. (1990). Cross-cultural effectiveness: A review and a theoretical framework for future research. *Academy of Management Review*, 15, 113–136; Brocklyn, P. (1989). Developing the international executive. *Personnel*, March, 44–48; Callahan, M. (1989). Preparing the new global manager. *Training and Development Journal*, March, 29–31; Conway, M.E. (1998). Sexual harassment abroad. *Global Workforce*, Sept., 8–9; Hixon, A.L. (1986). Why corporations make haphazard overseas staffing decisions. *Personnel Administrator*, March, 91–94; Hogan, G.W. and Goodson, J.R. (1979). The key to expatriate success. *Training and Development Journal*, January, 50–52; Lanier, A.R. (1979). Selecting and preparing personnel for overseas transfers. *Personnel Journal*, March, 160–163; Stuart, K.D. (1992). Teens play a role in moves overseas. *Personnel Journal*, March, 71–78; Tung, R.L. (1987). Expatriate assignments: Enhancing success and minimizing failure. *Academy of Management Executive*, 1 (2), 117–126; Tung, R.L. (1988). Career issues in international assignments, *Academy of Management Executive*, 2 (3), 241–244.

43 Mol, S., Born, M., Willemsen, M., and Van der Molen, H. (2005). Predicting expatriate job performance for selection purposes—A quantitative review. *Journal of Cross-Cultural Psychology*, 36, 590–620; Bhaskar-Shrinivas, P., Harrison, D., Shaffer, M., and Luk, D. (2005). Input-based and time-based modes of international adjustment: Meta-analytic evidence and theoretical extensions. *Academy of Management Journal*, 8, 257–281.

44 This discussion is based on Frederick, M. (2011). Key considerations for a successful global assignment, Webinar, IOR Global Services, www.iorworld.com, Dec. 14; and Stuart, D.K. (2009). Assessment instruments for the global workforce, in M. Moodian (ed.) *Contemporary Leadership and Intercultural Competence: Exploring the Cross-cultural Dynamics Within Organizations*, Thousand Oaks, CA: Sage, 175–190. Also see assessment tools such as *Self Assessment for Global Endeavors* (http://rw-3.com/solutions/), *Global Competencies Inventory* (http://kozaigroup.com/inventories/the-global-competencies-inventory-gci/), *Intercultural Development Inventory* (http://idiinventory.com/), and *Tucker Assessment Profile* (http://tuckerintl.com/).

45 Refer to endnotes 27 and 39.

46 Caligiuri and Tarique (2012).

47 Briscoe, D.R. (1997). Assessment centers: Cross-cultural and cross-national issues, in Riggio, R.E. and Mayes, B.T. (eds.), *Assessment Centers: Research and Application*, special issue of the *Journal of Social Behavior and Personality*, 12 (5), 261–270.

48 For overviews of these issues, look at Dowling, P.J., Festing, M., and Engle, A.D., Sr. (2013). *International Human Resource Management*, 6th ed., Andover, UK: Cengage; Stroh et al. (2005); Vance, C.M. and Paik, Y. (2011). *Managing a Global Workforce*, 2nd ed., Armonk, NY/London: M.E. Sharpe.

49 Nasif, E.G., Thibodeaux, M.S. and Ebrahimi, B. (1987). Variables associated with success as an expatriate manager. *Proceedings*, Academy of International Business, Southeast Region, annual meeting, New Orleans, November 4–7, 169–179.

50 Refer to sources in previous notes plus Black, J.S. and Gregersen, H.B. (1991). The other half of the picture: Antecedents of spouse cross-cultural adjustment, *Journal of International Business Studies*, second quarter, 225–247; Fuchsberg, G. (1990). As costs of overseas assignments climb, firms select expatriates more carefully, *Wall Street Journal*, April 5, B–1, B–5; Gomez-Mejia, L. and Balkin, D.B. (1987). The determinants of managerial satisfaction with the expatriation and repatriation process, *Journal of Management Development*, 6 (1), 7–18; Savich, R.S. and Rodgers, W. (1988). Assignment overseas: Easing the transition before and after, *Personnel*, August, 44–48; Tung (1988).

51 Adapted from National Foreign Trade Council (NFTC), Society for Human Resource Management (SHRM), and GMAC Global Relocation Services (GMAC GRS)/Windham International *Global Relocation Trends Annual Survey* Reports, 1993–2014; Stroh et al. (2005); and Tung (1987).

52 Sanchez. J.I., Spector, P.E., and Cary, C. (2000). Adapting to a boundaryless world: A developmental expatriate model. *The Academy of Management Executive*, 14, 96–107.

53 Black, Mendenhall, and Oddou (1991).

54 Based on Perraud, P. and Davis, A. (1997). Assignment success or failure: It's all in the family, presented to the annual conference of the Institute for International Human Resource Management, early division of the US Society for Human Resource Management, Los Angeles, CA, April 15–17; and *Global Mobility in the Context of Global Talent Management* (2011). World Bank Community Conference on Global Mobility, Washington, DC.

55 Perraud and Davis (1997).

56 Bennett, R. (1993). Solving the dual international career dilemma. *HR News*, January, C5.

57 Reported in *Expatriate Advisor*, autumn, 28–29; Punnett, B.J. (1997). Towards effective management of expatriate spouses, *Journal of World Business*, 32 (3), 243–257; Thaler-Carter, R.E. (1999). Vowing to go abroad, *HR Magazine*, November, 90–96.

58 Mol, S., Born, M., Willemsen, M., and Van der Molen, H. (2005). Predicting expatriate job performance for selection purposes—A quantitative review. *Journal of Cross-Cultural Psychology*, 36, 590–620; Bhaskar-Shrinivas, P., Harrison, D., Shaffer, M., and Luk, D. (2005). Input-based and time-based modes of international adjustment: Meta-analytic evidence and theoretical extensions. *Academy of Management Journal*, 8, 257–281.

59 Dolainski, S. (1997). Are expats getting lost in translation? *Workforce*, February, 32–39.

60 Caligiuri, P., Lazarova, M, and Tarique, I (2005). Training, learning, and development in multinational corporations, in H. Scullion and M. Linehan (eds.), *International Human Resource Management*, London/New York: Palgrave Macmillan, pp. 71–90.

61 See, for example, Is there a problem, officer? Second time around expat describes benefits of language skills, *Global Voice*, Berlitz Newsletter of International Communication and Understanding (no date), 6 (1), 1; and *Reading across Boundaries* Newsletter of International Orientation Resources, July, 1994, 1–6.

62 *Reading across Boundaries* (1994), 1.

63 Ibid.

64 Solon, L. (2000). The language of global business, *SHRM Global*, December, 12–14.

65 The world's most widely spoken language, cited from a number of sources posted on the website of St. Ignatius High School website, www.ignatius.edu/. Accessed Mar. 13. 2015.

66 Refer to surveys by Mercer Human Resources Consulting (www.mercerhr.com) and GMAC Global Relocation Services/Windham International, Prudential Relocation, and Cendant International Assignment Services.

67 Adler, N.J. (1984a). Expecting international success: Female managers overseas, *Columbia Journal of World Business*, 19 (3), 79–85; Adler, N.J. (1987). Pacific Basin managers: A *gaijin*, not a woman. *Human Resource Management*, 26 (2), 169–191; Adler, N.J. (1984b). Women do not want international careers—and other myths about international management. *Organizational Dynamics*, 13 (2), 66–79. Adler, N.J. (1984c). Women in international management: Where are they? *California Management Review*, 26 (4), 78–89; Adler, N.J. and Izraeli, D. (eds.) (1988). *Women in Management Worldwide*, Armonk, NY: Sharpe; Adler, N.J. and Izraeli, D.N. (eds.) (1994). *Competitive Frontiers: Women Managers in a Global Economy*, Cambridge, MA and Oxford: Blackwell; Corporate women: A rush of recruits for overseas duty, *Business Week*, April 20, 1981, 120ff; Jelinek, M. and Adler, N.J. (1988). Women:

World-class managers for global competition. *Academy of Management Executive*, 2 (1), 11–19; Kirk, W.Q. and Maddox, R.C. (1988). International management: The new frontier for women. *Personnel*, March, 46–49; Lockwood, N. (2004). *The Glass Ceiling: Domestic and International Perspectives*, Alexandria, VA: SHRM Research Quarterly.

68　Adler, N.J. (1984d). Managers perceive greater barriers for women in international versus, domestic management. *Columbia Journal of World Business*, 19 (1), 45–53.

69　Ibid.; Pomeroy, A. (2006). Outdated policies hinder female expats. *HR Magazine*, December, 16 (reporting on survey results from Mercer Human Resource Accounting); Mercer HR Consulting (2006). More females sent on international assignment than ever before, survey finds, retrieved from www.mercerhr.com, 12/30/2006.

70　See above, plus surveys by GMAC Global Relocation Services/Windham International/SHRM Global annual reports.

71　Abraham, Y. (1985). Personnel policies and practices in Saudi Arabia. *Personnel Administrator*, April, 102; Thal, N. and Caleora, P. (1979). Opportunities for women in international business, *Business Horizons*, December, 21–27.

72　Adler (1984b); Golesorkhi, B. (1991). Why not a woman in overseas assignments? *HR News: International HR*, March, C4; Kirk and Maddox (1988).

73　See above, plus Brown, L.K. (1989). *Women in Management Worldwide*, Armonk, NY: Sharpe; Catalyst (2000). *Passport to Opportunity: U.S. Women in Global Business*, New York: Catalyst; Maital, S. (1989). A long way to the top. *Across the Board*, December, 6–7.

74　Ibid., 41–44; Sappal, P. (1999). Sometimes it's hard to be a woman. *HR World*, January–February, 21–24.

75　Caligiuri, P.M. and Cascio, W.F. (1998). Can we send her there? Maximizing the success of Western women on global assignments. *Journal of World Business*, 33 (4), 394–416; Caligiuri, P.M. and Cascio, W.F. (2000). Sending women on global assignments, *World at Work Journal*, second quarter, 34–41; Caligiuri, P.M. and Tung, R.L. (1999). Comparing the success of male and female expatriates from a US-based multinational company. *International Journal of Human Resource Management*, 10, 763–782; Taylor, S. and Napier, N. (1996). Working in Japan: Lessons from Western expatriates. *Sloan Management Review*, 37, 76–84.

76　Varma, A., Stroh, L.K. and Schmitt, L.B. (2001). Women and international assignments: The impact of supervisor-subordinate relationships. *Journal of World Business*, 36 (4), 380–388.

77　Harris, H. (1999). Women in international management, in Brewster, C. and Harris, H. (eds.), *International Human Resource Management*, London: Routledge.

78　Joinson, C. (2002). No returns: "Localizing" expats saves companies big money and can be a smooth transition with a little due diligence by HR. *HR Magazine*, November, 70–77.

79　See, for example, Black, J.S., Gregersen, H.B., Mendenhall, M.E., and Stroh, L.K. (1999). *Globalizing People through International Assignments*, Reading, MA: Addison Wesley; Hauser, J. (1997). Leading practices in international assignment programs. *International HR Journal*, summer, 34–37; McCall, M.W., Jr. and Hollenbeck, G.P. (2002). *Developing Global Executives: The Lessons of International Experience*, Boston, MA: Harvard Business School Press; Stahl, G.K., Miller, E.L. and Tung, R.T. (2002). Toward the boundaryless career: A closer look at the expatriate career concept and the perceived implications of an international assignment. *Journal of World Business*, 37, 216–227; Stroh et al. (2005).

80　Gregson, K. (1997). Outsourcing international assignments. *International HR Journal*, fall, 38–40; Joinson, C. (2002). Save thousands per expatriate. *HR Magazine*, July, 73–77; Smith, J.J. (2006). Executives say HR needs to improve to attract top global talent, reporting on findings reported in the Economist Intelligence Unit's *CEO Briefing: Corporate Priorities for 2006 and Beyond*, retrieved from http://www.shrm.org/global/news_published/CMS_0117960.asp. Accessed June 15, 2007.

81　Smith, J.J. (2006). Firms say expats getting too costly; but few willing to act, reporting on findings of the KPMG *2006 Global Assignment Policies and Practices* survey, retrieved 9/11/2006 from http://www.shrm.org/global/news_published/CMS_018300.asp.

82　The term "inpatriates" is a little more than 10 years old. It is a term developed by MNEs to describe a particular type of international employee, as described in the text. Subsequently, most of the literature describing inpatriates has been written by practitioners, consultants, or journalists writing in magazines with a primarily practitioner readership. For example, refer to Bachler, C.J. (1996). Global inpats: Don't let them surprise you. *Personnel Journal*, June, 54–64; Cook, J. (1998). A whole new world. *Human Resource*

Executive, March 19, 1–2; Copeland, A.P. (1995). Helping foreign nationals adapt to the U.S. *Personnel Journal*, February, 83–87; Finney, M. (2000). Culture shock in America? For foreign expatriates, absolutely. *Across the Board*, May, 28–33; Harvey, M.G. and Buckley, M.R. (1997). Managing inpatriates: Building a global core competency. *Journal of World Business*, 32 (1), 35–52; Harvey, M.G., Novicevic, M.M. and Speier, C. (2000). An innovative global management staffing system: A competency-based perspective. *Human Resource Management*, 39 (4), 381–394; Joinson, C. (1999). The impact of "inpats." *HR Magazine Focus*, April, 5–10; Kent, S. (2001). Welcome to our world. *Global HR*, February–March, 32–36; Lachnit, C. (2001). Low-cost tips for successful inpatrition. *Workforce*, August, 42–47; Ladika, S. (2005). Unwelcome changes. *HR Magazine*, February, 83–90; Solomon, C.M. (1995). HR's helping hand pulls global inpatriates on board. *Personnel Journal*, November, 40–49; Solomon, C.M. (2000). Foreign relations. *Workforce*, November, 50–56.

83 Caligiuri, P.M. (1997). Assessing expatriate success: Beyond just "being there," *New Approaches to Employee Management*, 4 (1), 17–40.

84 Ibid.

85 Many of the references in this chapter deal with various aspects of Best Practice in selection of IAs. In addition, refer to Berlitz International, PHH Relocation, and SHRM Institute for International HRM (1996–1997), executive summary, *International Assignee Research Project*, Berlitz, PHH, SHRM; Lomax, S. (2001). *Best Practices for Managers and Expatriates*, New York: Wiley; Black, J.S. and Gregersen, H.B. (1999). The right way to manage expats. *Harvard Business Review*, March–April, 52–63; Herring, L. and Greenwood, P. (2000). "Best practices" leverage international assignment success in the United States. *International HR Journal*, spring, 21–28; Institute of Personnel and Development (1999). *The IPD Guide on International Recruitment, Selection, and Assessment*, London: IPD; Melton (2005); Prudential Relocation Global Services (no date). *Leading Practices in International Assignment Programs*, Valhalla, NY: Prudential Relocation; Stroh et al. (2005); Toh, S.M. and DeNisi, A.S. (2005). A local perspective to expatriate success. *Academy of Management* Executive, 19 (1), 132–146; GMAC Global Relocation Services/Windham International, National Foreign Trade Council, and SHRM Global Forum (2007 and previous years), *Global Relocation Trends Annual Survey Report*, New York: GMAC GRS/Windham International; Lomax, S. (2001). *Best Practices for Managers & Expatriates*, New York: John Wiley and Sons; Stroh et al. (2005); Vance, C.M. and Paik, Y. (2006). *Managing a Global Workforce*, Armonk, NY: M.E. Sharpe.

86 Barboza, D. (2006). Sharp labor shortage in China may lead to world trade shift. *The New York Times*, April 3, A1, A10; Clouse, T. (2006). Firms in China faced with tight supply of skilled labor. *Workforce Management*, September 11, 37–38; Fox, A. (2007). China: Land of opportunity and challenge. *HR Magazine*, September, 38–44; Lee, D. (2006). Job hopping is rampant as China's economy chases skilled workers. *Los Angeles Times*, February 21, C1.

87 Kent, S. (1999). Cultivating home-grown talent. *HR World*, November–December, 24–28.

88 Halley, J. (1999). Localization as an ethical response to internationalization, in Brewster, C. and Harris, H. (eds.), *International Human Resource Management*, London: Routledge; Kent, S. (1999). Cultivating home-grown talent. *HR World*, November–December, 24–28; Solomon, C.M. (1995). Learning to manage host-country nations. *Personnel Journal*, March, 21–26.

89 Robock, S.H. and Simmonds, K. (1989). *International Business and Multinational Enterprises*, 4th ed., Homewood, IL: Irwin, p. 559.

90 Smith, J.J. (2006). More third-country nationals being used, retrieved from the SHRM Global HR Focus Area: http://www.shrm.org/global/news_published/CMS_017348.asp. Accessed June 15, 2006.

91 Friedman, T.L. (2005). *The World Is Flat: A Brief History of the Twenty-First Century*, New York: Farrar, Straus and Giroux; Johnston, W.B. (1991). Global work force 2000: The new world labor market. *Harvard Business Review*, March–April, 115–127.

92 For example, refer to Briscoe, D.R. (2008). Talent management in the global learning organization, in Vaiman, V. and Vance, C.M. (eds.), *Smart Talent Management: Building Knowledge Capital for Competitive Advantage*, Cheltenham, UK/Northhampton, MA: Edward Elgar Publishing, pp. 195–216; Herman, R., Olivo, T. and Gioia, J. (2003). *Impending Crisis: Too Many Jobs, Too Few People*, Winchester, VA: Oakhill Press; Johnston (1991); Leonard, B. (2006). Immigration rises sharply in most developed nations, retrieved from the SHRM Global HR Focus Area: http://www.shrm.org/global/news_published/CMS_017977.asp. Accessed Jan. 31, 2006; Richman, L.S. (1990). The coming world labor shortage. *Fortune*, April 9, 70–77; Schramm, J. (2006). *Global Labor Mobility*, Workplace Visions, No. 2, Alexan-

dria, VA: Society for Human Resource Management; Templeman, J., Wise, D.C., Lask, E. and Evans, R. (1989). Grappling with the graying of Europe. *Business Week*, March 13, 54–56.

93 Adler, N.J. and Gundersen, A. (2008). *International Dimensions of Organizational Behavior*, 5th ed., Ohio: Thomson/Southwestern; Black, J.S. (1991). Returning expatriates feel foreign in their native land. *HR Focus*, August, 17; Brewster, C. (1991). *The Management of Expatriates*, London: Kogan Page; Harvey, M.G. (1989). Repatriation of corporate executives: An empirical study. *Journal of International Business Studies*, spring, 131–144; Howard, C.G. (1987). Out of sight—not out of mind. *Personnel Administrator*, June, 82–90; Stroh et al. (2005); Tyler, K. (2006). Retaining expatriates. *HR Magazine*, March, 92–102; Vance and Paik (2006); Welds, K. (1991). The return trip. *HR Magazine*, June, 113–114.

94 Brewster, C., Bonache, J., Cerdin, J.-L. and Suutari, V. (2014). Exploring expatriate outcomes. *The International Journal of Human Resource Management*, 25 (14), 1921–1937; Brewster, C. (1991). *The Management of Expatriates*, London: Kogan Page.

95 Adapted from Ettorre, B. (1993). A brave new world: Managing international careers. *Management Review*, April, 15.

96 Shumsky, N.J. (1999). Repatriation can be the most difficult part of a global assignment. *CRN News*, May, 21.

97 See Oddou, G., Szkudlarek, B., Osland, J.S., Deller, J., Blakeney, R., and Furuya, N. (2013). Repatriates as a source of competitive advantage: How to manage knowledge transfer. *Organizational Dynamics*, 42(4), 257–266; Bailey, C., and Dragoni, L. (2013). Repatriation after global assignments: Current HR practices and suggestions for ensuring successful repatriation. *People and Strategy*, 36(1), 48–57; Ren, H., Bolino, M.C., Shaffer, M.A., and Kraimer, M.L. (2013). The influence of job demands and resources on repatriate career satisfaction: A relative deprivation perspective. *Journal of World Business*, 48(1), 149–159; Oddou, G., Szkudlarek, B., Osland, J.S., Deller, J., Blakeney, R., and Furuya, N. (2013). Repatriates as a source of competitive advantage: How to manage knowledge transfer. *Organizational Dynamics*, 42(4), 257–266; Kraimer, M.L., Shaffer, M.A., Harrison, D.A., and Ren, H. (2012). No place like home? An identity strain perspective on repatriate turnover. *Academy of Management Journal*, 55(2), 399–420. Lazarova, M and Caligiuri, P. (2001). Retaining repatriates: The role of organizational support practices. *Journal of World Business*, 36(4), 389–401; Kraimer, M., Shaffer, M., and Bolino, M. (2009). The influence of expatriate and repatriate experiences on career advancement and repatriate retention. *Human Resource Management*, 48(1), 27; Lazarova, M and Cerdin., J. (2007). Revisiting repatriation concerns: Organizational support versus career and contextual influences. *Journal of International Business Studies*, 38(3), 404–429.

98 Lazarova and Caligiuri (2001); Kraimer, Shaffer, and Bolino (2009); Lazarova and Cerdin (2007).

99 Lazarova and Caligiuri (2001).

100 Munkel, N. and Nghiem, L. (1999). Do multinationals face up to the challenges of repatriation? *KPMG Expatriate Administrator*, 4, 6–8.

101 Lazarova, M., and Tarique, I. (2005). Knowledge transfer upon repatriation. *Journal of World Business*, 40, 361–373.

第 **10** 章
国际培训和管理发展

作为一个有吸引力的雇主，我们的理念是不断投资于培养员工的技能。在过去七年里，我们已经投入大约 15 亿英镑进行培训。

——宝马公司管理委员会主席诺伯特·雷瑟夫（Norbert Reithofer）[1]

学习目标

- 倡导为跨国企业的全球管理人员和员工提供培训和发展计划。
- 应对培训国际劳动力的挑战。
- 解释能够推动培养高效全球员工队伍的培训计划的关键学习目标。
- 设计跨文化培训计划，使国际外派人员能够成功完成任务并建立有效的全球管理团队。
- 在国际组织中培养全球思维、全球竞争力和全球领导力。
- 提高全球和虚拟团队的效率。

跨国公司面临着与其全球员工和管理人员的培训和发展相关的一些特殊问题。传统上，培训和发展是人力资源管理的核心职能之一。因此，当一个企业的国际业务达到一个重要的水平、涉及其他国家的多个子公司和合作伙伴关系、将技术转移到其他国家、开发和实施全球战略并在全球范围内销售其产品或者服务，以及将一些员工迁移到国际职位时，培训和发展的职能会呈现出一种新的、更复杂的性质。

本章从跨国公司的角度审视培训和发展。培训通常指旨在培养或提高员工工作技能的活动，发展主要指经理和管理人员（或准备成为管理人员的员工，虽然用得不那么频繁，但它更广泛地指所有员工的职业发展）的发展。在本书中，当使用术语"发展"时，讨论主要涉及管理、执行和领导力的发展。在本章中，讨论将主要集中在跨国公司的培训和管理发展活动，包括为全球劳动力开发以及提交培训和发展计划时出现的需求评估和教学设计问题。这些设计的关注点包括：跨国公司的共享知识和最佳实践；全球管理或领导力发展计划的设计和实施；管理者和员工的全球思维模式的发展；国际任务人员的特殊培训需求；当今技术在培训内容和内容交付方面的重要性；员工在虚拟和全球团队中有效工作所需要的准备。

除了采用正式的全球培训和管理发展计划，全球公司日益复杂的性质使得我们也需要关注非正式关系和网络的发展，这些也可能需要通过培训或学习来获得。人力资源管理系统需要分析跨国公司的正式和非正式全球培训和发展的需求，通过设计、开发以及实施培训和发展计划来满足这些需求，并评估这些培训和发展计划是否最终有助于跨国公司在全球范围内实现竞争优势。本章为人力资源管理系统的职责提供基础知识。

10.1　培训概述

跨国公司的人力资本可能是其最重要的竞争优势来源，因此受过良好培训和教育的全球员工队伍对公司在全球市场取得成功至关重要。[2]以下七项建议是全球组织学习、培训和发展的关键。[3]此外，这些建议提供了有关价值观的陈述，这些价值观是本章讨论成功跨国公司培训和管理发展的基础。

- **以国际视角去思考和行动。** 全球企业必须考虑并为其在世界所有关键市场中的存在做好准备，而不仅仅是在本国区域内。
- **成为一个平等的全球学习组织。** 必须通过全球所有文化来促进学习。[4]用大前研一（Ohmae Kenichi）的话来说："平等的主要规则是先看和思考全局（而不是局部）。例如，本田在日本、北美和欧洲都设有制造部门，这三个部门都是在世界主要市场，但其经理好像并不这么认为，他们表现的好像日本业务和海外业务之间存在分歧似的。事实上，'海外'这个词在本田的词汇中是没有意义的，因为该公司认为所有的主要客户都是平等的。"[5]
- **关注全球系统。** 培训和发展计划需要专注于打破部门孤岛，甚至是国家之间的界限以及将客户和供应商分开的界限，应该关注全局，即全球组织体系。
- **培养全球领导技能。** 全球领导能力不同于国内市场所需的能力，这应该是全球培训和发展计划的焦点之一。
- **使团队能够创造全球的未来。** 应该越来越多地使用和授权跨境和虚拟团队来执行关键的组织项目和解决问题的活动。这些全球团队本身可以成为跨文化能力发展的主要工具。
- **使学习成为全球组织的核心竞争力。** 全球组织需要成为一个全球性的学习型组织，学习和发展应渗透到组织所做的一切。[6]荷兰皇家壳牌公司的前战略规划负责人阿里·德赫斯（Arie de Geus）称："从长远来看，唯一可持续的竞争优势是组织比其竞争对手学得更快的能力。"[7]
- **全球组织及其个人成员必须不断重塑自我。** 在当今竞争激烈的全球经济中，自我发展必须成为个人和组织成功的战略基石。

掌握个人和组织不断变化、不断扩大的全球需求这一挑战可能是巨大的。本章中关于全球培训和管理发展的问题正是国际人力资源管理面临的挑战。

10.1.1　与全球培训和发展有关的问题

ADDIE[8]（分析（analysis）、设计（design）、开发（development）、实施

(implementation)、评估（evaluation）模型涉及培训和发展的各个阶段。在这几个阶段中做出的许多决定都受到以下事实的影响：跨国公司的培训和发展计划是在多个地点、文化和语言中开发和使用的，当企业在世界各地经营子公司和合伙企业时，对其全球员工的培训就显得特别重要和困难。与全球培训和发展有关的主要问题围绕培训计划的设计、开发、实施和沟通展开，包括技术培训和非技术培训。

在没有本地化内容和实施的情况下推出全球培训计划是有风险的，因为这可能会降低培训干预措施的接受度和有效性。培训计划的本地化需要基于地方一级的需求分析，包括本地化翻译、适应当地文化习俗以及遵守影响培训的当地法律。企业在培训和发展时经常试图从总部获取成功的培训计划，但这通常不起作用。跨国公司在讨论全球当地劳动力培训需求时面临的各种问题包括[9]：

■ 谁应该在国外子公司和合资企业提供培训？是总部的培训师、当地的培训师还是独立培训师？

■ 培训应该如何进行？是否需要考虑当地的文化差异和学习风格的偏好？

■ 是否存在翻译问题（书面材料和口头材料）？单词的含义是否存在差异？是否存在外国语言中不存在的术语和短语？谁应该承担翻译的责任（总部人员、东道国专家还是第三方供应商）？应该由总部提供培训计划，还是将海外员工带到集中的或区域的培训设施中进行培训？跨国公司的电子学习效果如何？培训计划是否可以在不同地点开发并提供给每个人？各种选择有什么影响？

■ 管理发展课程的处理方式是否应与东道国和第三国雇员的培训不同？

■ 为了确保尊重每个东道国的文化，每个子公司或合资企业是否应该开展自己的培训？它们有能力吗？或者是否有充分的理由坚持集中开发的培训计划？

■ 就培训的内容和过程而言，跨国公司如何根据不同的国家和文化调整培训计划？

■ 每个语言环境所需的不同内容（技能和知识）是什么？

当然，跨国公司培训师和国际人力资源管理面临的部分挑战和问题是没有简单答案的。因此，许多公司开发国际培训实践以满足其特定的需求和资源，并寻找最有效的方法。不同的跨国公司在其海外子公司和合资企业中培训当地劳动力的方法从完全的本地化，到在子公司层面设计和管理所有的培训，再到全面融入母公司的文化和观点的全面整合，使所有培训都是由总部指导的。这些问题将在跨文化培训和发展部分中进行更详细的讨论。

10.1.2　全球培训和发展的本地化方法

跨文化差异在跨国公司培训和发展的设计、开发和实施环节都具有重要影响。此外，培训和发展的有效性可能会受到结构性问题的影响，例如培训的法律义务、劳动力教育水平以及不同的教育体系。例如，一家美国跨国公司花了数百万美元来升级其全球所有工厂的 IT 系统以及培训计划，以确保每个员工都了解新的系统。[10]然而，其人力资源总监无法理解为什么在培训完几个月后，一些子公司仍在使用旧系统。虽然斯堪的纳维亚人和英国人欢迎这些新想法，但法国人、意大利人和拉丁美洲人不愿意接受美国总部的不同指令。虽然亚洲人在培训期间没有抱怨，但他们也未能实施新系统。英国全球培训咨询公司 TMA 的高级开发顾问理查德·哈洛（Richard Harlow）表示，这是一种常见的情况。[11]

> 我一次又一次听到类似的全球培训计划没有达到预期效果的故事，可以将它们归结为多种原因。有时候是因为材料没有得到正确的解释，有时候是因为内部政治，或者某个地方的员工不习惯简报或培训的方式。公司最终会深入挖掘原因以进行再培训或排除问题。

有时公司面临这样令人失望的事情是因为它们只是将总部制订的计划直接照搬到另一个国家，而不考虑文化的差异性。这种问题比仅仅将培训材料翻译成另一种语言要严重得多，培训师必须解决文化上的细微差别。在许多情况下，全球培训不平衡，因为它完全不适合特定的文化。

即使没有根据当地条件和文化调整培训和发展计划，国际人力资源管理专业的人员也必须努力了解当地法律、习惯、员工技能和知识水平以及雇主义务，以提高完成所需的学习和发展目标的可能性。接下来的部分将讨论培训和发展的本地化问题，包括文化、语言、学习方式、教育水平和形式、当地有关培训和发展的法律以及学习迁移。

10.1.3　文化

国家（甚至专业和组织）文化在许多方面都影响培训。在外国子公司设立培训项目之前，国际人力资源管理专业人员必须了解该文化如何影响教育过程。例如，在一些文化中，教师是学生应该尊重的专家，教师通过单向对话传授知识，学生认真地听课。在这种情况下，学生不会提问，教师也不会征求学生的意见。在这样的文化中，气氛正式，学生尊重权威。与此形成鲜明对比的是，美国教育形式不那么正式，注重互动性并鼓励学生参与。

对教师的尊重程度影响着参与程度，也影响着参与者提出问题或意见并参与公开讨论的程度。文化将影响学生的服从性，例如在讨论和陈述意见时尊重培训小组中最优秀的成员。文化影响学生与教师之间各种形式的互动，也影响培训小组对老师行为方面的接受程度，例如对形式和外观的接受程度。文化影响学生的角色，例如，基于他们的性别和职位，他们与培训师或培训人员熟悉的方式不同。向来自不同文化背景的员工提供培训必须考虑到与文化相关的问题，否则培训可能不那么成功。

图 10-1 说明了一些国家的文化特征如何影响培训教学方法的选择。[12]如图 10-1 所示，受高权力距离文化（接受学生和教师之间的地位差异）和强不确定性规避文化（不愿意冒险和尝试新事物）影响的学生，在培训中更多地依赖结构化和被动学习模式；与此相反，那些来自弱不确定性规避文化和低权力距离文化的学生，可能更适应体验式培训技术（包括课堂讨论、互动活动和团队项目）。当然，文化中的个体可能与这些准则不一致，子公司可能已经建立了一种支持使用不同于特定文化规范的培训技术的企业文化。

图 10 - 1 培训技术与国家文化的匹配

资料来源：Tyler, K. (1999). Offering English lessons at work, *HR Magazine*, December, 112 - 120.

10.1.4 学习方式

学习方式也与文化有关。很明显，除了不同的个人学习方式，来自不同文化和国家的人们习惯于不同的培训和教学方式。因此，在设计和提供培训时需要考虑采用最适合他们的学习方法。

10.1.5 教育水平和形式

向全球多个子公司提供培训和管理发展非常复杂，其原因之一是各国的教育基础差别很大。具体表现为以下方面：识字率水平差别很大；教育系统的性质及其提供的教育类型差异很大（无论是理论上的还是实践上的）；高等教育的水平、性质和可获得性各不相同；职业教育的可获得性差异很大；各个国家的学校系统所采用的学习方式也有差异；对各种教学技术和媒体的熟悉程度以及学生和教师之间的关系也有很大的不同。因此，往往不可能直接将教学内容或教学方法从一个地方转移到另一个地方。随着科技的发展，越来越多的年轻人期待不同的培训方式。

10.1.6 语言

全球培训和发展中涉及语言的问题有很多，其中一个问题是要为全球劳动力提供单一的、共同的语言培训，还得将培训项目翻译成不同的语言，以供全球劳动力使用。如果培训是用一种语言提供的，那么该语言很可能是总部的语言或者英语。另一个问题与提供语言类课程本身有关，目的是使员工能够更有效地与企业内部以及外部支持者（如供应商、分包商和客户）进行互动。在今天这个日益缩小的世界里，准确有效的沟通能力变得越来越重要。尽管商务英语已经成为全球商业活动的主要语言，但很明显，能够使用邻居、客户和员工的语言进行销售、谈判、讨论和管理，可以提高成功沟通的可能性，从而提高商业交易成功的可能性。

跨国公司已经认识到外语技能的重要性。会说其他语言是一种非常重要的能力，已经成为招聘新员工时非常看重的一个优势。语言习得为更深层次的文化理解打开了大门，因为语言模式、思维模式和行为模式（例如客户）之间是相互关联的。因此，语言学习是与客户以及员工之间更好地理解和互动的纽带。在跨国公司内部，具有多种语言和多元文化能力的"国际主义者"正日益成为最受欢迎的员工类型。举个具体的例子，中文越来越受外国人欢迎，因为公司会派遣越来越多的员工到中国工作。使得语言问题变得更加困难的是越来越多的人利用短期商务旅行来管理跨国公司的海外业务，指望这些旅行经理和管理人员能够说出各子公司的客户、供应商、分包商等所使用的各种语言是不切实际的。如今，许多跨国公司在数十个国家开展业务。许多大型跨国公司在一百多个国家开展业务，使用的当地语言数量众多。出于这些原因，使用单一语言进行国际交流，例如培训和发展活动，具有很大的实际意义。由于种种原因，英语始终是国际商务活动中的首选语言。

因此，每个人都说一种通用语言已经变得流行，这个通用语言通常是英语，至少在一些公司中是这样。语言课程不仅帮助新员工适应，而且帮助员工更好地完成工作，提高员工忠诚度并改善客户关系。[13]应该尽可能地根据工作场所的情况和所需要的技能来讲授语言课程，从而提高培训的有效性。一些国家，如韩国已经认识到流利的英语的重要性，他们正在开发一个大型的多校区大学设施（至少有 12 个来自著名的西方学校的分支机构），在那里每个人都讲英语，所有项目都是英文的。[14]其目的是为韩国人提供更多的机会并吸引海外投资。至少对于韩国来说，英语的广泛使用被视为全球经济中的竞争优势。

另一个主要关注的领域涉及培训本身的语言。全球企业必须就是否将培训材料翻译成当地（外国）语言以及是否以当地语言（通过使用当地培训师或通过翻译人员）提供培训做出艰难的决定。如果培训师来自区域或公司总部培训小组，他们不会说当地语言，决定通过翻译人员提供培训时，则需要特别注意口译员和笔译员的选择，因为擅长口译和笔译需要的不仅仅是原始语言和外语的培训，还需要了解业务的性质以及所有技术和特殊管理术语，这些术语可能无法轻易转换为外语或原始语言。

跨国公司可能需要提供所在国家或地区的语言培训。例如，尽管中国员工能理解英语培训，但他们可能更希望以普通话的形式接受培训。在美国加利福尼亚州，如果企业的员工超过 15 人，并且英语以外的语言是他们的第一语言，则必须以员工的第一语言提供所有培训。

10.1.7　培训和发展的法律

跨国公司还必须考虑国家法律法规。相关法律可能要求将工资支出的一定比例用于培训（或者将一定比例的工资支出支付给政府资助的培训计划），对某些科目进行培训（如安全、综合训练等），将材料翻译成当地语言，为员工接受培训或遵守劳动合同提供资金支持。

10.1.8　学习迁移

学习迁移问题在跨国培训和发展中尤为重要，这与接受培训的人能够（或实际做到）将所学应用到工作中的程度有关。培训人员不仅要考虑跨国培训的性质（如上所述），还必须密切关注谁需要接受培训。跨国企业在一些特殊情况中出现了学习迁移问题（传统意义上的从培训计划到工作绩效的迁移，以及从一个国家到另一个国家的迁移），这些情况包括在跨国并购和合资企业中融合各种公司和国家文化，应对由于全球劳动力的发展而增加的跨国多样性，以及处理跨文化工作团队的许多问题。

10.1.9　国际培训和发展的标准化方法

尽管有很多理由可以将培训本地化，跨国公司仍必须考虑如何整合培训和发展活动，不仅要实现规模经济和范围经济，而且要确保及时为全球所有员工提供相同的培训和发展活动。在全球一体化的企业中，始终需要围绕共同的流程、实践和组织原则制定培训和发展干预措施。在非技术培训（例如围绕管理和领导力发展问题）中尤其如此。随着通信和 IT 技术的发展，每个人可以轻松获得信息和知识，障碍几乎被消除了。跨国企业正在利用信息技术提供的发展机会，通过公司网站或其他网站提供几乎所有可以想到的主题培训计划。跨国公司正在开发学习门户网站，并在线提供技术信息和各种培训发展课程，可通过个人电脑、笔记本电脑、掌上电脑访问，也可下载到手持设备，如手机、iPad 和其他类型的平板电脑。曾经非常昂贵的基于计算机的培训（computer-based training，CBT）正在全民普及，并通过电子学习工具让每个人触手可及。

　　但是，电子学习的问题仍然存在，不应该被忽视。虽然电子学习可能是提供培训的有效和具有成本效益的手段，但仍可能存在实施和文化接受的问题，具体内容如下：培训是以标准化的形式反映母国的管理和法律法规，还是以本地化的形式反映当地管理实践和法律法规？每个人都可以使用这项技术吗？每个人都熟悉它的用途吗？在不同的文化背景下，所提供的培训类型和沟通形式都能被接受吗？是否所有或大部分在线课程仅在总部所在国或仅在西方发达国家开发？是否有当地语言的课程，并涵盖对当地子公司具有重要意义的课题？尽管可能有充分的理由推行培训发展计划的标准化，但一些本地化仍然是必要的和可取的。

■ 10.2　全球虚拟团队

　　不断变化的组织性质、工作类型和执行方式要求员工越来越多地在项目和团队中工作。[15]全球互联性，特别是由于去地域化、制造业和服务业工作的分解以及新技术的开发，使得团队的使用和性质日益全球化和虚拟化。现在，一个团队通常由5～15个人组成，而大型团队（多达100人或更多）在跨国公司中也越来越常见。[16]这使得跨国企业越来越有必要围绕团队的组建和管理组织培训计划和课程。

　　几十年来，团队合作和团队效率一直是组织行为学研究的重要课题，并一直受到文化的影响。[17]例如，如何在不同的社会中建立信任？对于来自不同文化的团队成员如何管理团队冲突？当团队中出现问题时，来自不同文化背景的团队成员如何应对冲突？由团队内部和外部人员组成的关系和个人网络，与组织其他部门的人员共同开发的以业务为中心的关系，以及在此基础上构建起来的社会关系对于团队的成功运作也很重要。[18]事实上，来自关系导向文化而不是任务导向文化的团队成员，能够更有效地利用他们的网络，从而使团队受益。关键在于团队成员的文化规范与团队的运作方式有很大关系，这使得对团队成员的培训变得非常重要，以此来确保团队成员之间的顺畅互动。

　　虽然个人的团队角色会影响团队的整体效率，但是这一结论没有充分考虑团队现在运营的全球和文化背景，例如团队规模的扩大。[19]第一，团队成员在地理上越来越分散，并在不同的时区工作。第二，跨国团队比国内团队更有可能在国家文化和种族背景方面呈现多样化。第三，全球虚拟团队往往比当地的团队更大，他们经常处理与全球企业相关的问题，并且必须具有地理代表性。第四，全球虚拟团队很可能用英语交流，这很可能不是许多或大多数团队成员的母语。无论团队合作多么具有挑战性，在分散的团队中问题就更加复杂，这主要是因为团队成员通常没有面对面工作。因此，虚拟团队提出了一些独特的领导力和培训挑战。国际人力资源管理的职责是确保全球团队成员接受必要的培训，以便相互之间能够有效合作。

　　早在目前对全球虚拟团队重视之前，研究人员就一直对评估文化上同质化团队是否比异质化团队更有效或更低效感兴趣。[20]结果表明，管理良好的异质化团队比同质化团队表现更好，但管理不善的异质化团队的绩效比不上同质化团队。管理良好的异质化团队绩效更高的原因在于其多样性带来的协同作用。管理不善的原因在于克服团队复杂性时带来的问题（如图 10 - 2 所示）。当异质化团队能够克服管理多样性带来的困难时，就能够获得协同效应的好处，并且比同质化团队更有效。因此，无论团队是共处还是分散、跨境还是虚拟，团队培训的一个主要课题都变成了多样性培训。

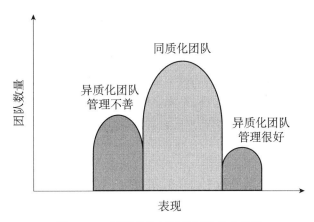

图 10 - 2　同质化和异质化团队的有效性

资料来源：DiStefono，J. J. and Moznovski，M. L.（2000）. Creating value with diverse teams in global management. *Organizational Dynamics*，29（1），45 - 63.

由于跨国公司越来越多地使用全球虚拟团队，其效率已变得至关重要。创建有助于创造这种生产力的培训计划成为国际人力资源管理的重中之重。目前正在进行的关于虚拟团队有效性的最佳实践包括：从面对面会议开始发展人际关系；团队尽可能小而务实；有沟通的行为准则；定期沟通，但不要过于频繁；确保每个人都了解其他人的角色；与上级组织保持紧密联系；奖励团队的成果而不是个人的工作成果。[21]

与虚拟团队领导相关的最佳实践包括：

（1）通过使用通信技术建立和维护信任。

（2）确保多样性得到理解和赞赏。

（3）管理虚拟工作生活周期（work-life cycle）会议。

（4）使用技术监控团队进度。

（5）使用团队建设来增强虚拟团队绩效。

（6）继续定期举行面对面会议。

（7）提高团队内外虚拟成员的可见性。

（8）使虚拟团队的个人成员能够从团队中受益。[22]

随着越来越多的跨国公司使用全球虚拟团队，有关如何使虚拟团队更有效率，以及如何使员工为虚拟团队做好准备的知识有望在未来增加。人们可以预测，在全球范围内提供和改善培训计划以提高团队效率的需求也将增长。

■ 10.3　全球领导力发展

培训和发展还负责为跨国公司培养经理和全球领导者。一些现代的管理和领导力发展理论起源于西方。但随着全球化的快速发展，许多使西方领导人效率提高的领导力书籍[23]被质疑是否普遍适用。如果领导理论是针对具体情况的，那么以美国和西方为中心的领导概念和实践在多元文化和国际环境中是否与在西方背景下一样有效这一点值得商榷。因此，一些新的全球领导力理论和模型应运而生。

10.3.1 全球领导力理论

GLOBE（全球领导力和组织行为有效性（Global Leadership and Organizational Behavior Effectiveness）的首字母缩写）研究项目是全球范围内最大的领导力学术研究。[24]该研究的主要目标是确定能被普遍接受和有效的全球领导力特征。全球研究的主要发现是，魅力型或变革型领导风格在不同文化中都得到了强烈认可。变革型领导是一种领导者将其追随者发展或转化为新的领导者的领导风格。[25]变革型领导者通过发展承诺、信任、忠诚和表现，将自己和他们追随者的注意力集中在实现更高层次的愿景和使命上，他们花时间了解与他们一起工作的人，让这些人知道怎样才能做到最好，以及他们能承受多大的压力、挑战和支持。他们鼓励员工在重要或者他们所关切的事业上提出质疑并贡献他们的智慧，能够充分挖掘被领导者的全部潜力，因此得到了员工的尊重。

识别高潜力的员工，通过挑战性的工作任务以及加速学习进程来发展他们的领导技能，使之成为适合全球组织的储备人才，这些都是至关重要的竞争优势，特别是在人才争夺战日益激烈的时代。以下简要概述这些对全球管理发展至关重要的内容。

10.3.2 全球高管：发展全球企业的经理人

全球化企业在发展过程中，在某一阶段会从国际化的角度来审视管理者的发展。公司不仅开始意识到国际经验对母国经理是必要的，而且开始意识到在整个组织中培养管理人才的重要性。事实上，当今全球公司面临的人力资源方面的最艰巨的任务可能是培养一批对全球市场有深入了解的团队成员、经理和高管，要求他们有能力将这些知识转化为坚定的全球行动，他们希望看到自己的回报和个人职业发展与国际化的职业生涯是相关的。[26]跨国公司需要能够轻松地从一种文化转换到另一种文化的高管（可能还有其他员工），他们精通多种文化和语言，能够有效地融入国际团队并将误解降到最低。[27]这些高管是全球商业成功的关键，但要培养这样的领导者并不容易。迄今为止，太多的公司迟迟没有真正意识到文化的重要性，仅仅是因为关键决策者缺乏必要的国际经验和曝光度，不具备足够的全球视野。

许多跨国公司在当地员工（包括母国和东道国业务）的发展方面进行了良好的投资，因此能够发现有资格在大多数主要市场上处理当地业务的有能力的管理人员。与此同时，公司却缺乏经验丰富、具有广泛国际技能、与公司全球战略相匹配的高管。过多的本地化往往导致管理人员的全球化不足。由培养新一代全球高管的高成本和复杂性以及这给既定的管理发展进程带来的挑战可知，扭转这一现实并非易事。

通常跨国公司所处的全球商业环境与其所习惯的完全不同。在这种情况下，国际人力资源必须根据当地条件调整政策与实践，同时修改当地管理者和员工的思维方式和技术技能，使其接受并符合世界一流标准。为了促进和管理这种全球化，企业必须识别和培养能够在全球范围内以全球视角有效经营的领导者。在全球经济中，这种全球领导者的战略准备已成为国际人力资源管理贡献的一个重要组成部分。从本质上讲，国际人力资源管理设计必须包括全球培训和管理发展计划在内的人力资源流程，以激励和促进组织，确保其"全球整体"大于其国内部分的总和。

　　"国际人力资源管理实务 10.1"描述了高露洁-棕榄的全球管理发展计划。[28]它很好地综合了本书提出的许多观点。高露洁的收购取得了不错的回报，使其成为全球最成功的公司之一。

➡ **国际人力资源管理实务 10.1**

高露洁-棕榄的全球管理发展计划

　　玛丽·贝丝·罗伯斯（Mary Beth Robles），纽约人，高露洁-棕榄公司（Golgate-Palmolive）巴西公司营销总监。她精通英语、西班牙语和葡萄牙语，还会一点儿法语，是高露洁-棕榄全球管理发展计划的实施者。罗伯斯是公司国际骨干员工的杰出代表，这些员工是公司全球销售的幕后推手，其中近70%来自美国以外的地区。罗伯斯曾在马德里和华盛顿生活过，除了目前在圣保罗的职位，她还为墨西哥、乌拉圭和亚特兰大的公司工作。

　　高露洁-棕榄公司已经在国际上运营了 60 多年。它的产品，如高露洁牙膏、棕榄皂、Fab 衣物洗涤剂和 Ajax 清洁剂在 170 多个国家家喻户晓。

　　高露洁-棕榄公司了解全球的复杂性，几十年来一直活跃在全球舞台上。它并没有低估人力资源和人员需求对最终结果的重要性。然而，直到最近高露洁-棕榄才寻求人力资源部设计一项直接影响其全球人员配备的战略。

　　随着高露洁-棕榄公司在海外的业务范围大幅扩张，它开始关注对全球劳动力的需求。很明显，人力资源部门识别和培养全球人才以实现业务目标的能力将直接影响公司的利润。人力资源部门要解决这个问题就必须做出某些决策，这些决策因全球业务的规模和范围而变得更加复杂。例如，公司将如何安排海外业务的员工？什么时候依靠外派人员比依靠当地公民更有效？让谁出国效果最好？什么样的个人和职业素质能带来成功？东道国员工怎么样？如何建立一支全球经理人团队？

　　接下来，一支由 25 名高露洁-棕榄人力资源主管和高级直线经理组成的全球团队为制订一个全球员工计划而开始了为期一年的探索。该小组开会制订选拔和继任计划、培训和绩效管理的全球标准。全球人力资源战略总监布里安·史密斯（Brian Smith）说：

> 　　这种全球业务战略要求确定某种类型的经理，他不仅要了解我们在当地经营的特定利基市场和社区，而且要具有全球视角并了解全球产品线的巨大优势。管理人员要能够在国际上更快地行动，更具竞争力，同时他们要具有全球视角。

　　该计划的一个直接结果是全球营销计划。它每年需要大约 15 名高潜力的 MBA 毕业生，并让他们在不同的部门轮岗 18～24 个月。新员工学习销售流程，体验全球业务发展团队，并接触制造业和技术。在公司总部任职后，他们被部署到海外。该项目被视为打造高露洁所需要的全球管理骨干的有力工具，每年有超过 1.5 万人排队申请该职位。通常学员要有硕士学位，至少要会讲一种外语，并通过过去的经历或个人旅行表现出对在国外生活的兴趣。

高露洁-棕榄将这些人推向全球，它寻找的是那些具备专业能力，对多元文化具有敏感性，并了解自己对海外生活的期望的人。事实上，高露洁-棕榄公司在员工的职业生涯早期就让他们进行轮岗，这有助于员工尽早弄清楚他们能否承担工作责任。如果可以的话，在这个计划中，员工通常会从财务部门到市场营销部门再到人力资源部门，从科特迪瓦到巴拿马再到泰国，然后在十几年后回到纽约总部。它不仅招募美国公民，还吸引来自世界各地的人们。

在全球营销计划取得成功的基础上，高露洁-棕榄公司还将其复制到其他职能领域，如财务和人力资源领域。除了最近的毕业生，还鼓励其他已经在公司任职的处于职业生涯早期的高潜力人士申请，这给了他们机会。

作为这些计划的一部分以及因为其他业务需求，高露洁-棕榄为其员工提供了一系列海外任务：长期、短期和针对特定专业需求的权宜之计。由于公司的声誉，它吸引了那些想要成为全球化人士的人，以及那些想要拥有全球化技能的人，他们可以在世界任何地方拥有国际职业。高露洁-棕榄公司使员工能够经常进出美国总部，使多样化和流动的环境成为可能。结果是该公司 60％的国际外派人员来自美国以外的地方，自 1960 年以来，其一半的首席执行官不是美国公民。此外，所有高级管理人员至少会讲两种语言。这是一家全球性的公司，在全球范围内的管理发展对其而言非常有益。

10.3.3 全球管理发展模式

对今天的跨国公司来说，员工发展管理是一件非常重要的事，但现实情况是，大公司对这种发展所采用的模式或方法的研究并不多。[29]

对跨国公司来说，很重要的一点是优先识别和培养管理人才。在 IBM、壳牌、飞利浦（Philips）和联合利华等公司，国际高管发展的责任是如此重要，以至于董事会特别关注这个问题，负责这一活动的高管直接向首席执行官汇报。这些公司发现，缺乏具有全球理解力的管理人才一直是建立海外业务或开发新的全球项目的主要障碍，在某些情况下也阻止公司为技术上可行的人员配备项目。即使是规模较小的公司也逐渐认识到拥有一批全球管理人员的重要性。用几年前毕马威（KPMG）欧洲区高级合伙人格雷厄姆·科贝特（Graham Corbett）的话来说："我们正处于快速增长的轨道上，我们的主要任务是吸引和培养足够的专业人才，以支持我们正在经历的（全球）增长。"[30]

来自不同国家的公司似乎在管理发展方面采取了不同的方法，但它们之间也存在一些共同的做法，包括：

（1）通过早期职业评估程序和对工作绩效的密切监控，或仅在精英大学和高等学府招聘，或利用内部学徒制，提高管理责任水平，及早发现具有执行潜力的个人。

（2）使用经过密切监测和指导的那些通过一定程序确定为行政领导职位候选人

的人员。[31]

密切监控的主要目的是对这些高潜力员工的职业和工作分配进行管理，从而确保高潜力员工具有足够的工作经验，其中包括海外任务，适当的多样性、挑战和责任（包括多个职能部门、产品和国家经验，以及个人所熟悉的专业领域以外的重要发展）以及工作年限，确保个人能够在新的环境中学习如何与新同事（尤其是来自其他国家和文化的同事）合作来实现目标。一些观察员还注意到，国际地点之间的流动性创造了非正式网络，使信息和问题解决能够以比正式、传统、等级结构所提供的更有效的方式在世界范围内共享。

来自欧洲、亚洲和美国的高级管理人员表示，他们的公司缺乏具备在全球市场有效运作所需能力的经理人。[32]他们表示，这是他们扩大业务和提升在全球市场上竞争能力的主要制约因素。在这种背景下，国际人力资源管理者必须问自己以下几个问题：如果全球企业确实存在这样的人才短缺，那么现有的全球高管的实际水平如何？跨国公司如何才能提升管理者的水平？或者有可能在国际舞台上照搬国内的做法吗？

10.3.4　识别高潜力的领导者

组织识别其领导者的方式受到文化实践和不同的领导认同方法的影响，这些方法可以根据国家文化进行追踪。[33]"精英群体"方法是从最初进入劳动力队伍的人员中识别人才的模式，这些人才是从顶尖大学招募的，经过多年的精心挑选、培训和发展，这种模式在日本最为典型。"精英政治"方法是一种在入职时识别人才的模式，公司从精英学校（例如法国的"精英院校"）招募人才，最优秀的毕业生在没有试用期的情况下获得管理职位。这种模式在拉丁欧洲国家中最为典型，特别是法国。在"功能性"方法中，领导者因其卓越的才能而被确定，这在德国公司中非常典型。在"管理发展"方法中，职能发展的责任分散在地方层面，而管理发展的整个过程则集中在公司层面，这在大型跨国公司中最常见。这些基于文化的领导力鉴定模型都遵循着不同的领导力发展计划。

10.3.5　发展全球领导力

一些研究认为，领导不是职位而是行动。[34]Black，Morrison & Gregersen 通过对来自北美、欧洲和亚洲约 50 家公司的 130 名全球高管进行深入访谈，得出结论：全球领导力的 2/3 由全球动力驱动，1/3 由特定业务动力驱动。[35]他们发现，全球领导者需要一系列独特的技能和能力，这些技能和能力源于国家背景、行业、公司和职能的变化。全球领导力被发现是对全球业务感兴趣并且胜任的一种能力。在他们的研究中，每个全球领导者都有一套核心的全球特征，并始终能够胜任四个重要领域的工作：

■ 求知欲（好奇心）。求知欲（好奇心）是把其他特征联系在一起的黏合剂。高效率的全球领导者总是充满好奇心。各国之间存在的语言、文化、政府法规等方面的差异非但没有使他们不知所措，反而使他们受到了鼓舞。他们热爱学习，并致力于理解和掌握全球商业环境的复杂性。

- 视角（领导者如何看待世界）。全球领导者看待世界有独特的视角。虽然大多数管理人员避免不确定性，但全球领导者将不确定性视为国际商业的一个机遇。
- 性格（情感联系和坚定不移的诚信）。通过个人的一贯表现，全球领导者展现出与不同背景和文化的人联系的能力。这对于在全球员工队伍中以及与全球公司的许多客户和合作伙伴建立信任和善意至关重要。
- 精明（卓越的商业和组织精明）。识别全球商业机会，然后调动组织的全球资源以利用这些机会。全球领导者在识别市场机会和应用组织资源以充分利用这些机会方面具有高超的技能。

跨国公司不仅对在整个组织中培养领导能力感兴趣，而且希望其领导者拥有全球竞争力和经验。今天，几乎没有听说哪个大型跨国公司的首席执行官或高级领导人可以在没有国际经验的情况下担任这样的职位（尽管在规模较小、新的跨国公司中仍然很常见）。因此，许多跨国公司坚持在其关键领导者和管理者的职务描述中发展一系列全球竞争力，包括以下能力[36]：

- 清楚地描述商业全球化背后的力量。
- 认识并联系全球市场趋势、技术创新和商业战略。
- 概述对有效的战略联盟至关重要的问题。
- 在全球范围内构建日常管理事宜、问题和目标。
- 超越历史、文化和政治的界限、结构、系统和过程来思考和计划。
- 创建并有效领导全球业务团队。
- 帮助公司采用有效的全球组织结构。

跨国公司所需的技能和能力与传统上对复杂程度较低的国际公司管理人员的预期不同。[37]首先，跨国经理必须从全球视角了解全球商业环境，而不仅仅是从多国内部角度。他们必须培养一系列技能，以便与来自多个国家和文化的企业和人士合作。表 10-1 总结了跨国经理的技能，并将其与传统国际经理所要求的技能进行了对比。

表 10-1 跨国经理与传统国际经理的技能对比

跨国技能	跨国经理	传统国际经理
全球视角	从全球角度了解全球商业环境	专注于外国，管理总部与该国之间的关系
本地效应	了解许多文化	成为某种文化的专家
协同学习	与不同文化背景的人一起工作，同时向他们学习	分别或按顺序与每个不同文化背景的人一起工作
	营造一个文化协同的环境	使外国人融入组织总部的国家组织文化
过渡和适应	适应有很多外国文化的生活	适应在外国文化中生活
跨文化互动	在整个工作中每天使用跨文化互动技能	主要通过在外国工作使用跨文化互动技能
合作	平等地与外国同事交流	在明确定义的结构和文化优势等级中进行互动
国外经验	职业和组织发展	外派主要是为了完成工作

资料来源：Adler, N. J. and Bartholomew, S. (1992). Managing globally competent people. *Academy of Management Executive*, 6 (2), 52-65.

10.4　全球化思维简介

人们试图用他们现有的思维模式来解释全球化带来的影响。基本上，人们的思维方式是来自其经验和文化的解释框架，指导他们如何对事件和人进行分类和区分，以帮助他们理解观察和感知到的内容。这些思维方式决定了人们对来自其他国家和文化的人的国际经验和评论的看法和反应。但他们缺乏国际经验和与国际接触的机会，这往往限制了他们在国际运营中取得成功的能力。凯瑟琳·舍雷尔（Catherine Scherer）对那些被她称为国际主义者的人进行了研究，认为全球化的思维模式的特点是宽容、灵活、好奇以及处理模棱两可的问题的能力。[38]每个人似乎都同意全球思维方式对有效的全球管理至关重要。接下来的几段内容将首先定义全球化思维是什么，识别它的主要特征，识别具有全球思维的模式，并讨论人们如何开发全球思维模式。

全球思维模式的发展是全球领导力发展的核心。首先，本节将介绍全球思维模式的概念。[39]在全球范围内，许多管理发展计划的目标之一是培养一批拥有全球思维模式的管理人员。[40]这种全球视角包括对多种文化及其差异的敏感性，在多个国家的工作经验，以及在全球范围内寻求客户、财务资源、供应、技术、创新和员工的知识和意愿。

工作、公司、技术、产品、资金和社区的国际化让许多人和公司措手不及，人们还没有意识到生活和商业都在迅速全球化这个现实。很少有人有长期与来自其他文化的人一起工作或生活的经验，结果导致很少有人熟悉跨国界从事业务时应遵循的规则。大多数人认为，当他们在国外工作时，他们熟悉那些在国内运用良好的规则就足够了，但是正如本书中所强调的那样，这种情况很少发生，因此就有可能犯错。通常经理和员工在与来自其他国家的同事、客户和供应商互动时的反应是："为什么他们不能像我们一样？"他们的表现和开展业务的方式往往看起来很奇怪和困难。正因为如此，企业越来越关注如何培养具有全球思维的经理和员工，即在多元文化中有效思考和运作的能力。

10.4.1　全球化思维的定义

了解如何跨文化生活和工作是具有全球思维的人的基本能力。对大多数人来说，培养这种思维方式既是一种情感教育，也是一种智力教育。这些课程是专业的，但往往也非常个人化。[41]正是专业课程的复杂性和个人课程的转换，让那些具有全球思维的人有了更广阔的视野。事实上，正是这种独特的观点构成了全球化思维模式。一位具有丰富国际商业经验并为美国培训与发展协会（American Society for Training and Development）撰写文章的作者表示：

> 这种全球化思维方式是一种存在方式，而不是一套技能。它是一种面向世界的方式，允许人们看到其他人没有看到的某些事物。全球化思维意味着从广阔的视角审视世界的能力，以持续寻找可能构成的威胁或实现个人、专业或组

织目标的意想不到的趋势和机会。[42]

来自欧洲的学者和顾问从心理（个人）和战略（专业）角度定义了全球思维方式。[43]他们将其视为"接受和处理文化多样性的能力"以及"一系列使个人倾向于平衡国际情况中出现的竞争性业务、国家和职能优先事项的态度，而不是以牺牲其他方面为代价来提倡某些方面"。

最终，全球经理必须成为全球范围内个人和组织变革与发展的促进者。要实现这一目标，全球管理者不仅必须关注和开发组织文化、价值观和信念（虽然这些文化、价值观和信念远远超出了管理者自身的文化、技术和管理背景），而且必须对其工作所在的世界的边界进行完美的重构。[44]全球管理者需要在保持全球视野的同时，继续理解、欣赏和适应当地或跨文化的差异和变化。

> ……学者和其他从规范角度写作的人有时倾向于认为全球或世界主义优于地方主义，他们呼吁一种"超越特定地区的普遍方式"。本地化被认为是片面和狭隘的。然而，在我们看来，全球化思维需要一种与一维的普遍主义相反的方法——它需要二元的视角，急需关注本地化的"细节"，同时也要保持更广泛的跨国思维。[45]

10.4.2　全球化思维的特征

学习全球化思维方式需要开发一套新的能力。尽管对于拥有全球化思维方式的人的具体特征存在很多分歧，以下是对这些特征的综合描述。[46]具有全球化思维的人表现出以下能力：

- 全球竞争力。他们拥有广泛的业务技能，具备在全球范围内开展业务的能力，以及设计和管理复杂的国际结构和战略的能力。[47]他们展示出对国家差异、全球趋势以及其决定和选择的全球影响的意识。这些技术和业务技能使他们能够胜任各种国际任务。

- 与不同文化的人一起工作和交流。他们表现出与来自不同文化的人（员工、客户、供应商、同事）的互动能力。他们对文化和语言差异非常敏感。他们了解不同的文化背景，并将这种理解融入他们的工作和沟通方式中。他们了解文化因素对沟通和工作关系的影响，并愿意在个人和专业成长与发展的过程中修改和提升自己的理解。

- 管理全球复杂形势、矛盾和冲突。这显示了处理多个国家文化时遇到的复杂形势、矛盾和冲突的能力。他们对不同的文化和文化价值观具有敏感性；他们使不同文化和文化价值观在不同的文化环境中有效运作。[48]与国内同行相比，他们有能力处理更多的复杂和不确定问题。[49]他们在解决问题时考虑更多的变数，不会因逆境而气馁。

- 管理组织适应性。他们展示了管理组织变革以应对新情况的能力（即他们能够管理全球企业文化并适应多种文化环境）。他们展示了重新构建其参考领域的能力，具有灵活性并能在必要时改变组织中的文化。[50]他们对其他生活和说话方式具有广泛的好奇心和开放性，并从中为组织适应性提供了思路。

■ 管理多元文化团队。他们能够有效地管理跨国界和多元文化团队。他们重视这些团队中存在的多样性，并且能够成为这些团队的跨境教练、协调员和冲突调解者。[51]他们与不同群体的人相处得很好，能够建立必要的跨国界信任和团队合作，这一点对此类团队实现有效绩效非常重要。[52]

■ 管理不确定性和混乱。他们对模糊性感到满意，并耐心地处理具有全球性特征的不断变化的问题。他们可以在面对不确定性时做出决策，并可以在全球事件的混乱中看到模式和联系。他们对其他文化和生活在其中的人们表现出极大的好奇心。

■ 管理个人和组织的全球学习。包括为自己和与他们合作的其他人。

员工和管理者与全球客户、供应商和同事之间的互动是否成功，往往取决于他们以全球思维和参照框架来思考和行动的能力。事实上，应对全球焦点与地方或国家关注之间冲突的能力是当今商业世界的关键能力之一。[53]这种全球化的思维方式使人们倾向于建设性地应对相互竞争的优先事项（全球与地方），而不是提倡一套文化价值观（最有可能是个人的本国价值观）而牺牲其他文化价值观。这种心理包括能够形成和维持一种整体的全球观，一种完全不同的看待世界的方式，一种能够综合许多复杂和冲突的力量。[54]

10.4.3 具有全球化思维的组织的特征

具有全球化思维的组织通常称为全球中心组织，也就是说，其领导者的最终目标是创建一个拥有全球整合业务系统的组织，该组织拥有一支具有全球视野和方法的领导团队和员工队伍。他们招聘员工以获得全球和外派潜力，他们的观点是所有员工都必须为公司全球化的成功做出贡献，所有员工需要具备全球意识并支持企业的全球战略。IBM 前首席执行官萨缪尔·帕尔米萨诺指出[55]，如 IBM 之类的全球集成企业，是一种全新的体系结构，在这种体系结构中，公司可以在世界任何地方工作和运营，其基础是经济、员工专业知识和正确的商业环境的最佳位置的组合，然后在全球范围内整合运营。这一模式面临的一个关键挑战是，需要建立一个真正的全球领导者群体。用帕尔米萨诺的话说，挑战在于"我们如何培养出能够真正领导全球团队和业务，理解世界各地文化、社会规范和期望的人才？新一代领导者将从何而来？"

10.4.4 获得全球化思维

"4T"（旅行（travel）、培训（training）、团队（team）和调动（transfer））[56]是发展全球化思维的有效方式。发展全球思维所需的基本经验是生活在另一种文化中并经历文化冲击，这是学习如何接受和享受外国文化生活所必要的。[57]虽然频繁的国际商务旅行和短期的国际任务有助于开阔一个人的视野，但这并不能使一个人获得全球化思维所需的文化和领导技能。原因在于短期旅行和短期任务不需要文化适应和融入外国文化，因此，在发展全球化思维方面没有那么有效，并不真正要求人获得克服文化冲击的技巧。[58]

许多人认为，不能仅仅通过一系列属性来定义那些最终在全球环境中取得成功的员工，这些属性主要是他们在国内环境中所需的知识、技能和能力的延伸。事实上，越来越多的证据表明，在某种程度上全球成功人士发生了根本性转变，他们获得了一种全球化思维模式。[59]他们变得更加国际化，拓展了自己的视野，改变了对世界的认知。出于这种深刻的变化，个人发展出一种新的视角或思维方式。这不仅是对自己的一种新的看法，也是对自己的组织和专业角色的一种新的看法。这种变化远远超出了技能的变化，而是成为一种个人的变化。众所周知，个人认知的这些深刻变化是由于面对更高水平的环境复杂性而产生的，而这恰恰是国际任务中发生的事情。这些人不仅产生了新的观点，而且发展了接受新观点、发展和持有多种观点的技能。这种获取和持有多种（可能是竞争的）观点的能力（即通过他人的角度看待问题的能力）是一种更为"先进"的特征。[60]正如最新的研究发现的，文化适应的经验基本上只有在移居国外时才能学到，也就是说，通过生活在另一种文化中才能学到。[61]

与大多数经理和高管一样，全球高管也表示，他们从富有挑战性的任务、重要的其他人和换位思考的事件中学到了很多东西。当这些事情发生在不同的文化中时，它们会呈现出明显不同的风格。学习如何在一个与自己的国家截然不同的国家里工作，是一种难得的体验。在一个完全不同的文化中工作，这是一种转变。然而，人们不一定只有通过近距离接触或渗透来了解他人或发展全球化思维。亲近不一定能带来更好的沟通或理解，常识和善意也不能取代深思熟虑的教育。也就是说，一个人必须努力工作，必须从新文化经验中学习，必须放弃那种认为熟悉的东西一定是最好的态度。[62]要培养文化素养或能力，必须采取慎重的步骤来了解另一个国家或文化的实践和价值观。我们必须共同努力，了解激励人们及其行为背后的深刻价值观。一个人必须经历和应对一种新文化的冲击，才会开始全面理解它，并有效地在其中发挥作用。此外，还可以向有过这种经历的人来学习。国际人力资源管理和跨国公司必须鼓励这种经验和学习。

在许多跨国公司中，海外经历是成为高管的必要条件。[63]当然，当组织和个人的期望保持一致时，这些国际任务的效果最好。也就是说，公司与外派人员需要真正达成一致，双方都需要履行其义务和对方的期望。[64]这需要双方定期讨论任务的预期结果以及如何在与实际情况的对比中展开任务。

■ 10.5 跨文化准备和国际外派任务

人力资源经理的国际培训任务通常涉及国际外派人员及其家属的培训和准备。实际上，对于"走向国际化"的许多企业而言，这可能是企业开展国际业务后一段时间内唯一的国际培训问题。管理发展计划通常不涉及任何国际因素，对当地劳动力的培训主要是区域人力资源经理需要关注的问题。然而，在某种程度上，跨国企业通常会认识到教育和培训外派员工的重要性。

为国际外派人员做出国前（以及抵达后）的准备是一件与企业选择合适的候选人同样重要的事情。例如，最近的调查发现，大多数组织都了解跨文化培训的重要性。[65]应向国际外派人员提供跨文化培训，这对于任务的成功至关重要。[66]无法调整或履行预期的角色通常是海外任务失败的主要原因，这些能力都可以通过培训得到改善。国际高管的外派失败通常是因为无法理解新国家的风俗习惯，或者是因为他们的家人无法应对搬迁带来的情感压力。[67]在这两种情况下，努力适应新环境带来的"文化冲击"尤为重要。

10.5.1 跨文化适应

许多国际外派人员及其家属在适应新的外国环境时会遇到困难。[68]大多数情况下，妻小不得不放弃工作、房子、朋友和家人，陪伴丈夫出国，丈夫虽然也放弃了这些，但他有新的工作关系，因此，妻子通常更难适应外国环境。当人们开始一项新的、陌生的、国外的任务时，他们所面临的一些适应问题与他们变化的日常生活有关，与他们在试图弄清楚如何表现时所经历的文化冲击有关。生活中许多已建立的习惯在外国环境中必须改变，包括从饮食习惯和喜爱的食物到建立和发展人际关系的方方面面。这种改变需要耗费大量的精力和时间。改变的范围、规模和关键程度越大，越会令人精疲力竭，这些问题会令人感到沮丧。文化冲击是指人们因缺乏对新的、外国文化的知识和理解而不知所措，并常常伴随着不充分和缺乏经验的行为而产生的消极后果时，所经历的一系列心理和情感反应。文化冲击的心理和情绪症状包括沮丧、焦虑、愤怒和抑郁。一个人的习惯被破坏通常是造成这些后果的关键原因。

文化冲击导致的反应甚至常常超出此范围。大多数人在刚开始时并没有经历文化冲击，在任务的早期阶段通常会有一种对新体验的新鲜感和兴奋感，通常被称为"蜜月期"。在这个阶段，国际外派人员和他的家人通常不了解当地的文化禁忌。一段时间后，国际外派人员和他的家人会开始意识到他们不知道或不理解许多文化的基本规则，这对他们的自尊心造成了重大打击。违反基本规则越严重，自我打击就越严重，随之而来的文化冲击和沮丧感也就越强烈。有些人永远无法从这种文化冲击中恢复过来，其中许多人选择了提前归国，而另一些人则留下来，最终通过自己的努力克服文化冲击，学会理解和接受当地文化，并逐渐适应当地生活和工作，甚至融入和享受外国的环境。错误带来的痛苦是文化冲击的主要表现形式，但正是这些错误为我们指明了走出文化冲击的道路。一旦犯了文化错误，最重要的是要认识到这一点，错误就不太可能被重复，也不太可能带来持续的挫折、愤怒或尴尬。渐渐地，通过犯错误、认识错误、观察其他人的行为并努力理解构成当地文化基础的更深层次的价值观，人们学会了该说什么、该做什么。[69]

10.5.2 跨文化培训的设计与实施

跨文化培训应侧重于帮助国际外派人员及其家人做三件事：（1）意识到不同文化的行为各不相同，习惯各不相同，并提供观察这些差异的实践；（2）建立新文化的心理地图，以便他们能够理解为什么当地人重视某些行为和想法，以及他们如何适当地融入这些行为和想法；（3）实践他们在新的海外任务中需要的有效行为。

如果没有这种培训，大多数人不太可能成功地学习到如何适应新文化。[70]

表 10 - 2 简要介绍了设计有效的跨文化培训（cross-cultural training，CCT）计划的五个阶段。[71]

(1) 确定需要跨文化培训的全球任务类型。

(2) 确定具体的跨文化培训需求（组织层面、任务层面和个人层面）。

(3) 确定培训效果的目标和措施。

(4) 开发并实施跨文化培训计划。

(5) 评估跨文化培训计划是否有效。

培训师和受训人员在培训和准备方面投入的精力和时间越多，即培训越严格，受训人员及其家庭成员就越有可能学习到他们在外国任务中取得成功所需的行为和态度，并消除因缺乏关于任务和新地点的知识而导致的障碍。深入了解国际外派人员及其家庭的需求以及新国家和文化与本国的差异程度，是设计有效的跨文化培训和准备计划的关键。

表 10 - 2　设计有效的跨文化培训计划的五阶段流程

阶段	描述
阶段一 确定全球任务类型	这个阶段确定需要跨文化培训的外派任务。不同类型的外派任务和跨文化培训因任务和培训的目标不同而有所不同
阶段二 确定培训需求	这一阶段从三个层面确定具体的跨文化培训需求： (1) 组织层面：跨文化培训如何支持公司的业务战略？ (2) 业务级别：成功完成外派任务需要哪些跨文化能力？ (3) 个人层面：接受培训的人员是否有特殊需求要满足？
阶段三 确定目标和措施	这一阶段为跨文化培训制定短期目标和长期目标： 短期跨文化培训目标侧重于认知、情感和行为的改变；长期跨文化培训目标侧重于提高跨文化调整率
阶段四 开发和实施计划	这一阶段开发并实施跨文化培训计划： (1) 确定具体的教学内容（一般文化与特定文化）。 (2) 确定提供教学内容的方法（教导式与体验式）。 (3) 培训时间（出发前与抵达后）。 (4) 培训方式（面对面与基于技术，如基于网络）。
阶段五 评估计划	该阶段评估跨文化培训计划是否成功地实现了短期和长期目标

资料来源：Adapted from Tarique, I. and Caliguiri, P. (2004), Training and development of international staff, in Harzing, A. W. and Van Ruysseveldt, J. (eds.), *International Human Resource Management*, . 2nd ed., London：Sage Publications.

10.5.3　为国际任务做准备

经验丰富的国际人力资源管理人员认为，在国际任务中取得成功至关重要的是首先向国际外派人员及其家属提供有关任务和地点的足够信息，以便他们能够就这项任务的可取性做出明智的决定。[72]这需要的不仅仅是对外派地点的短暂熟悉之旅，尽管这很重要并应该被视为准备过程的必要部分，应该向员工和他们的配偶简要介绍新任务的职责，以及公司关于国际外派人员薪酬福利、税收、安全和回国的政策。此外，还需要向员工及其家人提供所有信息、技能，让他们在海外工作时感到舒适和富有成效。这种培训的大部分内容必须集中在新国家的文化价值观和规范以及与本国的文化价值观和规范的对比上。表 10-2 说明了在为一名国际外派人员准备跨文化培训时，要经过哪些流程及其内容。[73]鉴于国际外派人员及其家人可能面临许多不同类型的问题和一些可能的发展目标，用于培训的特定方法也应该有所不同。

首先，在为国际外派人员准备培训计划时，国际人力资源部门必须认识到国际外派人员面临的各种问题，其中包括与业务有关的困难（公司内部或外部或与总部有关的），或国际外派人员家庭内部的困难，或与东道国或母国政府有关的困难。每一个潜在的困难都有独特的解决办法，而任务的具体目标将有助于克服这些问题。例如，开发东道国语言的工作知识可以改善许多可能产生的问题，所选择的特定开发方法应与特定的开发需求相匹配。如果国际外派人员及其家庭的文化相对于新的外国地区的文化差异很大，则培训的长度和严谨性也应该相应匹配。[74]最终目标是让国际外派人员成功完成任务，在任务期间留在外国，有效地利用其新技能完成任务并回到母公司。

在国际外派人员培训的设计方面，一般来说，有关培训的研究给出了一些指导方针。[75]例如，培训需要考虑到环境的影响，环境与跨文化培训有很强的相关性。应在内容和教学方面根据受训者的知识、经验和能力进行调整。最后，有人建议，国际外派人员培训应主要发展对其他文化的知识和现实的了解，从而使外派人员能够适应不同的环境，在不同的文化中进行交流，能够很好地观察一个国家的环境，表现出良好的人际关系技巧并学习适当的礼仪，能够在一个陌生的环境中有效地管理压力，出色完成所分配的任务。[76]

从更广泛的角度来看，许多公司将国际外派人员的准备工作分为两类：咨询和培训。咨询主要处理移居国外的相关流程和政策；培训则努力培养对国家和文化问题的应对技能和敏感性，使国际外派人员和家属能够更好地适应和享受他们的新环境。越来越多的公司认识到，这种准备工作对国际外派人员在国际业务上的成功是非常重要的。

内容如此广泛的准备方案可以尽量减少国际外派人员及其家属对外派工作的不适应造成的过早归国和不良经历以及外派工作成绩不佳。

尽管人们通过培训计划了解其他文化的实际效果存在很大争议（一些作者建议必须亲身体验一种文化才能真正理解或适应它），但至少有一些证据表明这些培训计划确实有所帮助。[77]事实上，美国大学国际理解商业委员会（American University-based Business Council for International Understanding）与壳牌石油公司的合作经验表明，出发前进行培训可以显著降低国际外派人员的失败率。[78]例如，在为被派往沙特阿拉伯的员工提供培训之前，壳牌外派人员的提前归国率为 60%。经过三天的培训，这个比例降到了 5%。经过出发前六天的培训，这个数字降到了 1.5%！据估计，如果没有任何出发前的跨文化培训，只有约 20% 的美国人在海外表现良好。[79]

正如在关于文化冲击的讨论中所指出的，国际外派人员及其家庭必须学会应对不同国家对其生活方式造成的不同程度的干扰。因此，有效的出发前培训必须根据员工日常熟悉的内容与新任务的要求之间的差距而对培训内容和强度进行调整。母国文化与东道国文化之间的差距（即文化距离）越大，培训的范围就越广，时间也越长。在可能的情况下，应提供出发前和抵达后的培训，抵达后的培训应着重于新文化中较为复杂的方面，因为典型的国际外派人员和家属只有在亲身体验了新文化之后才能准备接受更详细的文化培训。[80]

本节主要侧重于国际外派人员及其家属的培训和准备，其他类型的培训或入职培训似乎也适用于跨国公司的其他员工，特别是那些在国际业务部门工作或管理不同员工队伍的人，这些人包括国内国际主义者、国际通勤者、商务旅行者和虚拟国际主义者，以及传统的短期和长期国际外派人员。如果跨国企业真的想提升其员工的全球业务能力，那么它就必须为每个人提供跨文化培训和指导。

■ 10.6 跨国公司的知识管理

一个真正的跨国公司是通过标准化的业务流程、对当地压力的反应和企业间的知识共享来实现全球一体化，并以此来适应当地的文化和法律实践。[81]尽管知识管理的好处是众所周知的，但在跨国公司之间有效地共享知识和最佳实践难以实现。当公司变得更大、更复杂、更全球化时，国内环境中知识共享的许多障碍都会被放大。知识管理和共享的常见障碍包括：

- 人际关系的缺乏和忽视。
- 缺乏共享系统。
- 相信知识就是力量（因此人们不想分享它）。
- 关于一个人的知识价值的不安全感。
- 缺乏信任。
- 害怕分享相关知识可能带来的负面后果。
- 认为不存在跨文化的最佳实践。
- 语言和翻译问题。
- 优越感或居高临下的态度。
- 组织内部竞争。

正如本书中所讨论的那样，国际人力资源管理必须努力减少这些类型的障碍，并促进整个跨国企业的知识和学习共享。只有通过本章讨论的各种计划和实践，跨国公司才能发展实现成功的全球运营所必需的人力资本。

■ 10.7 结论

本章关于跨国公司的培训和发展，重点介绍了成功的跨国公司的关键资产之一，即能够在全球团队中运作的具有较强能力的员工队伍，这些员工能够在全球团队中运作，拥有最新的技术，具备全球思维，并能够在全球舞台上发挥领导作用。本章还强调了跨文化准备的重要性，特别是对国际外派人员而言。虽然其中许多因素被认为是全球管理中"软"的部分，但跨国公司使其员工队伍形成这些能力被认为是全球竞争的关键优势。

10.8 讨论题

1. 与国际培训和发展有关的主要问题有哪些？
2. 如何改善全球虚拟团队的有效性？
3. 如何发展全球领导力？
4. 人们如何获得全球思维？
5. 跨文化准备在国际任务管理中的作用是什么？
6. 跨国公司如何克服跨境知识共享的障碍？

案例 10.1 马拉维的管理培训

马拉维共和国曾经是英国的殖民地，现在是非洲的一个独立的小国家，人口约 1 740 万。它继承了英国非常西方和官僚的行政传统，它也受益于西方跨国公司的大量投资，这些公司在马拉维拥有许多子公司。马拉维的传统文化价值观强调家庭成员和地位，这也被搬到了当地和跨国企业的管理制度中，管理制度大多是从欧洲和美国引进的。在马拉维的文化中，工人把雇主视为他们家庭的延伸，他们希望从雇主那里获得广泛的福利，例如住房和交通。马拉维也非常重视地位差异。管理者和下属之间的关系是管理者处于权威地位，工人给予其尊重，并且采取家长式的管理方式。马拉维人认为适当的礼仪非常重要。经理们通常不愿为自己的错误承担个人责任，也不直接批评下属。马拉维的管理者很少授权，因为在他们的文化中认为授权剥夺了管理者的权力，从而降低了他们在下属心目中的地位。这些文化习俗如何影响跨国公司在马拉维培训和发展项目的发展？跨国公司在马拉维建立业务时，必须考虑到以下三个现实：

■ 西方的创新、激励、领导等模式在马拉维行不通。例如，大多数西方（欧洲和英美）管理专家认为，领导行为取决于具体情境，因此没有一种绝对正确的领导方式。但是，马拉维文化认为领导者应该始终具有权威性。因此，人力资源专业人员必须首先了解领导行为如何适用于马拉维文化，再对马拉维员工进行相应的培训。

■ 有地位意识的马拉维管理人员会因被告知参加培训计划而感到不满。他们会将培训理解为认为他们是"低于平均水平"的表现者，并且会假设他们的下属会做出同样的假设。因此，公司必须精心准备一项策略，以一种不会让经理在同事或下属面前"失去面子"的方式保证受训人员的出勤率。

■ 培训方法必须与员工的学习风格相一致，马拉维人在"以过程为导向"的教育环境中学习得最好。因此，应该使用经验和小组技术以及其他支持性学习技术的训练方法来代替那些侧重于讲座和死记硬背的教学方法。

资料来源：Adapted from Jones，M. L. (1989). Management development：An African focus. *International Studies of management and Organization*，19 (1)，74-90；and updated (2014) from the following：http：//www. afribiz. info/content/2014/foreign-transnational-corporations-in-malawi；and 2014 CIA World Facebook. Available at https：//www. cia. gov/library/publications/ the-world-facebook/.

问题：

1. 有不受文化影响的培训技巧吗？为什么？

2. 请你为马拉维设计一个培训计划（例如，使用新软件跟踪销售情况）。你会考虑哪些语言和文化因素？

［注释］

1 Norbert Reithofer, Chairman of the Board of Management, BMW (from 2013 annual report).

2 See, for example, Stephan, M., Vahdat, H., Walkinshaw, H., and Walsh, B. (2014). *Global Human Capital Trends 2014: Engaging the 21st Century*, a Report by Deloitte Consulting LLP and Bersin, Westlake, TX: Deloitte University Press; *Lionbridge 2104 Global Training and Development Survey. Survey Results.* Published by Lionbridge Lionbridge Technologies (www.lionbridge.com), Waltham, Massachusetts; The very BEST learning organizations of 2013 (2013). *T+D*, 67 (10), 34–82; Training Top 125. (2012). *Training*, 49 (1), 66–107; Beliveau-Dunn, J. (2013). Developing talent amid rapid change. *HR Magazine*, 58 (1), 36–38; Cleghorn, L. (2014). Addressing the challenges of growing mobility: International. *Benefits and Compensation International*, 44 (3), 25; Ruiz, G. (2006). Kimberly-Clark: Developing talent in developing world. *Workforce Management*, 85 (7), 34; the chapter on "Growing people" in Sirkin, H.L., Hemerling, J.W., and Bhattacharya, A.K. (2008). *Globality: Competing with Everyone from Everywhere for Everything*, New York: Business Plus.

3 Keys, J.B. and Fulmer, R.M. (1998). Introduction: Seven imperatives for executive education and organizational learning in the global world, in Keys, J.B. and Fulmer, R.M. (eds.), *Executive Development and Organizational Learning for Global Business*, New York: International Business Press, pp. 1–10. Also see the entire special issue of *Human Resource Management*, Summer/Fall 2000, nos. 2 and 3; Oddou, G.R. and Mendenhall, M.R. (2013). Global leadership development, in Mendenhall, M.E., Osland, J.S., Bird, A., Oddou, G.R., Maznevski, M.L., Stevens, M., and Stahl, G. (eds.), *Global Leadership*, 2nd ed., London/New York: Routledge, pp. 160–174; and Sparrow, P., Brewster, C. and Harris, H. (2004) *Globalizing Human Resource Management*, London/New York: Routledge.

4 Slocum, J., Jr., McGill, M. and Lei, D.T. (1994). The new learning strategy: Anytime, anything, anywhere. *Organizational Dynamics*, 23 (2), 33–47.

5 Ohmae, K. (1990). *The Borderless World*, New York: Harper Collins, 18.

6 See, for example, Jamrozy, K. (2013). The current state of research on culture of learning organization. *Organization and Management*, (157), 77–88; Argote, L. (2012). *Organizational Learning: Creating, Retaining and Transferring Knowledge*, New York: Springer; Kearney, J., and Zuber-Skerritt, O. (2012). From learning organization to learning community. *The Learning Organization*, 19 (5), 400–413; Watkins, K.E., and Dirani, K.M. (2013). A meta-analysis of the dimensions of a learning organization questionnaire: Looking across cultures, ranks, and industries. *Advances in Developing Human Resources*, 15 (2), 148; Wen, H. (2014). The nature, characteristics and ten strategies of learning organization. *The International Journal of Educational Management*, 28 (3), 289–298; Ahmed, P.K., Kok, L.K. and Loh, A. Y E (2002). *Learning Through Knowledge Management*, Oxford, England and Woburn, MA: Butterworth-Heinemann; Argyris, C. (1999). *On Organizational Learning*, 2nd ed., Oxford, England and Malden, MA: Blackwell Publishers; Chawla, S. and Renesch, J., (eds.) (1995). *Learning Organizations: Developing Cultures for Tomorrow's Workplace*, Portland, OR: Productivity Press; Davenport, T.O. (1999). *Human Capital: What It Is and Why People Invest It*, San Francisco: Jossey-Bass; DiBella, A.J. and Nevis, E.C. (1998). *How*

Organizations Learn, San Francisco: Jossey-Bass; Dotlich, D.L. and Noel, J.L. (1998). *Action Learning: How the World's Top Companies Are Re-Creating Their Leaders and Themselves*, San Francisco: Jossey-Bass.

7 de Geus, A. (1980). Planning is learning. *Harvard Business Review*, March–April, 71; and de Geus, A. (1997). *The Living Company*, Boston: Harvard Business School Press; Sparrow, Brewster and Harris (2004).

8 For an explanation of the ADDIE model see Mayfield, M. (2011). Creating training and development programs: Using the ADDIE method. *Development and Learning in Organizations*, 25 (3), 19–22; Rothwell, W.J. and Kazanas, H.C. (2004). *Mastering the Instructional Design Process*, 3rd ed., San Francisco: CA: John Wiley & Son.

9 Adapted from Geber, B. (1989). A global approach to training. *Training*, September, 42–47. See also Schuler, R.S., Tarique, I. and Jackson, S.E. (2004). Managing human resources in cross-border alliances, in Cooper, C. and Finkelstein (eds.), *Advances in Mergers and Acquisitions*, New York: SAI Press, pp. 103–129; Odenwald, S.B. (1993). *Global Training: How to Design a Program for the Multinational Corporation*, Homewood, IL: Business One Irwin and Alexandria, VA: The American Society for Training and Development; Reynolds, A. and Nadler, L. (1993). *Globalization: The International HRD Consultant and Practitioner*, Amherst, MA: Human Resource Development Press; and Miller, V.A. (1994). *Guidebook for Global Trainers*, Amherst, MA: Human Resource Development Press.

10 Sappal, P. (2000). ¿Entiendes? Capiche? Comprenez-vous? *HR World*, September/October, 28–32.

11 Quoted in Sappal (2000).

12 Skerlavaj, M., Su, C., and Huang, M. (2013). The moderating effects of national culture on the development of organisational learning culture: A multilevel study across seven countries. *Journal for East European Management Studies*, 18 (1), 97–134; Hassi, A., and Storti, G. (2011). Organizational training across cultures: Variations in practices and attitudes. *Journal of European Industrial Training*, 35 (1), 45–70; Coget, J. (2011). Does national culture affect firm investment in training and development? *The Academy of Management Perspectives*, 25 (4), 85; Burke, M.J., Chan-Serafin, S., Salvador, R., Smith, A., and Sarpy, S.A. (2008). The role of national culture and organizational climate in safety training effectiveness. *European Journal of Work and Organizational Psychology*, 17 (1), 133; Flynn, D., Eddy, E.R., PhD., and Tannenbaum, S.I., PhD. (2006). The impact of national culture on the continuous learning environment: Exploratory findings from multiple countries. *Journal of East–West Business*, 12 (2), 85–107; Francis, J.L. (1995). Training across cultures. *Human Resource Development Quarterly*, 6 (1), Spring, reprinted in Albrecht, M.H. (ed.) (2001). *International HRM*, Oxford, England and Malden, MA: Blackwell Publishers, pp. 190–195, adapted from Hofstede, G. (1991). *Cultures and Organizations: Software of the Mind*, New York: McGraw-Hill; and Pfeiffer, J.W. and Jones, J.E. (1983). *Reference Guide to Handbooks and Annuals*, San Diego: University Associates. Similar efforts are reported in Keys, J.B. and Bleicken, L.M. (1998). Selecting training methodology for international managers, in Keys, J.B. and Fulmer, R.M. (eds.) (1998).

13 Tyler, K. (1999). Offering English lessons at work. *HR Magazine*, December, 112–120.

14 Sang-hun, C. (2010). English-language schools sprout in South Korea, downloaded 8/23/2010 from *The New York Times*, http://www.nytimes.com/2010/08/23/world/asia/23schools.html.

15 Lockwood, N. (2010). Successfully transitioning to a virtual organization: Challenges, impact and technology, *Society for Human Resource Management Research Quarterly*, first quarter; O'Neill, T.A., Lewis, R.J., and Hamley, L.A. (2008). Leading virtual teams—Potential problems and simple solutions, in Nemiro, J., Beyerlein, M., Bradley, L., and Beyerlein, S. (eds.), *The Handbook of High-Performance Virtual Teams: A Toolkit for Collaborating Across Boundaries*, San Francisco: Jossey-Bass; Right Management Consultants (2005). *Understanding the HR Dimensions of Virtual Team Building*, Executive Research Summary, Philadelphia: Right Management Consultants.

16 Gratton, L. and Erickson, T.J. (2007). Eight ways to build collaborative teams. *Harvard Business Review*, November, 100–109.

17 Katzenback, J.R. and Smith, D.K. (2003). *The Wisdom of Teams*, New York: Harper Business Essentials.

18 See Oh, H., Labianca, G., and Chung, M-H. (2006). A multilevel model of group social capital. *Academy of Management Review*, 3, 569–582; and Labianca, G. (2004). The ties that bind. *Harvard Business Review*, October, 19.

19 Belbin, R.M. (1996). *Management Teams: Why they Succeed or Fail*, London: Butterworth-Heinemann. See also www.belbin.com.

20 DiStefano, J.J. and Maznevski, M.L. (2000). Creating value with diverse teams in global management.

Organizational Dynamics, 29 (1), 45–63.

21　Maitland, A. (2004). Virtual teams' endeavors to build trust. *Financial Times*, 8 September; Right Management Consultants (2005). Virtual teaming study: High-tech global teaming still needs human touch. *Communique*, downloaded 5/10/2005 from http://www.envoynews.com/philadelphia/e_article00039803. cfm?x=b4Syd43,b1p6cFKh.

22　Malhotra, A., Majchrzak, A. and Rosen, B. (2007). Leading virtual teams. *Academy of Management Perspective*, 21 (1), 60–70.

23　Some of the leadership books that take a global perspective and question the Western-centric view of leadership include: Trompenaars, F. and Hampden-Turner, C.M. (2000). *21 Leaders for the 21st Century*, Oxford: Capstone; Evans, P., Pucik, V., and Barsoux, I. (2011), *The Global Challenge: International Human Resource Management*, New York: McGrawHill/Irwin; Lipman-Blumen, J.C. (2000). *Connective Leadership: Managing in a Changing World*, Oxford, UK: Oxford University Press; Black, J.S., Morrison, A.J. and Gregersen, H.B. (1999). *Global Explorers: The Next Generation of Leaders*, New York/London: Routledge; Kets de Vries, M.F.R. (2006). *The Leadership Mystique; Leading Behavior in the Human Enterprise*, London: FT Prentice Hall.

24　House, R.J., Hanges, P.J., Javidan, M., Dorfman, P., and Gupta, V. (eds.) (2004). *Leadership, Culture, and Organizations: The GLOBE Study of 62 societies*, Thousand Oaks, CA: Sage Publications; House, R.J., Hanges, P.J., Ruiz-Quinanilla, S.A., Dorfman, P.W., Javidan, M., Dickson, M.W., Gupta, V., et al. (1999). Cultural influences on leadership and organizations: Project GLOBE, in Mobley, W.H., Gessner, M.J. and Arnold, V. (eds.), *Advances in Global Leadership*, Stamford, CT: pp. JAI, 171–233; and Javidan, M., Stahl, G.K., Brodbeck, F. and Wilderom, C.P.M. (2005). Cross-border transfer of knowledge: Cultural lessons from Project GLOBE. *Academy of Management Executive*, 19 (2), 59–80.

25　Avolio, B. (1999). *Full Leadership Development: Building the Vital Forces in Organizations*, Thousand Oaks, CA: Sage Publications.

26　Black, Morrison and Gregersen (1999); McCall, M.W., Jr. and Hollenbeck, G.P. (2002). *Developing Global Executives: The Lessons of International Experience*, Boston, MA: Harvard Business School Press; Pucik, V. (1992). Globalization and human resource management, in Pucik, V., Tichy, N.M. and Barnett, C.K. (eds.), *Globalizing Management: Creating and Leading the Competitive Organization*, New York: John Wiley; Scherer, C.W. (2000). *The Internationalists: Business Strategies for Globalization*, Wilsonville, OR: Book Partners, Inc.; and Steers, R.M., Nardon, L., and Sanchez-Runde, C.J. (2013). *Management across Cultures: Developing Global Competencies*, 2nd ed., Cambridge, UK: Cambridge University Press.

27　See, for example, *Competing in a Global Economy* (1998). Executive Summary of the Watson Wyatt Study of Senior Executives across the Globe, Bethesda, MD and Reigate, England: Watson Wyatt Worldwide.

28　Solomon, C.M. (1994). Staff selection impacts global success. *Personnel Journal*, January, 89–95.

29　Caliguiri, P.M., Lepak, D., and Bonache, J. (2010). *Managing the Global Workforce*, Chichester, UK: John Wiley and Sons; Evans, P.A.L. (1992). Human resource management and globalization, keynote address presented to the Third Bi-Annual Conference on International Personnel and Human Resource Management, Ashridge Management College, Berkhamsted, Hertfordshire, UK, July 2–4; Evans, P., Lank, E. and Farquhar, A. (1989). Managing human resources in the international firm: Lessons from practice, in Evans, P., Doz, Y. and Laurent, A. (eds.), *Human Resource Management in International Firms*, London: Macmillan Press Ltd; Evans, P., Pucik, V. and Barsoux, J-L. (2002); and McCall, M.W., Jr. and Hollenbeck, G.P. (2002). For a broader look at executive development programs, particularly looking at executive training programs, refer to Keys, J.B. and Fulmer, R.M. (eds.) (1998).

30　Quoted in Evans, P., Lank, E. and Farquhar, A. (1989), pp. 33–114.

31　In addition to the other references on global management development, most of which make reference to the importance of early identification of candidates for global development, see Spreitzer, G.M., McCall, M.W., Jr. and Mahoney, J.D. (1997). Early identification of international executive potential, *Journal of Applied Psychology*, 82 (1), 6–29.

32　See, for example, Adler, N.J. and Bartholomew, S. (1992). Managing globally competent people, *Academy of Management Executive*, 6 (2). 52–65; Black, J.S., Morrison, A.J. and Gregersen, H.B. (1999); Cascio, W. and Bailey, E. (1995). International human resource management, in Shenkar, O., Ed., *Global Perspectives of Human Resource Management*, Engelwood Cliffs, NJ: Prentice-Hall; McCall, M.W., Jr. and Hollenbeck, G.P. (2002); Minehan, M.E. (1996). The shortage of global managers [reports on 2 major studies, one from 30 countries and one from Europe], *Issues in HR*, Alexandria, VA: Society for Human

Resource Management, March/April, 2–3; Rosen, R. (2000). *Global Literacies: Lessons on Business Leadership and National Cultures*, New York: Simon and Schuster; and Thaler-Carter, R.E. (2000). Whither global leaders? *HR Magazine*, May, 82–88.

33 Evans, Pucik and Barsoux (2002).

34 Black, J.S., Morrison, A.J. and Gregersen, H.B. (1999).

35 Black, Morrison, and Gregersen (1999).

36 Marquardt has published extensively on the subject of organizational learning and the learning organization, including in the global context. This particular information is adapted from Marquardt, M.J. (1999). *Action Learning in Action*, Palo Alto, CA: Davies-Black Publishing.

37 Adler, N.J. and Bartholomew, S. (1992). Managing globally competent people, *Academy of Management Executive*, 6 (3), 52–65.

38 Scherer, C.W. (2000). *The Internationalists: Business Strategies for Globalization*, Wilsonville, OR: Book Partners.

39 See, for example, Briscoe, D.R. (2007). Developing a global mind-set: Its role in global careers, *Proceedings*, 9th Bi-annual Conference, International Human Resource Management, 12–15 June, Tallinn, Estonia; Gupta, A.K. and Govindarajan, V. (2002). Cultivating a global mindset, *Academy of Management Executive*, 16 (1). 116–126; and Morrison, A, J. (2000). Developing a global leadership model, *Human Resource Management*, Summer/Fall, 39 (2 and 3). 117–131.

40 Evans, Pucik, and Barsoux (2002); and Mendenhall, M.E. and Stahl, G.K. (2000).

41 McCall and Hollenbeck (2002).

42 Rhinesmith, S.H. (1993). *A Manager's Guide to Globalization: Six Keys to Success In a Changing World*, Homewood, IL: Business One Irwin and Alexandria, VA: The American Society for Training and Development, 24.

43 Evans, Pucik, and Barsoux (2002), 385–387.

44 Rhinesmith, S.H. (1992). Global mindsets for global managers, *Training and Development Journal*, 46 (10), 63–68; and Rhinesmith (1993).

45 Evans, Pucik, and Barsoux (2002), 396–397.

46 See, for example, Javidan, M., and Walker, J. (2013). *Developing Your Global Mindset: The Handbook for Successful Global Leaders*, Edina: Beaver's Pond Press; Cseh, M., Davis, E.B., and Khilji, S.E. (2013). Developing a global mindset: Learning of global leaders. *European Journal of Training and Development*, 37(5), 489–499; Javidan, M., and Walker, J.L. (2012). A whole new global mindset for leadership. *People and Strategy*, 35(2), 36–41; Smith, M.C., and Victorson, J. (2012). Developing a global mindset: Cross-cultural challenges and best practices for assessing and grooming high potentials for global leadership. *People and Strategy*, 35(2), 42–51; Story, J.S.P., Barbuto, John E., Jr, Luthans, F., and Bovaird, J.A. (2014). Meeting the challenges of effective international HRM: Analysis of the antecedents of global mindset. *Human Resource Management*, 53(1), 131; Stroh, L.K., Black, J.S., Mendenhall, M.E., and Gregersen, H.B. (2005). *International Assignments: An Integration of Strategy, Research, & Practice*, Mahwah, NJ/London: Lawrence Erlbaum Associates; Black, Morrison, and Gregersen (1999); Claus, L. (1999). Globalization and HR professional competencies, paper presented at the 22nd Annual Forum, the Institute for International Human Resources (later called the Global Forum). Society for Human Resource Management, Orlando, FL, April 13; Dalton, Ernst, Deal, and Leslie (2002);

47 Adler, N.J. and Bartholomew, S. (1992). Managing globally competent people, *Academy of Management Executive*, 6 (3). 52–65; Evans, P., Pucik, V. and Barsoux, J-L. (2002).

48 Kets de Vries, M.F.R. and Mead, C. (1992). The development of the global leader within the multinational corporation, in Pucik, V., Tichy, N.M. and Bartlett, C.K. (eds.). *Globalizing Management: Creating and Leading the Competitive Organization*, New York: John Wiley and Sons, 187–205.

49 Lancaster, H. (1998). Managing your career, *Wall Street Journal*, June 2, C1.

50 Lobel, S.A. (1990). Global leadership competencies, *Human Resource Management*, 29 (1). 39–47.

51 Barham, K. and Wills, S. (1992). *Management Across Frontiers*, Ashridge, England: Ashridge Management Research Group.

52 Lancaster, H. (1998).

53 See, for example, Bartlett, C.A. and Ghoshal, S. (2002) *Managing Across Border*, (2nd ed.). Boston: Harvard Business School Press; Dalton, M., Ernst, C., Deal, J. and Leslie, J. (2002). *Success for the New Global Manager: How to Work Across Distances, Countries, and Cultures*, San Francisco: Jossey-Bass;

Evans, P., Pucik, V. and Barsoux, J-L. (2002); Ferraro, G. (2002). *Global Brains: Knowledge and Competencies for the 21st Century*, Charlotte, NC: Intercultural Associates, Inc.; Hodge, S. (2000). *Global Smarts*, New York: John Wiley and Sons; and McCall and Hollenbeck (2002); Rosen, R. (2000). *Global Literacies: Lessons on Business Leadership and National Cultures*, New York: Simon and Schuster.

54 Kedia, B.L. and Mukherji, A. (1999). Global managers: Developing a mindset for global competitiveness. *Journal of World Business*, 34 (3), 230–251.

55 Palmisano, S. (2007). The globally integrated enterprise, Address to the Forum on Global Leadership, Washington DC, July 25 (also in Foreign Affairs, 2006).

56 Black, Morrison, and Gregersen (1999).

57 McCall and Hollenbeck (2002).

58 Claus, L. et al. (2004). *Worldwide Benchmark Study. Trends in Global Mobility: the Assignee Perspective Research Report*. Cendant Mobility.

59 McCall and Hollenbeck (2002).

60 Hall, D.T., Zhu, G. and Yan, A. (2001). Developing global leaders: To hold on to them, let them go! In Mobley, W. and McCall, M.W., Jr. (eds.), *Advances in Global Leadership*, vol. 2, Stamford, CT: JAI Press.

61 McCall and Hollenbeck (2002).

62 Bennett, J.M. and Bennett, M.J. (2003). Developing intercultural sensitivity: An integrative approach to global and domestic diversity, in Landis, D., Bennett, J.M. and Bennett, M.J. (eds.), *The Handbook of Intercultural Training*, Thousand Oaks, CA: Sage; and Hodge (2000).

63 See, for example, Seibert, K.W., Hall, D.T. and Kram, K.E. (1995). Strengthening the weak link in strategic executive development: Integrating individual development and global business strategy. *Human Resource Management*, 34, 549–567; and Yan, A., Zhu, G. and Hall, D.T. (2002). International assignments for career building: A model of agency relationships and psychological contracts. *Academy of Management Review*, 27 (3), 373–391.

64 Yan, Zhu and Hall (2002).

65 Global Monility Trends Survey (2014). Brookfield Global Relocation Services, Brookfield Global Relocation Services (www. brookfieldgrs.com).

66 Global Mobility Policy and Practices, 2014 Survey Executive Summary Report, Cartus (www.cartus.com)

67 Quoted in Blocklyn, P.L. (1989). Developing the international executive, *Personnel*, March, 44–45.

68 Stroh, L.K., Black, J.S., Mendenhall, M.E. and Gregersen, H.B. (2005) *International Assignments: An Integration of Strategy, Research, and Practice*, Mahwah, NJ: Lawrence Erlbaum Associates; Sparrow, Brewster and Harris (2004).

69 Stroh, Black, Mendenhall and Gregersen (2005); and Ward, C. and Kennedy, A. (1993). Where's the "culture" in cross-cultural transition? *Journal of Cross-Cultural Psychology*, 24, 221–249.

70 Stroh, Black, Mendenhall and Gregersen (2005); Black, J.S. and Mendenhall, M.E. (1990). Cross-cultural training effectiveness: A review and a theoretical framework for future research, *Academy of Management Review*, 15 (1), 113–136; and Keys and Bleicken (1998).

71 Caligiuri, P., Lazarova, M., and Tarique, I., (2005). Training, learning, and development in multinational corporations, in H. Scullion and M. Linehan (eds.), *International Human Resource Management*, Palgrave Macmillan; and Tarique, I. and Caliguiri, P.M. (2004). Training and development of international staff, in Harzing, A.-W. and Van Ruysseveldt, J. (eds.), *International Human Resource Management*, Thousand Oaks, CA: Sage Publications.

72 Bennett, R., Aston, A. and Colquhoun (2000). Cross-cultural training: A critical step in ensuring the success of international assignments. *Human Resource Management*, summer/fall, 39 (2 and 3), 239–250.

73 Based on Rahim, A. (1983). A model for developing key expatriate executives. *Personnel Journal*, April, 23–28.

74 Stroh, Black, Mendenhall, and Gregersen (2005); Francis (1995); Keys, J.B. and Bleicken, L.M. (1998); and Ronen, S. (1989). Training the international assignee, in I.L. Goldstein and Associates (eds.), *Training and Development in Organizations*, San Francisco: Jossey-Bass.

75 A good summary of this research and application to training programs for IAs is found in Keys and Bleicken (1998); also see Stroh, Black, Mendenhall, and Gregersen (2005); and Mendenhall, M.E. and Stahl, G.K. (2000). Expatriate training and development: Where do we go from here? *Human Resource Management*, summer/fall, 39 (2 and 3), 251–265.

76 Keys and Bleicken (1998).

77 Black, J.S., Gregersen, H.B. and Mendenhall, M.E. (1992). *Global Assignments*, San Francisco: Jossey-Bass; Black, Gregersen, Mendenhall and Stroh (2005); Black, J.S. and Mendenhall, M.E. (1989). Selecting cross-cultural training methods: A practical yet theory-based approach. *Human Resource Management*, 28 (4), 511–540; Black and Mendenhall (1990); Caudron, S. (1991). Training ensures success overseas. *Personnel Journal*, December, 27–30; Earley, P.C. (1987). Intercultural training for managers: A comparison of documentary and interpersonal methods. *Academy of Management Journal*, 30 (4), 685–698; and Stroh, Black, Mendenhall, and Gregersen (2005).

78 Kohls, L.R. (1993). Preparing yourself for work overseas, in Reynolds, A. and Nadler, L. (eds.), *Globalization: The International HRD Consultant and Practitioner*, Amherst, MA: Human Resource Development Press; and Budhwar, P.S. and Baruch, Y. (2003) Career Management practices in India: An empirical study. *International Journal of Manpower*, 24(6), 69–719.

79 Kohls (1993).

80 Stroh, Black, Mendenhall and Gregersen (2005); and Mendenhall and Stahl (2000).

81 Bartlett, C.A., Ghoshal, S. and Birkinshaw, J. (2003). *Transnational Management: Text, Cases and Readings in Cross Border Management*, 4th ed., Burr Ridge, IL: McGraw-Hill.

第 11 章
国际薪酬、福利和税收

　　全球薪酬福利领域复杂，范围很广。没有人可以说是该领域所有方面的专家。如今"全球化思考，本地化行动"的口号虽然具有一定的参考价值，但是还不足以指导人力资源管理领域的专业人士。

——国际薪酬顾问卡尔文·雷诺兹（Calvin Reynolds)[1]

学习目标

- 概述全球薪酬福利的基本目标。
- 区分全球待遇和国际派遣的薪酬福利。
- 确定跨国公司全球员工薪酬福利的关键问题。
- 描述适用于国际外派员工的薪酬制度。
- 解释说明国际派遣薪酬福利设计方案的资产负债表法以及其他方法。
- 确定处理影响国际派遣薪酬福利的各种税收结构和方法的挑战。

　　企业总薪酬系统的设计和维护始终是人力资源经理的一项重要职责。国际业务使这一责任更加困难，并且需要在全球薪酬和国际外派人员薪酬方面具有额外的人力资源能力，甚至需要与会计、财务、税务和法律部门的业务合作伙伴以及与业务部门的直线经理进行更紧密的合作。在国际范围内确定薪酬和福利需要考虑更多的因素，包括多个国家的子公司员工，来自许多不同国家（例如东道国公民和第三国公民）的雇员，不同国家工资和福利水平的计算方法，在不同时期跨境流动的国际外派人员，以及诸如不同的生活水平和生活成本、多种货币、汇率、通货膨胀率、税制和税率等问题。对于国际人力资源经理来说，这些新职责中最耗时的一个是为外籍员工确定和管理薪酬、福利和税金。[2]为子公司制定薪酬体系，并确定全球员工的薪酬和福利时，国际人力资源管理的职责就增加了，也就很容易理解为什么这一领域如此受关注。[3]

　　全球薪酬与国际外派人员薪酬之间是存在差别的。全球薪酬涉及跨国公司在全球各地的子公司员工的薪酬和福利结构。全球薪酬要比国内薪酬更为复杂，因为跨国公司业务所在的不同国家和地区的薪水水平和福利制度存在显著差异。[4]在不同国家和地区从事类似工作的员工可能职务不同，会获得不同的金额和形式的薪酬，这是因为这些经济体的生活成本和工资水平不同，特定工作的传统和价值也不同。

国际派遣报酬涉及全球流动员工的报酬和福利。国际外派人员的薪酬非常复杂，因为它涉及派驻到不同国家的人员，受到不同法律和法规、生活成本调整、税制变化、汇率波动以及通货膨胀率的变化等因素的影响。此外，以传统方式吸引和留住外籍人员以及国际管理人员和技术人员的成本变得非常高，跨国公司现在正在寻找新的方式来处理国际薪酬问题。[5]

有效设计全球薪酬福利制度是绝对必要的。跨国公司如何处理薪酬福利问题，往往是公司整体薪酬战略、国际发展水平、企业文化以及人力资源中其他人才管理要素（例如能力管理、绩效管理、培训和开发以及人力资源配置）共同作用的结果。精心设计的全球薪酬福利系统将平衡公司的成本和收益，同时确保总薪酬系统在招聘和留任员工方面具有吸引力。典型的跨国公司全球薪酬福利计划包括以下主要目标：

- 为跨国企业吸引并留住最优秀的人才。
- 吸引和留住有资格从事国际任务的员工。
- 促进员工在跨国公司的各个区域之间流动。
- 建立和保持国内外职工薪酬一致合理的关系。
- 制定有行业竞争力的薪酬，并尽可能降低成本。

如果这些目标得以实现，那么跨国公司将能够吸引最优秀的人才，设计出具有外部竞争力和内部公平性的薪酬体系，并消除员工的地理流动的财务障碍。为了解决与全球薪酬福利系统设计相关的问题，本章首先着眼于系统的设计，并研究与全球薪酬福利计划和政策的设计相关的问题。其次，本章讨论了国际外派人员薪酬福利相关的问题，并讲述了跨国公司使用的不同的外派薪酬方法。由于该主题的复杂性，本章只介绍与全球薪酬福利相关的问题。

"国际人力资源管理实务 11.1"总结了一家大型消费品公司制订其全球薪酬计划的方法。[6]高露洁-棕榄公司已经找到了使其薪酬计划全球化的方法，从而吸引并留住了整个行业最佳的人才。

➡ 国际人力资源管理实务 11.1

在高露洁-棕榄公司制订一项全球薪酬计划

高露洁-棕榄公司是一家市值 90 亿美元的全球公司，在许多国家和地区开展业务，其高管中有 50% 是外派到其他国家和地区的美国公民。公司在全球许多重要的管理职位中都使用全球外派人员。因此，高露洁-棕榄公司制订了一项全球薪酬计划，以吸引和留住最优秀的人才，帮助该公司实现成为"全球最好的消费品公司"的愿景。高露洁-棕榄将自己的薪酬和福利与同行业中的佼佼者进行比较，并在此基础上进行改进。

其全球薪酬计划包括三个部分：基本工资计划因国家而异；根据销售和利润目标，以及按照当地情况进行调整的年度激励措施，覆盖全球所有主要管理人员；针对所有全球高级管理人员和经理的长期激励计划，该计划由基于实现重要全球业务目标的全球股票期权和奖金组成。

高露洁-棕榄努力满足员工接受海外任务所提出的要求，尽管外派经验是所有员工职业生涯中不可或缺的一部分。员工抵制的原因很多，但这项全球薪酬计划通常会为这些担忧提供必要的补偿和回应。该公司发现，外派人员对于公司作为消费品行业的全球参与者的成功贡献巨大。

11.1　国际薪酬法

全球薪酬涉及两个组成部分。第一，它涉及制定关于跨国公司如何向其雇员支付薪水的总体原则。第二，它涉及考虑跨国公司运营所在的各个国家和地区所施加的外部约束（即文化和公司惯例、法律及税收制度）。由于标准化或本地化的人力资源实践的战略困境也影响了薪酬福利，一般而言，跨国公司的薪酬策略也选择标准化（以便与总体战略目标保持一致），而特定的薪酬福利实践则倾向于本地化（以适应每个特定国家和地区的文化、法律和税收背景）。与同行业和地理位置的竞争对手相比，企业的薪酬方案可能高于、低于或者等于市场平均水平，这主要取决于企业文化和有关员工报酬的价值观。员工工作的特定国家和地区背景也对薪酬的某些方面存在影响，例如可比性、文化因素、薪资福利比、税法、阳光法则、薪酬形式等。在最佳人力资源实践中，薪酬方法从工作分析（工作描述和工作规范）和工作评估开始。这包括工作需要什么（工作描述），要雇用什么样的人（工作规范），以及工作价值多大（工作评估）。

11.1.1　国际薪酬问题与挑战

薪酬专家在为跨国企业开发全面薪酬体系时遇到了许多新挑战。在全球薪酬中尤为重要的是可比性问题或确定某个岗位要与其他国家和子公司中哪个岗位进行比较。例如，"经理"一词在不同国家可能具有不同的含义和内涵。在一个国家中，"经理"职位可能是免于加班的工作，也可能是工会工作（例如在某些西欧国家中有时是这种情况）。在某些国家和地区，汽车和燃油信用卡可能是经理的标准福利，而在其他国家和地区，只有在工作需要时才提供汽车。

显然，国家和组织文化也会影响人们如何看待薪酬体系中各种奖励的价值。例如，文化可以是绩效驱动的（绩效工资是公认的规范），也可以是以权利为导向的（可以延长服务寿命）。在某些文化中，人们更愿意接受风险补偿，而在另一些文化中，人们规避风险。此外，文化中规避不确定性的程度可能影响人们接受的固定薪酬与可变薪酬的比例。

由于文化习俗、法律法规的不同，薪酬与福利的比值也可能因国家而异。此外，税法对跨国公司如何构建其薪酬福利系统也具有巨大的影响。不仅员工因收入和福利的不同而以不同形式向国家税收系统缴纳税费，而且跨国公司的薪酬和福利费用在不同国家的公司税费扣除方面也存在着差别。因此，总部认为具有吸引力的报酬，可能在某些国家不太被接受，因为可能受到当地税法的影响。另外，员工的工资信息是否机密，通常由当地的文化惯例和法律决定。在某些国家和地区，每个人都知道其他人的所作所为（向公众公开披露薪资信息被称为"阳光法则"）；在其他情况下，工资信息则严格保密。在某些国家和地区，工资以净额计算；在其他国家和地区，工资则是以总额或每周、每月、每年的形式来计算。在某些国家和地区，无论员工的表现如何，第 13 个月和第 14 个月的工资（通常是年终和假期津贴）都是年度薪酬计划的一部分；在其他国家和地区，则仅作为奖金计划的一部分给予某些员工群体。因此，了解基本工资的计算形式（净额或总额，每周、每月或每年）以及工资中所包含的内容，对于减少完全基于母国实践的薪酬和福利水平的误解和误判非常重要。了解这些问题对于国际人力资源管理部门至关重要，因为国际人力资源管理部门试图为跨国企业的全球运营设计薪酬福利计划和实践。国际人力资源的从业者不能假设世界其他地方的事情以在国内或总部的方式进行，尤其是在薪酬福利方面。

　　除了这些挑战，其他如经济、劳动关系、法律法规以及政府提供的和规定的福利水平之类的因素，也起着至关重要的作用。跨国企业内部的全球人员配置方法意味着，以适当的技能，在适当的时间，以适当的成本，在适当的地点雇用适当的人员。然而，必须考虑有关人员配置的经济法则，工作地点必须是商品和服务生产的质量和成本最优的地方。表 11-1 列出了某些国家制造业中生产工人每小时工资成本的国际比较。每小时的工资成本如下：（1）每小时直接工资；（2）雇主的社会保险支出和其他劳动税。它们是比较雇主工资成本水平的合理指标。以美国指数为 100，斯堪的纳维亚半岛、西欧和澳大利亚的工资成本较高，而南欧、中欧和东欧、拉丁美洲以及亚洲的大部分地区的工资成本较低。制造业的每小时工资成本从菲律宾的 2.01 美元到挪威的 64.15 美元不等。

表 11-1　2011 年制造业生产工人每小时的工资成本

国家	指数（美国为 100）	每小时工资（美元）
阿根廷	45	15.91
澳大利亚	130	46.29
奥地利	121	43.16
比利时	154	54.77
巴西	33	11.65
加拿大	103	36.56
捷克	37	13.13
丹麦	145	51.67
爱沙尼亚	29	10.39
芬兰	124	44.14
法国	119	42.12
德国	133	47.38
希腊	61	21.78
匈牙利	26	9.17

续表

国家	指数（美国为100）	每小时工资（美元）
爱尔兰	112	39.83
以色列	60	21.42
意大利	102	36.17
日本	101	35.71
韩国	53	18.91
墨西哥	18	6.48
荷兰	119	42.26
新西兰	66	23.38
挪威	181	64.15
菲律宾	6	2.01
波兰	25	8.83
葡萄牙	36	12.91
新加坡	64	22.60
斯洛伐克	33	11.77
西班牙	80	28.44
瑞典	138	49.12
瑞士	170	60.40
英国	87	30.77
美国	100	35.53

资料来源：US Bureau of Labor Statistics：http：//www. bls. gov/web/ichcc. supp. toc. htm.

为了确定跨国企业运营的最佳位置，国际人力资源从业人员必须制定衡量跨国企业不同部门员工群体的满负荷劳动成本和生产率的指标，以便能够平衡基于组织的战略重点做出的人员配置决策。

劳动关系、集体谈判和雇员代表也因国家而异。工作保障、薪酬、福利和工人应享有的权利往往是工会的主要关注点。因此，与工会的关系势必会影响跨国公司的本地薪酬福利计划。

此外，世界各国都通过了影响员工薪酬的各种法律法规，例如最低工资、加班费、强制性奖金和其他权利、遣散费、员工合同要求以及对员工和公司收入征税等。人力资源部门必须知道在其经营所在的每个国家中政府规定了哪些福利，尤其是在遣散费、带薪休假、医疗保健、退休和社会福利等方面员工应享有的权利。

最后，全球薪酬福利专家在兼并和收购的尽职调查和兼并后整合阶段中扮演着至关重要的角色。尽职调查阶段的关键是审查薪酬和福利实践、养老金、遣散费、股权和股票期权计划、休假应计费用以及任何其他未成文但已确立的薪酬福利实践。在合并后的整合阶段，重新设计全球薪酬福利计划至关重要。

国际人力资源的薪酬福利专家必须检查跨国企业所有子公司以及国外业务部门的员工的薪酬福利计划。跨国子公司和合资企业的数量越多，跨国公司经营所涉及的国家越多，在全球范围内建立、监控和控制薪酬福利计划所面临的问题也就越多。跨国公司处于不同的发展阶段，在处理全球员工的薪酬福利方面也有很大的不同。如果仍处于第一阶段（出口）或第二阶段（销售子公司），它将区分母国员工、东道国员工和第三国员工，总部对国际人力资源管理的关注将更多地给予母国员工的薪酬福利。当处于第三阶段（国际化）、第四阶段（多国化）、第五阶段（全球化）、第六阶段（跨国化）或第七阶段（天生全球化），即在重点和关注度上变得更加全球化，薪酬福利将更有可能以相同的方式为全球所有员工设计，但在实施策略上则更具本地化。全球薪酬必须在标准化和本地化之间实现微妙的平衡。先进的跨国公司通常对其企业文化、总部职责和总体战略采用一致的战略方法。然而，由于文化习俗、法律要求和税收制度的不同，公司还针对其经营所在的每个国家制定了当地的薪酬福利策略。关键是让全球的薪酬福利专家确定公司经营所在的每个国家和地区的具体薪酬模型，以便能够适当地使薪酬福利计划本地化。

全球薪酬的最后一个主要挑战是公平问题：组织不同部门的相似员工是否受到公平对待？这种可感知的公平对于员工敬业度至关重要。公平是一个充满文化内涵的概念：在一种文化中被认为是公平的行为，在另一种文化中可能就不那么公平了；一些看起来普遍适用的程序在某些文化中甚至可能由于其标准化而显得不公平。[7]设计全球薪酬福利计划，必须解决以下问题[8]：

- 应该按哪个国家和地区的薪酬福利计划来为母国、东道国或个人设计不同的薪酬福利计划？
- 如何弥合养老金和医疗保险方面的潜在差距或不平等？能否将雇员的整个职业生涯纳入单一计划，特别是如果他们在职业生涯中发生了流动？
- 福利覆盖范围是否适合所有员工？与母公司内部和外部的其他国家和地区的同行的收益相比，收益一揽子计划是否公平？员工是否应在选定的本国和国外计划的规定范围之内？
- 如何使提供社会福利的成本最小化？即使员工发生流动，是否也可以按照他们在其本国的社会福利来提供？是否应该有一个全球性的保护伞计划为每个人提供公平的覆盖？
- 对全球所有雇员而言，特殊福利计划对雇主和雇员的税收影响是什么？

为了更好地理解全球薪酬的复杂性，接下来的两节将研究专门适用于全球薪酬和全球利益的问题。

11.1.2　国际薪酬

各种跨国公司使用了许多不同的选择（用于建立全球薪酬系统）。第一种选择是使用总部模式。通过这种方法，在总部确定全球薪资水平，并根据每个子公司的生活成本差异进行调整。这个选项通常是为管理和行政职位提供的。第二种选择是根据当地地理位置（即工作所在的国家）制定薪级表。在此选项中，员工基本上是按当地薪级支付工资的（即在印度工作的印度雇员是按照印度准则支付工资，在巴西工作的巴西雇员是按照巴西准则支付工资）。此选项通常用于更广泛的员工基础（通常不包括高管和全球流动员工）。第三种选择是为每个人确定每个职位的全球基础，这便成为全球范围内同工同酬的一种形式。当针对不同类型（例如软件工程师、护士、设计师等）的全球人才市场时，通常会采用全球方法。这种方法一般也提供给特定工作或特定薪水级别以上的员工。

跨国公司通常会在薪酬方面创建两个分类：本地分类和国际分类。高于一定级别的所有当地员工都将采用总部模式，他们的薪酬至少是部分基于绩效。其余员工则采用本地模式。本地模式可能千差万别，以至于难以实施该策略，并可能导致子公司的东道国员工面临两个普遍问题。[9]第一个问题涉及最高和最低工资雇员之间存在的薪酬差距。在大多数西方国家，不同岗位级别之间通常有一个相对固定的差别（例如，每个级别之间的工资通常相差约15%）。在许多发展中国家和新兴市场中，非熟练劳动力往往较多，所有低岗位级别的工资通常都很低，不同级别之间的差异很小，只有较高的少数几个级别的薪酬差别才会大幅增加。与典型的西方或发达国家的跨国企业员工相比，发展中国家和新兴市场的高层管理人员与低层级员工之间的薪酬差距要大得多。第二个问题与跨国公司的高级管理人员在国家之间的高管薪酬差距有关。对12个经济合作与发展组织国家的首席执行官的总薪酬进行比较，美国高管薪酬最高，其次是英国，日本的行政人员薪酬最低，欧洲其他国家介于它们之间。此外，高管人员的基本薪酬、长期薪酬以及福利的差别也很大，这表明高管人员薪酬实践和税收方面是与环境相关的。[10]

不仅不同国家的薪酬水平之间存在巨大差异，而且很难获得有关这些薪酬水平的可靠数据，这使跨国企业建立具有竞争力的薪酬标准遇到了困难。尽管如此，还是有一些组织发布了跨国企业的一些城市的工资数据，例如国际银行（如瑞士联合银行（Union Bank of Switzerland)[11]）、咨询公司（如合益（Hay International)和美世（Mercer)[12]），以及美国劳工部的国际劳工比较数据[13]。

即使是最佳的全球薪酬计划也无法消除员工未来的不平等现象。这是因为当地劳动力、法律、税收制度和生活成本的变化将使薪酬计划和总的薪资水平持续发生变化。因此，全球薪酬体系的目标不是消除员工关于薪酬的问题，而是消除跨国薪酬中的变化所产生的不利影响。以这种方式设计全球薪酬计划，国际人力资源管理部门可以创造一个有希望吸引和留住优秀员工并使他们专注于绩效的工作环境。

11.1.3　国际福利

工资只是总薪酬的一个方面，另一个关键组成部分涉及员工在其雇佣关系中获得的福利待遇。从全球角度来看，开发福利计划有以下挑战。

跨国公司在设计其福利计划时面临的主要问题是每个国家有不同的员工福利政策。[14]其中包括政府提供的和强制性福利的差异以及对这些福利的征税（在个人和公司层面）。此外，福利占工资成本的很大一部分（例如，福利平均约占美国工资支出的33%、德国工资的43%、比利时工资的53%和新西兰工资的14%）。[15]某个国家的雇主自愿提供的许多福利可能是由另一个国家的政府提供或强制要求的（并通过雇主的社会税来支付）。福利包括医疗保健、退休计划/养老金和假期等。如果它们是由政府提供的，则无须公司以自愿的方式提供。一个典型的例子就是医疗保健。在某些国家和地区，例如美国，医疗保健基本上是一种由个人和其雇主付费的私人福利系统。但是，在其他大多数发达国家中，医疗保健是由税收支持的政府补贴提供的。在另外一些国家和地区，例如英国和墨西哥，除了政府税收支持的医疗保健体系，还有竞争激烈的私人医疗体系，这种私人体系主要由保险支付，部分雇主会支付保费，特别是对于高级经理和专业人员。

在福利的每个领域中，各国之间在政府从税收中支付的金额和雇员对雇主的期望方面的差异都很大。跨国公司的全球福利经理面临着如此巨大的复杂性，以至于任何这样的经理都很难了解多个国家的福利政策。与税收一样，跨国公司通常必须寻求专业的国际会计和人力资源咨询公司的建议和帮助。下面的内容介绍了许多常见的福利和激励措施（例如节假日和休假、退休金计划、保险、事假、弹性福利和股权激励）在不同国家之间的差异。

11.1.4　工作时间

每年的工作小时数因国家而异（参见表 11-2）。总体而言，全世界每年的工作时间有所减少。与西欧相比，中欧和东欧国家的每年工作时间要多得多。

表 11-2　年人均工作小时数

国家	2008 年	2018 年	变化
澳大利亚	1 721	1 665	−56
奥地利	1 605	1 511	−94
比利时	1 570	1 545	−25
加拿大	1 741	1 708	−33
智利	2 095	1 941	−154
捷克	1 790	1 792	2
丹麦	1 430	1 392	−38
爱沙尼亚	1 900	1 748	−152
芬兰	1 608	1 555	−53
法国	1 543	1 520	−23
德国	1 418	1 363	−55
希腊	2 015	1 956	−59
匈牙利	1 798	1 741	−57
冰岛	1 610	1 469	−141
爱尔兰	1 743	1 782	39
以色列	1 963	1 910	−53
意大利	1 807	1 723	−84

续表

国家	2008 年	2018 年	变化
日本	1 771	1 680	−91
韩国	2 228	1 993	−235
卢森堡	1 567	1 506	−61
墨西哥	2 105	2 148	43
荷兰	1 429	1 433	4
新西兰	1 761	1 756	−5
挪威	1 430	1 416	−14
波兰	1 852	1 792	−60
葡萄牙	1 733	1 722	−11
斯洛伐克	1 793	1 698	−95
斯洛文尼亚	1 674	1 603	−71
西班牙	1 713	1 701	−12
瑞典	1 477	1 474	−3
瑞士	1 660	1 561	−99
土耳其	1 900	NA	
英国	1 521	1 538	17
美国	1 787	1 786	−1

资料来源：Based on data from average annual hours actually worked per worker，http：//stats. oecd. org/index. aspx？ DataSetCode＝ANHRS in OECD. StatExtracts http：//stat. oecd. org. Accessed June. 20，2020.

11.1.5　节假日和休假

各国之间的节假日和休假日差异很大。大多数社会文化结构中都有国庆节和一些宗教节假日。

表 11-3 说明了在某些国家和地区强制要求的休假和节假日福利，在另一些国家和地区则是自愿的。表 11-3 显示了许多不同国家的法定带薪休假天数和法定带薪节假日天数。[16] 在列出的国家中，加拿大和日本的员工每年享受 10 天带薪休假，而在奥地利和丹麦的员工可以享受 25 天的带薪休假。美国工人必须工作满 30 年才能享受到许多欧洲国家通常提供给新员工的带薪休假时间（大多数人甚至工作 30 年都不会享受这种待遇）。美国、加拿大和日本是为雇员提供最少带薪休假时间的发达国家，在美国，带薪休假时间由各公司自行决定，这种情况对于大多数人而言都是正常的。大多数公司根据雇员的服务年限来计算提供给雇员的休假时间。美国员工在公司工作的第一年平均享受带薪假期 11 天，工作满 5 年后，平均享受 16 天，满 10 年，享受 17 天，满 30 年，则享受 24 天的带薪假期。相比之下，大多数欧洲国家（以及其他国家和地区）要求对工人实行更普遍的带薪休假。法国提供 30 天的带薪休假；德国则规定员工享受 20 天的带薪假期。此外，大多数欧洲雇主将

员工休假时间延长至 6 周。在英国，员工平均带薪休假 28 天。

表 11 - 3　法定带薪假期和法定带薪节假日的天数

国家	法定带薪休假天数	法定带薪节假日天数
法国	30	1
英国	28	0
奥地利	25	13
挪威	25	2
丹麦	25	0
芬兰	25	0
瑞典	25	0
葡萄牙	22	13
西班牙	22	12
意大利	20	11
比利时	20	10
德国	20	10
新西兰	20	10
爱尔兰	20	9
澳大利亚	20	8
希腊	20	6
荷兰	20	0
瑞士	20	0
加拿大	10	9
日本	10	0
美国	0	0

资料来源：Adapted from Fay, R., Sanes, M., and Schmitt, J. (2013). *No-Vacation Nation Revisited*, Center for Economic and Policy Research, Washington, DC.

11.1.6　退休金计划

跨国公司的退休金计划也非常复杂。[17]一些国家制订了受益计划（退休时支付固定的定期福利），而另一些国家则制订了缴款计划（根据对计划的缴款分配退休金）；有些国家拥有政府提供的社会保障体系（尽管退休支出各不相同）。这就使得跨国公司难以精简退休金计划的福利。例如，强生公司几年前检查其养老金计划时，发现其不仅在美国有覆盖 20 000 名参与者、资产为 12 亿美元的收益养老金计划，而且在全球范围内有另外 15 个覆盖全球范围 15 000 名参与者、资产为 7 亿美元的退休金计划。[18]这只是跨国公司必须关注的众多福利计划之一。

11.1.7　保险

使得福利计划（尤其是国际外派人员）的设计复杂化的另一个领域是保险福利（例如人寿保险、伤残和长期护理保险）。大多数大型跨国公司在其员工福利计划中为经理和高级技术人员提供不同的保险。但是许多保险单都有地域和无效条款。因此，当国际外派人员及其家人在国外时，公司可能需要购买特殊保险。公司可能还必须为在更危险或偏远的地点工作的员工提供特殊的"工作风险"保险，并可能提供其他形式的特殊保险，例如绑架保险。

11.1.8　事假

出于各种原因（例如产假、陪产假、父母、家庭等）提供带薪、有薪或无薪假期的福利形式受到越来越多的关注，这是大多数国家提供的福利。许多国家在提供家庭休假福利方面往往比美国更先进。约有2/3的国家规定了带薪产假，这些产假为产前4~12个月和产后3~29个月。[19]在许多国家产假和陪产假享有同等待遇。休假可以由雇主、政府来支付或二者共同支付。事假管理在各国之间有很大差异。尽管欧盟正在尝试制定一套通用的政策，但即使在近邻国家中也存在区别。在事假方面，跨国公司的国际人力资源从业者往往需要依靠了解国家休假政策的专家以便遵守所在国家的规定。

11.1.9　弹性福利

越来越多的跨国公司开始提供弹性福利。弹性福利通常是指在一系列福利选项中为雇员提供一定的选择（包括养老金、健康保险、牙科保险和人寿保险等）。员工可能不选择某些类型的保险，因为他们可以通过其他方式获得这些福利（例如通过配偶），或者因为他们特定的家庭情况，这些福利对他们没有吸引力（例如当雇员没有孩子时，育儿援助计划就没有什么吸引力）。跨国公司开始研究其全球业务的弹性福利，设计与美国国内类似的全球弹性福利计划。[20]这是因为：

■ 弹性福利在美国已经很成功，因此其他国家和地区的雇主开始考虑这一计划。

■ 跨国公司需要吸引和留住更多的员工（不同年龄、婚姻状况和家庭状况），因此它们正在考虑弹性福利，以吸引具有多种福利需求的工人。

■ 外国公司也在投资美国的医疗保健公司，因此也了解在美国弹性福利对于控制不断上涨的医疗保健成本是多么重要。

■ 全世界劳动力老龄化的加剧导致跨国公司将弹性福利视为一种通过单一福利计划为所有工人提供多样化福利的方式。

为了设计灵活的福利计划，跨国公司需要解决以下问题，例如福利的税收待遇、私人与国家的医疗保险、员工的期望和文化、各国之间的非标准化社会福利以及不同的公司结构等。弹性福利有助于简化跨国公司在全球范围内的综合薪酬体系。

11.1.10　股权激励

近年来全球公司一直在寻找使员工股权参与计划国际化的方法。[21]特别是其中包括尝试向其海外员工授予股票期权和限制性股票的方法。[22]跨国公司（尤其是成立时间较短，以增长为导向的公司和高科技/电信行业的公司）正在使用股权薪酬计划来吸引、激励并留住关键员工。当员工在企业中拥有股份时，就会形成一种所有权文化，使员工个人的目标与组织目标更好地保持一致。股权薪酬计划通常被视为强大的和具有竞争力的人才管理工具，可以吸引和留住人才，为提高生产率和减少人员流动提供动力。

跨国公司用来激励国际人才的主要股权计划包括员工持股计划（ESOP）、员工股票购买计划（ESPP）、股票期权计划、股票增值权（SAR）和虚拟股票。[23]表 11-4 简要介绍了这些不同类型的股权薪酬计划。

表 11-4　股权薪酬计划类型

员工持股计划（ESOP）	为员工提供公司股票（在奖金或利润分享计划中）。员工离开公司时，通常可以赎回福利金。向员工发放股票是一种被称为"非限制性"股票红利的做法
员工股票购买计划（ESPP）	使员工有机会在一定时期内购买公司股票，通常是通过工资扣除和折扣价格
股票期权计划	授予某些员工以特定价格购买公司股票的权利。换言之，它赋予员工在未来以今天的价格购买股票的期权或权利。跨国企业可以选择只向高管授予股票期权，也可以向许多员工提供。股票期权可以是限制性的，也可以是非限制性的。常见的限制性股票不能出售给第三方，而只能采取授予的形式（通常是在股票重新上市后的 1~5 年之后），必须在规定的到期日（通常是 10 年）之前行使，并且不予分红
股票增值权（SAR）	根据行权计划向员工发放补助金，但除非相关股票价值升值，否则员工不会获得任何收益。这就给了员工一个激励，以提高公司的财务业绩和使股票价值增值。显然，如果股票价值增加，这种补助金就是对员工的一种激励
虚拟股票	这是一个模拟股权计划，授予员工一些虚拟股票，其价值对应于给定数量股票的价格波动。到期时，根据股票在授予期内的增长程度向员工支付现金红利。虚拟股票如果结构合理，对员工和公司都有一定的优势。当授予虚拟股票时，对公司或员工没有税务影响。它只给予员工拥有股票的经济利益，而没有任何实际的股票转让，也没有稀释现有股东的所有权。虚拟股票虽然不是实际的股本，但与公司股票的价值挂钩

这些基于股权的薪酬计划在税收状况方面有多种处理方式。基于股权的薪酬为成立时间尚短的公司提供了一种有效并且低成本的吸引人才的方式，使公司有机会

与关键员工分享公司的发展所创造的预期财富。员工通常认为这是非常理想的激励措施。然而，使用基于股权的长期激励性薪酬将对跨国公司产生难以预期的影响。各种各样的国家会计税收规则、汇率和货币控制以及预扣税款的要求，使得在全球范围内管理基于股权的薪酬变得相当复杂。

例如，在股票期权方面，美国的会计准则曾经允许公司将向员工提供的这些股票期权视为成本（即公司能够从应税企业收入中扣除这些股票期权的价值），但是美国证券交易委员会（Securities and Exchange Commission，SEC）为向股东披露期权授予和报告期权收益增加了新的要求。股票期权主要在收益稀释方面对股东价值产生影响。一些跨国企业正在调查公司欺诈丑闻，特别是回购股票期权的日期。

由于各个国家和地区的税收法规和货币兑换限制，跨国公司必须调整其子公司雇员的股票期权产品，以应对在不同国家和地区运营的复杂性。[24]不同的国家和地区在员工税收方面对待股票期权的方式不同。在某些国家和地区，员工在行使股票期权时要缴税，这大大降低了其激励性。在另一些国家和地区，员工在赎回其期权时要缴纳资本收益税。还有，某些国家在发行和赎回股票期权时都对雇员征税。跨国企业在向全球员工提供股票期权时，必须考虑到当地税收影响、外汇管制对总体税后收入的不利影响。跨国公司还必须遵守在不同国家和地区的不同的工资预扣要求。对于国际外派人员来说，规则变得更加复杂，股票期权税收和货币兑换的跨境税收问题也随之而来。例如，东道国的税法可能会产生相当大的影响，因为股票期权可能被视为对在其本国境外提供就业服务的补偿，即使是其在离开本国之前获得的股份。

全球股票期权计划的调整必须确保本地合规并减少税收的负面影响。因此，跨国公司必须明智地给出选择方案，并雇用懂股票期权的薪酬专家，以按照合规性和有效性管理基于股权的薪酬计划。跨国公司必须评估其全球股票期权计划对本地和跨境的影响，并逐国进行适当调整，同时尽可能地确保员工的内部权益。市场条件的变化以及国家税收法规和国际会计准则的预期变化将进一步增加有效使用和管理股票期权计划的复杂性和成本。

为跨国雇员开发股权薪酬计划的跨国公司也受到管理跨国公司资产负债表及其雇员和公司税收待遇的公认会计和税收规则的影响。如今，股票期权是一种非常流行的激励性薪酬形式，特别是在美国和信息技术行业。越来越多的非美国跨国公司也采用了广泛的股票期权计划。例如，日本佳能公司采取了明确的非日本激励计划，以支持其全球竞争力。[25]尽管该策略与日本价值观不太符合，但佳能公司已经能够利用这些程序发挥其优势。一些美国跨国公司在尝试将其员工持股计划扩展到海外时遇到了困难。[26]国际人力资源部门需要与全球股票期权计划管理者合作，制订有效的全球薪酬计划，将这些计划本土化，并对基于股权的薪酬调查负责。最终，基于股权的薪酬必须保持公司的成本效益，将其用作吸引、激励和留住关键员工的竞争性人才管理工具。

11.1.11　国际福利实践

因为不同国家的福利实践差异很大，所以必须对建立和改变福利的公司政策进行监控，以尽量减少子公司之间不必要的差异，同时保持母公司对成本、竞争力和地区间可比性的关注。[27]外国子公司的福利计划可能更难监控或控制，因此在每个国家任命一名有效的当地经理担任福利协调员，负责与总部的协调和联络，通常是有意义的。但是，还必须有全球协调，或者至少是区域协调。当管理者从一个国家转移到另一个国家时，他们期望至少能保留一些原有的福利，例如与本国相当的休假时间，或可与所有子公司中最宽松的假期相当的休假时间。对于那些从福利水平较低的国家向其他国家转移的国际外派人员，这不是什么问题，但是对于那些从福利水平较高的国家向外转移的人员而言，有可能导致严重的问题。

跨国公司应在福利方面保持质量和数量的均等。[28]质量均等是一项承诺，旨在为全球每一位员工提供所有类别的核心福利。包括：

- 核心福利：公司承诺向全球所有员工提供的基本项目，例如一定水平的医疗保健。
- 要求的福利：当地法律要求的补偿项目或非现金福利。
- 建议的福利：在成本允许的情况下，提供的福利计划，如人寿保险。
- 可选福利：如果是当地市场上的竞争实践，则可以提供非必需的薪酬项目，例如当地交通或膳食支持。

质量均等是公司全球薪酬实践的一个组成部分，它提供了一种对整体员工做出承诺的方式，同时仍然保留了技能水平较低和流动性较低的员工的当地薪酬差异。

11.2　国际外派人员薪酬与福利

确定国际外派人员的薪酬福利是国际人力资源管理者的主要工作内容。[29]出于成本、文化和社会责任方面的考虑，跨国公司通常倾向于在东道国雇用当地员工。跨国公司因为在经营初创、管理控制和人才培养中仍然需要母国经理，所以经常需要跨境迁移一些员工。本章回顾了国际外派人员薪酬的演变、特定目的、不同国际外派人员的不同待遇、国际外派人员薪酬福利的各种方法，以及国际外派人员薪酬福利固有的问题（例如付款方式、通货膨胀、汇率波动和税收）。

11.2.1　国际外派人员薪酬的演变

在国际化的初期，公司的主要国际业务是支持少量的国际外派人员到国外推销产品、转让技术和管理少量相关业务。在该阶段，薪酬问题主要限于为这些外派人员提供足够的薪酬和激励措施。随着公司国际业务的进一步发展，在世界各地薪酬福利计划以及员工队伍之间薪酬的公平方面遇到了许多新的挑战。

跨国公司对其国际外派人员薪酬福利程序设计中最重要的考虑因素之一是可比性问题。根据调查，在被调查的外派人员中有 77％的人对其国际薪酬方案不满意。[30]这种不满意很大一部分原因在于他们的薪酬和福利的不平等。可比性问题至少包括两部分内容：

（1）对于从一个国家转移到另一个国家（从母公司转移到外国子公司，或者从一个子公司转移到另一个国家的子公司或总部）的雇员，与其他公司的类似雇员以及公司中的同级雇员在薪酬和福利方面基本保持一致。

（2）在组织的各个部门之间保持有竞争力的、公平的薪资和福利。

直到最近，大多数跨国公司仍然认为外派人员有必要获得至少与其母国相似的薪酬和福利待遇。[31]由于外派人员的成本高昂，以及对于国际外派——例如使用非传统外派（短期外派、多次商务旅行和国际通勤）——和本地流动的态度和方式的转变，这种关于外派人员薪酬的观点受到质疑。[32]但是对当地员工与外派人员进行比较仍然是不可避免的。

在具有全球竞争力的经济中（或在具有区域竞争力的经济中，例如在欧洲或亚洲），要想吸引和留住最好的员工并激励他们从事国际任务，需要制定一项薪酬策略和政策，以最大限度地减少以下问题。

11.2.2　国际外派人员薪酬福利战略与政策

确定跨境薪酬理念并建立整体的国际外派人员政策，应该是发展国际业务的起点。制定内部审计政策的目的是确保国际外派人员之间保持更普遍的一致性和公平性，并减少全球流动的障碍。换句话说，薪酬福利差异不应成为拒绝或接受国际外派的障碍或主要诱因。国际外派人员政策列出国际任务中的重要问题，并就公司为外派人员提供和不提供的内容进行说明。借助国际外派人员的政策，公司可以决定是否在国际舞台上树立一个范例，或者是否希望某个特殊情况或政策成为惯例，或者是否希望为每个国际外派人员和子公司定制薪酬方案。一般而言，周到的政策不应有许多例外。国际人力资源的职责之一是对管理人员和员工进行关于内部审计政策内容和政策遵守重要性的教育。

要想让国际外派人员的薪酬方案取得好的效果，必须达到以下目标：

（1）鼓励员工到外国工作。

（2）维持一定的生活水平。

（3）考虑职业和家庭需求。

（4）在外派任务结束时方便重新其回到本国。[33]

为了实现这些目标，跨国公司通常需要支付超出基本工资的高额保险费，以激励潜在的国际外派人员接受国际外派任务。公司需要支付的成本通常是国内类似职位的2～2.5倍甚至4～4.5倍。[34]

11.2.3　国际外派人员薪酬的决定因素

在确定最适当的国际外派人员薪酬时，国际人力资源必须考虑许多问题。

（1）迁移到国外的员工的类型是什么？国际外派人员是那些需要依靠国际职位来获得全球领导经验的高管，还是那些为获得技术或管理技能的员工，还是缺乏经验的年轻员工？

（2）国际任务的目的或原因是什么？是由需求驱动（公司为了在国外业务中保持控制和一致性，或是其员工具备解决公司特定问题的能力而被外派）还是由学习驱动（为了员工能力发展和职业发展而进行国际外派）？与学习驱动型任务相比，需求驱动型任务可能需要更好的薪酬方案，因为国际外派人员将从学习中获得发展收益，因此不需要提供更多的激励措施。

（3）国际任务的预计期限是多长？是短期任务（通常少于一年）还是长期外派（通常是 1～3 年）？期限（特别是在特定纳税年度中离开本国的天数）通常对雇员有重要的税务影响。

（4）任务结束时，该如何安排国际外派人员？完成任务后，国际外派人员的回国计划是什么？员工是返回本国，还是续签合同继续留在当地工作，抑或是转到另一个国家工作？

（5）国际外派人员去哪儿？国际外派人员的母国和东道国是哪里？这些国家的薪酬福利（特别是税收）的法律法规和惯例是怎样的？

（6）国际外派人员会将这次外派的收益跟谁进行比较？国际人力资源管理者要知道外派员工的同伴组，以便可以为外派人员提供合理的薪酬和福利方案。

（7）国际任务的总费用是多少？结合上述问题的答案，任务的总成本是多少？决策者（管理层和国际外派人员）是否会认为任务产生的收益能够平衡成本？

跨国公司意识到并非所有国际外派人员或地区都是一样的，因此，采用灵活的薪酬方式非常有必要，这导致了国际外派人员的不同薪酬和福利实践的发展，甚至使跨国企业中对不同雇员群体的管理变得更加复杂（尽管计算机程序使管理工作比以前更加便捷）。许多跨国公司正在寻求更加灵活、更具成本效益的国际外派人员薪酬系统。下一部分描述了跨国公司目前最常用的方法。

11.2.4 临时谈判或采用特别方法

当公司首次派遣雇员执行国际任务时，其确定工资和福利的方法称为特别方法，要考虑为在国外任职的每个人单独制定薪酬福利方案。在"走出去"的早期阶段，公司将最好的专家派往国外，并为实现这一目标付出必要的代价。公司会不惜一切代价让员工重新安置，并支付由此产生的任何费用。由于人员和任务非常重要，公司倾向于解决他们的所有问题。鉴于此阶段人力资源经理的经验不足，关于如何为国际外派人员设计薪酬福利系统的可用信息有限，并且与国内薪酬福利相比，一揽子计划具有许多复杂性。这种方法一开始可能看起来很简单，很容易理解为什么国际人力资源管理者会采用这种方法。[35] 然而，国际外派人员薪酬专家认为这种方法非常复杂，不建议使用。在临时谈判中，最好的谈判者（无论是国际人力资源经理还是雇员）对于未来国际派遣员工的国际薪酬和福利待遇制定了很高的标准。这种方法难以对国际外派人员的薪酬福利计划进行系统跟踪，还使得有效的税收筹划变得更加复杂。因此，即使一家公司只有几个国际外派人员，国际人力资源也会将国际外派人员的政策进行整合，为公司愿意提供的薪酬福利设置标准框架。

11.2.5 资产负债表

当美国的大多数跨国公司（在其他国家和地区较小）的国际业务扩展到拥有更

多国际外派人员（10 个人左右）时，就会采用这种方法。在现阶段，临时谈判或特别方法将导致许多国际外派人员的薪酬方案之间存在太多不一致之处，并且公司将意识到需要制定适用于所有国际外派人员的政策与实践。此外，临时方法需要花费过多的时间和成本，因为要与每个国际外派人员协商、开发和管理这样一个独特的薪酬包。公司将寻求一种更加标准化的方法，并将开始制定有关外籍薪酬福利计划的政策。

本质上，资产负债表方法需要确保国际外派人员更加容易进行流动，更有可能在外派结束后返回本国。[36]资产负债表中强调保持员工薪酬福利的整体性。也就是说，外派人员在薪酬福利和生活方面不应该变差。通常认为，薪酬福利计划不仅应保证外派人员的生活，而且应提供激励措施来使其接受外派任务，确保个人及其家人对接受外派任务的良好感受。如今，在国际人力资源管理控制所有雇佣成本（包括离职成本）的要求越来越严格的环境中，资产负债表方法被用于最大限度地减少由于迁移而产生的总薪酬损失。

在美国，资产负债表方法特别适用于有经验的高级和中级外派人员，他们将在任务结束后返回家中。但是，要向所有相关方解释资产负债表非常复杂。一些国际外派人员抱怨说，与传统的国内薪酬方案相比，这种确定薪酬的方法（尤其是确定标准化的支出模式以计算差异）更容易对他们的个人生活造成干扰。从理论上讲，资产负债表方法平衡了母国和东道国成本之间的差异。

接下来将解释资产负债表方法的详细信息。图 11-1 直观地展示了该方法。

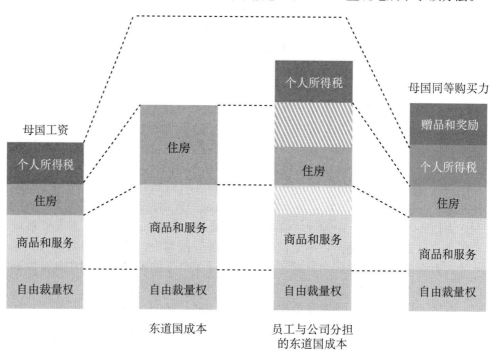

图 11-1　资产负债表

资料来源：Understanding the balance sheet approach to expatriate compensation（2004），ORC Worldwide，International Compensation Services.

资产负债表方法从雇员的住房补贴（工资、福利以及任何其他形式的货币或非货币报酬）开始，对每个国际外派人员的薪酬福利实践进行标准化。除此以外，还增加了两个部分：确保国际外派人员在工资或福利方面不受外国差异影响的一系列均等化手段，以及接受（并享受）外国职位的一系列激励措施。有趣的是，今天，即使面临降低国际外派人员薪酬的巨大压力，大多数跨国公司仍然需要提供力度较大的激励措施，以鼓励潜在的国际外派人员接受外国的职位。因为外派可能会导致家庭破裂，影响配偶的职业，影响生活方式的选择，对员工的职业产生负面影响，员工面临的压力很大，他们就会拒绝被派到国外工作和生活。

使用资产负债表方法的主要复杂性之一是如何确定增加激励的基础。[37]国际外派人员的工资依据可能包括：

- 母国工资（这是资产负债表方法的主要基础）。
- 总部薪酬（基于总部薪酬水平的国际标准）。
- 地区薪酬标准（例如，"旧"和"新"欧盟国家，美国和加拿大，拉丁美洲和东南亚等地区）。
- 所在国家或地区的薪酬。
- 更好的母国或东道国方法。

选择的主要依据可能与公司的性质及其国际业务策略相关。[38]也可以基于特定母国和所在国的薪资水平（外派人员是否来自发达国家）为外派到新兴市场的员工提供薪酬；反之亦然。如果外派时间很长（两到三年或更长），并且外派人员很可能从一个国家或地区转移到另一个国家或地区，则采用国际标准（基于总部的资产负债表）更加合适（但仍可能基于母国/公司基础，特别是如果跨国公司来自高薪发达国家）。如果外派人员到国外工作很短时间之后就回到母国，那么采用本国工资作为依据比较合适。对于某些真正的全球化公司或在世界特定地区运营的公司，使用地区标准可能比较合理。

迄今为止，大多数公司都基于母国或东道国的标准来确定其国际外派人员的薪酬。[39]大多数公司使用基于母国的资产负债表方法，特别是在国际外派人员正在开拓新市场和新业务、转让技术和培训当地工作人员的情况下。[40]这些工作显然与当地人所做的工作不同。但是，如果在发达国家开展业务，国际外派人员很可能与从事类似工作的当地人在一起，他们对于股权的需求很高，因此以东道国为基础的资产负债表更有意义。此外，在许多国家开展业务的跨国公司可能会选择本国或总部（国际）的方法，因为处理多个国际外派人员的薪酬福利非常复杂。如果公司仅在一两个国家或地区开展业务，由于当地法律和文化的差异，可能需要采用东道国方法。

有时使用的一种方法是基于母国或东道国中的较高报酬来提供薪酬。它将母国薪酬制度下的净工资与当地净工资进行比较，然后为国际外派人员提供二者中的较高者。该体系的基本理念是，国际外派人员的生活标准不得低于当地同行的标准，当母国标准高于当地标准时，国际外派人员将按母国标准来享受薪酬福利，他们的利益得到保护。

调查显示，即使国际外派人员对其薪酬福利计划感到满意，他们仍然会对公司所提供的有限的职业规划、生活方式支持和文化培训不太满意。[41]这表明公司应该将更多的注意力转向非薪资因素。跨国公司需要决定资产负债表方法中的两个问题：

(1) 公司需要进行哪类差异性调整来弥补母国和东道国的生活费用差异？

(2) 为了激励员工参加国际任务，还需要哪些额外的激励措施？

11. 2. 6　确定调整的类型和金额

由于母国和东道国之间的差异，跨国公司必须提供许多均等调整。跨国公司需要调整国际外派人员无法控制的差额，即名义差额——有的差额是由国际外派人员自行弥补，有的是补偿给国际外派人员。其中包括：生活费用的差异；国际外派人员的母国货币与国外工作地点的货币之间的汇率波动；所有当地规定的付酬，例如每年额外加薪几天或几周的工资（在许多国家和地区，公司必须每年向雇员支付 13 或 14 个月的工资；或者像在沙特阿拉伯一样，公司必须每周支付 7 天的工作报酬，即休息日和工作日都需要支付工资）；因外国通货膨胀率高导致外派人员薪酬减少；对东道国的任何强制性福利进行补偿，例如健康保险或社会保障；确保国际外派人员在外国工作时纳税不多于其在国内工作时的纳税额。

若要了解如何使用资产负债表方法计算调整额，则必须了解资产负债表的不同组成部分。资产负债表由不同部分组成，包括：储蓄或存款、商品和服务、住房以及个人所得税（请参见图 11－1）。母国和东道国的这些内容有所不同。要了解这些差异，可以使用一些附加术语（例如住房标准、母国和东道国的可支配金额）。请注意，这些定义均假设国际外派人员的收入和家庭规模处于一定水平。

住房标准是在本国居住的平均费用（即具有一定收入和家庭规模的雇员可能会在本国支付的住房费用）。请注意，这不是实际的住房支出，而是国际外派人员可能在母国花费的标准数额。根据公司的不同，住房费用的标准可能是母国的平均值，也可能是母国特定地区或城市的平均值。在派遣期间，员工预计将会把住房费用作为薪酬福利的一部分，因为如果他们没有被派遣到国外，他们在母国也要支付这笔费用。

母国可支配金额是根据国际外派人员的薪酬和家庭规模在母国用于购买商品和服务的正常金额或用于购买商品和服务的薪金比例。东道国可支配金额是国际外派人员估计将在东道国中购买商品和服务的金额，或指派地点的可支配金额。差异是国际外派人员的母国和东道国支出之间的差额，这说明了母国和东道国之间的生活费用调整（cost-of-living adjustment，COLA）。通常将其计算为商品和服务指数。许多国际咨询公司提供数据来帮助公司确定世界各地的生活费用。这些数据对于作为基地国的大多数国家和作为接收国的大多数国家都是可用的。大多数公司使用的是平均国家数据，而不是按国家内的地区进行区分。生活费用调整（COLA）的目的是使国际外派人员保持不低于其在母国的生活水平。一般情况下，由于国际外派人员居住在主要城市，那里的生活成本往往很高（特别是交通和住房成本），生活费用调整通常会达到 50％甚至更高的水平。提供此类数据的咨询公司将根据家庭人数和收入的不同来更改估算值。这些调整值也因咨询公司用来确定在国外不同地点的生活成本的技术而有所不同。[42]表 11 - 5 列出了生活成本最高的十个城市。显然，确定城市生活费用的不同方法产生了截然不同的结果。国际人力资源经理在使用评估国际外派人员生活成本调整的数据来源时需要谨慎。此外，还有其他因素可能会影响外派地点的选择。

表 11 - 5　生活成本最高的十个城市

排名	经济情报局调查数据*	美世咨询公司调查数据**
1	日本东京	安哥拉罗安达
2	日本大阪	乍得恩贾梅纳
3	澳大利亚悉尼	中国香港
4	挪威奥斯陆	新加坡
5	澳大利亚墨尔本	瑞士苏黎世
6	新加坡	瑞士日内瓦
7	瑞士苏黎世	日本东京
8	法国巴黎	瑞士伯尔尼
9	委内瑞拉加拉加斯	俄罗斯莫斯科
10	瑞士日内瓦	中国上海

　　* Economist Intelligence Unit，Worldwide cost of living 2013（least expensive cities mostly in Asia）（Website：http：//www. worldwidecostofliving. com. ）

　　** 2014 Mercer Consulting's Annual Cost of Living Survey，10 most expensive designations. （Website：http：//www. imercer. com/content/cost-of-living. aspx. ）

　　一般情况下至少有两种技术可以用来确定生活费用。第一种技术是聘用位于外国特定城市的咨询公司，根据其在商品和服务市场中进行的标准化的成本调查来估算这些地区的生活费用。第二种技术涉及对特定咨询公司客户的现有和以前的国际外派人员进行调查，以了解他们在特定外国地区的生活费用。通常第二种技术得到的生活成本要比第一种技术低。第二种技术意味着随着时间的流逝，国际外派人员在东道国的购买效率更高。有效购买指数（efficient purchaser index，EPI）表示，外派人员在逐渐习惯东道国的生活与工作之后，由于对所在地的熟悉程度提高，学会了更有效率地购物。如今，EPI 通常是在任务分配计划开始时就被考虑在内的，因此东道国可支配支出逐步减少（随着时间的推移，国际外派人员居住在国外会变得越来越困难），这可能导致外派人员的不满。

　　此外，公司通常会提供目的地服务，从一开始就帮助国际外派人员和家庭提高效率。显然，跨国公司有意将差异的水平降到最低。

　　由于国际任务支出的复杂性，国际人力资源管理通常依靠国际薪酬福利税务顾问来制定国际外派人员薪酬工作表。基于资产负债表的方法，表 11 - 6 显示了从美国的中等城市迁移到中国上海的成本的组成部分和估计值。虽然本工作表通常由外部国际外派人员薪酬福利顾问编制，但国际人力资源部门需要能够向潜在的国际外派人员及其经理解释工作表并回答询问。工作表中的一些要素，如税收和汇率波动，需要事先与潜在外派人员进行讨论。

表 11 - 6　资产负债表示例

基本工资	220 000 美元	
奖金	260 000 美元	
家庭规模	3 人	
家庭国际外派成员数量	3 人	
位置	美国某中等城市到中国上海	
ORC 商品与服务指数	外派标准指数	146.1788
汇率		7.604
有效期		2007 年 8 月 27 日
		单位：美元

薪酬汇总表

基本工资	220 000
奖金	260 000
假设的联邦税	(116 726)
假设的州税	(24 515)
社会保险	(13 005)
母国净收入	325 754

补充

商品和服务差额	36 344
母国住宅标准	(31 046)
国外住宅标准	149 358
增量分配津贴	154 656
外派净收入	480 410

推荐的支付方法

东道国支付	美元	人民币
可支配商品和服务	78 702	598 450
商品和服务差额	36 344	276 360
东道国可支配金额	115 046	874 810
国外住宅标准	149 358	1 135 718
东道国总计	264 404	2 010 528

母国支付

基本工资	220 000

续表

奖金	260 000
可支配商品和服务	(78 702)
母国住宅标准	(31 046)
假设个人所得税	(141 241)
社会保险	(13 005)
母国总计	216 006
净薪酬	480 410

注：（1）在美国，按基本工资加奖金计算税款。西方一些国家的公司雇员到国外工作，雇员在国内缴税时可获得一定数额的免税额。公司认为雇员之所以获得免税额是因为公司派其到国外工作，所以公司必须每月从雇员基本工资中扣下一定数额的"假设税款"来弥补东道国与母国的部分税负担。

（2）商品和服务差额、可支配商品和服务、住宅标准都是以基本工资为基础的。

资料来源：Prepared for this text by Rebecca Rosenzweig，Director，International Compensation Services，Mercer/ORC Worldwide.

11.2.7　确定补贴和激励措施的类型和金额

确定基本工资并计算出所需的调整后，公司必须确定必要的激励措施，告诉潜在外派人员这将是他们的财务优势（或至少是维持原来水准而不是劣势）[43]，从而说服他们接受国外任务。跨国公司以前通常会提供许多激励措施，为外派人员带来可观的金钱利益，但是现在有必要对过高的外派费用进行控制。

最常见的激励措施之一是额外的外国保费，用于补偿国际外派人员及其家人搬到陌生国家并居住在他们感觉不舒服的地方，以及鼓励参与国外工作。这些保费一般为外派人员基本工资的 25%。如今，这种保费通常是基本工资的 15% 左右。越来越多的公司开始质疑是否有必要支付国际外派人员保费。[44] 批评者认为，在一个真正的全球经济中，随着通信和交通的改善、全球消费品的普遍供应以及公认的国际商业规范，海外流动不再像过去那么混乱。尽管如此，仍有大量的跨国公司继续支付此类保费。[45]

奖励的其他形式包括"艰苦"职位和危险职位的津贴（补偿性工资），其中可能包括到绑架或恐怖活动威胁较高的地点工作，或是偏远地区（例如印度尼西亚内陆地区或海洋石油钻井平台），或是生活不太方便的地区。在评估困难程度时通常考虑的三个主要方面包括人身威胁、不舒适水平和不便程度。[46] 人身威胁包括潜在或实际的暴力行为、对外国人敌视、疾病流行以及当地医疗设施和服务不充足。不舒适水平评估了自然环境、气候和污染以及地理、文化和心理隔阂。不便程度指的是当地的教育系统、住房的可用性及质量、是否提供娱乐和社区设施，以及消费品和服务的可用性、质量和种类。艰苦条件津贴通常为基本工资的 5%～25%，而危险津贴可能会为基本工资的 15%～20%。根据地点的不同，艰苦条件津贴和危险津贴可能会使外派人员的收入增加 30%。

额外的激励措施通常（或可能）包括以下内容：住房补贴，以确保外派人员及其家人的生活，或使其居住水平能与其在国内的水平相当，并帮忙看管其在母国的住房和家具；安置津贴；外派人员及其配偶和任何其他受抚养人的教育津贴（例如外派人员的语言课程及学龄儿童的私立学校）；前往国外和回国所需的所有旅行和迁移费用；外国的当地交通费；结束任务前的语言和文化培训费用；特殊权益，如外派人员的俱乐部会员资格以及为外派人员及其家人提供的探亲假。根据地点的不同，这些措施通常需要跨国公司每年为每位外派人员多花费超过 15 万美元。确实，对于某些生活成本和住房成本特别高的地区，这一数字可能达到每年 50 万美元以上。这是基本工资和福利的补充。例如，在东京，一个外派家庭的住房租金通常每年超过 30 万美元。[47]毫无疑问，外派失败的成本相当高（通常认为美国周边地区一次两到三年的外派任务成本 100 万美元）。因此，大型跨国公司开始重新考虑其对国际外派人员补偿的方法。

这些成本增加的后果之一是，企业越来越希望通过各种形式的基于业绩的激励性薪酬来提供更高的国际外派人员工资，就像在国内采用的方式一样。[48]为了最大限度地降低成本，公司正在为国际外派员工（以及母国和东道国高管）设计与子公司实现长期战略目标（例如子公司收入和利润的增长或子公司层面的资本回报率）相关的奖金制度（在任职结束时支付）、实物福利和基于股权的计划。解决长期外派高昂成本的另一种方法是增加国际任务的类别（通常是不需要家人陪同的短期任务）。[49]

11.2.8　本地化

国际外派人员薪酬的一种相对较新的方法称为本地化。这种方法被用来解决许多成本高昂和外国子公司员工之间不平等的问题。在本地化方式中，除了一些额外的津贴，国际外派人员的薪酬与当地员工的薪酬相当。这些员工通常处于职业生涯初期，渴望获得学习驱动的国际任务，渴望能在国外工作相对较长的时间，任务结束后希望留在东道国；或者他们是第三国员工或已在国外学习/工作并返回其母国的人。本地化倾向于相对简单的沟通和管理。然而，很少有完全的本地化，尤其是当涉及从发达国家迁移到发展中国家时，医疗福利、税收和住房条件都可能成为问题。这些国际外派人员可能来自与当地人生活水平不同的地方，因此通常需要为其提供一些特殊的补偿。

过去，本地化也被用来转换国际派遣人员，这些国际派遣人员因传统的外派安排而被重新安置，然后由于业务原因（例如与本地客户保持关系）或个人原因（他们适应了当地环境，并决定留下，甚至可能在当地结婚）而延长了原来的合同期限。在这些情况下，对于这类外派人员不再继续使用外派人员奖励、津贴和保险费，而是采用本地化的方式。

11.2.9　一次性补贴

鉴于人们担心资产负债表过于严重地影响了外派人员的生活方式，跨国公司开始采用一种一次性支付补贴的方式。[50]公司决定一次性支付所有主要的激励和调整费用，让外派人员自己决定如何使用（例如住房、交通、旅行、教育和生活方式等方面)。从本质上讲，一次性补贴更多的是一种付款方式，而不是薪酬方式，因为一次性补贴的计算通常与资产负债表(住房、商品和服务)相同，但是并未为每个组成部分支付津贴。这笔一次性津贴是在迁移过程开始时一次性支付给国际外派人员。有时，一次性补贴会分为迁移开始时的付款和成功完成迁移后的剩余付款(作为让他们认真工作并在公司任职直至任务结束的激励，同时还可以避免税收影响)。应该注意的是，无论是在东道国还是在母国，一次性补贴的支付方式都会对税收产生影响。此外，根据国际外派人员薪酬福利专家的观点，对于货币敏感的商品，应避免一次性付款。

11.2.10 自助餐式福利

对高薪高管日益采用的一种方法是提供一系列如自助餐式的总金额控制的福利选择。公司和个人都有好处，与现金收入相比，主要是跟福利和津贴的纳税范围有关。由于个人不需要太多现金(因为大多数费用由公司支付)，这种方法使国际外派人员可以获得诸如公司购车、保险、公司提供的住房等，并且不会增加外派人员的所得税。自助餐式福利通常不适用于对外派任务至关重要的外派人员，但公司会在一些不太重要的外派任务上给出这种选择。应该注意的是，一个项目是否有必要，通常是由国际人力资源和管理层决定的而不是国际外派人员。

11.2.11 区域系统

对于在世界特定区域内完成工作的国际外派人员，一些公司正在开发区域性薪酬福利系统以维持该区域内的权益。这通常被视为对其他方法的补充。如果这些人后来被转移到另一个地区，他们的工资将转移到该地区系统中，具体取决于那里使用的系统和方式是什么，例如资产负债表方法。

11.2.12 全球系统

还有一种方法，对于高于一定工资水平的国际外派人员，实施一个通用的全球薪资和福利包。通常这样做是基于以下事实：对于许多专业职业(例如软件工程师和程序员)和高管而言，实际上存在着全球劳动力市场，来自世界各地的合格专家都在申请从事相同的工作。通过这种方法，跨国公司将有两种一般的工资类别：低于规定水平的本地雇员和国际雇员。国际级别一般包含基于绩效的可变薪酬部分，通常使用的标准是公司总部为这些职业支付的薪水。

拥有来自许多不同国家和地区的员工的跨国公司通常会使用多个国际外派人员薪酬福利系统。尽管它们可能具有全球性的理念和国际外派人员政策，但对多个系统的需求通常取决于外派人员的身份、业务所在的国家和地区的复杂性(和相应的税制)，以及提供某些薪酬福利的文化惯例。使用单个系统可能会导致无法满足国际外派人员的需要，并且由于税收而导致成本增加。

确定国际外派人员薪酬福利包的通用方法正在由于各种原因遭到质疑。令人担忧的是，这些方法都没有充分考虑到外派人员或派遣国的性质，并常常实际上阻止了外派人员融入当地文化。[51]例如，住房差异常常会使得外派人员在东道国的住房可能要好于其东道国同事的住房，尽管是否合适取决于国际外派人员的任务性质。即使继续采用以家庭为基础的商品和服务消费模式，也不会鼓励对于国际外派人员在东道国的成功至关重要的文化意识。此外，批评者还认为，国际外派人员的薪酬福利体系似乎应该更多地关注国际外派人员和东道国员工对金钱的价值与其他类型的津贴或激励形式等的看法上的差异。[52]传统的激励和调整以及退税计划和灵活的补贴可能很好地回应了一些批评，同时还降低了公司的总成本。这种方法甚至可以使跨国公司用生活质量或以职业机会为中心来代替传统的对生活成本的关注。

11.2.13 其他重要的国际外派人员薪酬问题

任何国际外派人员的薪酬福利方法都有许多固有的问题，例如支付方式、通货膨胀、汇率波动和社会保障。

1. 支付方式

一旦确定了国际外派人员的薪酬和福利方案，公司必须决定是以东道国货币、母国货币还是两种货币的组合来支付给外派人员。如果母国货币与东道国货币之间的可兑换性有限，或者通货膨胀率高，公司最好以本国货币支付国际外派人员的工资（当然要进行更加频繁的重新评估，以保证在通胀加剧的情况下，购买力不会下降）。但是，当国际外派人员在外派期间维持母国财政义务时，将需要以母国货币支付部分款项来履行这些义务。对于许多跨国公司来说，通常以当地货币支付国际外派人员的基本工资和差额，而剩余金额以母国货币支付。奖金也往往以母国货币支付，通常留在母国账户中，这被称为拆分工资或拆分货币方法。这种付款方式有助于国际外派人员支付日常生活费用，并在承担母国的剩余财务义务的同时保持在东道国的购买力，它还在一定程度上保护国际外派人员免受货币汇率波动和通货膨胀的影响。

2. 汇率波动

虽然资产负债表方法中的母国和东道国差异计算是在国际任务开始时进行的，但在国际派遣过程中，母国和本国货币肯定会出现波动。汇率波动将改变国际外派人员资产负债表中的数字。随着汇率的上下波动，当东道国和母国的相对价格发生变化时，它们影响指数和差额（东道国与母国支出之间的差额）。

一般规则是，随着汇率上升，公司向国际外派人员支付的差额下降；随着汇率下降，差额上升。国际人力资源薪酬福利专家必须能够向国际外派人员解释为什么公司支付的差额会由于汇率波动而发生变化，以及现实中如何平衡对差额的调整。如果国际外派人员以两种货币支付（分割支付），那么汇率波动实际上就没什么影响，因为它们可能相互抵消。跨国企业通常会在汇率波动达到一定程度后进行调整，并在国际外派人员的任务书中注明。

3. 通货膨胀

通货膨胀/通货紧缩既可能发生在母国，也可能发生在东道国，或者同时发生在这两个国家（如果同时发生在这两个国家中，就可能相互抵消）。当出现通货膨胀时，资产负债表的差额会怎样？当净通货膨胀率上升时（与母国的价格相比），东道国的可支配支出会增加，差额上升；如果出现通货紧缩，东道国的可支配支出会减少，差额下降。

通常净通胀取决于差额（通胀上升时上升，通胀下降时下降）。显然，实际上，差额同时受到汇率波动和通货膨胀的影响。

4. 社会保障

另一个因素涉及与社会保障税和政府提供或政府授权的社会服务（从医疗保健到退休计划）有关的不同国家具体实践。这些会大大增加国外的税收负担。一些建立了社会保障体系的国家相互谈判，达成了双边社会保障条约，以消除双重征税，即所谓的全面协议。例如，自 1970 年以来，美国已经与 21 个国家（澳大利亚、奥地利、比利时、加拿大、智利、芬兰、法国、德国、希腊、爱尔兰、意大利、日本、卢森堡、荷兰、挪威、葡萄牙、韩国、西班牙、瑞典、瑞士、英国）达成全面协议。[53]这些协议的目的是消除双重社会保障税（当来自一个国家的员工在另一个国家工作并需要缴纳税款时，以同样的收入向两国缴纳社会保障税），并帮助填补美国和其他国家之间职业工人的福利保护空白。这些协议一般规定，一个协议国的居民在短期内（通常为 183 天）可以免税。根据地域性规则，员工仍然完全受他工作所在国的保险法管辖。根据"外出工作人员"规则，暂时转移到另一个国家为同一雇主工作的雇员仅受其派遣国的保护。根据这些全面协议，国际人力资源部门在出发前申请在本国的保险证明（即国际外派人员留在本国社会保障体系中并免除东道国社会保障税）。请注意，这些全面协议是国家之间的双边协议，其规定可能有所不同。一些没有社会保障体系的国家可能有一些基金（例如新加坡和澳大利亚的公积金退休基金），要求国际外派人员向该基金缴纳费用。当国际外派人员离开东道国时，可能会收回这些退休基金。国际人力资源部门在不同国家和地区部署国际外派人员时必须熟悉这些规定，以便它们可以代表员工提出申请。

5. 外派人员收入税

决定国际外派人员的海外生活方式的主要因素可能是外派人员必须缴纳的个人所得税金额。从一个国家转移到另一个国家的员工面临着迥然不同的税收制度、理念和税率，根据两国的税收政策，可能需要在母国和东道国同时缴税。更麻烦的地方在于税制和税率每年都在变化。因此，税收不仅为国际人力资源管理带来了最复杂的薪酬问题，而且可能成为国际外派人员的最大支出，其中包括所得税和社会保障税（适用于拥有社会保障体系的国家）。表 11-7 显示了许多国家的平均税收楔子（tax wedge）的变化（收入税和社会保障税的组合占平均工资的百分比）。

表 11-7　平均税收楔子

个人工资性收入平均计税（2009 年与 2019 年）（%）		
国家	2009 年	2019 年
澳大利亚	26.2	27.9
奥地利	47.9	47.9

续表

个人工资性收入平均计税（2009 年与 2019 年）（%）		
国家	2009 年	2019 年
比利时	55.4	52.2
加拿大	30.3	30.5
智利	7.0	7.0
捷克	42.2	43.9
丹麦	38.3	35.4
爱沙尼亚	40.0	37.2
芬兰	42.0	41.9
法国	49.3	46.7
德国	49.1	49.35
希腊	36.6	40.8
匈牙利	46.4	44.6
冰岛	31.3	33.1
爱尔兰	29.3	33.2
以色列	20.2	22.7
意大利	46.9	48.0
日本	30.5	32.7
韩国	19.8	23.3
卢森堡	34.0	38.4
墨西哥	15.5	20.1
荷兰	33.7	37.3
新西兰	18.4	18.8
挪威	26.8	35.7
波兰	34.3	35.6
葡萄牙	37.7	41.0
斯洛伐克	37.8	41.9
斯洛文尼亚	42.4	43.6
西班牙	39.6	39.5
瑞典	42.7	42.7
瑞士	20.8	22.3
土耳其	37.4	39.1
英国	32.7	30.9
美国	29.7	29.8

资料来源：Based on data from Taxing Wages-Comparative Table http：//www.oecd-ilibrary.org/taxation/taxing-wages _ 20725124，accessed on June 8，2020.

当然，各国的社会保险费率和福利也相去甚远，甚至超过所得税税率的差异。国际外派人员要为收入纳税，而与其收入来源（母国还是东道国）无关。由于双重征税和税收增加，跨国公司通常会支付增量成本。公司将为其国际外派人员支付这些差额费用，即超过外派人员在本国居住时应缴纳的税款，也就是所谓的假设税或国际外派人员如果留在母国时应支付的税。跨国公司必须确定一种应对这些差异和潜在沉重成本的策略。跨国公司通常遵循以下四种替代税收策略中的一种：自由放任、税收均等、税收保护或特殊政策。[54]

（1）自由放任。这种方法并不常见，但是一些规模较小的公司和刚开始从事国际业务的公司可能会采取这种方法。按照这种方法，即使在双重征税的情况下，也希望国际外派人员能够缴纳自己的税赋。问题是，员工可能故意也可能由于缺乏知识而未向母国和东道国支付应缴的税款。

（2）税收均等。这是最常见的方法，因为它支持母国的资产负债表系统。由于各国之间的税率和纳税义务差异很大，税收均等为所有国际外派人员提供了公平的待遇，而不论国际外派人员是在哪个国家。在这种策略下，公司从国际外派人员的收入中预扣假设税，然后在母国和东道国缴纳所有实际税款。本质上，国际外派人员无论是在母国还是在东道国缴税，税款都是均等的。如果国际外派人员被派往高税率的国家，例如许多欧洲国家，那么税收就会很高。但是，税收均等促进了跨国公司的税收筹划，并减少了违规情况。

（3）税收保护。在税收保护策略下，国际外派人员既要缴纳母国税，又要缴纳东道国税，但是要将假设税与实际税进行比较，如果实际税额大于假设税额，则雇主将差额支付给国际外派人员，如果东道国的税率较低，则差额将成为员工的额外收入。从本质上讲，雇主保护国际外派人员免缴更高的税收。尽管此方法曾经很流行，但今天变得越来越不常用。跨国企业更多利用税收均等来降低成本并控制税收合规性，而不是给国际外派人员提供一笔意外之财。值得注意的是，当国际外派人员在国外工作不合规时，可能会对跨国企业和员工产生影响。

（4）特殊政策。在这种策略下，每个国际外派人员根据其与雇主谈判的结果而有不同的待遇。特殊政策通常与协商方法同时使用。此外，支付给国际外派人员的典型津贴在某些国家通常被视为应税收入。因此，无论是在母国还是东道国，由此产生的税单都可以抵消公司为国际外派人员提供的经济激励。

为了进行补偿，公司通常会帮助国际外派人员偿还超出其在国内应缴税款额度的全球税务，目的是让国际外派人员不因外派任务而承受经济受损。实际上，调查发现，至少有 75％ 的公司向其在国外工作的雇员提供以下免税的福利（通常通过将这些项目的税收成本加到薪水中，即"加薪"工资）[55]：

- 退税款。
- 国际保费。
- 生活费用调整。
- 住房津贴。
- 汽车报销（用于商业用途）。
- 紧急撤离。

- 搬家费用。
- 教育。

此外，许多公司提供免税的自用汽车（占 48.3%）或俱乐部会员资格（占 62%）。不同国家和地区的企业税率不同，由于这个原因和复杂的税收制度，对各国征收什么税和不征收什么税（即算作收入）有不同的态度，跨国公司必须依靠国际会计公司提供建议和准备国际外派人员的纳税申报表。

税务专家还为跨国公司如何在复杂的全球纳税义务中节省资金提供了建议。[56] 这些想法也许能在某些国家和地区起到一定的作用。但是，事实上，没有任何一种方法适用于所有地区。尽管如此，以下预防措施和建议仍具有一定的意义[57]：

- 获取关于国际外派人员的专业税务建议。
- 不要将税务事务交由国际外派人员负责，否则可能会影响公司声誉以及与东道国政府的关系（并产生相应的法律责任）。
- 大多数发达国家之间的税收协议意味着开放和良好的计划会使员工流失率降低。

■ 11.3　国际薪酬与福利管理

到现在为止，显而易见，全球的薪酬福利管理比国内的薪酬福利管理更为复杂。主要是因为：首先，从不熟悉的来源收集有关不同国家的工资、福利待遇、政府惯例和税收制度的信息，这使得很难为国际外派人员或各种海外业务设计可比较的薪资方案。其次，支付系统需要应付政府的货币管制、不断变化的汇率和通货膨胀率，因此必须不断调整以当地货币支付的国际外派人员收入。再次，由于不同国家的通货膨胀率不同，可能还需要经常调整国际外派人员的工资，以抵消高通货膨胀率的影响。再加上想要创建一个通用的全球数据库以跟踪所有差异，全球薪酬福利就变得更加复杂了。当所有这些都与不同国家的薪酬福利的法律制度和实践结合在一起时，跨国公司想要通过其奖励结构来满足国际外派人员或本地员工的需求非常困难。此外，还有一些与全球薪酬福利相关的问题，这些问题会增加国际人力资源管理的压力，例如获得有效的薪酬数据、工资单维护、数据隐私、成本问题和标杆管理。

11.3.1　薪酬数据

跨国公司通常很难获得可靠性很高的特定国家的薪酬数据。很少有政府会收集或发布足够的薪酬数据，只有少数地方由当地贸易协会来收集和发布此类信息。因此，跨国企业必须依赖参与国际实践的会计师事务所、专门开发此类数据的咨询公司提供的信息，甚至通过共享此类信息的本地跨国企业"薪酬俱乐部"开发自己的数据。这些选项都没有提供必要的可靠数据，尤其是在欠发达国家，说明了国际人力资源经理在尝试为其国际外派人员制定具有成本和管理效益的薪酬方案以及为其在世界各地的子公司的雇员制定公平薪酬方案时遇到的困难。

11.3.2 工资单维护

全球薪酬福利计划的另一个问题涉及维护国际外派人员的工资单，以及开发用于处理工资单和福利的全球系统。国内人力资源信息系统通常不能处理多个地点和多种货币的所有附加信息。特别是对于国际外派人员而言，标准工资系统通常不提供薪酬福利项目，例如保险费、语言培训费用、家属教育津贴、家庭用品的储存和货币兑换等。维护这些文件导致的更加复杂的问题是，跨国公司通常使用多种国际外派人员薪酬福利实践。每个国家和地区的税收和预提税要求也不同。因此，咨询公司已经为其客户开发了单独的国际外派人员跟踪系统。即使是这些系统也不总能跟踪短期和其他类型的外派人员。

11.3.3 数据隐私

对这些文件进行更新，并将其中的信息用于员工决策（如加薪、调整或职业和工作分配），将变得更加困难，因为许多国家都有法律禁止将员工的私人信息转移到其他国家和地区。对于这些问题，没有简单的解决方案，除非专门设计一个计算机程序来解决国际员工的问题，或者雇用一家公司解决这些问题，但是可以肯定的是，在建立和管理国际劳动力薪酬计划时必须考虑这些问题。

11.3.4 成本问题

全球薪酬福利系统发展的另一个问题与跨国公司将国际人力资源问题纳入企业的战略管理中的努力有关。全球薪酬福利系统在以下很多方面受到影响：由于国际外派人员的费用高昂，缩减规模的决定通常会涉及他们，但再要说服新人接受外国派遣任务就变得更加困难；向国际人力资源管理部门施加压力以控制成本；使国际人力资源的薪酬体系在全球化的同时能够本地化；在跨国收购中合并薪酬制度；在国际合资企业、跨境合作伙伴和联盟中设计或谈判新的薪酬体系；试图简化国际薪酬制度的设计和管理；应对包括双职工夫妇在内的新型国际外派人员。

11.3.5 标杆管理

许多公司正在尝试确定成功的跨国公司在设计和实施其国际薪酬系统方面的具体实践。通常这种做法看起来像一种"无知"的练习，因为很少有研究去识别如何才能做到最好。对跨国公司实践的调查可能只是确定当前正在做的事情而已。前面的讨论表明，许多实践已经随着时间的推移而发展，并没有太多的知识或研究来表明哪种实践在哪种情况下是最佳的。随着时间的推移，这可能导致许多公司遵循完全错误的、高成本的、不适当的实践。因此，需要对国际薪酬福利进行更多更好的研究。

■ 11.4 结论

　　本章介绍了与跨国公司开发薪酬福利计划有关的国际人力资源管理实践，并讨论了公司尝试在全球范围内设计和实施薪酬福利计划时遇到的许多问题。讨论有两个重点。我们首先讨论了跨国公司员工在各地的薪酬，然后重点介绍了针对国际外派人员的薪酬福利计划。

　　国家在法律（特别是税法）和文化惯例方面的差异使得薪酬福利计划的设计变得非常复杂，同时企业无法采用全球标准化的实践。但是，要求公平和易于管理的压力为国际人力资源提供了开展全球薪酬一体化计划的动力。对于在多个国家拥有本地劳动力的跨国企业而言，了解这些特定国家的差异至关重要，只有这样才能为整个公司设计合理的人力资源管理实践。

　　本章还介绍了国际外派人员薪酬福利的特殊情况，介绍了国际外派人员薪酬的几种替代方法，并广泛讨论了资产负债表方法。这种方法为母国公司增加了许多津贴和激励措施，并且是美国向国际外派人员付款的最常用方法。但是，资产负债表方法的复杂性以及公司在使用这种方法时必须深入了解国际外派人员的个人生活（以及国际外派人员管理薪酬和资产负债表的高成本），导致许多公司开始尝试其他的方法。不同国家的税收惯例和税率则使得国际外派人员的薪酬变得更为复杂。为了确保国际外派人员无须被双重征税，跨国公司使用以下四种方法之一：自由放任、税收均等、税收保护或特殊政策。所有方法的目的都是限制国际外派人员的应纳税额。最后，我们回顾了跨国公司在全球范围内开展业务所遇到的其他薪酬福利问题。

　　在全球范围内设计和管理薪酬计划以及国际外派人员的薪酬待遇是一项复杂而困难的职能。本章明确了为什么国际薪酬福利项目占用了国际人力资源经理大量的时间和精力。通过解决这些复杂的问题，在全球环境中工作的薪酬福利专家管理全球薪酬福利的能力得到了提升。

■ 11.5 讨论题

　　1. 全球薪酬与国际外派薪酬之间有什么区别？

　　2. 影响全球薪酬计划的有效性的主要问题有哪些？

　　3. 在跨国企业中，将股权薪酬计划用作对来自不同国家的员工的激励性薪酬，效果如何？

　　4. 常见的国际外派任务薪酬制度有哪些？每种制度的优缺点是什么？每种制度的适用条件是什么？

　　5. 在国际外派薪酬中，跨国公司可以使用哪些不同的税收方法？

案例 11.1　**全球劳动力的薪酬问题（全球，泰国，菲律宾，日本，玻利维亚）**

在国际商务中，非母国员工不仅提升了企业能力，而且降低了成本，同时也带来了一系列新的薪酬问题。例如，一家大型跨国 IT 公司的国际人力资源总监正面临这样的困境：

> 看来我们的国际薪酬体系已经失控了。我们公司里的母国员工和第三国员工都对他们的津贴表示不满。总部对我们的薪酬体系也非常不满意，因为费用太高。坦率地说，我似乎无法从我们的顾问那里得到关于如何为这样的全球劳动力提供报酬的任何建议，而且行业中似乎没有其他人知道该如何解决这个问题。

这家跨国 IT 公司有 40 名高薪的美国人在 14 个国家和地区担任现场工程师和市场经理。在全球的 8 个地方，也有来自菲律宾、日本和玻利维亚的东道国雇员与美国雇员一起工作。最后，该组织的总部还有泰国人和菲律宾人。公司通常的政策是将雇员派遣到国外工作五年以下，然后将其召回本国。

该公司有一位来自菲律宾的现场工程师，在马尼拉的年薪为 35 000 美元。还有另一位来自泰国的现场工程师，在曼谷的收入接近 40 000 美元。他们都已经被调到了总部，与美国的现场工程师并肩工作（美国的现场工程师从相同的工作中赚了 80 000 美元）。他们不仅在一起工作，还在一起生活，在同一家商店购物，在同一家餐馆吃饭。国际人力资源方面花了大量的精力和成本来调整来自两个不同国家的移民的生活费用，他们目前的生活水平是相同的，与他们的本地同行一致。他们之所以生气，是因为他们的津贴没有反映出他们在总部所在国家的生活水平，也没有反映出他们在母国的生活水平。

因此，我们面临的问题就是我们有两名员工，其中一名收入 35 000 美元，另一名收入 40 000 美元（加上生活费用调整），他们与总部的同行一起工作和生活，而后者的收入为 80 000 美元。大多数公司尝试的解决方案是简单地将外国员工的工资提高到 80 000 美元。

然而不幸的是，当外派人员回国时，他们的薪水将削减到总部规定的工资水平。这时候需要一种一致、公平、公正的薪酬福利制度来对外国员工进行补偿。

资料来源：adapted and updated（2014）from Crandall，L. P. and Phelps，M. I. （1991）. Pay for a global work force. *Personnel Journal*，February，28，30.

问题：

1. 如果你是国际人力资源管理部门的负责人，你会怎么做？
2. 什么样的全球薪酬政策可以有效地解决此类问题？

［注释］

1 Reynolds, C. (2000). *2000 Guide to Global Compensation and Benefits*, San Diego, CA: Harcourt Professional Publishing.

2 Gomez-Mejia, L.R. and Werner, S. (eds.) (2008). *Global Compensation: Foundations and Perspectives*, London/New York: Routledge; Herod, R. (2009). *Expatriate Compensation Strategies*, Alexandria, VA: Society for Human Resource Management; Reynolds (2000); Reynolds, C. (1992). Are you ready to make IHR a global function? *HR News: International HR*, February, C1–C3; Reynolds, C. (1997). Expatriate compensation in historical perspective. *Journal of World Business*, 32 (2), 118–132; Senko, J. (2008).

Objectives in expatriate compensation. *Essentials of International Assignment Management*, 2008 Webinar Series hosted by IOR Global Services, Nov. 5; Senko, J. and Hicks, J. (2010). Challenges in global mobility, *Essentials of International Assignment Management*, 2010 Webinar Series hosted by IOR Global Services, Sept. 22.

3　Herod, R. (2008). *Global Compensation and Benefits: Developing Policies for Local Nationals*, Alexandria, VA: Society for Human Resource Management.

4　See, for example, Crandall, L.P. and Phelps, M.I. (1991). Pay for a global work force. *Personnel Journal*, February, 28–33; Czinkota, R.M., Rivoli, P. and Ronkainen, I.A. (1989). International human resource management. *International Business*, Chicago: The Dryden Press; Green, W.E. and Walls, G.D. (1984). Human resources: Hiring internationally. *Personnel Administrator*, July, 61–64, 66; Gross, R.E. and Kujawa, D. (1995). Personnel management. *International Business: Theory and Managerial Applications*, 3rd ed., Homewood, IL: Irwin; *Fortune* (1984). Are you underpaid? 19 March, 20–25; Stuart, P. (1991). Global payroll—A taxing problem. *Personnel Journal*, October, 80–90.

5　See, for example, Overman, S. (1992). The right package. *HR Magazine*, July, 71–74; Senko (1991).

6　Adapted from Murphy, E. (1998). Payday around the world. *IBIS Review*, July, 17–20

7　Traavik, L.E. and Lunnan, R. (2005). Is standardization of performance appraisal perceived as fair across cultures? Paper presented at the Academy of Management in Honolulu, HI, August.

8　Adapted from Hait, A.G. (1992). Employee benefits in the global economy. *Benefits Quarterly*, Fourth Quarter, reprint, pp. 21–27.

9　Latta, G.W. (1995). Innovative ideas in international compensation. *Benefits and Compensation International*, July/August, 3–7; Luebbers, L.A. (1999). Laying the foundation for global compensation. *Workforce Supplement*, September, 1–4; Minehan, M. (2000). The new face of global compensation. *SHRM Global*, December, 4–7; Murphy (1998); Ritchie, A.J. and Seltz, S.P. (2000). Globalizations of the compensation and benefits function, in Reynolds, C. (ed.) *Guide to Global Compensation and Benefits*, San Diego: Harcourt Professional Publishing; Sutro, P.J. (1999). Thinking about a global share plan? Think smart. *Compensation and Benefits Review*, reprint (no pages); and Townley, G. (1999a). Leveling the global paying field. *HR World*, March/April, 75–80.

10　Abowd, J.M. and Kaplan, S.D. (1998). Executive compensation: Six questions that need answering. US Department of Labor, Bureau of Labor Statistics, Working Paper 319.

11　See www.ubs.com. An example study includes the 2012 edition of the Prices and Earnings report from UBS.

12　See www.imercer.com. An example study includes Mercer's 2014 Cost of Living City Rankings, Nov. 5, 2014.

13　See US Bureau of Labor Statistics (International Labor Comparisons), http://www.bls.gov/bls/international.htm.

14　Bernstein, Z.S. and Kaplan, C.Y. (2000). Benefits: Introduction and retirement programs, in Reynolds, C. (ed.), *2000 Guide to Global Compensation and Benefits*, San Diego: Harcourt Professional Publishing, pp. 263–294; Kaplan, C.Y. and Bernstein, Z.S. (2000). Other benefits, in Reynolds, C. (ed.), *2000 Guide to Global Compensation and Benefits*, San Diego: Harcourt Professional Publishing; Hempel, P.S. (1998). Designing multinational benefits programs: The role of national culture. *Journal of World Business*, 33 (3), 277–294; and Outram, R. (2000). Cherry pickings. *HR World*, March/April, 30–34.

15　Source: International Comparisons of Hourly Compensation Costs in Manufacturing, 2012, Bureau of Labor Statistics. Website: http://www.bls.gov/fls/ichccindustry.htm, Oct. 12, 2014.

16　Adapted from report by Ray, R., Sanes, M., and Schmitt, J. (2013). No-Vacation Nation Revisited, Center for Economic and Policy Research, Washington, DC.

17　Bernstein and Kaplan (2000); Spencer, B.F. (1998). Governments continue to hinder development of centralized approach to funding pensions. *IBIS Review*, July, 10–12; and Townley, G. (1999b). In the twilight zone. *HR World*, January/February, 76–79.

18　Di Leonardi, F.A. (1991). Money makes the world go "round," interview with Eugene Barron, assistant treasurer of Johnson & Johnson, *The Wyatt Communicator*, Spring, 15–19.

19　Reported in Kaplan, C.Y. and Bernstein, Z.S. (2000). Other benefits, in C. Reynolds, (ed.). *op. cit.*; Most nations require employers to provide maternity leave, meeting told (1990) *BNA's Employee Relations Weekly*, April 2, 433. For current information on maternity and related leaves, refer to Keller, W.L. (ed.) (vol. 1–1997, vol. 2–2001, and annual updates). *International Labor and Employment Laws*, International Labor Law Committee Section of Labor and Employment Law, American Bar Association, Washington, DC: The Bureau of National Affairs.

20 Johnson, R. E. (1991). Flexible benefit programs: International Style. *Employee Benefits Journal*, 16 (3), 22–25.

21 Freedman, R. (1997). Incentive programs go global. *Worldwide Pay and Benefits Headlines* (Towers Perrin Newsletter) February, 1; Gross, A. and Lepage, S. (2001). Stock options in Asia, *SHRM Global Perspective*, 3 (1), 8–9; Andersen, A. (2001). New global share plan survey data released. *International Mobility Management Newsletter*, 4th quarter, 7; Pacific Bridge (2001). Stock options in Asia: Legal and regulatory roadblocks. *Asian HR eNewsletter*, May 10, 1–2 ; Perkins, S. J. (1998). The search for global incentives. *HR World*, Nov./Dec., 62–65; William M. Mercer International and Arthur Andersen and Co. (1990). *Globalizing compensation: extending stock option and equity participation plans abroad*, New York, NY: Anderson & Co.; Solomon, C. M. (1999). Incentives that go the distance. *HR World*, May/June, 40–44; Rodrick, S. S. (ed.) (2002). *Equity-Based Compensation for Multinational Corporations*, Oakland, CA: The National Center for Employee Ownership (NCEO); Thompson, R. W. (1999). U.S. subsidiaries of foreign parents favor pay incentives. *HR Magazine*, April, 10; US-based long-term incentive plans go global (2000). *International Update* (reporting on a Towers Perrin report: *The Globalization of Long-Term Incentive Plans by US-Based Companies*) 3, 8; US version stock plans filter into Europe (1999). *International Update*, February, 9; and Veloitis, S. (2000). Offshore equity compensation plans: Focus of audit activity in many countries. *KPMG eNewsletter, The Expatriate Administrator*, August 28, 1–4.

22 Hewitt Associates (1993). *Granting Stock Options and Restricted Stock to Overseas Employees*, New York, NY: Hewitt Associates.

23 Hall, B. J. (2000). What you need to know about stock options. *Harvard Business Review*, 78 (2), 121–129; Rosen, C., Case, J. and Staubus, M. (2005). Every employee an owner. *Harvard Business Review*, 83 (6), 122–130; Corporate Secretary Guide, *Global stock plan management*, www.fidelity.com/stock plans (2006).

24 Gibson, V. L., Doyle, J. F. and Tanner, C. P. (2002). Tax and legal issues for global equity compensation plans, in Rodrick, S. (ed.), *Equity-Based Compensation for Multinational Corporations*, 4th ed., Oakland, California: The National Center for Employee Ownership (NCEO), pp. 133–141; Schneider, C. (2001). Implementing a global stock plan, in Rodrick, S. (ed.), *Equity-Based Compensation for Multinational Corporations*, 4th edition, Oakland, California: The National Center for Employee Ownership (NCEO), pp. 133–141.

25 *Fortune* (2002). Canon loves to compete. 22 July 22, S5.

26 Lublin, J. S. (1991). Employee stock plans run into foreign snags. *The Wall Street Journal*, Sept. 16, B1.

27 Krupp, N. B. (1986). Managing benefits in multinational organizations. *Personnel*, September, 76–78; Murdock, B. A. and Ramamurthy, B. (1986). Containing benefits costs for multinational corporations. *Personnel Journal*, May, 80–85.

28 Towards a global compensation model: Two key concepts (2001). *International Mobility Management Newsletter* (Arthur Andersen), 2nd quarter, 2–3.

29 Harris, A. A. (ed.) (2013). *Workforce Strategies: Expatriate Compensation: Structuring Pay and Benefits for International Assignments*, vol. 31, no. 7, Arlington, VA: Bloomberg BNA.

30 Black, J. S. (1991). Returning expatriates feel foreign in their native land. *Personnel*, August, 17.

31 Clague, L. (1999). Expatriate compensation: Whence we came, where we are, whither we go. *Corporate Relocation News*, April, 24, 25, 31; Reynolds, C. (1994). *Compensation Basics for North American Expatriates*, Scottsdale, AZ: American Compensation Association; Reynolds (1997); Reynolds (2000a) Global compensation and benefits in transition. *Compensation and Benefits Review*, January/February, 28–38; Reynolds, C. (1996). What goes around comes around. *International HR* (Organization Resources Counselors, Inc.), spring, 1–10; and Ritchie, and Seltz (2000).

32 See, for example, Deloitte (2010). *Smarter Moves: Executing and Integrating Global Mobility and Talent Programs*, New York: Deloitte Development LLC (www.deloitte.com); US National Foreign Trade Council and Cartus Corporation (2010). *Navigating a Challenging Landscape: Global Mobility Policy and Practices Survey*, New York: NFTC and Cartus Corporation; Senko (2008); and Senko, J. and Hicks, J. (2010). *Global Mobility: A Changing Landscape*, Session 3 of 2010 IOR Global Services "Essentials of International Assignment Management" webinar (based on Airinc's 2010 Mobility Outlook Survey).

33 Stone, R. J. (1986). Compensation: Pay and perks for overseas executives, *Personnel Journal*, January, 64–69.

34 Czinkota, M. R., Rivoli, P., and Ronkainen, I. A. (1989). International human resource management. *International Business*, Chicago: The Dryden Press, p. 580; Stone (1986).

35　Herod (2009).

36　Ibid.

37　Black, J.S., Gregersen, H.B., Mendenhall, M.E. and Stroh, L.K. (1999). *Globalizing People Through International Assignments*, Reading, MA: Addison-Wesley; Chesters, A. (1995). The balance sheet approach: Problem or solution? *International HR Journal*, fall, 9–15; Frazee, V. (1998). Is the balance sheet right for your expats? *Global Workforce*, September, 19–26; Infante, V.D. (2001). Three ways to design international pay: Headquarters, home country, host country. *Workforce*, January, 22–24; Organization Resources Counselors, Inc. (1998). *Understanding the Balance Sheet Approach to Expatriate Compensation* (pamphlet) New York: Organization Resources Counselors.

38　O'Reilly, M. (1995). Reinventing the expatriate package. *International HR Journal*, fall, 58–59; Reynolds, C. (2000). Global compensation and benefits in transition. *Compensation & Benefits Review*, January/February, 28–38; and Sheridan, W.R. and Hansen, P.T. (1996). Linking international business and expatriate compensation strategies. *ACA Journal*, spring, 66–79.

39　Crandall and Phelps (1991).

40　For discussions of these issues, see Gould, C. (1995). Expatriate Compensation. *International Insight*, winter, 6–10; Gould, C. (1998). Expatriate policy development, in C. Gould, and B. Schmidt-Kemp (eds.) *International Human Resources Guide*, Boston, MA: Warren, Gorham and Lamont; Infante (2001); Kearley, T. (1996). An effective blueprint for international compensation. *Benefits and Compensation Solutions*, November, reprint; Overman, S. (1992); Pollard, J. (2000). Chapter 7: Expatriate practices, in Reynolds, C. (Ed.). op. cit; Reynolds (1996); Reynolds (2000); and Solomon (1999).

41　*Global Relocation Trends Annual Survey Report*, New York: GMAC Global Relocation Services/Windham International, New York: National Foreign Trade Council, Inc., and Alexandria, VA: Society for Human Resource Management (SHRM) Global Forum; and Society for Human Resource Management/ Commerce Clearing House, *1992 SHRM/CCH Survey on International HR Practices*, Chicago: Commerce Clearinghouse.

42　Pollard (2000).

43　Overman (1992).

44　Senko, J.P. (1990). The foreign service premium and hardship differential. *Mobility*, May, 10–12.

45　Ibid.; and *The 2005 Global Relocation Trends Annual Survey Report*, New York: GMAC GRS/Windham International, New York: National Foreign Trade Council, and Society for Human Resource Management (SHRM) Global Forum.

46　Senko (1990).

47　Senko (1991).

48　See, for example, Bishko, M.J. (1990). Compensating your overseas executives, Part 1: Strategies for the 1990s. *Compensation and Benefits Review*, May–June, 33–43; Brooks, B.J. (1988). Long-term incentives: International executives. *Personnel*, August, 40–42; Brooks, B.J. (1987). Trends in international executive compensation. *Personnel*, May, 67–70.

49　Global Relocation Trends 2005 Survey Report, *op. cit.* Global Relocation Trends 2005 Survey Report, GMAC Global Relocation Services. Produced in association with National Foreign Trade Council (NFTC) and the SHRM Global Forum, Woodridge IL.

50　Gould (1998), Chapter 7; Littlewood, M. (1995). Total compensation: A new way of doing things. *International HR Journal*, fall, 17–21; Reynolds, C. (2000). Chapter 5, *op. cit.* and Runzheimer International (2000). Lump-sum allowances: The efficient approach to handling relocation expenses. Pamphlet published by Runzheimer International, Rochester, WI.

51　Gregsen, K.J. (1996). Flexpatriate remuneration: An alternative method for compensating foreign assignees. *International HR Journal*, winter, 24–28; Reynolds, C. (2000). Chapter 5: Expatriate compensation strategies, in C. Reynolds (ed.) op. cit. pp. 73–96.

52　Milliman, J., Nason, S., Von Glinow, M.A., Huo, P., Lowe, K., and Kim, N. (1995). In search of "best" strategic pay practices: An exploratory study of Japan, Korea, Taiwan, and the United States. *Advances in International Comparative Management*, 10, 227–252; Schuler, R.S. (1998). Understanding compensation practice variations across firms: The impact of national culture. *Journal of International Business Studies*, 29 (1), 159–177; and Toh, S.M. and Denisi, A.S. (2003). Host country national reactions to expatriate pay policies: A model and implications. *Academy of Management Review*, 28 (4), 606–621.

53　International Programs, US International Social Security Agreements, http://www.ssa.gov/interna

tional/agreements_overview.html. Accessed Oct. 6, 2014.

54　See, for example, Russo, S.M. and Orchant, D. (2000). Chapter 8: Expatriate taxation, in Reynolds, C. (ed.) op. cit.; Stuart (1991).

55　Presented in Stuart (1991), p. 81. See also surveys such as the Global Relocation Trends Annual Report from GMAC Global Relocation Services/Windham, National Foreign Trade Council, and SHRM Global Forum, op. cit.

56　Adapted from Stuart (1991), pp. 84.

57　Adapted from Outram, R. (2001). The taxman cometh. *Global HR*, February/March, 22–25.

第 **12** 章
国际绩效管理

由差异化的奖励所支撑的高绩效文化是实现个人及商业目标的关键途径。这么做的驱动力来自有挑战性的且明确的职责及优先权，以及确保员工清楚他们的工作会如何影响雀巢公司。

——雀巢公司[1]

学习目标

- 阐述建立国际绩效管理体系的重要性。
- 解释成功的国际绩效管理体系所具有的特点。
- 找出并解决国际绩效管理所面临的主要挑战。
- 描述文化价值维度在国际绩效管理体系设计、实施和评估中所发挥的作用。
- 制定符合母公司要求的评估标准和惯例，同时要符合东道国文化的规范和要求。
- 确定并克服与国际化配置的绩效管理相关的主要困难。

高绩效组织，比如跨国公司，都非常关心员工、团队、项目、商业单位以及整个组织的表现。这些组织努力工作，使工作期望与组织的战略目标保持一致，并依靠高度胜任工作并敬业的员工和团队来实现其目标。衡量个人和团队的绩效成为确保组织绩效的重要工具。因此，建立员工绩效管理（performance management，PM）体系是管理跨国公司人才的一个重要组成部分。此外，员工绩效管理还与其他人力资源活动相关，如工作分析、总结奖励、学习和发展以及人员配置等。本章的重点是介绍全球跨国公司员工绩效管理系统的设计与管理。

跨国企业的员工绩效管理要比单纯的国内业务复杂得多，国际绩效管理系统的复杂性有很多原因。首先，文化对管理实践的影响很大，比如在绩效管理的含义、员工对评估过程的接受程度以及文化价值维度对绩效评估（performance appraisal，PA）的影响等方面。其次，跨国公司的绩效管理系统设计人员面临着一个最主要的困境，即如何协调绩效管理，它是否应该是组织中单一的、固定的实践，或者是否可以使用分散的系统来反映本地文化和本地管理实践。再次，国际外派人员的绩效管理给管理者提出了一些特殊的挑战。

12.1　绩效管理概述

　　人力资源管理领域已经建立起一个被广泛接受的知识体系。[2]跨国公司出现问题的原因是大多数知识基础都是纯粹从西方的角度发展起来的。在西方语境中，绩效管理的概念与许多特征相联系。例如，它被视为一种人力资源活动或过程，包括许多必要的步骤：设定与组织目标相一致的员工绩效目标；定期监测绩效；为员工提供持续的反馈；定期（每年或每半年）进行面对面的工作表现评估；给予员工提供意见的机会；根据个人专业能力评估考核结果，提供发展及职业辅导机会；将奖励制度与个人和团队评估结果联系起来。这种绩效管理过程通常被西方企业的实践者描述为"绩效循环"。

　　近年来，西方大型企业中的绩效管理实践发生了显著的转变，这种转变的趋势是：提高员工绩效的责任感，使用更客观的测量方法和指标，由多个评估者参与评估，对员工进行持续的培训和开发（表 12 - 1 总结了这些变化）。

表 12 - 1　西方绩效管理的变化趋势

转变前	转变后
关注过去的表现	关注将来的表现
主观评判的方式	客观评价的方式
定期（一年或半年）绩效评估访谈	持续评估及培训
被动地控制导向	发展导向
单一评估人	多个评估人
关注被动的员工	将积极的员工发展和奖励挂钩
个人绩效	个人和多级组织绩效
独特的（绩效管理）人力资源活动	与人力资源组合中其他要素相结合的绩效管理活动
烦琐的管理	简化的管理
注重个人结果	组织度量
服务及福利文化（体验、平等）	高绩效文化（责任、公平、产出衡量）
纸质文件	使用软件工具进行过程文档化和交互式员工沟通
关注国内	聚焦全球

　　在这一章中，我们回顾了国际绩效管理相对于国内绩效管理所面临的挑战。我们首先研究跨国公司的员工绩效管理，并回顾国际绩效管理的目的、文化对绩效管理过程的影响以及跨国公司在设计时必须做出的选择（标准化还是适应性），以便将其绩效管理系统融合到全球运营中。然后，我们关注国际外派人员的绩效管理。

■ 12.2　跨国公司的绩效评估

国际员工绩效管理系统是以管理全球员工的绩效为目的，用设计、实施和评估等干预手段，让员工的表现（在个体、团队和组织层面）有助于实现全球战略目标并达到跨国公司所需的整体绩效。

公司的绩效考核制度对员工的绩效有很大的影响。即便是在国内环境中，进行有效的绩效评估也是一项相当艰巨的任务。绩效评估只是全球绩效管理系统的一个项目，是指定期对员工的绩效进行正式评估，通常由主管进行评估。如何进行有效的绩效评估在国际领域更具挑战性。[3]

12.2.1　国际绩效管理的目的

组织开发绩效管理系统有很多原因，但主要是为了评估和开发员工。[4]由于绩效管理的目的不同，可能会影响员工对系统的满意度。然而，这些目的在国内和国际运营中大致相同，主要的不同之处在于：在全球范围内实现这些目标通常更加复杂，尤其是评估的目的。下面描述绩效评估的两个主要目的：评估和发展。

国际环境中绩效考核的评估目标包括：

- 给员工提供反馈，让他们知道自己的表现。
- 为薪资、晋升和工作分配决策提供有效数据，并为沟通这些决策提供方法。
- 识别有潜力的员工，并管理他们的才能，使其达到最佳绩效，并留住员工。
- 帮助管理层做出离职和留任的决定，并对表现不佳的员工提出警告。

国际环境中绩效考核的发展目标包括：

- 帮助管理者提高他们的绩效，开发未来的潜力。
- 通过与经理讨论职业机会和职业规划，培养对公司的责任感。
- 通过认可员工的工作表现来激励他们。
- 诊断个人和组织的问题。
- 确定个人培训和发展需求。

当然，跨国公司对其国际绩效管理系统所作的设计选择以及国际任务的性质，都会影响全球性组织实现这些目标的能力。[5]

12.2.2　文化和绩效管理

随着全球化的进一步发展，西方的人力资源实践正在世界各地得到应用，甚至在非西方文化背景下也是如此。这就导致了一个重要的问题，即这些实践在不同的国家和文化环境中的可靠性如何。虽然绩效管理的知识体系高度地以美国为中心，但越来越多的研究人员开始将这个概念应用到其他国家和情况。[6]

文化在管理实践中的应用主要体现在国家文化的价值维度的差异上。[7]一些实证研究已经确定了绩效评估的实施在某些方面的文化差异。[8]例如，在大多数集体主义、高度集权的文化中，绩效管理更适合关注广泛的绩效目标而不是具体的绩效标准，关注群体责任而非个人责任，关注维护和谐的人际关系和联系而不是直接对抗，在反馈中更偏向于模糊化处理以避免冲突和直接对抗，注重个人对组织的忠诚而不是对自我的义务，依赖等级判断而不是员工参与。考虑到这些文化价值维度上的差异，绩效管理过程必须适应东道国的文化特点才能有效。

　　研究人员还研究了绩效管理实践是否越来越趋同，越来越西方化，或者它们是否仍然存在分歧，需要进行本土化。正如在第 3 章中所提到的，文化管理中的思路指的是趋同-偏离（convergence-divergence）假说。"趋同"的支持者认为美国和日本跨国公司的管理者在责任、奖励和监督等方面的控制只有细微的差别。[9]例如，在非洲的加纳和尼日利亚，绩效评估实践有更多相似点，即使处于不同的文化之中。[10]尽管人力资源管理实践存在文化差异，但一些实证研究发现，有相当多的迹象表明，绩效管理实践与公认的最佳实践趋同[11]，绩效评估实践的差异正在逐渐减小，西方和非西方的管理实践正紧密地结合在一起[12]。

　　"偏离"的支持者已经在绩效管理文献上获得了更多的支持。文献表明不同文化实践的差异仍然很大[13]，绩效评估中观察到的绩效差异与已知的文化差异直接相关[14]，因此关于"趋同"的假说应该被拒绝，即使那些国家属于同样的文化集群或地区[15]。不考虑当地调整的一刀切方法不太可能产生预期的结果[16]，而且很有必要将绩效评估中使用的方法本地化，以符合当地的文化价值观和规范[17]。最好的绩效评估实践不会独立于文化背景而存在。[18]绩效管理中的交汇点（crossvergence）的概念，指的是运用一个相似的评估概念，但调整评估过程以符合文化特征，更有可能产生有利的结果。[19]这些论据支持了这样的一个理念，西方的绩效评估实践很容易被迁移到另一个不同文化、传统、经济、法律或政治系统的国家，但是必须根据当地的特点进行调整。当人力资源部门拥有一个更高的地位并且能在公司层面成功地推动人力资源管理实践的整合时，这种实践更可能被迁移。[20]

　　文化适应性理论框架侧重于社会文化背景对人力资源管理实践的影响，以及西方绩效管理实践在不同的社会文化环境中的适应性。[21]文化适应性从三个方面对绩效评估产生影响：绩效标准、评估方法和绩效反馈。关于绩效标准，建议将重点放在狭义的、与任务相关的能力和结果导向上，以适应具有更高绩效导向、普遍主义和较低权力距离的文化。广义上的绩效评估则是一个定向适应高权力距离、高集体主义、低绩效导向和宿命论导向文化的过程。在绩效评估方法上，多个评估者及正式性、系统性、客观性、阶段性的评估具有低权力距离且高绩效导向文化的特点，而单一评估者以及自上而下、非正式和主观评价具有低绩效导向、高权力距离、高集体主义文化的特点。在绩效反馈方面，以个体或群体为基础的、明确的和直接的对抗性反馈具有特定的、低语境的和高绩效导向文化的特征，而以个体或群体为基础的、微妙的、间接的和非对抗性反馈具有差异化、高语境和高集体主义文化的特点。[22]

　　除了国家文化的外部性，文化适应性理论也探索了这种适应性如何被内部组织文化调和。有很强绩效文化和社会机制的企业为当地文化对企业的影响提供了一个缓冲区。有很强的企业文化和中心化决策的企业与高度分散的组织相比，更倾向于标准化的绩效管理系统，它与组织管理目标以及其他管理实践相一致。然而，对于跨国公司来说，去设计和运用一个既适应全球化又适应本土环境的绩效管理系统仍然是一个巨大的挑战。[23]

12. 2. 3　国际绩效管理系统的标准化与本地化

作为一项人力资源管理活动，绩效管理是跟时间和地点有关的。由于大部分跨国公司的总部是在西方国家，可能会在其子公司中使用西方和标准化的方法来处理绩效管理。跨国公司经常对绩效管理使用"出口"的方法。[24]换句话说，西方的绩效管理概念从总部迁移到子公司，并以标准化方式应用于跨国公司的全球业务。[25]然而，由于国家文化、法律和新兴市场实践的差异，许多管理人员和学者对西方开发、测试并应用于不同背景的管理流程的实施很关注。此外，一个完善的西方绩效管理实践是否可以转移到另一个外部环境并保证其预期价值，尚未得到很好的解答，对研究人员和从业人员构成了挑战。

有一些观点认为，为了全球整合、统一性、组织文化凝聚力、公平性、全球员工的流动性以及有效的控制，可能需要采用标准化方法。然而，一个重要的问题是，在跨国公司的国际业务中，特别是在非西方文化和具有不同外部背景的新兴经济体中，这种西方的绩效管理概念会受到影响。此外，跨国公司可能拥有全球流动员工和国际外派人员，跨国公司还经常参与国际合并、收购、合资和联盟，这使得不同的绩效管理实践必须得到调整或整合。

在国际绩效管理方面，公司基本上有三种不同的战略选择：在本国开发绩效管理系统并将其转移到国外的"出口"策略，在每个外国单位开发独特的绩效管理实践的"适应性"策略，以及将本地绩效管理实践与区域内和世界各地的绩效管理实践相结合的"综合"策略。每一种策略对跨国公司来说都有明显的优势和劣势。[26]跨国公司在设计方面必须做出的关键战略决策是，是否要对其系统进行标准化或本地化，即是否真正将全球整合（global integration，GI）和本地响应（local responsiveness，LR）纳入其绩效管理系统的设计、实施和评估之中，以打造真正的全球系统。绩效管理是全球化与本地化困境的焦点，因为它代表了下游地方层面和上游公司战略。上游是指在总部的战略决策，有利于融合和标准化。下游是指决策是在本土层面做出的，并偏好于分散和本地化。在全球绩效管理方面存在重要的上游和下游考虑因素。[27]上游考虑因素包括战略整合和协调员工队伍调整以及组织学习和知识管理。下游考虑因素包括对当地条件的敏感性、对跨文化差异建立绩效管理的敏感性以及全面的培训。

12. 2. 4　跨国公司的国际绩效管理模型

实际上，跨国公司可以从三个不同的阶段来看待其国际绩效管理系统：设计、实施和评估。影响国际绩效管理及其三个阶段的主要问题如图 12-1 所示。[28]

设计阶段涉及跨国公司管理层必须就其绩效管理系统做出的选择，这些决定包括确定绩效管理的目的（为什么）、绩效标准（是什么）、评估方法和工具（怎么做）、评估频率（多久）、评估者（谁），以及是使用标准化还是本地化方法。这些

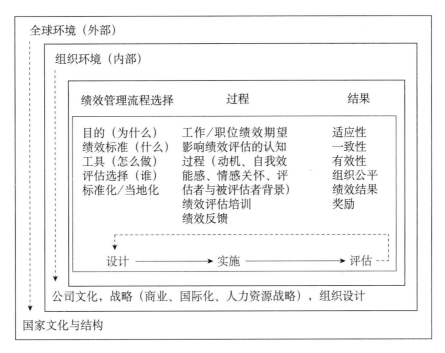

图 12-1 一个跨国公司国际绩效管理的模型

资料来源：Claus，L. and Briscoe，D. R. (2006) What we know and don't know about performance management from an international/global perspective：A review and analysis of empirical research. Paper presented at the annual conference of the Academy of Management，11-16 August，Atlanta，GA.

决策的结果将取决于许多因素，包括内部组织环境（即企业文化）和外部全球背景（或社会文化环境）。实施阶段包括沟通工作/职位绩效期望、识别影响绩效评估的认知过程、绩效管理过程的参考框架培训，以及对评估员工的绩效反馈。在实施阶段，与绩效考核行为相关的认知过程（如评估自我效能感、情感关怀、动机以及评估者与被评估者背景）起主导作用。其中许多因素都受到文化习俗的影响。最后，评估阶段包括识别和评估绩效管理过程的结果。在评估阶段，适应性、一致性、有效性、公平性和绩效结果起主导作用。同样，这些因素都受到文化的影响。

上述讨论表明，由于与全球企业相关的文化差异以及协调标准化与地方适应的困境，国际绩效管理系统对于跨国公司来说非常复杂。因此，跨国公司应仔细设计、实施和评估国际绩效管理系统，以实现其既定目标。

12.2.5 跨国公司国际绩效管理指南

跨国企业可以做很多事情来确保在其全球运营中进行有效的绩效评估，或者至少提升绩效管理系统获得良好结果的概率。对于有效的国际绩效管理系统，跨国公司最重要的关注点是在标准化和本地化之间找到适当的平衡点。如何实现这种"全球本地化"策略并调和看似相反的维度并非易事。我们可以为跨国公司的"全球本地化"员工绩效管理系统的设计、实施和评估提供一些初步但实用的建议。在表 12-2 中总结了协调绩效管理系统每个阶段的适应和标准化困境。[29]

表 12-2 跨国公司绩效管理系统设计、实施和评估中关键要素的全球化

设计	标准化（全球）/适应性（本地）协调建议
绩效管理的目的（为什么）	确定绩效管理系统的多个用途，以满足全球和本地需求
	在整个组织内明确说明和传达要实现的全球和本地目标
绩效标准（是什么）	根据其文化中立性或偏见分析绩效维度和标准
	根据不同的员工群体、业务部门和公司整体的感知重要性分析绩效维度和标准
	使用软硬性能标准的结合，并对其进行相应的权衡
评估方法和工具（怎么做）	在评估中使用定量和定性测量相结合的方法
评估频率（多久）	为了发展的目的不断进行非正式的反馈
	为了奖励的目的，进行严谨的（年度）反馈会议
确定评估者（谁）	确定不同类型评估者的文化接受度
	使用多个评估者来减少评估者偏差
实施	**标准化（全球）/适应性（本地）协调建议**
工作/职位绩效期望	明确每个工作的全球和本地绩效目标（某些工作可能只有全球或本地目标，其他工作可能二者兼有）

影响绩效评估的认知过程：

动机	评估经理执行绩效评估和向下属提供反馈的动机
	强调经理在绩效管理培训中的重要性
自我效能感	根据主管/下属的个人/集体文化背景，将绩效管理培训集中在个人/集体层面
情感关怀	为主管/下属提供在执行绩效评估时保持信任关系的方法，并使这些方法适应文化背景
评估者-被评估者背景	了解评估者/被评估者国籍的重要性（在自我评估、上级评估和下级评估中）
	多个评估者
参考框架培训	提供绩效管理流程培训
	提供如何从本地和全球角度评估绩效的培训
	强调文化的影响和可能影响绩效管理过程的认知过程
	定制培训以反映参与者的个人/集体价值维度
绩效反馈	区分持续反馈和年度反馈
	在不同的文化中以适当的方式，提供持续绩效反馈和年度绩效反馈
	提高持续反馈的频率
评估	**标准化（全球）/适应性（本地）协调建议**
公平性	根据文化差异和目标，确定组织的绩效管理系统的不同层次的组织公正性： ■ 程序公正——组织所用方法的公平性； ■ 交互公正——待遇标准化； ■ 分配公正——对正当程序和结果公平性的认识

续表

评估	标准化（全球）/适应性（本地）协调建议
绩效结果	使用个人和集体绩效结果的组合，并对它们进行相应的权衡
奖励	使用个人和集体绩效结果的组合，并对它们进行相应的权衡

资料来源：Claus，L.（2008）. Employee performance management in MNCs: Reconciling the need for global integration and local responsiveness. *European Journal of International Management*，2（2），132–152.

为提高跨国公司国际绩效管理系统的有效性，还可以采取许多其他措施，包括：

相关性——国际人力资源需要确保评估的标准和过程与工作的内容和要求相关。这要求涉及的国际人力资源管理者和审核人清楚地了解跨国公司不同地点的工作要求的具体情况。

可接受性——使用的标准和过程需要被使用者（即评估者和被评估者）接受，其中一个问题是评估机构要能够控制评估标准。评估者需要尽可能客观地评估，同时考虑现实背景，使用尽可能多的信息来源（包括雇员自身）。此外，评估者需要遵循标准程序，且评估结果是可见的，尤其是对被评估者可见，做到尽量公平和准确。评估者本身需要能够适应特殊情况，被评估者需要及时收到反馈意见；评估者应该对被评估者如何改善提出建议，并且被评估者应该获得必要的资源来改进（例如培训计划）。所有这一切都表明这个过程必须是公平、合理和准确的。

敏感性——有效的国际绩效管理系统应考虑到文化和国际商业现实。包括具有特定外国经验的人（如当地雇员和前国际外派人员）的意见，需要考虑诸如外国组织使用的语言、外国公司与母公司之间的文化距离以及重要的背景问题（例如当地工会的权力、汇率波动和当地情况）。国际人力资源可以在国外子公司的评估过程中以数据说明，以便使国内评估人员一目了然。

实用性——最后，绩效评估系统需要易于使用。如果它太复杂或太难管理，管理人员就不会使用它，或者他们只会给予表面关注，简化严格的评估，从而废除评估过程中一切潜在的价值，使其无法实现成为有效的国际绩效管理系统的目标。

国际绩效评估系统中评估人员（通常是管理人员）非常重要。国际绩效管理系统的有效性可以得到改善，但前提具需要国际人力资源管理参与并致力于实现以上描述的特征。正如韦恩·卡肖（Wayne Cascio）所说：

> 可以从多个角度来理解绩效评估，它是一种观察和判断的练习，它是一个反馈过程，它是一种组织干预，是一个测量过程，也是一个激烈的情感过程。最重要的是，这是一个不精确的人的活动过程。[30]

当一个组织必须在流程中考虑文化和国际因素时，实现以上每一个特征都将更加困难。跨国公司中的国际人力资源管理可以确保国际绩效管理流程能够做出重要的贡献。

■ 12.3　国际外派人员的绩效管理

国际绩效管理的另一个复杂性是国际外派人员的绩效评估。本章的余下部分侧重说明国际外派人员绩效管理的特殊情况。无论是短期的还是长期的外派任务，国际外派人员的表现对跨国公司的成功都至关重要。绩效评估的评估者特别重要，因为外派人员聘用费用高昂（就国际总薪酬而言），外派人员过早归国、在外派期间出现压力导致绩效问题等都会导致国际外派任务的失败。对这些外派人员的有效管理和发展而言，最主要的问题是他们缺乏对国外经验和价值的认识，以及公司在评估这些员工绩效时的非正式性。事实上，对有许多国际外派人员和外国子公司的大型跨国公司的研究表明，大多数公司（83%）不使用绩效管理来评估其国际外派人员的绩效，许多公司（35%）根本不使用任何类型的衡量标准。[31]

对国际外派人员进行有效的绩效评估是一项重大的挑战。

"国际人力资源管理实务 12.1"说明了诺基亚如何为其国际外派人员开发出有效的绩效评估系统。[32] 该系统采用了本章所述的许多方法，使用了多个评估者、评估标准和适当的评估频率。

➡ 国际人力资源管理实务 12.1

诺基亚外派员工的绩效管理

诺基亚总部位于芬兰，曾是电信行业的领导者，后被微软公司收购。该公司在派遣和接受外派人员方面有着丰富的经验，任何时候都有约 1 200 名员工执行外派任务。因此，诺基亚必须学会如何管理这一大群员工的绩效，这些员工对于诺基亚全球业务的成功至关重要。诺基亚开发了一个全面的绩效管理项目，包括目标设定、绩效评估和反馈、持续培训和发展以及与绩效相关的薪酬。诺基亚从中学到的一件事是，对于不同类型的外派员工在不同的任务和情况下，应该采用不同的管理方式，即使在它试图在全球运营中运用一个标准化方法的情况下也是如此。

从表面上看，诺基亚建立了一个全球标准化的绩效管理系统，目标是所有员工的绩效都得到了（在很大程度上）同样的管理。然而，就外派人员而言，至少有五种不同类型的国际外派人员：

- 高级经理
- 中层管理人员
- 业务开拓者
- 客户项目人员
- 研发项目人员

对于每一类国际外派人员，都有一些常见的实践。例如，所有的外派人员都知道对他们的期望是什么，他们的表现如何，以及他们有什么机会发展新的能力来满足当前和未来的工作要求。

然而，对于不同的外派群体在如何管理他们的绩效方面也有一些不同，这些差异围绕以下方面展开：

- 是否以及如何设置绩效目标？谁来设置它们？设置什么类型的目标？
- 如何进行绩效评估以及由谁来进行评估？
- 是否与外派人员商定了培训和外派计划？

- 外派人员是否有机会在外派期间参加培训？
- 外派员工的工作表现和薪酬之间的联系是什么类型的？这种联系有多么明显？

例如，可以预期，外派人员级别越高，他们的职位越独立，他们的绩效管理差别也就越大。此外，他们和其老板可能都很关注他们目前的国际职位以及职业生涯发展。

中层管理人员通常向当地的经理报告工作，他们在当地有相对短期的目标，当地经理基于绩效进行财务奖励。外派的业务开拓者和客户项目人员的绩效目标是与他们的任务的性质相关联的，这个特点比前两个类型的岗位更明显，他们前期有启动目标，后期的运营也有明确的截止日期。所有四个领域（设定目标、绩效评估、培训、绩效工资）都会被追踪，公司会对不同类型的外派人员使用不同的绩效管理标准，尽管对所有的外派人员都是在这四个领域里以各种形式来管理。这家全球性公司的实践说明在管理员工绩效时，灵活性和适应性的重要性。尽管诺基亚推出了一套面向全球使用的标准的绩效管理系统，但现实情况是，对于不同类别的外派任务，诺基亚对海外员工采用了不同的绩效管理方式。

正如诺基亚的案例所表明的，无论绩效管理工具的有效性或实用性如何，外派人员绩效管理的成功很大程度上取决于相关管理者和外派人员对绩效管理的理解、内化和接受度，以及他们对技能的使用程度。应该向所有的外派人员，包括他们的上级提供适当的绩效管理培训。

全球化组织面临的一个挑战是，国际化岗位开发和使用的技能类型与国内不同。国际外派人员（以及其他的外国管理者）必须开发和使用管理业务所需的能力。除了这些，他们还必须发展以下能力[33]：

- 管理具有高度复杂性的国际业务。
- 管理具有文化和亚文化差异的员工。
- 对多族裔环境和动态复杂性的认知和计划。
- 对解决问题的其他方法持开放态度。
- 灵活处理人际关系和系统。
- 了解和管理公司国国外运营的相互依赖关系。

这些能力是在国际环境中，国际外派人员的自主权提升的必然结果。这些自主权对国外子公司的影响要比对母公司的影响更大。随着在外国环境下决策责任的增加，国际外派人员通常面临一个更加紧张的工作环境，他们必须彻底、迅速地适应这种环境。但是，距离较远的评估者很少理解这些困难，在评估国际外派人员的绩效时往往不考虑这些困难。然而，为了使个人和组织从这种学习和绩效中获得收益，组织必须有办法来追踪和评估。国际外派人员绩效评估效果不好的原因有很多：

- 评估者的选择问题（例如是从当地的子公司还是母公司进行选择）。
- 母国的评估者和子公司的被评估者缺少接触。
- 同母国或总部管理者进行远距离沟通存在困难。
- 母国和东道国管理层在什么样的绩效和实际行为是有价值的观点上有差异。[34]
- 外国运营绩效目标的确立存在不足（不清楚或相互矛盾），个人和组织记录绩效水平的方法也存在不足。

- 母国存在民族优越感，缺乏对东道国环境和文化的了解。
- 对外派人员的外国经验和国际业务漠不关心。

考虑到国内和国际绩效管理环境的主要差异，以及国际外派人员的工作环境与传统的国内外派工作的不同，专家们一致认为，绩效管理系统应该针对外派人员[35]和内派人员[36]进行调整。

国外绩效管理实践文献的中心论点主要与战术问题有关（是什么？谁？什么时候？怎么做？），与管理被派往海外的员工的绩效有内在联系。也就是说，研究人员关注以下问题：评估标准是什么？绩效评估由谁负责？何时（以及多久）进行评估？评估是如何进行的（即采用何种形式)？此外，他们关注管理国际外派人员绩效的文化和结构背景，以及未能有效管理的后果。[37]

12.3.1　评估什么

这个问题是说在评估国际外派人员的绩效时应该采用怎样的评价标准。既需要适应母公司的标准，又需要适应国际和当地文化环境。因此，绩效评估必须同时考虑这两套标准。问题是，标准、角色和绩效预期通常是在母国被定义而在东道国执行的，但是在母国定义绩效的文化规范可能与外国认为合适的文化规范不一样，这可能会对国际外派人员造成重大的角色冲突。[38]如果国际外派人员按照东道国环境的角色期望调整行为，则很可能与总部所预定和期望的角色行为发生冲突。这种角色冲突一方面使得外派人员了解东道国文化，另一方面也使他们认识到使用总部的程序或行为会导致管理效率低下。显然，跨文化交流越深入和文化距离越大，国际外派人员在角色一致性方面可能存在的问题就越多。这种角色冲突还因为有时在外派任务中缺乏自主权而更加复杂（在外派任务中，总部可能施加更多的结构限制），使处理冲突的空间小了很多。[39]与东道国公民以及母国公民相比，第三国公民对冲突角色预期的担忧更加明显。[40]

每个绩效标准都由一系列的子类别组成。表12-3设置了国际化评估的一系列标准和子类别。[41]第一类是资格，即为外派工作挑选国际外派人员的标准。对国际外派人员的评估首先是对其外派资格的初步评估。其他的类别考虑到了标准的多样性和复杂性，它们被认为在这种环境里是必要的。一般来说，需要考虑的因素取决于国际外派人员的工作描述和当地环境。但是，对于国际绩效管理实践和国际外派人员的研究表明，对于细节标准的使用（例如表12-3中所列举的）也许并不常见，但是更广泛的标准和更加一般的评估将会成为规范。

表12-3　国际外派人员绩效评估标准

资格
培训
经验
技术技能
社交与语言技能
教育

续表

目标

直接来源于母公司的目标
直接来源于子公司的目标
直接来源于当地的目标
单独制定的目标

态度

灵活性
人际理解和沟通技巧
应付外派任务压力的能力
乐于改变

工作绩效

结果
本地团队的发展
沟通与决策
个人成长与发展
专业知识的应用

　　显然，商业战略在很大程度上支配了在特定国家国际外派人员的整体绩效目标。例如，在子公司成立初期，把利润作为国际外派人员的成功标准可能没有什么意义。早期的努力主要是发展关系以及建立客户基础。期望国际外派人员获得与本国同类业务相同的利润是不切实际的。母公司战略和当地现实情况需要保持一致。为了确保这种一致性，母公司需要花大量的时间和精力来理解当地和外国的情况。总经理必须到当地观察和询问一些问题来获得对当地文化和运营状况的理解和洞察。在母国办公室应当邀请来自大学和咨询公司的外部专家以及之前去过那个国家的外派人员（例如被调回国的人员）来帮助提供信息，用于判断哪个总经理能在国外识别获得成功的因素。调查发现，在整个经营过程中，跨国公司更可能使用同样的基础绩效标准，但会根据不同国家的情况做一些调整。[42]

　　理想情况下，一个从海外回到母国部门的经理应该成为为海外任务制定绩效标准的团队的成员。定期重新评估评价标准和优先顺序能确保绩效标准是与时俱进的。[43]处理这个重要绩效评估问题的方法是对国际外派人员绩效考核时同时考虑硬性标准和软性标准。

12.3.2　谁来评估

　　考虑到实施有效的国际绩效管理存在的问题，由谁对外派人员进行绩效评估也变得相对复杂。跨国公司和国际人力资源管理将如何应对这个问题？大多数跨国公司给出的答案是使用多个评估人员。[44]这些评估人员（同事、下属、客户）可能并不是都了解国际外派人员的工作，但他们也许能够增加一些必要的角度。这就是所谓的 360 度评估，例如使用评估人员从多个角度进行评估，甚至使用自我评估。在国内环境中，360度评估过程相当复杂。在国际任务情况下，不同的评估人员在评估国际外派人员的绩效时可能距离被评估者很远，他们可能根本接触不到国际外派人员的工作，因此很难做出有价值的判断。大多数的国际外派人员都有来自母国的直接监管，外加东道国的监管。此外，国际外派人员将定期接待母国工作人员和一线员工的来访，以及在国外工作的人员，并与当地客户、供应商、银行、政府和社区官员保持紧密联系。国际外派人员工作的性质和复杂性使得难以在国内对他们进行评估。表12-4列出了跨国公司的国际外派人员绩效评估者。[45]显然，母国和东道国的监管者是最常见的，虽然其他国家和地区的主管人员也经常参与其中。有趣的是，很多公司都会使用自我评估，但是360度评价系统中一些典型的评估人员（例如顾客、同事）几乎没被使用过。

表12-4 国际外派人员绩效评估者

东道国内		东道国外	
顾客	1	评级机构	7
下属	7	公司人力资源专业人士	17
同事	10	区域主管	23
人力资源专业人士	12	管理者	41
自己	39		
管理者	75		

说明：百分比是指每种类型的评估者参与样本跨国公司评估的平均百分比。

对国际外派人员进行360度评估也是相当复杂的。让我们看个例子——国际外派人员的潜在评估人员名单，在这个案例中，从海牙（荷兰）向布加勒斯特（罗马尼亚）派遣了一名市场销售经理，她为一家总部位于宾夕法尼亚州费城的美国公司提供服务。

- 她的中层管理人员（母国）给她发任务，位于荷兰海牙。
- 市场销售总监，位于美国伊利诺伊州的芝加哥的产品总部。
- 国家经理位于罗马尼亚。
- 区域人力资源总监位于匈牙利布达佩斯的中欧和东欧共享服务中心（CEE）。
- 欧洲地区营销总监，位于欧洲地区商务总部。
- 公司营销总监，位于美国宾夕法尼亚州费城的公司总部。
- 她的外派员工以及中欧和东欧的销售和营销同事（包括罗马尼亚销售经理）位于罗马尼亚和其他中欧和东欧国家的首都（波兰华沙，克罗地亚萨格勒布，斯洛伐克布拉迪斯拉发，捷克布拉格）。
- 她的下级团队在布加勒斯特。
- 她的客户在中欧和东欧市场。

显然，使用这种多元评价非常复杂，但是许多关于国际外派人员绩效评估的困难说明需要从多个角度来提升外派人员绩效评估的准确性和有效性。

在一项针对跨国公司的调查中（见表12-5），统计了在国际外派人员绩效评估中使用的多种方法[46]：

表 12 - 5　国际外派人员绩效评估使用的不同方法

评估方法	%
东道国绩效审查	71
母国绩效审查	56
外派人员定期访问母国公司	44
经理定期访问东道国公司	39
每年的外派人员调查（自我报告）	19

显然，正如前面所说，外派人员评估过程是一个非正式的过程。调查发现少于100 个外派人员的公司更喜欢由母国来进行评估，而超过 100 个外派人员的公司更喜欢由东道国来进行评估。显然，一旦国外业务达到一定规模，将优先考虑将评估过程委托给地方一级，那里可能有与国际外派人员联系更加直接的管理人员，能够提供更准确和完整的评估，尽管没有研究证实当地经理评估外派员工的表现比母国或区域经理更好。事实上，由于文化价值观和规范的差异以及文化适应的问题，假设"当地管理者比本国管理者更适合进行评估"（当然前提是这些遥远的母国经理已经观察了国际外派员工的表现，并了解他们从事工作的背景）是不合适的。关于由谁来进行评估的调查的另一个结果是，平均由三个人来对国际外派人员进行评估，而国内职位则是平均由六个人进行评估。[47] 因此，国际外派人员无法获得像在国内一样的关注。

以下是使用母国经理和东道国经理的优点和缺点：

（1）母国经理。在许多情况下，最后的评估是由母国做出的，显然评估人员通常对当地情况或当地文化及其对整个单位、外派人员、当地经理的绩效的影响知之甚少。国际外派人员在东道国想要取得与母国类似单位或管理人员相当的成果，很可能需要在灵活性和创造性方面做出更大努力，更不用说人际和管理技能了，但所有这些都很难量化或衡量，因此没有被考虑。

（2）东道国经理。考虑到外国子公司或合资企业与本国评估者之间的地理、沟通和文化距离，管理层会经常被要求发表意见。对于国际外派员工，负责评估的直接主管可能是当地经理。因为他们可能更加熟悉国际外派人员的业绩，所以更加适合在当地情况和环境中进行评估和解释。但是他们的感知，也就是他们的价值判断，受到自己的文化背景和准则影响。因此，习惯于员工高度参与的母公司经理，可能在最初会发现来自当地团队成员的阻力，团队成员期望来自上司的强有力的领导和想法，因此管理者无法获得期望的团队绩效水平，从而导致负面的评价。[48]

12.3.3　如何评估

在回答如何进行国际业绩评估时，提出了以下问题：评估的具体形式、评估的频率以及反馈。

1. 形式

关于绩效评估过程中使用的具体形式或工具，仍然存在许多争议，尽管这不是一个在国际环境中被特别关注的领域。据推测，基于客观目标与基于特征的评估，或者例如关键事件法这一类其他方法，也适用于国际环境。此外，国际环境还必须考虑到语言、术语的翻译与解释以及文化语境等问题，如下级与上级关系的性质等。

企业为其评估过程制定标准形式是一种常见的做法。[49]非常有必要保留这些形式，包括经验、扩展使用的比较数据、成本等。只要解释绩效的语境没有变化，这些形式会长时间有效。但是对于国际外派人员而言，环境显然是会发生变化的。因此，使用为国内情况设计的标准形式会带来一些麻烦。除此以外，调查显示，美国公司倾向于对国际外派人员和国外管理者使用与国内一样的标准形式。[50]这使得在实际绩效评估中产生的与文化语境相关的问题变得更加重要，但是很少有人会关注语境问题。

2. 频率

在一般绩效评估方面，可以建立一些基本的指导方针。西方绩效评估流程领域权威学者韦恩·卡肖说：

> 过去20年的研究表明，一年一次或两次的频率太低。评估人员被要求记住过去6～12个月里几名员工所做的事情是一件非常困难的任务……人们常常忘记他们所观察到的细节，并根据他们现有的心理范畴重新构建细节。[51]

评估者倾向于根据他们过去几周或几天的记忆来进行评估，而不是6～12个月的记忆。即使他们对事件和表现保持了良好的记录，也更可能被最近发生的事件说服和影响（这被称为近因偏差）。当然，评估最终是为了向被评估人提供反馈，评估和反馈的频率越高越好。

评估频率也应根据评估人员的不同而有所不同。[52]现场主管应在完成重要的项目和任务后对其国际外派员工进行评估。这有助于上级明确关注被评估的特定绩效的具体情况，然后可以在正式的年度绩效考核时进行评估，最好是请其他评估人员（如同事、下属和客户）进行符合评估计划时间表的评估。

3. 反馈

一般来说，一个有效的国际绩效管理系统的重要组成部分应该包括绩效评估结果的及时反馈。但是，这对于许多文化背景不太合适。此外，考虑到时间和距离因素使得评估者和被评估者被分割开来，因此反馈不可能太及时，这种由远距离的管理者进行的评估也只有表面效度。

12.3.4 国际外派人员绩效管理的指导原则

这些关于国际外派人员绩效管理的建议是基于与国际外派人员绩效管理相关的有限调查，这很初级但是和已经报告的内容相一致。

- 为国际外派人员以及母国和东道国经理设定清晰的绩效管理目标。
- 明确在东道国成功的绩效有什么要求。
- 使用软性和硬性标准。
- 对评估者和被评估者都进行参考框架培训。

　　■ 修改评估的频率，使得国际外派人员能够得到更频繁的评估和反馈。

正如奥多和门登霍尔（Oddou & Mendenhall）所说：

　　　　无论绩效管理工具的效果和可获得性如何，外派员工绩效管理的成功很大程度上取决于管理者和外派者的这个问题：他们双方是如何理解、内化并且接受绩效管理的，以及他们在实施过程中使用了多少技巧？为此目的，应该向外派人员及其监管者提供必要的绩效管理培训。[53]

　　本章结尾处的案例，纵览了在跨文化情况下跨国公司绩效评估遇到的大多数问题，理查德·埃文斯（Richard Evans）必须解决的问题应该能帮助读者更深入地了解为什么跨国公司在管理全球员工的绩效时有那么多麻烦了。

12.4　结论

　　这一章解决了跨国公司及其员工（无论是当地的、全球的还国际流动的员工）在评估和管理绩效时需要解决的关键问题。描述了尝试在全球范围内运用一个有效的国际绩效管理系统时所遇到的许多问题，其中最重要的是如何在评估过程中适应当地文化环境。显然，简单地将一个针对国内设计的绩效管理系统运用到国际环境是不够的。当遇到一些需要适应当地文化与国际商务复杂性相关的问题时需要做一些相应的调整。本章还探讨了跨国公司如何构建有效的国际绩效管理系统，研究了与国际外派人员绩效评估相关的特定问题，最后讨论了一些关于实施有效的国际绩效管理系统的建议和指导方针。

　　对员工来说，适当地评估员工绩效是一个公平性问题，同时这也是一个确保跨国公司从其经理、员工和国际外派人员那里获得全部价值以及尽可能使子公司或合资企业实现最佳绩效的问题。一个跨国公司对于一个可行的国际绩效管理系统的目标是有效地管理员工的才能，使该系统也有益于员工、经理和整个组织。有效的人才管理战略不仅是要吸引（招聘和挑选）最优秀的员工，而且要对他们进行评估，并促进他们发展，使那些经验丰富、了解公司全球业务和市场的员工能够有助于公司的全球业务战略的实现。

12.5　讨论题

　　1. 跨国公司绩效管理体系的标准化和本土化之间的关系是怎样的？
　　2. 跨国公司的国际性质如何影响绩效管理体系的设计？
　　3. 跨国公司的国际性质如何影响绩效管理体系的实施？
　　4. 跨国公司的国际性质如何影响绩效管理体系的评估？
　　5. 国际外派员工绩效管理的主要问题是什么？

| 案例 12.1 | 外派经理理查德·埃文斯在泰国进行的跨文化绩效评估 |

泰国暹罗化工公司（Siam Chemicals Company，SCC）是总部位于巴塞尔的瑞士化工集团 Chimique Helvélique 有限公司（CHL）旗下的公司，公司总经理理查德·埃文斯刚上任 18 个月。但据当地公司元老颂萨（Somsak）对他的评价，公司正准备让他回到瑞士或英国。这是理查德在欧洲以外的第一个任务，这是一个艰难的调整。从家到工厂的路途很远，而且交通拥挤；在工作中，泰国员工非常尊重他。这 18 个月的大部分时间他都在努力适应地区和文化的差异。这是他第一次到亚洲，对他自己和他的家人（妻子和三个小孩）来说，文化冲击都是十分巨大的。

从瑞士的国际学校和干燥的气候中来到炎热、潮湿、污染严重的泰国，而且他们连一句当地话都不会说，也不知道当地的风俗习惯。

刚到公司不久，他就见到了颂萨。颂萨工作了三年才得到提拔。颂萨归理查德和该公司在新加坡办事处的营销经理詹姆斯·布朗（James Brown）共同领导。颂萨在与理查德会面后提出辞职，因为理查德试图就如何在 CHL 的矩阵组织结构中更好地发挥作用向他提出建议。颂萨向埃文斯先生解释说，泰国人认为矩阵组织的双领导与他们文化中的强烈的等级感极不协调。他们更愿意明确地知道谁是他们的上司，这样他们就知道该寻求谁的批准。理查德抓住这个机会，以其之前与欧洲经理合作的方式为颂萨提供建议。当颂萨做出回应时，理查德感到震惊。颂萨说："从你的话中，我了解到我做得不好，我不适合我的职位，所以我唯一能做的就是辞职。"颂萨的另一位领导詹姆斯·布朗努力说服他留了下来，因为颂萨对他有强烈的忠诚感。

但现在，18 个月后，理查德正试图解决如何对颂萨进行评估这一重大难题。在过去的 18 个月里，颂萨对总经理保持着非常礼貌但不热情的态度。对于理查德来说，他已经意识到颂萨是一个非常勤奋和细心的经理。他愿意每天努力工作，并且非常聪明，英语也说得很好，因为他与欧洲公司打了多年交道。理查德已经尽一切努力表达了对颂萨努力工作的感激之情，他也感觉自己与颂萨建立起了一种更信任、更舒适的关系。现在，理查德认为评估问题威胁到了他如此谨慎所取得的一切成果。理查德知道公司总部（他自己的直接主管和公司人力资源总监）希望所有子公司采用更加一致的形式。CHL 的全部子公司都被要求采用同样的年度评估过程，这个评估过程从七年前公司成立时一直使用到现在，公司的所有管理等级都采用相同的格式。该表格包含 6～7 个关键目标，在实施过程中要求主管和下属经理进行两次一对一的谈话，第一次是回顾当年的业绩，第二次是为明年制定目标。

理查德意识到，本地经理们觉得与领导坐下来讨论他们的表现是一件非常不舒服的事情。即使是英语水平很好、在公司工作了一段时间的高层，也发现很难与理查德进行绩效面谈，而且很难与自己的员工一起执行评估过程。他们不能对自己的表现做出任何判断，他们认为这是老板的工作。

这个过程中最困难的部分涉及等级的分配。化工部门采用的是标准的 A～E 评分法，这个方法遵循正态分布，A 意味着最优秀的 3%～4% 的管理者，C 意味着排名前 60%～70% 的管理者。通过查阅记录，理查德发现他的前任对超过 90% 的当地经理评了同一个等级。

　　理查德认为，作为总经理和母公司代表，他有义务调整当地的评估体系，以反映国际标准。此外，公司人力资源总监倡导培养国际管理干部，这些管理干部可以帮助 CHL 拓展全球业务。他指出，绩效评估系统非常重要，它能在当地子公司中确认最佳的管理者并给他们安排其他任务。

　　在实现区域办事处的目标方面，颂萨被评为 A。但是，在实现理查德为他设定的其他目标方面，例如更好地将他的团队整合到整个公司的运营中去，理查德认为颂萨没有完成预期的工作。颂萨组建了自己的团队，但只是形成了一个孤立的集团，这个团队表现得像一个以颂萨为中心的家庭。理查德认为在这方面颂萨的成绩应该为 C。但现实情况是，颂萨（也许还有詹姆斯·布朗）可能不太能理解，并且将会再次辞职，理查德将失去一个非常重要的下属，甚至有可能失去整个团队。

　　面对未来，他有些不知所措。

　　资料来源：Adapted from Butler，C. and de Bettignies，H.-C.（2001）．Case：The evaluation，in Albrecht，M. H.（ed.），*International HRM：Managing Diversity in the Workplace*，Oxford and Malden，MA：Blackwell.

问题：

1. 如果你是理查德·埃文斯，你会怎么做？说明你的方法。
2. 是否存在或可能存在普遍的绩效评估方法？
3. 如果你是当地的人力资源经理，你对理查德（或者颂萨）有何建议？

［注释］

1　Nestlé Corporate Website: http://www.nestle.com/jobs/your-career-at-nestle/performance-culture. Accessed Nov. 18, 2014.

2　See Aguinis, H. (2013). *Performance management*, 3rd ed., Upper Saddle River: Prentice Hall; Cascio, W.F. (2012). Global performance management systems, in G. Stahl, I. Björkman and S. Morris (eds.), *Handbook of Research in International Human Resource Management*, 2nd ed., Cheltenham, UK: Edward Elgar, pp. 176–198; Boselie, P., Farndale, E., and Paauwe, J. (2012). Performance management, in Brewster, C. and Mayrhofer, W. (eds.), *Handbook of Research on Comparative Human Resource Management*, Cheltenham, UK: Edward Elgar, pp. 369–392; Biron, M., Farndale, E., and Paauwe, J. (2011). Performance management effectiveness: Lessons from world-leading firms. *International Journal of Human Resource Management*, 22(6), 1294–1311; Claus, L., and Briscoe, D. (2009). Employee performance management across borders: A review of relevant academic literature. *International Journal of Management Reviews*, 11(2), 175–196; Björkman, I., Barner-Rasmussen, W., Ehrnrooth, M., and Mäkelä, K. (2009). Performance management across borders, in Sparrow, P. (ed.), *Handbook of International Human Resource Management: Integrating People, Process, and Context*, Chichester, UK: John Wiley and Sons, pp. 229–250.

3　See, for example, Festing, M., Knappert, L., Dowling, P.J., and Engle, A.D. (2012). Global performance management in MNEs—conceptualization and profiles of country-specific characteristics in China, Germany, and the United States. *Thunderbird International Business Review*, 54(6), 825–843; Biron, Farndale, and Paauwe (2011); Bailey, C., and Fletcher, C. (2008). International performance management and appraisal: Research perspectives, in Harris, M.M. (ed.), *Handbook of Research in International Human Resource Management*, New York: Lawrence Erlbaum, pp. 127–143; Caligiuri, P. (2006). Performance measurement in a cross-cultural context, in Bennett, W., Jr., Lance, C.E. and Woehr, D.J. (eds.), *Performance Management: Current Perspectives and Future Challenges*, New York: Lawrence Erlbaum, pp. 277–244; Evans, P., Pucik, V., and Björkman, I. (2011). Global performance management, in Evans, P. Pucik, V. and Björkman, I. (eds.), *The Global Challenge: International Human Resource Management*, New York, NY: McGraw-Hill, vol. 2, pp. 346–390.

4　See Cascio (2012); Varma, A., Budhwar, P.S., and DeNisi, A. (eds.) (2008). *Performance Management Systems: A Global Perspective*, London, New York: Routledge; Lee, C.D. (2005). Rethinking the goals of your performance-management system. *Employment Relations Today*, 32(3), 53–60; Pudelko, M. (2006).

A comparison of HRM systems in the USA, Japan and Germany in their socioeconomic context. *Human Resource Management Journal*, 16(2), 123–153.

5 Varma, Budhwar, and DeNisi (2008).

6 Claus and Briscoe (2009).

7 See Hofstede, G., Hofstede, G., and Minkov, M. (2010). *Cultures and Organizations Software of the Mind*, New York, NY: McGraw Hill; Hall, E. T., and Hall, M. R. (1990). *Understanding Cultural Differences*, London, UK: Intercultural Press, Inc.; Trompenaars, F., and Hampden-Turner, C. (2012). *Riding the Waves of Culture: Understanding Diversity in Global Business*, New York: McGraw Hill; Kluckhohn, F., and Strodtbeck, F. (1961). *Variations in Value Orientations*, Westport, CT: Greenwood Press.

8 See, for example, Festing, Knappert, Dowling and Engle (2012); Biron, Farndale, and Paauwe (2011); Haines III, V. and St-Onge, S. (2012). Performance management effectiveness: Practices or context? *The International Journal of Human Resource Management*, 23(6), 1158–1175; Bai, X., and Bennington, L. (2005), Performance appraisal in the Chinese state-owned coal industry. *International Journal of Business Performance Management*, 7, 275–287.

9 Sullivan, J., Suzuki, T., and Kondo, Y. (1985). Managerial theories and the performance control process in Japanese and American work groups. *Academy of Management Proceedings*, pp. 98–102.

10 Kamoche, K. (2011). Contemporary developments in the management of human Resources in Africa. *Journal of World Business*, 46, 1, 1–4; Arthur, Jr. W., Woehr, A., Adebowale D. J., and Strong, M. (1995). Human resource management in West Africa: Practices and perspectives. *International Journal of Human Resource Management*, 6, 347–66.

11 See The Cranfield Network on International Human Resource Management (Cranet) (Website: http://www.cranet.org/home/Pages/Default.aspx); Sparrow, P., Farndale, E., and Scullion, H. (2014). Globalizing the HR architecture: The challenges facing corporate HQ and international mobility functions, in P. R. Sparrow, H. Scullion, and I. Tarique (eds.), *Strategic Talent Management: Contemporary Issues in International Context*, Cambridge: Cambridge University Press, pp. 254–271; Budhwar, P. S., Schuler, R., and Sparrow, P. (2009). Preface: Cross national comparative HRM, in P. S. Budhwar, R. S. Schuler, and P. R. Sparrow (eds.), *International Human Resource Management*, London, UK: Sage, vol. 4, pp. vii–xiii; Brewster, C., Mayrhofer, W., and Reichel, A. (2011). Riding the tiger? Going along with Cranet for two decades—A relational perspective. *Human Resource Management Review*, 21(1), 5; Faulkner, D., Pitkethly, R. and Child, J. (2002). International mergers and acquisitions in the UK 1985–1994: A comparison of national HRM practices. *International Journal of Human Resource Management*, 13, 106–122.

12 Shadur, M. A., Rodwell, J., and Bamber, G. J. (1995). The adoption of international best practices in a Western culture: East meets West. *International Journal of Human Resource Management*, 6, 735–757.

13 Bai and Bennington (2005).

14 Easterby-Smith, M., Malina, D., and Yuan, L. (1995). How culture sensitive is HRM? A comparative analysis of practice in Chinese and UK companies. *International Journal of Human Resource Management*, 6, 31–59.

15 Paik, Y., Vance, C., and Stage, H. D. (2000). A test of assumed cluster homogeneity for performance appraisal in four Southeast Asian countries, *International Journal of Human Resource Management*, 11, 736–750; Vance, C. M., McClaine, S., Boje, D. M., and Stage, H. D. (1992). An examination of the transferability of traditional performance appraisal principles across cultural boundaries. *Management International Review*, 32, 313–326.

16 Paik, Y. and Choi, D. Y. (2005). The shortcomings of a standardized global knowledge management system: The case study of Accenture. *Academy of Management Executive*, 19, 81–84.

17 Björkman, I., and Lu, Y. (1999). The management of human resources in Chinese-Western ventures. *Journal of World Business*, 34, 306–324.

18 Von Glinow, M. A., Drost, E., and Teagarden, M. (2002). Convergence of IHRM practices: Lessons learned from a globally distributed consortium of theory and practice. *Human Resource Management*, 41, 123–141.

19 Entrekin, L., and Chung, Y. (2001). Attitudes towards different sources of executive appraisal: A comparison of Hong Kong Chinese and American managers in Hong Kong. *International Journal of Human Resource Management*, 12, 965–987.

20 Galang, M. C. (2004). The transferability question: Comparing HRM practices in the Philippines with the US and Canada. *International Journal of Human Resource Management*, 15, 1207–1233.

21 Mendonca, M., and Kanungo, R. N. (1996). Impact of culture on performance. *International Journal of Manpower*, 17, 65–69; Aycan, Z. (2005). The interplay between cultural and institutional contingencies in human

resource management practices. *International Journal of Human Resource Management*, 16, 1083–1119.

22 Aycan (2005).

23 Vance, C.M. (2006). Strategic upstream and downstream considerations for effective global performance management. *International Journal of Cross Cultural Management*, 6, 37–56.

24 Davis, D.D. (1998). International performance measurement and management, in Smither, J.W. (ed.), *Performance Appraisal: State of the Art in Practice*, San Francisco, CA: Jossey-Bass, pp. 95–131.

25 Suutari, V., and Tahvanainen, M. (2002). The antecedents of performance management among Finnish expatriates. *International Journal of Human Resource Management*, 13, 55–75.

26 Davis (1998); Stroh, L.K., Black, J.S., Mendenhall, M.E. and Gregersen, H.B. (2005). *International Assignments: An Integration of Strategy, Research, and Practice*, Mahwah, NJ/London: Lawrence Erlbaum Associates; other studies show a similar range of findings, e.g., Woods, P. (2003). Performance management of Australian and Singaporean expatriates. *International Journal of Manpower*, 24, 517–534.

27 Vance (2006).

28 Briscoe, D. and Claus, L. (2008). Employee performance management: Policies and practices in multinational enterprises, in Varma, A., Budhwar, P.S. and DeNisi, A. (eds.) *Performance Management Systems: A Global Perspective*, London/New York: Routledge, pp. 15–39.

29 Claus, L. (2008). Employee performance management in MNCs: Reconciling the need for global integration and local responsiveness. *European Journal of Management*, 2 (2), 132–153.

30 Cascio, W.F. (2002). *Managing Human Resources: Productivity, Quality of Work Life, Profits*, 6th ed., New York: McGraw-Hill Irwin.

31 Figures from a survey by the former Arthur Andersen's Human Capital Services Practice, reported in Juday, H. (1999). Employee development during international assignments. *Corporate Relocation News*, August, 18, 35.

32 Tahvanainen, M. (2000). Expatriate performance management: The case of Nokia Telecommunications. *Human Resource Management*, summer/fall, 39 (2 and 3), 267–275.

33 See, for example, Oddou and Mendenhall (2006).

34 See, for example, Trompenaars, F. (1994). *Riding the Waves of Culture: Understanding Diversity in Global Business*, New York: Irwin. Dr. Trompenaars found that managers from various countries ranked qualities for evaluation in significantly different orders.

35 Oddou, G., and Mendenhall, M. (2000), Expatriate performance appraisal: Problems and solutions, in Mendenhall, M., and Oddou, G. (eds), *Readings and Cases in International Human Resource Management*, Cincinnati, OH: Southwestern College Publishing; Harvey, M.G. (1997). Focusing on the international personnel performance appraisal process. *Human Resource Development Journal*, 8 (1), 41–62.

36 Harvey, M.G. and Buckley, M.R. (1997). Managing inpatriates: Building a global core competency. *Journal of World Business*, 32 (1), 35–52.

37 See, for example: Biron, M., Farndale, E., and Paauwe, J. (2011). Performance management effectiveness: Lessons from world-leading firms. *International Journal of Human Resource Management*, 22 (6), 1294–1311; Haines, V. Y., I., II, and St-Onge, S. (2012). Performance management effectiveness: Practices or context? *The International Journal of Human Resource Management*, 23 (6), 1158; Black, J.S., Gregersen, H.B., Mendenhall, M.E. and Stroh, L.K. (1999). Chapter 7: Appraising: Determining if people are doing the right things, *Globalizing People Through International Assignments*, Reading, MA: Addison-Wesley; Caligiuri, P.M. (1997). Assessing expatriate success: Beyond just "being there," in Aycan, Z. (ed.), *New Approaches to Employee Management*, 4 (JAI Press), 117–140; Gregersen, H.B., Black, J.S. and Hite, J.M. (1995). Expatriate performance appraisal: Principles, practice, and challenges, in Selmer, J. (ed.), *Expatriate Management: New Ideas for International Business*, Westport, CT: Quorum; Oddou, G. and Mendenhall, M. (2000). Expatriate performance appraisal: Problems and solutions, in Mendenhall, M. and Oddou, G. (eds.), *Readings and Cases in International Human Resource Management*, Cincinnati, OH: South-Western College Publishing; Schuler, R.S., Fulkerson, J.R. and Dowling, P.J. (1991). Strategic performance measurement and management in multinational corporations. *Human Resource Management*, 30 (3), 365–392; Bonache, J., and Noethen, D. (2014). The impact of individual performance on organizational success and its implications for the management of expatriates. *The International Journal of Human Resource Management*, 25 (14), 1960.

38 Dowling, P.J., Festing, M., and Engle, A.D. (2013). *International Human Resource Management*, 6th ed., London: Cengage Learning; Janssens, M. (1994), Evaluating international manager's performance: Parent company standards as control mechanisms, *The International Journal of Human Resource Management*,

5 (4), 853–873.

39　Birdseye, M.G., and Hill, J.S., (1995). Individual, organization/work and environmental influences on expatriate turnover tendencies: An empirical study. *Journal of International Business Studies*, 26 (4), 795–809; Feldman, D.C., and Thompson, H.B., (1993). Expatriation, repatriation, and domestic geographic relocation: An empirical investigation of adjustment to new job assignments. *Journal of International Business Studies*, 24 (3), 507–529.

40　Torbiörn, I. (1985). The structure of managerial roles in cross-cultural settings. *International Studies of Management and Organization*, 15 (1), 52–74.

41　Adapted from Logger, E., and Vinke, R. (1995). Compensation and appraisals of international staff, in Harzing, A.-W., and Van Ruysseveldt, J. (eds), *International Human Resource Management*, London: Sage in association with the Open University of the Netherlands, pp. 144–155.

42　Borkowski, S.C. (1999). International managerial performance evaluation: A five-country comparison. *Journal of International Business Studies*, 30 (3), 533–555.

43　Stroh, Black, Mendenhall, and Gregersen (2005).

44　Most of the references in note 2 made this point. In addition, see Lomax, S. (2001), *Best Practices for Managers and Expatriates: A Guide on Selecting, Hiring, and Compensation*, New York: Wiley.

45　Based on Stroh, Black, Mendenhall and Gregersen (2005).

46　*Global Relocation Trends*, 1998 and 1998 Survey Reports, New York: Windham International and National Foreign Trade Council, and Alexandria, VA: Society for Human Resource Management. For most current surveys see 2013 Brookfield Global Relocation Trends Survey, 2014 Global Mobility Policy and Practices survey – Cartus; Global Mobility Effectiveness Survey 2013 by EY.

47　Stroh et al. (2005).

48　Logger and Vinke (1995).

49　Gregersen, H.B., Hite, J.M. and Black, J.S. (1996). Expatriate performance appraisal in U.S. multinational firms. *Journal of International Business Studies*, 4th Quarter, 711–738.

50　Ibid.

51　Cascio (2002), pp. 302–303.

52　Stroh et al. (2005).

53　Oddou, G. and Mendenhall, M. (2006). Expatriate performance appraisal: Problems and solutions, in Mendenhall, M., Oddou, G., and Stahl, G.K. (eds.), *Readings and Cases in International Human Resource Management*, 4th ed., London/New York: Routledge, pp. 208–218.

第 13 章
国际劳动力福祉与国际人力资源信息系统

我们促进工作与生活平衡的方法因国家而异，但始终基于一个共同的原则：我们希望帮助我们的员工充分发挥他们的潜力。

——罗氏制药公司（Roche's Pharmaceutical Corporation）[1]

学习目标

- 解释全球健康与安全的重要性。
- 描述国际人力资源管理在管理全球健康、福利、安全和保障计划中的作用。
- 描述有效的危机管理程序。
- 描述国际人力资源管理提供的各种支持服务。
- 解释国际人力资源管理在全球人力资源研究中的作用。
- 描述与实施有效的国际人力资源信息系统相关的问题。

本章讨论国际人力资源管理政策与实践的两个关键但很少被提及的方面：对跨国公司全球员工福祉的关注以及国际人力资源信息系统的开发和维护。这两个领域都是国际人力资源管理为全球市场竞争优势做出重大贡献的核心。综合起来，它们为本章提供了重要的结论，着眼于国际人力资源管理的实践层面，关注跨国企业如何在可接受的范围内提供必要的国际人力资源管理服务，同时，努力寻找提供战略支持的途径。

13.1 国际劳动力福祉

国际劳动力福祉是国际人力资源管理中比较有挑战性的主题。员工的健康、福祉和安全是跨国公司越来越重要的主题，原因如下：

- 全世界越来越关注员工福祉。
- 由于全球贸易的增加，面临潜在风险的员工不断增加，例如越来越多的工人在制造业等"有风险"的工作场所工作；在国际任务中，越来越多的人与家人一起被派往其他国家。

这些因素都引起了对跨国公司全球劳动力的健康、福祉和安全的日益关注，并可能对全球业务的安全和持续运营产生影响，需要考虑雇主对全世界雇员的照顾责任。[2]虽然情况并非都是如此，但在大多数国家，工人的健康和安全是人力资源的责任之一，因此也是国际人力资源的职责之一。具体包括：

- 应对各国不同的健康和安全实践与法规。
- 在全球范围内为跨国公司的所有员工制定健康和安全政策。
- 处理商务旅行者、国际外派人员及其家人在世界各地出差或者被派往国外工作时遇到的特定健康和安全问题。
- 关注绑架或恐怖主义行为等对国际外派人员及其家属的威胁。
- 处理自然的和人为的威胁和灾难。
- 关注具有不同经济发展水平的市场中工人的工作与生活的平衡。

以下介绍国际人力资源管理经理在处理国际健康、福祉和安全问题时可能需要考虑的一些因素。首先，讨论了跨国公司在国家或地区层面的一般性问题。然后解决与商务旅行者和国际外派人员有关的问题。最后讨论了跨国公司如何制订危机管理计划，以准备和处理各种健康问题和安全突发事件。

在大多数大公司中，负责国际人力资源的总部所在地人力资源经理通常不会处理海外子公司或合资企业的员工健康和安全问题，这些问题的责任通常留给当地管理人员及其人力资源人员，他们在当地习俗、文化和监管的约束下进行管理。显然，各国对这些问题的关注程度差别很大。[3]

13.1.1　健康与安全统计

从战略角度来看，如果跨国公司能够比较不同国家之间的职业健康和安全法规与经验，以帮助评估在任何特定国家开展业务可能带来的问题和潜在成本，将是很有帮助的。然而，这是相当困难的。对于怎样才算是伤害以及是否必须报告伤害，不同的国家有不同的标准。即使对于工作场所的死亡事故，不同国家采取的不同方法也使得难以进行跨国比较。对于工作场所死亡事故认定，有些国家包括雇员上下班时发生的死亡，而另一些国家则不包括职业病造成的死亡。[4]

对于国际人力资源管理的规划和决策来说，最重要的一点是，事故率和死亡率的差异很大，其中有许多原因，只有一些与记录保存标准和实践的差异有关，更重要的则是诸如每个国家现有的产业结构、服务业所占比例以及一般劳动力的教育和培训水平等因素。有些行业和工作比其他行业和工作更危险。例如，在大多数国家，伐木、采矿和采石往往具有最高的死亡率，而建筑、运输、公用事业和农业的死亡率处于中等。根据世界卫生组织的数据，在全球范围内，大约一半的工人在从事面临受伤或疾病风险和死亡的危险工作。[5]零售业、银行业和社会服务业的伤害、疾病和死亡人数则比较少。因此，那些拥有较多低死亡率行业的国家将在职业健康和安全统计方面更为有利。然而，即使在风险一般的行业中，员工仍然可能面对极其危险的工作条件。

13.1.2　健康与安全法律和标准

在欧盟、瑞士和澳大利亚等工业化程度较高的国家，跨国公司更有可能发现法律赋予员工或他们在工会和劳资委员会的代表监督和执行工作场所安全的权利。事实上，欧盟已经通过了职业健康和安全的共同战略框架。[6]该战略框架确定了工作中的三大健康和安全挑战：（1）改进现有健康和安全规则的实施；（2）在不忽视现有风险的情况下应对新出现的风险，改善与工作有关的疾病的预防；（3）关注欧盟劳动力的老龄化问题。[7]

　　发展中国家的健康和职业安全标准的制定和执行往往有许多不足之处。大多数发展中国家只有基本的就业安全法，而且执行这些法律的资金非常有限。大部分发展中国家工会力量较弱，或者主要关注政治、工资和公平对待员工等问题而不是工作场所的安全问题。此外，依赖劳动密集型企业和过时设备的压力、创造和保留工作的压力，以及缺乏对专家和工人本身的安全培训，都有可能导致不良的安全统计。[8]

　　跨国公司关注的另一个领域涉及不同国家医疗系统的性质和质量的差异、医疗保健系统的覆盖范围、卫生保健费用的支付以及各种残疾保障系统的形式和水平。

　　所有这些问题都会影响国际外派人员和当地公民的就业实践。对健康和员工压力的关注、药物的使用、对重大健康问题的认识、营养不良的问题以及工作压力过大都可能对国际人力资源管理的规划和全球业务实践产生影响。

13.1.3　家庭友好政策和工作与生活的平衡[9]

　　家庭友好政策和工作与生活的平衡为国际人力资源管理带来了一系列全新的问题和机遇，即在规划国外业务的性质和地点时需要考虑的问题和机遇。在欧盟和其他发达国家，人们越来越关注工作和生活质量、工作时间和压力，政府越来越多地支持家庭健康，企业也日益关注对当今复杂而苛刻的劳动力需求和利益的满足。男性和女性在家庭和工作中角色的变化——单亲家庭数量不断增加的家庭结构的变化，许多国家人口老龄化以及随之而来的养老服务的增加，所有这些都促使公司寻找能使工作更具吸引力，同时在工作和家庭之间实现平衡的方法。在全球关键人才短缺日益严重之际，企业发现必须尽一切可能让工作场所变得令人满意。即使这些概念起源于发达国家，跨国公司领导层和国际人力资源部门也必须决定如何将它们应用于新兴市场和发展中国家，在这些国家，并非所有人都会以相同的方式看待这些问题。

　　欧盟率先制定了家庭友好政策的法律框架（例如产假和陪产假的带薪休假、老年人护理和家庭疾病需求、工作时间限制、夜班和轮班工作限制、提供重要的带薪年假、兼职工人的平等权利）。制定有利于家庭的法律和政策面临着很多压力，包括职业女性数量的增加、低出生率和由此产生的劳动力短缺、各国政策之间的差异造成的企业成本差异等。结果是，跨国公司需要熟悉东道国的法律和文化限制，也需要将世界各地的这些问题的知识纳入公司全球战略计划加以考虑。

　　目前在人力资源部门内部关于员工敬业度的讨论使得更多人关注工作与生活平衡（work-life balance，WLB）的主题。人力资源越来越多地被要求在平衡公司工作绩效的需求和员工的需求方面做出贡献，从而实现工作与生活的平衡。正如案例13.1所示，在一些新兴经济体，出现了一些新的职业和绩效追求。[10]工作与生活平衡问题可以从不同的角度来看——从宏观的社会观点开始，然后转向中观的雇佣组织的观点，最后转向微观的个体雇员的观点，每个层面所考虑的问题差异很大。

- 在宏观社会层面，工作与生活平衡问题涉及不同的文化、政治、经济、人口和法律环境。
- 在中观组织层面，关注的是新的工作环境，它给工人带来了压力，而公司提出的应对措施包括对工作与生活平衡有利的政策和福利。
- 在微观个人层面，工作与生活平衡的重点是个人在特定情况下的应对机制。尽管工作与生活平衡计划通常是在发达经济体中实行的，但这个问题也在影响新兴市场的人们。

13.2　国际外派人员的健康与安全

上述许多问题与对商务旅行者（business travelers，BTs）和国际外派人员及其家属的健康和安全的担忧是重叠的。有些是员工在出差时必须考虑的问题，有些则是员工到达新任务环境后需要考虑的问题。这些问题涉及多种类型的情况（对商务旅行者和国际外派人员及其家属来说）：对绑架的担忧；在外国工作期间发生致残事故（例如车祸）；与当地执法机关的接触；地震、火山、洪水和飓风等重大自然灾害；生病和当地医疗保健不足；被抢劫，丢失护照和钱财，必须更换护照；在外国执行任务期间死亡；受到恐怖主义行为、内乱的伤害。

此外，不会说当地语言、不熟悉或不信任当地的法律和医疗或紧急服务、无法使用当地电话系统、在需要总部帮助时却处于偏远的地方等，这些问题都可能使情况变得更糟。在面对紧急情况时，语言问题特别重要，例如，不会说当地语言（或者不能很好地描述紧急情况）、不知道向谁求助、本地电话系统出现问题，以及当地警察、急救人员和医院或诊所的能力出现问题。

为了应对这些问题，需要向国际商务旅行者和国际外派人员及其家属简要介绍这些问题，并为他们在旅行以及在新国家处理安全和健康问题做好准备。应该让他们了解新国家不同的医疗系统，如何处理处方和任何特殊的病症，确定医生和医院，以便提供医疗保健；购买紧急医疗保险和疏散保险，以应付可能发生的突发事件。国际人力资源管理部门还应准备在东道国发生危机时为子公司提供援助，并在商务旅行者需要时提供援助。

"国际人力资源管理实务 13.1"说明了 MEDEX 公司在旅行者（或国际外派人员）面临医疗问题时可以提供的服务类型。[11] 在偏远地区和发展中国家，这种援助对旅行者和外派人员的帮助最大。

➡ 国际人力资源管理实务 13.1

在尼日尔旅行时的紧急医疗需求

12 月 22 日，MEDEX 公司获悉，西非尼日尔共和国津德尔小村庄的一家小诊所里有一位肖博士（Dr. Shaw），在一次非洲探险中，他乘坐的汽车翻倒，导致他腿部严重受伤。由于诊所缺乏治疗肖博士所需的设施和人员，MEDEX 的工作人员立即安排了一架轻型飞机将他送往约 1 000 公里外的尼亚美。

在对肖博士的伤势（腿部肌腱撕裂和左桡骨骨折）进行评估后，尼亚美的医生表示，他无法进行手术，如果在几天内不进行手术，肌腱和神经可能会收缩到无法成功进行手术的程度。

于是 MEDEX 安排肖博士乘飞机在圣诞节早晨到伦敦的大学学院医院（University College Hospital in London）。第二天，肖博士断裂的肌腱被重新连接了起来，膝盖的伤口也被清理和缝合了。肖博士约 10 天后出院。

肖博士在给 MEDEX 公司的一篇很长的感谢信中写道：

> 我非常感谢你们。我可能会被困在津德尔好几天，患上感染性关节炎，甚至截肢。在这种情况下，每一次延误都会加大风险。你们能在事故发生后四天内把我救出来，真的非常了不起。医生和外交官给我留下了非常深刻的印象。我很感激你们。
>
> 就个人而言，我和我的家人都被你们对我的关心感动了，你们一直让我了解事态的发展。我的父母对接到电话被告知飞机起飞与平安抵达感到非常高兴。

尽管与恐怖主义、犯罪、绑架、内乱和骚乱、自然灾害以及其他创伤性事件相关的潜在问题似乎非常多，但跨国公司和国际人力资源部门往往需要更多地处理与此类问题无关的一些具体的健康问题。商务旅行者和国际外派人员及其家人通常都有一些轻微的健康问题，包括因接触细菌引起的肠道疾病，以及他们尚没有任何免疫力的外来疾病。

在任何情况下，都需要向商务旅行者和国际外派人员进行简要的介绍：如何为他们即将前往的国家或国家的情况做好准备，以及在遇到健康或安全问题时如何做出反应。当一个人被派往国外工作时，对健康问题缺乏关注可能会给个人和组织带来重大问题。

偶尔会有人在商务旅行或执行国际任务期间去世。[12] 这种事让人非常悲痛，但总得有人来处理，处理这些事件的大多数是组织中的人力资源部门。处理内容主要包括处理外国的情况以及帮助家人处理后事等。死亡可能是由自然原因（疾病、中风）或其他事件（如汽车事故、恐怖行为或自然灾害）引起。在事情发生之前必须考虑周全，这样就更有可能做出及时而充分的反应。要处理好这种对公司和家庭来说十分悲痛的事，要考虑到许多方面，国际人力资源要提前做许多准备，例如，国际人力资源管理部门（及雇员和家属）要知道，典型的紧急医疗保险不涉及死亡。[13] 雇佣合同在死亡发生时自然终止。此外，死者的待遇因不同的国家、文化和宗教而异。因此，国际人力资源部门需要迅速介入，以确保家庭的要求和传统都能够得到满足。

13.3 危机管理

国际人力资源管理很重要的一个职责就是设计和实施危机管理计划，以应对个别雇员及其组织在当今全球环境中面临的各种形式的创伤和健康与安全问题。表 13-1 列出了在制订外派人员危机管理计划时要考虑的问题。

表 13-1 制订外派人员危机管理计划时需要考虑的问题

风险评估	国际人力资源管理危机计划的第一个重点是风险评估。需要检查三个问题： ■ 风险的大小。帮助国际外派人员和商务旅行者了解风险的本质，是为可能出现的风险做好准备的第一步。 ■ 每种语言环境的潜在问题类型。国际人力资源需要评估特定地点存在的特定风险。并不是所有的海外投资地点都具有相同程度或类型的风险。 ■ 每种情况的相对风险。并非所有的商务旅行者和国际外派人员都面临同样的风险。（从事知名工作或行业的知名高管面临的风险比典型的商务旅行者或国际外派人员更大，因此需要更多的保护和关注。）
准备危机管理计划	国际人力资源为解决全球健康、安全和保障问题需要做的第二件事是为处理已经发生的问题制订计划。①制订一个计划要比其他任何考虑都更重要。当危机处理不当时，公司可能会失去该员工。员工士气和生产力方面的收益可能会超过危机管理的成本。积极履行雇主的责任，在员工遇到困难时满足他们的需求，处理好危机，这些都有助于建立雇主品牌和声誉。其中包括对外派人员及其官方文件（例如签证和出境许可等）的状态进行跟踪，以便公司能够清楚地知道国际旅行者或外派者位于什么地方。当危机出现时，国际人力资源管理部门知道哪些业务存在风险，以及该风险的性质是什么。
定位和培训	处理全球健康、安全和保障问题计划的第三部分是为国际旅行者和国际外派人员及其家人的国际旅行和生活开发一项计划，其中可以包括对紧急医疗和绑架勒索等问题的保险，提供有关世界各地潜在风险的信息，出发前的培训和出发后的后续培训，当然还要向旅行者、外派人员及其家属解释这些内容。这项准备工作还应包括为外派人员的母国和东道国的生活设施提供安保，处理民事紧急情况的计划（例如疏散外国人员的计划），与媒体打交道的计划和家庭回国的计划，以及提供一份在真正危机发生时的信息和帮助的清单。

① See, for example, Arnold, J. T. (2008), Tracking Business Travelers, *HR Magazine*, November, Society for Human Resource Management reprint (www. shrm. org); Davidson, C. and Busch, E. (1996), How to cope with international emergency situations, *KPMG Expatriate Administrator*, April, 6-10; Gazica, E. (2010), Multinationals face an unhealthy contradiction, downloaded 5/11/2010 from http://www. hreonline. com/HRE/printstory. jsp? storyld = 402063013; Kroll. Associates (2000), *Secure Travel Guide and Guide to Personal Security*, New York: Kroll Associates.

总体而言，计划可以减少风险和担忧。重要的是，要记住制订计划很重要，但执行计划更加重要。国际人力资源管理者必须发挥主导作用，因为只有他们能够最直接地处理商务旅行者和国际外派人员的旅行和迁移或生活问题。

13.4　国际人力资源支持服务和信息系统

在典型的国内人力资源部门中，还有一些被称为人力资源核心职责的支持服务，包括：

■ 人力资源信息系统（包括维护员工和员工计划的记录，如招聘和工作经历、教育培训与发展、医疗保险和其他福利，以及提供人力资源报告）。

■ 人力资源规划（包括员工预测、经理的职业规划和高管继任计划）。

■ 工作分析和职务说明的编写（用于招聘和培训，以及设定绩效预期）。

■ 工作评估和薪酬调查（用于制定工作分类和工资率）。

13.4.1　国际人力资源信息系统

随着公司业务的国际化，其信息系统也需要进行国际化。其中，包括人力资源信息系统（HRIS）。但是，人力资源信息系统是为本国的人力资源服务而建立，因此将人力资源信息系统国际化可能是一项非常复杂的、具有挑战性的活动，包括整合来自发达国家或收购子公司或合资企业的任何现有的外国的人力资源管理系统。

1. 特殊问题

国际人力资源信息系统为人力资源带来了以下的特殊问题：跟踪每个国家的劳动力、当地员工、长期的国际外派人员、短期的国际外派人员以及国际外派人员的薪酬和福利。

■ 工资单的外币换算。

■ 在不同的货币和汇率波动情况下，对工资进行统计和跟踪。

■ 各国的政府与私人医疗和养老金、福利的对比。

■ 各国在法定节假日和带薪休假方面的主要差异。

■ 雇佣合约（各国间有较大差异）。

■ 工作时数、休假天数、终止责任。

■ 跟踪国际外派人员的家庭信息，包括教育支持。

■ 保护人力资源信息系统和备份系统中个人信息的数据隐私法。

■ 将个人资料从一个国家转移到另一个国家的法律。

2. 管理注意事项

国际人力资源管理部门必须采取若干政策来发展全球人力资源信息系统，包括以下类型的问题：开发单独的（例如针对每个地点或区域）或综合的信息系统，这将涉及关于全资子公司与合资企业和合伙企业的伙伴关系以及计算机硬件和软件的可比性、使用的语言、要维护的人力资源数据的形式等问题；系统的集中化或本地化；对不同地点之间信息的获取和数据移动的权限和控制（可能受国家法律管制）；隐私保护规则；数据的控制和维护，包括可访问性、更新和流程；考虑来自不同国家的数千个潜在要素，决定在全球人力资源信息系统中哪些数据需要维护。还必须解决其他问题，例如处理在创建和使用雇员数据方面的国家文化差异、系统使用方面的培训、供应商和技术的选择、新旧系统的集成等。此外，还有一些基本问题与系统的实际设计和项目的获取有关，如员工姓名（在形式、长度、语言等方面差异巨大）、当地公司名称标准化的可取性（如 Inc.、PLC、Gmbh、FrOres、SLA、Oy 等）、邮政地址的差异（或缺少此类差异），甚至日历上的差异，这些问题也必须解决。如果人力资源管理部门要对公司的全球员工做出决策（如薪酬、晋升、绩效评估、工作分配、培训机会），那么维护和获得所有这些数据和信息就变得尤为重要。

13.4.2　国际人力资源网站

除了全球人力资源信息系统的发展，人力资源网站也有自己的技术用途，它可以大大提高人力资源部门履行职责的能力。例如，人力资源部门可以在自己的运营范围内开发内联网，既可以帮助人力资源部门提供福利之类的信息服务，也可以在世界各地的各种人力资源业务中心之间进行知识转移。此类内联网门户网站和人力资源网站可以促进跨国思想和资源的共享，使公司能够从汇集和存档的国际人力资源经验和专业知识中受益，减少对外部顾问的日常信息依赖。诸如此类技术能力还在不断地提高，例如语言翻译软件和用于全球雇员调查和福利管理的多语言程序。此外，借助新技术，如社交网络、博客、推特、手机、电子平板电脑等，国际人力资源管理部门现在可以增强其许多项目和系统，例如全球招聘和人员配置、与全球员工和潜在员工的沟通，以及增强公司的雇主品牌。[14]

13.4.3　迁移

传统上迁移服务是国际人力资源业务最耗时的工作之一。在规模较大的跨国公司中，这些服务越来越多地被外包出去，或者被下放到专门从事此类服务的内部或中央共享服务中心。为了确保被派往海外的员工在移居到另一个国家的过程中遇到的私人问题能够得到充分的关注和及时的解决，这些相关的服务大多来自专门向国际外派人员及其家属提供这些服务的公司。迁移服务通常包括出售或租赁房屋、国际家居用品的装运、新地点临时生活区的安置、新房或公寓的购买或租赁（或提供公司拥有或租赁的住宅）、管理国际行动、控制家庭在途时间，以及控制整体迁移费用。国际外派人员及其家庭（以及管理这些流程的国际人力资源员工）往往都非常担忧这些问题。因此，无论是通过企业直接提供还是通过外包专家提供，确保这些服务的质量（在合理的成本范围内），都是国际人力资源管理部门的一项重要职责。

除了上述与迁移有关的问题，国际人力资源管理部门还需要确保解决其他一些关键问题。其中包括提供税务和财务咨询，办理签证和工作许可证，在境外安排与医疗服务相关的医学检查和咨询，为国际外派人员及其家人提供培训和指导（关于财务问题、旅行安排和经验、国家及其历史、文化和语言），为在另一个国家任职的国际外派人员及其家属安排教育学习。

13.4.4　支持服务

以下许多支持服务可以由公司的其他部门提供，但一般是委托给国际人力资源管理部门来做。所有这些机构，至少在最初都是为了简化员工从一个国家到另一个国家的迁移过程而设立的。然后，因为国际人力资源员工找到了解决这些挑战的方法，他们经常会发现其他职责也需要他们来承担。支持服务包括：

- 安排出差（国际外派人员及其家属以及所有国际出差员工）。这些服务包括出差安排、出差签证和出差保险。
- 在国外安排住房。包括寻找优质住房（酒店客房、公寓）、预订、谈判合同和签订租赁协议。
- 确定当地可用的交通工具，包括租车、司机、地铁地图、公交时刻表和铁路系统。
- 办公室服务，如翻译/笔译、打印文件（如合同、房屋租赁协议、商务信函），以及确定商务谈判和地点等。
- 货币兑换。国际外派人员和国际商务旅行者最初可能需要协助以解决货币兑换方面的问题。国际人力资源的任务通常是确保这些人明白，在制定薪酬安排以适应不同的货币及其不断变化的汇率和通货膨胀率时，可能出现的任何复杂情况。
- 当地银行账户。由于各国的银行系统各不相同，利用熟悉的银行业务的机会可能有限，因此国际外派人员可能需要协助以开设当地银行账户。
- 政府关系。这就需要熟悉办理签证和工作许可证的办事处（或提供这些服务的咨询公司）。

■ 13.5　结论

本章讨论了对国际人力资源部门专业人员非常重要的两个主题：员工福祉和人力资源信息系统。这两个责任领域是人力资源管理部门为跨国公司全球成功做出战略贡献的重要方面。首先，本章描述了为什么跨国公司必须了解和应对当地和国际上对于员工对于员工的健康、安全和保障法规的要求，并制定保护全球劳动力的计划和政策。然后，本章描述了危机管理和国际人力资源支持服务及信息系统。

■ 13.6　讨论题

1. 是什么让管理全球员工的健康和安全计划变得如此困难？
2. 为什么家庭友好和工作与生活平衡计划变得如此重要？
3. 描述国际员工遇到的各种健康、安全和保障问题，并制订危机管理计划来处理这些问题。
4. 为什么设计和实施国际人力资源信息系统如此困难？需要克服哪些问题？

案例 13.1　全球健康与安全问题（全球、罗马尼亚、英国、加纳）

跨国公司越来越认识到有责任照顾其全球员工。在这种情况下，我们简要回顾一下全球企业因全球员工意外健康和安全问题而面临危机的两种情况，以及未充分认真对待照顾职责的潜在后果。

新兴市场中过度劳累的专业人士的工作与生活的平衡（WLB）

有时，在新兴市场，对成功的渴望可能导致员工大量加班而忽视他们的私人生活和个人健康，这与跨国雇主的工作与生活的平衡理念形成了鲜明对比。即使 31 岁的罗马尼亚安永会计师事务所审计经理拉卢卡·斯特罗埃斯库（Raluca Stroescu）从来没有想过要把自己累死，但 2007 年 5 月就发生了这样的事情。她的朋友和家人说她每天都在工作，甚至从来没有请过假。在她去世前的三个星期内，她一直忙于一项重要的审计项目，体重下降到不到 40 公斤。很多人都在讨论她的不幸。

这些讨论中的核心争论是，新兴市场的年轻专业人士是否真的想要工作与生活平衡，还是真的宁愿用健康来换取晋升、名望和财富。因为有许多令人振奋的发展机会，并且似乎总是有新的和有趣的项目可以参与，所以新兴市场中的许多（可能是大多数）年轻专业人员工作都非常努力。他们这样做是因为他们获得了成就、更好的绩效结果和更好的晋升机会。他们这样做也是因为他们不想失败，他们害怕如果他们放松，就会被别人取代。

在许多新兴市场中，人们认为工作与生活平衡仅是一个在发达国家受到重视的概念，与他们自己的国家无关。跨国公司可能会考虑到员工的长期福祉，但新兴市场子公司的年轻专业人士必须克服"我们要赶上其他国家"的心态。

准备不充分的情况下派遣外籍人员的潜在后果

凯特·考索恩（Kate Cawthorn），一名年轻的英国见习律师，接到通知，要求在三天内去加纳完成实习任务。由于通知时间太仓促，她没有去打必要的疫苗（她的律师事务所没有提供任何有关她应该做什么准备的建议，并且她也没有时间准备），到达后他们也没有提供任何支持。在她来该国的第一天就感染了一种严重的痢疾。她继续努力工作了五周，没有进行任何医学检查或治疗，最后飞回家接受医疗护理。她的症状变得越来越严重，这使她无法完成实习工作，因此无法获得成为一名律师的资质。她的身体始终没有恢复到可以回去工作的程度。最终，凯特起诉她的雇主，不仅没有提供充分的准备和建议，对任务地点及对她职业生涯的影响也没有表现出太多的关注。

资料来源：Claus, L.（2010）. Duty of Care of Employers for Protecting International Assignees, their Dependants, and International Business Travelers, International SOS White Paper, Trevose, PA：International SOS; Claus, L. and Bucur, S.（2007）. Work life balance（WLB）for young professionals in emerging markets, vignette published in Briscoe, D. R., Schuler, R. S., and Claus, L.（2009）, *International Human Resource Management*, 3rd ed., London/newYork：Routledge accessible at www. willamette. edu/agsm/global _ hr; and Dawood, R.（1998）. Bills of health. *HR World*, winter, 57.

问题：

1. 发展中国家的工作与生活的平衡问题与发达国家的有何不同？为什么？工作与生活的平衡和职业抱负之间能否协调？

2. 雇主有责任为雇员的外派工作做好准备吗？

3．如果雇员在外国工作期间发生意外，雇主应该承担什么责任？

4．在上文两种情况下，国际人力资源管理部门的责任是什么？如何防止这些情况发生并避免产生严重后果？

［注释］

1　Roche Corporate Website (www.roche, 2014): http://www.roche.com/sustainability/for_employ ees/safety_health_wellbeing.htm.

2　Claus, L. (2009). *Duty of Care of employers for Protecting International Assignees, their Dependents, and International Business Travelers*, International SOS White Paper, providing extensive description and analysis of the legal duty of care in a number of countries, Trevose, PA: International SOS; Claus, L. (2010). International assignees at risk. *HR Magazine*, February, 73–75; Ferguson, M. B. and Carlson, M. (2010). *What Every Business Needs to Know about Employment Claims and EPL Insurance*, seminar sponsored by Ireland Stapleton and T. Charles Wilson, March 16, Denver, CO; Lockwood, N. R. (2005). Crisis management in today's business environment: HR's strategic role. *SHRM Research Quarterly*, Fourth Quarter, 1–10; Mair, D. (2008). Global security challenges for travelers and goods, Session 4, Webinar series *Essentials of International Assignment Management*, Oct. 22, IOR Global Services; McLean, D. (2010). *Mitigating Travel Risk for the Enterprise: Innovations to Manage the Duty of Care*, Webinar 10/13/10, presented by Zurich, www.hr.com; Pomeroy, A. (2007). Protecting employees in harm's way. *HR Magazine*, June, 113–122; Wright, A.D. (2010). Experts: Be prepared when sending employees to disaster areas, downloaded 3/19/2020 from http://www.shrm.org/hrdisciplines/global/Articles/Pages/AidingDisasterVictims.aspx.

3　The most important reference on country health and safety practices is the International Labour Organization's four-volume *Encyclopeadia of Occupational Health and Safety*, by Jeanne Mager and Ed Stellman. The most recent edition is the 4th edition, published in 1998, in Geneva, Switzerland, by the ILO. Current databases, publications on specific aspects of health and safety issues, linkages to other organizations and national health and safety agencies, and other services related to global health and safety, are available at the International Occupational Safety and Health Information Center (CIS) at the ILO. The CIS is a network of health and safety centers from over 100 countries. The CIS's website can be found at: http://www.ilo.org/public/english/protection/safework/cis.

4　Locke, R.M., Fei Qin, Brause, A. (2007). Does monitoring improve labor standards? Lessons from Nike. *Industrial and Labor Relations Review*, 61 (1), 3–31; Roggero, P., Mangiaterra, V., Bustreo, F. and Rosati, F. (2007). The health impact of child labor in developing countries: Evidence from cross-country data. *American Journal of Public Health*, 97 (2), 271–275; Takala, J. (1999). *Introductory Report of the International Labour Office, Occupational Safety and Health Branch*, May, Geneva, CH: International Labour Organization; Wilson, D. (2007). The ratification status of ILO conventions related to occupational safety and health and its relationship with reported occupational fatality rates. *Journal of Occupational Health*, 49 (1), 72–79.

5　Reported in Half of the world's workers employed in risky jobs (1996). *Manpower Argus*, February, 5.

6　See Health and Safety at Work: new EU Strategic Framework 2014–2020. See http://europa.eu/rapid/press-release_MEMO-14–400_en.htm.

7　See http://europa.eu/rapid/press-release_IP-14–641_en.htm.

8　Morse, T. (2002). International occupational health and safety, on-line lecture, retrieved 7 November 2007 from http://iier.isciii.es/supercourse/lecture/lec8271/001.

9　This section is adapted from Ackers, P. and El-Sawad, A. (2006). Family-friendly policies and work-life balance, chapter 13 in Redman, T. and Wilkinson, A. (eds.), *Contemporary Human Resource Management*, 2nd ed., Essex, England: Prentice-Hall/Financial Times, pp. 331–355; Bardoel, E.A., De Cieri, H. and Tepe, S. (2006). A framework for developing a work/life strategy in a multinational enterprise (MNE), Working Paper 1/06, Monash University, Australia; Daniels, G. and French, S. (2007). The growth of work-life balance and family-friendly policies and the implications for employee relations, in White, G. (ed.), *Family-friendly Employment Policies and Practices: An East-West Perspective on Work-life Balance*, Conference Proceedings, vol. 1, 14th International Employment Relations Association, 19–23 June, Hong Kong;

Heinen, B.A. and Mulvaney, R.R.H. (2008), Global factors influencing work-life policies and practices: Description and implications for multinational companies. *World at Work Journal*, First Quarter, 34–43.

10　Claus, L. *An HR Framework for Work/Life Balance: An Exploratory Survey of the CEE Country HR Managers of MNCs*. Paper accepted at the International Human Resource Conference, Tallinn, Estonia, June, 2007.

11　Adapted from MEDEX Assistance Case History (1992), contained in MEDEX Assistance Corporation brochure, Baltimore, MD.

12　American is killed in Mexico City cab holdup (1997). *San Diego Union Tribune*, September 17, A–21; Evans, G. (2001). Last rites, *Global HR*, June, 36–40; Evans, G. (1999). Victim support. *HR World*, May–June, 46–52; Preston, A. (2002). The international assignment taboo: Expatriate death. *KPMG Expatriate Administrator*, summer, 1–3; Tragedy on a Turkish roadway (1998). *USAA Magazine*, March–April, 20–22; York, G. (1996). American's murder sows fear: Moscow a sinister business partner. *Rocky Mountain News*, November 14, 2A, 58A.

13　Evans (2001).

14　Cappelli, P. (2010). The promise and limitations of social media, downloaded 6/3/2010 from http://www.hreonline.com/HRE/printstory.jsp?storyId=432216581; Ciccarelli, M.C. (2010). It's personal: Online social networking allows HR to identify and build relationships with potential recruits like never before, downloaded 9/27/2010 from http://www.hreonline.com/HRE/printstory.jsp?storyId=532780565; Fraunheim, E. (2006). Bumps in the road to going global: The state of HR technology. *Workforce Management*, Special Report, Oct. 9, 29–32; Freedman, A. (2010). Social media and HR, downloaded 9/27/2010 from http://www.hreonline.com/HRE/printstory.jsp?storyId=511617131; Gray, K.A.G. (2010). Searching for candidate information, downloaded 1/28/2010 from http://www.hreonline.com/HRE/printstory.jsp?storyId=327202146; iVantage (2010), Go global with iVantage, downloaded 10/27/2010 from http://www.spectrumhr.com/Datasheet_PDFs/Int_article.pdf (description of capabilities for global HRIS through a particular approach offered by Spectrum); Shewmake, A. (2010). Social media recruiting, seminar at Colorado Human Resources Association, March 17, Westminster, CO; Taleo (2010). *Social Network Recruiting: Managing Compliance Issues*, Taleo Business Edition Summary Report, San Francisco: Taleo Corporation.

第 **14** 章

国际人力资源管理比较：
不同区域和国家的概况

DHL 在全球超过 200 个国家和地区开展业务，是全世界最国际化的公司，拥有超过
315 000 名员工……

——DHL 公司[1]

学习目标

- 了解国际人力资源管理比较的内容。
- 了解世界上不同类型的区域。
- 描述国际人力资源管理在不同区域的制度、经济和文化背景。
- 描述欧洲、北美、亚太地区和拉丁美洲地区国际人力资源管理的重要特征。
- 解释当前对跨国家和区域的国际人力资源管理融合的争论。

各种各样的环境因素影响组织进行人力资源管理的方法。这些因素包括外在的因素，如国家文化、法律环境、制度压力和经济与政治环境。这些外在因素决定了人力资源如何跨地理边界进行管理。本章将对国际人力资源管理比较进行讨论，主要集中在国家和地区之间存在的差异并探讨这些差异如何导致国际人力资源管理政策与实践的异同。

国际人力资源管理比较是一个尚在发展中的领域。[2]在过去的十年里，该领域得到了很大的发展。例如，现在有《比较人力资源管理研究手册》（*Handbook of Research on Comparative Human Resource Management*）。[3] Routledge 出版社出版了一套书，分别聚焦了欧洲、亚太、中东、北美、拉丁美洲和非洲的人力资源管理。[4]另外，Sage 出版社也出版社了一套国际人力资源管理四卷集，其中涉及国际人力资源管理的各种主题。[5]越来越多的文章开始关注比较人力资源。[6]本章无法覆盖所有国际人力资源管理比较的主题。我们简要介绍形成特定地区的国际人力资源管理政策与实践的一些内容。

▇ 14.1　国际人力资源管理比较

随着全球经济的不断发展，文化和制度差异将继续以多元化、复杂化的方式影响国际人力资源管理的政策与实践。在第 5 章我们简要讨论了国际人力资源管理政策与实践的差异性检验常用的趋同-偏离框架。[7]这个框架讨论了特定国际人力资源管理政策与实践在不同国家存在什么样的差异以及为什么存在差异（偏离视角），或者是否不同国家特定的国际人力资源管理政策与实践之间有越来越多相似的地方（趋同视角）。趋同视角和偏离视角都具有极端性。趋同视角表明，随着时间的推移，不同国家和区域的组织结构、商业实践和价值观将变得相似。因为不同国家和区域的机构（如商业组织）所面临的压力和挑战是相似的，所以会产生一个通用的人力资源政策与实践的模式。跨国公司在人力资源管理模式的产生和融合过程中起到非常关键的作用。趋同理念认为在开始的时候政策与实践是不同的，但这些差异会逐渐减少。[8]相比之下，偏离视角表明，制度的、国家的和商业的价值深深地嵌入了社会中，并且抵制外来的政策与实践（如来自外国跨国公司的政策与实践）。由于大多数国家具有独特的制度和商业价值观，这些都将导致人力资源管理模式的国家差异。[9]

关于全球国际人力资源管理政策与实践的趋同和偏离之争的讨论将贯穿本书。

14.1.1　聚焦区域化

如同在第 1 篇讨论的那样，如今国际人力资源管理专业人员面临的一个重要挑战是开发管理本公司内人力资源的一套全球方法，在允许本地区自主性的同时也有一些通用的原则，使公司的全球治理体系保持一致性。实现集中一致性和分散自治之间的权力平衡，需要对哪些政策与实践可以是全球的或当地的进行持续的评估和讨论。然而，似乎是为了减少国际业务的复杂性，许多跨国公司认识到围绕特定国家进行战略性组织的重要性，如将拉丁美洲作为一个整体市场来定制其国际人力资源管理政策与实践，以更好地为特定地区的员工服务。对于一些组织来说，在全球组织中发展具有一致性的国际人力资源管理政策与实践非常困难，甚至有时在一个区域内发展都很困难，这导致本地情境与国际人力资源管理政策与实践的差异非常大。因此，当地方单位调整人力资源实践来适应当地情形时，它们总能发现区域内地方单位的人力资源管理实践也是有所不同的。

14.1.2　特定区域[10]

一个区域可以用地理、经济体制、制度结构、政府管辖或社会和文化特征等不同的属性来描述。可以用许多标准来划分区域。

1. 微观区域

微观区域（Micro-region）通常指一个比市大但是比国小的区域。这个概念在欧洲地区大会（Assembly of European Regions，AER）上被使用。[11]该大会成立于 1985 年，包括从 35 个国家和 15 个跨区域组织发展而来的区域。[12]另一个使用微观区域概念的例子是"特大城市"，包括世界上最大的一些城市（每一个特大城市的人口超过 1 000 万）。[13]表 14 - 1 列出了 30 个特大城市。

表 14 - 1　世界 30 个特大城市（2015 年和 2025 年）

2015 年 排名	2015 年 城市	2015 年 国家	人口 （百万）	2025 年 排名	2025 年 城市	2025 年 国家	人口 （百万）
1	东京	日本	38.20	1	东京	日本	38.66
2	德里	印度	25.63	2	德里	印度	32.94
3	上海	中国	22.96	3	上海	中国	28.40
4	墨西哥城	墨西哥	21.71	4	孟买	印度	26.56
5	纽约	美国	21.33	5	墨西哥城	墨西哥	24.58
6	孟买	印度	21.21	6	纽约	美国	23.57
7	圣保罗	巴西	21.03	7	圣保罗	巴西	23.17
8	北京	中国	18.08	8	达卡	孟加拉国	22.91
9	达卡	孟加拉国	17.38	9	北京	中国	22.63
10	卡拉奇	巴基斯坦	15.50	10	卡拉奇	巴基斯坦	20.19
11	加尔各答	印度	15.08	11	拉各斯	尼日利亚	18.86
12	布宜诺斯艾利斯	阿根廷	14.15	12	加尔各答	印度	18.71
13	洛杉矶—长滩—圣塔安那	美国	14.08	13	马尼拉	菲律宾	16.28
14	拉各斯	尼日利亚	13.12	14	洛杉矶—长滩—圣塔安那	美国	15.69
15	马尼拉	菲律宾	12.86	15	深圳	中国	15.54
16	伊斯坦布尔	土耳其	12.46	16	布宜诺斯艾利斯	阿根廷	15.52
17	广州	中国	12.39	17	广州	中国	15.47
18	里约热内卢	巴西	12.38	18	伊斯坦布尔	土耳其	14.90
19	深圳	中国	12.34	19	开罗	埃及	14.74
20	莫斯科	俄罗斯	12.14	20	金沙萨	刚果	14.54
21	开罗	埃及	11.94	21	重庆	中国	13.63
22	大阪—神户	日本	11.78	22	里约热内卢	巴西	13.62
23	巴黎	法国	11.10	23	班加罗尔	印度	13.19
24	重庆	中国	11.05	24	雅加达	印度尼西亚	12.82
25	雅加达	印度尼西亚	10.47	25	马德拉斯	印度	12.81
26	金沙萨	刚果	10.31	26	武汉	中国	12.73
27	武汉	中国	10.26	27	莫斯科	俄罗斯	12.58
28	芝加哥	美国	10.20	28	巴黎	法国	12.16
29	班加罗尔	印度	10.02	29	大阪—神户	日本	12.03
30	马德拉斯	印度	9.89	30	天津	中国	11.93

资料来源：United Nations，Department of Economic and Social Affairs，Population Division，World Urbanization Prospects：The 2011 Revision，The 30 Largest Urban Agglomerations Ranked by Population Size at each point in time，2015.

总的来说，这些城市人口总和约有 14.7 亿，到 2025 年约增长到 20 亿，是世界经济活动和世界财富的重要组成部分。[14]

当一个微型区域分布在两个或多个国家时，它被称为跨境区域。[15]这样的例子包括卡斯卡迪亚（加拿大和美国之间）、博登湖区域（德国部分地区、瑞士和奥地利）、圣迭戈—蒂华纳地区（美国和墨西哥之间）、波的尼亚弧形地带（芬兰和瑞典之间）、海德马克—达拉纳（挪威和瑞典之间）和赫尔辛基—塔林（芬兰和爱沙尼亚之间）。[16]

2. 宏观区域

这些地区或集群包括具有特定特征（如社会、经济、政治、地理、文化和历史特征）的独立的国家。在这些特征中，定义宏观区域（Macro-regions）最重要的特征包括地理、经济和文化因素。基于联合国承认的主要区域，这些宏观区域可以分为非洲、亚洲、欧洲、拉丁美洲和加勒比地区、北美、大洋洲和撒哈拉以南的非洲。[17]每个宏观区域可以分为特定的子区域，如中东、东南亚和远东。

讨论所有地区的国际人力资源管理将超出本章范围，我们主要选取欧洲、北美、中东、拉丁美洲、亚洲和非洲地区国际人力资源管理问题进行讨论。

14.2 欧洲人力资源管理问题[18]

欧洲有 40 多个国家，共计 7.47 亿人口（2019 年）。[19]人口增长较为缓慢，预计在未来十年人口增长率为负。[20]表 14 - 2 提供了欧洲人口和劳动力特征的数据。另外，表 14 - 2 也提供了在欧洲地区五大最适宜居住国家的劳动力市场分析。

表 14 - 2　人口和劳动力数据（欧洲）

	2014 年				2030 年（预计）				2050 年（预计）	
人口[1]（百万）	742				746				726	
年龄层	2013 年					2050 年（预计）				
	0～14 岁	15～24 岁	25～59 岁	60＋ 岁	80＋ 岁	0～14 岁	15～24 岁	25～59 岁	60＋ 岁	80＋ 岁
人口分布（百万）[2]	116	87	370	170	33	109	73	289	238	67
	2013 年					2050 年（预计）				
年龄中位数[3]	40.9 岁					45.7 岁				
	男（2013 年）			女（2013 年）			总体（2013 年）			
平均寿命[4]	74 岁			81 岁			78 岁			
	2010—2020 年		2020—2030 年		2030—2040 年		2040—2050 年			
平均每年净移民人数（千）[5]	1 119		935		916		905			

续表

欧洲的五个国家的劳动力市场分析

	人口[6] （2014 年， 百万）	劳动力 （2012 年， 百万）[7]	劳动参与率 （2012 年）[8]	净移民数 （2012 年， 千）[9]	年龄在 25 岁及 以上的中等 教育水平的 劳动力比例[10]
俄罗斯	143.7	76.9	男（71%） 女（57%）	1 100	16.5%（2010 年）
德国	80.9	41.8	男（66%） 女（54%）	550	50.2%（2012 年）
法国	64.1	30.1	男（62%） 女（51%）	650	37.7%（2012 年）
英国	64.5	32.6	男（69%） 女（56%）	900	53%（2011 年）
意大利	61.3	25.1	男（59%） 女（39%）	900	33.7%（2012 年）

资料来源：Classfication of countries is based on United Nations categories：*World Population Prospects*，*The 2012 Revision*，*Highlights and Advance Tables*，New York，2013.

　　一般而言，欧洲国家的人口出生率走低，导致了人口老龄化。[21]在欧洲，超过 60 岁的人口占总人口的 23%。在亚洲，超过 60 岁的人口占总人口的 11%。据人口学家推测，当前出生率走低的趋势在未来仍将继续：到 2025 年，欧洲总人口的 34% 将超过 60 岁，只有 10% 将在 15～24 岁。[22]对比世界其他地区，欧盟的年龄中位数相对较高（2013 年欧洲年龄中位数是 40.9 岁）。[23]预期寿命是 78 岁，据估计，2045—2050 年，预期寿命将达到 81.3 岁。[24]

　　欧盟作为欧洲重要的经济和政治区域成立于 1993 年，计划发展至 35 个或更多国家。这些国家在政治和经济上相互联系，以单一市场运行可以让商品、资本、服务和劳动力在成员国内自由流动（欧盟目前总人口接近 5.07 亿）。[25]欧盟拥有 24 种官方和工作语言。[26]这些语言包括保加利亚语、法语、马耳他语、克罗地亚语、德语、波兰语、捷克语、希腊语、葡萄牙语、丹麦语、匈牙利语、罗马尼亚语、荷兰语、爱尔兰语、斯洛伐克语、英语、意大利语、斯洛文尼亚语、爱沙尼亚语、拉脱维亚语、西班牙语、芬兰语、立陶宛语和瑞典语。[27]

　　地理上定义的欧洲是相对比较大的洲，具有较大的制度、国家和地区差异。在欧洲内有若干区域集群，因此欧洲人力资源管理实践存在巨大差异。[28]从地理角度来看，欧洲可以大致分为北部（如丹麦、爱沙尼亚、芬兰、冰岛、拉脱维亚、英国和爱尔兰），东部（如白俄罗斯、保加利亚、捷克、匈牙利、罗马尼亚、俄罗斯），西部（如奥地利、比利时、法国、德国、荷兰和瑞士），南部（如阿尔巴尼亚、克罗地亚、希腊、梵蒂冈、意大利、马耳他、葡萄牙）。[29]讨论每个集群或国家将超出本章范围，因此只对欧洲人力资源管理问题做一些概括。[30]

　　这里讨论三个人力资源管理问题：
- 政府法规。
- 工会的影响。

■ 灵活性-保障性关系。

14.2.1　政府法规

欧洲国家一般在员工权利、社会保障、医疗/福利、工会谈判权利、集体协议和其他产业关系服务方面有大量的政府规定来指导劳动力市场。[31]更具体地说，与世界其他地区相比，欧洲有更多就业方面的法律来约束雇佣关系。[32]例如，有相当多的法律法规关注保护员工在工作时的权利、就业合同、工作时间、健康和安全。[33]有大量的劳动法律法规限制人力资源管理的招聘、培训和解除职能。欧洲不同国家的劳动法律法规的具体范围和程度不同。即便如此，在欧洲南部有相当多的政府和国家干预，而在北部则有更多的自由和相对高水平的人力资源参与管理和决策。[34]

14.2.2　工会的影响

一般来说，欧洲各国政府对工会工作进行大量的监督，并对各种类型的职工代表和保护负有普遍责任。[35]工会关注集体协商、雇员与管理层之间的对话、好的员工待遇和福利，以及良好的工作环境。有几个工会联盟隶属于欧洲工会联合会（ETUC），旨在"促进并代表欧盟劳动人民的利益"。[36]有一点很重要，即各国关于劳动力的法律是不同的，因此工会在各国的作用和功能也是不同的。[37]

除了工会条例和授权，许多欧洲国家以及欧盟还有一种被称为工作委员会的雇员代表形式，通常包括雇主和雇员的代表，致力于双方共同关心的问题。这些委员会致力于保护员工权益，改善员工和高层管理人员之间的沟通渠道，一般情况下也有合法权力允许员工的利益在所有的重大经营决策中都能够得以体现。[38]工会和工作委员会都致力于为员工提供相对较高水平的工作保障和保护。[39]

14.2.3　灵活性-安全性关系[40]

灵活性-安全性关系是指在欧盟自由贸易规则和全球自由市场竞争下所需的平衡，以在欧洲劳动力市场内提供更大的灵活性，这是增强全球竞争力所需要的，但可能需要放松对雇员的立法保护。[41]近几年，有证据表明灵活性得到一定的发展。德国、法国和西班牙等国家已经通过放松招聘和解雇法规、促进雇主雇用兼职和临时工的形式朝着更有弹性的雇佣方式发展。[42]很明显，人力资源的职能在保持这一平衡方面具有重要作用，但强有力的政府法规往往会限制人力资源管理职能管理这种灵活性-安全性关系的能力。人力资源管理职能主要扮演的是一个公司的管理层和员工之间的"经纪人"的角色。人力资源管理通过发展、实施和维护政策和流程来调节管理者和员工对灵活性和安全性的需求。[43]这里的人力资源管理职能可以被看作满足多方利益相关者的需求，同时实现政府、雇主和雇员这三个关键利益相关者之间的适当平衡，其中，雇员和雇主分别由工会和工作委员会来代表。[44]

对于人力资源管理职能来说，平衡多个利益相关者的需求是一个巨大的挑战。在中欧和东欧的公司尤其如此，因为这些地方的人力资源管理职能并不是非常规范，而且公司要面对转型经济的挑战。[45]

14.3　北美人力资源管理问题[46]

北美洲包括加拿大、美国等 20 多个国家和地区，总人口约 3.55 亿。[47] 表 14 - 3 提供了北美人口和劳动力特征的信息，还提供了美国和加拿大的劳动力市场分析。

表 14 - 3　人口和劳动力数据（北美）

	2014 年	2030 年（预计）	2050 年（预计）
人口[11]（百万）	355	396	444

	2014 年					2050 年（预计）				
年龄层	0～14 岁	15～24 岁	25～59 岁	60＋ 岁	80＋ 岁	0～14 岁	15～24 岁	25～59 岁	60＋ 岁	80＋ 岁
人口分布（百万）[12]	68	49	168	71	13	80	55	189	122	36

	2013 年	2050 年（预计）
中间年龄[13]	37.7 岁	40.9 岁

	男（2013 年）	女（2013 年）	总体（2013 年）
中位数年龄[14]	77 岁	81 岁	79 岁

	2010—2020 年	2020—2030 年	2030—2040 年	2040—2050 年
平均每年净移民人数（千）[15]	1 220	1 200	1 200	1 200

北美的两个国家的劳动力市场分析

	人口[16]（2014 年，百万）	劳动力（2012 年，百万）[17]	劳动参与率（2013 年）[18]	净移民数（2012 年，千）[19]	年龄在 25 岁及以上的中等教育水平的劳动力比例[20]
美国	317.7	147.1	男（69％）女（57％）	5 000	47％（2012 年）
加拿大	35.5	19.3	男（71％）女（62％）	1 100	23％（2011 年）

资料来源：Classfication of countries is based on United Nations categories；*World Population Prospects*，*The 2012 Revision*，Highlights and Advance Tables，New York，2013.

如今一些公司内部对北美的定义也包括墨西哥，因为《北美自由贸易协定》（NAFTA）包括加拿大、美国和墨西哥（尽管在文化方面，墨西哥通常会被纳入拉丁美洲地区）。美国总人口为 3.177 亿，加拿大总人口有 3 550 万。[48] 由于这些原因，许多跨国企业为了人力资源规划的目的，将美国和加拿大看作北美洲地区。

与欧洲相似，北美的人口增长率相对较低，预计在未来继续受限。比例相当大的人口（20％）超过 60 岁，这一比例在未来将继续上升，预计到 2050 年，60 岁以上的老人将占总人口的 27％，只有 12％的人在 15～24 岁之间。[49] 目前的年龄中位数是 37.7 岁，预计到 2050 年将达到 40.9 岁。[50] 预期寿命是 79 岁，预计 2045—

2050 年将上升到约 83.7 岁。^[51]

这里讨论以下四个人力资源管理问题：

- 劳工法干涉。
- 工会化程度。
- 劳动力价值特征。
- 将人力资源管理职能作为战略合作伙伴的观点。

14.3.1　劳工法干涉

在美国，尤其是与欧洲相比，政府不是一个劳动力市场的监管机构。相对于欧洲国家来说，美国的劳动法不太具有干涉性。政府立法促进和鼓励通过市场的力量解决许多劳动问题。此外，法律赋予管理人员在人力资源决策中很大的自由度。尽管美国的法律制度具有不干涉的特质，但是仍然有很强的联邦和州法律为工人提供权利和保护以应对不公平、不安全和歧视的用工惯例——许多管理者对美国繁多的限制有很强的感知。例如，反歧视和平权行动立法就是一个很重要的力量，保护了某些"类别"工人的权利。在这一背景下，人力资源管理职能在监控法律和监管环境、坚持反歧视和平权行动立法中都有重要作用。

14.3.2　工会化程度低

与多数欧洲国家相比，美国工会化程度相对较低。在大多数行业，相对于设计人力资源管理政策与实践来最大化股东利益，工会对企业雇主的影响是最低限度的。^[52]在过去的几年中，工会会员人数大幅下降，其中的原因包括^[53]：

（1）从制造业到服务业的转变，服务业工作不太可能工会化。

（2）白领工作岗位增加了。

（3）基于更好地关心工人将提高绩效的信念，管理层和工人之间有了更多的互动，而工会提供的保护利益较少。

（4）联邦和州法律为员工提供了相当大的保护，如《家庭与医疗休假法》（Family Medical Leave Act，FMLA）和《职业安全与卫生条例》（Occupational Safety and Health Administration，OSHA）。

14.3.3　个人主义和以绩效为基础的劳动力

与其他国家相比，美国劳动力更具个性化并且以绩效为基础。^[54]更关注个体对组织成功的贡献。在没有合同或某种类型的协议的情况下，条例、雇佣政策与实践受到自由雇佣原则（employment-at-will）的强烈影响，这允许雇主和雇员可以在没有提前通知的情况下终止雇佣。招聘、员工参与和保留的实践在很大程度上受到员工个人业绩的影响。大多数雇主依靠外部劳动力市场来获取人才，获取顶尖人才的竞争非常激烈。许多组织认为培训和开发是竞争优势的来源，因此在开发个人能力方面投入相当多资源。通过"在职培训"培养工作相关能力是许多组织的首要任务。一些组织有专注于领导能力开发的计划，而且将相当多的资源和管理时间花在员工开发上。对许多员工来说，薪酬是基于绩效的。雇主制定薪酬战略来反映目前的劳动力市场条件。在美国整体的就业形势下，雇佣本身的性质在不断演化。工作压力不断增加，员工承诺减少，员工福利需求变化。更多的员工育儿或照顾老人的责任和工作外的兴趣增加，他们开始专注于工作与生活的平衡问题。[55]组织已经认识到这一趋势，开始专注于强调工作与生活的平衡的人力资源管理实践与政策。

14.3.4　作为战略合作伙伴的人力资源管理职能

近年来，组织已经认识到人力资源管理的职能应该作为一个战略合作伙伴被纳入影响组织战略方向的决策制定过程。越来越聚焦于人力资源管理系统而不仅是单个的人力资源管理政策与实践。管理人员专注于一个系统中的人力资源管理政策与实践如何相互支持，以及人力资源管理系统如何支持一个组织的业务战略。企业最感兴趣的是哪一类人力资源管理系统更能提高组织效率。[56]沿着这个思路，人力资源管理职能在展示这些系统的短期财务影响方面面临相当大压力。期待人力资源专业人士设计指标或措施来证明人力资源管理系统对财务指标的影响和人力资源政策的投资回报（return on investment，ROI）。[57]

■ 14.4　亚洲人力资源管理问题[58]

亚洲的总人口约 40 亿，预计 2050 年将超过 50 亿。[59]表 14-4 说明了亚洲人口和劳动力的特点，还提供了亚洲人口较多的几个国家（印度、印度尼西亚、巴基斯坦和孟加拉国）的劳动力市场分析。

表 14-4　人口和劳动力数据（亚洲）

	2014 年			2030 年（预计）			2050 年（预计）		
人口[21]（百万）	4 351			4 907			5 252		
年龄层	2013 年					2050 年（预计）				
	0~14岁	15~24岁	25~59岁	60+岁	80+岁	0~14岁	15~24岁	25~59岁	60+岁	80+岁
人口分布（百万）[22]	1 065	738	2 027	469	58	925	642	2 357	1 239	220
	2013 年					2050 年（预计）				
年龄中位数[23]	29.7 岁					39.8 岁				
	男（2013 年）		女（2013 年）			总体（2013 年）				
平均寿命[24]	69 岁		73 岁			71 岁				
	2010—2020 年		2020—2030 年		2030—2040 年		2040—2050 年			
平均每年净移民人数（千）[25]	−1 397		−1 256		−1 245		−1 233			

续表

亚洲的四个国家的劳动力市场分析

	人口[26] （2014 年， 百万）	劳动力 （2012 年， 百万）[27]	劳动参与率 （2013 年)[28]	净移民数 （2012 年， 千)[29]	年龄在 25 岁及 以上的中等 教育水平的 劳动力比例[30]
印度	1 296.2	484.3	男（81%） 女（29%）	−2 294	NA
印度尼西亚	251.5	118.4	男（84%） 女（51%）	−700	21.1%（2011）
巴基斯坦	194	63.8	男（83%） 女（24%）	−1 634	16.8%（2011）
孟加拉国	158.5	76	男（84%） 女（57%）	−2 041	NA

资料来源：Classfication of countries is based on United Nations categories：*World Population Prospects*，*The 2012 Revision*，*Highlights and Advance Tables*，New York，2013.

目前，亚洲 17% 的人口年龄在 15～24 岁之间，只有 11% 的人口年龄超过 60 岁。到 2050 年，占总人口 12% 的人预计年龄在 15～24 岁之间，占总人口 24% 的人将大于 60 岁。[60]目前年龄的中位数为 29.7 岁，预计到 2050 年将达到 39.8 岁。[61]预期寿命是 71 岁，比欧洲和北美都低，预计 2045—2050 年达到 76.9 岁。[62]

亚洲可分为不同的区域。东亚地区包括中国、朝鲜、韩国、日本、蒙古国等。南亚和中亚地区包括阿富汗、孟加拉国、印度、伊朗、哈萨克斯坦、巴基斯坦、斯里兰卡、塔吉克斯坦等。东南亚地区包括文莱、柬埔寨、印度尼西亚、马来西亚、缅甸、菲律宾、新加坡、泰国和越南等。西亚地区（也被称为中东）包括伊拉克、以色列、约旦、科威特、黎巴嫩、巴勒斯坦、沙特阿拉伯、叙利亚、土耳其、阿拉伯联合酋长国等。了解这些区域划分，对理解亚洲地区（包括区域内和区域内的国家内部）人力资源管理的巨大差异非常重要。

上面所描述的每一个区域在许多方面都与其他区域不同。每个区域都有自己的环境因素，如历史、经济、社会和政治因素，这些因素都会影响人力资源管理政策与实践。[63]每个子区域内的国家也处在不同的产业发展、经济增长和政治发展阶段。[64]关注每个子区域或每个子区域内的国家超出了本章范围。我们研究的亚太地区，在过去的 20 年中经济得到很大程度的增长和发展。[65]亚太地区包括中国、韩国、日本、印度、泰国、越南、马来西亚、新加坡和澳大利亚。[66]这个子区域比北美和欧洲生产更多的商品和服务，有几个国家每年都出现在新兴市场名单上[67]，吸引了大量的外商直接投资。[68]

在本节中对五个人力资源管理问题进行讨论：

- 向市场经济的转变。
- 观念的转变。
- 工会的影响。
- 人才流动带来的挑战。

14.4.1　向市场经济的转变

相对于其他地区（例如欧洲和北美），亚太地区国家的人力资源管理已经受到全球化、技术和通信革命的强烈影响。在过去的几十年中，像韩国、新加坡、泰国、中国和印度这些国家的公共和私营部门见证了人力资源管理、员工关系、工业关系和劳工立法为应对这些宏观层面的压力所发生的巨大变化。为了应对这些压力以及最近的经济和金融衰退，在大多数亚太国家，似乎都有一个逐渐向自由市场政策的转变。退休计划和其他雇员福利的负担从雇主转到个人。此外，在一些国家，机构开始精简，员工产生工作不安全感。[69]

14.4.2　观念的转变

人力资源管理政策与实践的转变是一个非常重要的问题，特别是在诸如日本、印度和越南这些国家。人力资源管理职能在发展一种专注于员工的贡献文化中起着重要的作用。这对诸如薪酬、晋升和其他员工福利的人力资源实践有重大意义。以一些国家，混合的人力资源管理系统开始出现。[70]由政府推动的劳动法规与以市场为基础的人力资源管理政策与实践同时发展起来。[71]

由于低增长、全球化、国际竞争及经济和金融危机，日本等国的一些组织发现有必要去适应新的现实，这导致了很多传统的人力资源管理实践被再设计，如终身雇佣制和年功序列制。[72]组织发现提供这些传统的人力资源管理实践不可行、不合算。[73]企业面临着向以价值为基础和绩效导向的管理流程转变的巨大压力。然而从员工的角度来看，这项背离传统导向雇佣合同的改变违反了心理契约[74]，即雇员对雇主的一系列期望。这种趋势会对动机、忠诚度、生产力、士气和员工期望产生负面影响。有趣的是，在几个欧洲国家也发生了这种转变。这对亚洲和欧洲国家的人力资源职能都是一个巨大的挑战。例如，人力资源管理职能在认识到违反了心理契约时不得不对员工的反应和行为进行管理。[75]

14.4.3　多样化的工会影响

类似于欧洲，在亚太地区工会的结构和影响力因国家的不同而不同。[76]但总的来说，工会的影响随着时间的推移而下降。造成这种趋势的原因有多个[77]：
- 限制性的劳动立法。
- 缺乏有效的工会领导。
- 缺乏所有年龄组、性别和社会经济背景的人们的代表性。

14.4.4　人才流动带来的挑战

亚太地区的另一个重要的人力资源管理问题是管理人才流动所带来的挑战，这指的是不同国家之间因种种原因而进行的人才迁移，如从事国外先进的研究或获得国外的工作经验，随后返回他们的原籍国，充分利用其经济机会和发展机遇。[78]大部分亚太国家见证了知识部门的出现。在印度、新加坡、韩国等，高新技术产业的发展也在吸引训练有素的海外人士回国。[79]在这种情况下，人力资源管理职能的重要挑战是培训和发展从国外回到本国的人才，另一个挑战是保留员工：什么样的政策与实践可以防止员工离开组织？如新加坡聚焦于支持和加强人才发展和终身学习的国家战略。[80]

■ 14.5 拉丁美洲和加勒比地区的人力资源管理问题[81]

拉丁美洲和加勒比地区的总人口为 6.18 亿人。表 14 - 5 显示了拉丁美洲和加勒比地区的人口和劳动力特点，还提供了拉丁美洲五个人口最多的国家（巴西、墨西哥、哥伦比亚、阿根廷和秘鲁）的劳动力市场分析。

表 14 - 5 人口和劳动力数据（拉丁美洲和加勒比地区）

	2014 年			2030 年（预计）			2050 年（预计）		
人口[31]（百万）	618			710			773		

年龄层	2013 年					2050 年（预计）				
	0～14 岁	15～24 岁	25～59 岁	60＋ 岁	80＋ 岁	0～14 岁	15～24 岁	25～59 岁	60＋ 岁	80＋ 岁
人口分布（百万）[32]	166	109	276	65	10	137	97	351	196	44

	2013 年	2050 年（预计）
中位数年龄[33]	28.3 岁	40.6 岁

	男（2013 年）	女（2013 年）	总体（2013 年）
平均寿命[34]	71 岁	78 岁	75 岁

	2010—2020 年	2020—2030 年	2030—2040 年	2040—2050 年
平均每年净移民人数（千）[35]	−609	−533	−525	−526

拉丁美洲和加勒比地区的五个国家的劳动力市场分析

	人口[36]（2014 年，百万）	劳动力（2012 年，百万）[37]	劳动参与率（2013 年）[38]	净移民数（2012 年，千）[39]	年龄在 25 岁及以上、中等教育水平的劳动力比例[40]
巴西	202.8	104.7	男（81%）女（60%）	−190	27.9%
墨西哥	119.7	52.8	男（80%）女（45%）	−1200	17.5%（2012）
哥伦比亚	47.7	23.1	男（80%）女（56%）	−120	22.1%（2011）

续表

阿根廷	42.7	18.9	男（75%） 女（47%）	—100	NA
秘鲁	30.8	16.2	男（84%） 女（68%）	—300	33.8%（2012）

资料来源：Classfication of countries is based on United Nations categories：*World Population Prospects*，*The 2012 Revision*，*Highlights and Advance Tables*，New York，2013.

该地区总人口的 18% 年龄在 15~24 岁之间，11% 年龄超过 60 岁。[82]与亚洲的发展趋势类似，预测表明，在 2050 年总人口的 12% 年龄将是 15~24 岁，27% 将超过 60 岁。[83]与亚洲类似，预期寿命是 75 岁，并且预计在 2045—2050 年将达到 81.8 岁。[84]目前的平均年龄远低于欧洲、北美和亚洲，由于高出生率和非常年轻的人口结构，平均年龄是 28.3 岁，预计到 2050 年平均年龄 40.6 岁。[85]

拉丁美洲和加勒比地区也可分为不同的区域。加勒比地区包括许多小岛屿国家和地区，如安提瓜和巴布达、巴哈马、巴巴多斯、开曼群岛、古巴等。中美洲地区包括伯利兹、哥斯达黎加、萨尔瓦多、危地马拉、洪都拉斯、墨西哥、尼加拉瓜、巴拿马等。南美洲地区包括阿根廷、玻利维亚、巴西、智利、哥伦比亚、厄瓜多尔等。当然，这些区域内也有其他的子区域。

这里讨论四个人力资源管理问题：

- 工会的过渡角色。
- 家庭导向的工作价值观。
- 人本主义的人力资源管理观。
- 非正式经济的出现。

14.5.1　工会的过渡角色

拉丁美洲国家一般都由政府来调控经济、劳动力市场和组织关系。[86]与其他区域趋势相同（例如欧洲和亚太地区），拉丁美洲各国的工会的作用也因国家不同而不同。[87]一般来说，工会通常是按企业或行业部门类型来组织的。[88]历史上，工会集中于为它的成员创造工作岗位和工作保障。[89]按照工会对于管理工作的影响，在公共或私营部门有一个明确的划分。工会在公共部门更强大并且在国有企业获得了广泛的支持。在私营部门，工会组织力量弱小，有三个重要原因：

- 私营部门的组织在劳动关系活动中更为活跃。[90]
- 私营部门的组织更可能使用有效的避免工会的策略。[91]
- 因为私营部门更关注就业安全，工会一直认真参与保障就业安全而不是维持某些成员福利的集体谈判过程。[92]

工会对管理的影响，尤其是在私营部门，有被诸如中美洲的"团结运动"（solidarismo movement，一个反工会力量）替代的威胁。[93]员工可以成为"团结运动"协会成员，协会将提供给工人一定的好处，作为交换，工人同意不从事任何罢工或中断工作。[94]

14.5.2　家庭导向的工作价值观

拉美国家有着强烈的集体主义和家长式态度的工作价值观。组织更多的是家长式领导而非个体自治。拉丁美洲的经理或主管以一个"父亲"的角色来保护下属，组织则扮演一个让员工彼此信任、互相依赖和支持的"家"的角色。[95]与此同时，重视层级也是拉丁美洲员工的重要工作价值观，这为他们定义了经理和下属之间的地位和社会距离。与上级对抗是被禁止的，也被认为是对管理行为的反抗。[96]如职位头衔、职级和额外的福利等象征性符号也相当受重视，因为这些反映个体的社会地位。[97]

人力资源管理实践与政策体现了集体主义以及强烈的家庭取向。[98]招聘实践和决策一般是基于个人特质和客观条件的。人际关系和与富裕家庭的联系极大地影响了晋升和职业发展的决定。内部招聘是优先考虑从组织内招聘员工。雇用家庭成员或关系密切的亲戚是一种惯例，这可以保留工作场所的家庭传统。同样，社会关系影响甄选过程和决策，培训和开发职能相比其他地区得到较少发展。在奖励和认可方面，资历认可优先于个人成就的绩效评估。福利包括医疗保健、食品券、儿童奖学金、学校教材和衣服的折扣以及抵押贷款。企业对员工的好的生活质量有强烈的关注。

14.5.3　人本主义的人力资源观[99]

在拉丁美洲人的生活中，工作起着举足轻重的作用。但正如前面所提到的，工作的意义是创造良好的生活质量。人们工作是为了生活。这在雇主和员工之间创造了一种隐含的社会契约。拉丁美洲的就业合同反映了在工人生活中企业的参与，并突出了雇主必须满足社会和经济需求的事实。人力资源管理职能作为员工支持者并以员工为中心开展实践。[100]人力资源管理政策与实践聚焦对员工很重要的价值观，如个人及其家庭的福利的满足，并创造促进凝聚力、团队合作和强烈社区责任感的组织氛围。

类似于全球范围内许多其他组织，拉丁美洲的组织也面临着严重的宏观层面的压力（例如经济衰退、裁员、私有化、放松管制和全球化等），威胁着这种家长式体制的工作价值观，这种家长式体制通过工会和其他法规提供了就业、工作安全、低失业水平等保障。保持以人为本的人力资源管理作用是人力资源管理职能面临的一个严峻的挑战。从家长制和以人为本的人力资源管理向绩效驱动转变需要在员工利益和员工绩效之间找到一个微妙的平衡点，否则，背离家长式体制将被视为违反了与员工的隐含社会契约，可能导致低水平的承诺、忠诚、动机和生产力。[101]

14.5.4　非正式经济的出现

在整个拉丁美洲，非正式的经济被定义为一个没有被政府监控或监管的经济部门。有些员工更喜欢这种形式的劳动力市场。在一些国家，最低工资通常被支付给非正式的员工而不是正规劳动力市场的员工。从事个体经营的人通过非正式部门而不是正规劳动力市场可以挣到更多的钱。非正式经济不是一个暂时的现象。[102]经济学家预测，如果拉丁美洲国家的经济增长不能使就业水平和收入分配改善，非正式经济会继续增长。非正式经济在大多数发展中国家不断增长，甚至是在农村地区。[103]据估计，非农就业的非正式员工在非洲占 78%，在拉丁美洲和加勒比地区占 57%，在亚洲占 45%～85%。[104]对于人力资源管理来说，组织如何在非正式的劳动力市场吸引和招聘员工有重要的意义。

14.6　非洲的人力资源管理问题[105]

从人力资源管理的角度来看，在商业方面非洲是世界上最不受关注的一个地区。非洲地区一般指五个独立的区域：北非、东非、中非、西非和南非。[106]2012 年总人口约为 11.36 亿。[107]非洲大陆在商业全球化中得到的关注比世界大多数国家都少。然而，这种情况正在改变。在这一节中我们将描述非洲的变化并讨论跨国企业和人力资源管理面临的主要挑战。

首先，我们将提供一个非洲人口的特点的描述。表 14-6 展示了非洲人口和劳动力的特点，并提供了人口最多的五个国家（尼日利亚、埃塞俄比亚、埃及、刚果民主共和国和南非）的劳动力市场分析。

表 14-6　人口和劳动力数据（非洲）

	2014 年				2030 年（预计）				2050 年（预计）	
人口[41]（百万）	1 136				1 637				2 4282	

年龄层	2014 年					2050 年（预计）				
	0～14 岁	15～24 岁	25～59 岁	60＋ 岁	80＋ 岁	0～14 岁	15～24 岁	25～59 岁	60＋ 岁	80＋ 岁
人口分布[42]（百万）	454	217	380	60	5	771	437	973	212	20

	2013 年	2050 年（预计）
中位数年龄[43]	19.4 岁	24.7 岁

	男（2013 年）	女（2013 年）	总体（2013 年）
平均寿命[44]	58 岁	60 岁	59 岁

	2010—2020 年	2020—2030 年	2030—2040 年	2040—2050 年
平均每年净移民人数（千）[45]	−484	−497	−499	−498

非洲五个国家的劳动力市场分析

	人口[46]（2014 年，百万）	劳动力（2012 年，百万）[47]	劳动参与率（2013 年）[48]	净移民数（2012 年，千）[49]	年龄在 25 岁及以上、中等教育水平的劳动力比例[50]
尼日利亚	177.5	52.6	56.1%	−300	NA

续表

埃塞俄比亚	95.9	43.6	83.7%	—60	2.9% (2011)
埃及	87.9	27.2	49.1%	—216	NA
刚果民主共和国	71.2	25.9	71.9%	—75	NA
南非	53.7	19.1	52.1%	—100	47.2% (2012)

资料来源：Classfication of countries is based on United Nations categories：*World Population Prospects*，*The 2012 Revision*，*Highlights and Advance Tables*，New York，2013.

在年龄方面，非洲有 20% 的人口年龄在 15~24 岁，34% 的人口在 25~59 岁，只有 5.4% 的人口年龄超过 60 岁。[108] 约 1/3 的非洲人口年龄落在传统的主要劳动年龄范围。据预测，到 2050 年，非洲 18% 的人口年龄将在 15~24 岁，41% 的人口年龄在 25~59 岁，8.9% 的人口年龄将超过 60 岁。[109] 预期寿命是 59 岁，预计在 2045—2050 年将达到 68.9 岁。[110] 目前年龄中位数为 19.4 岁，大大低于欧洲、北美和亚洲，预计到 2050 年能达到 24.7 岁[111]，是一个相当年轻的群体。

一些核心问题已经存在了很多年，并且与国际人力资源管理相关。在这里，我们简要地讨论四个人力资源管理问题：

- 越来越多的劳动力。
- 部落工作价值观。
- 亚非联盟和伙伴关系。
- 人力资源开发。

14.6.1　越来越多的劳动力

非洲的经济增长正在加速。一些非洲国家正经历着重大的经济增长和发展（例如，54 个非洲国家的年均 GDP 增长超过 6%）。[112] 事实上，过去的十年中非洲在经济增长方面有了很大的发展，撒哈拉以南非洲地区的产出从 3 440 亿美元（2000年）增加到 13 340 亿美元（2012 年），再到 2018 年的 16 900 亿美元。[113] 非洲的人口继续迅速增长，预计到 2050 年劳动力人口将达到 10 亿。[114] 此外，由于持续和日益加快的城市化，非洲有 52 个人口超过 100 万的城市。[115] 这种增长和快速城市化的结果之一就是在这十年和接下来的几十年里有数量极大的非农劳动力。大量的劳动力和城市人口带来了基础设施、教育、医疗保健、消费品和零售的巨大需求。[116] 此外，大量员工面临诸如迅速变化的工作环境、技术的兴起和新技术需要等挑战。[117]

支持经济和劳动力改善所需的基础设施发展的一个例子是技术提供的新的通信水平：

2013 年 6 月，非洲手机用户有 7.78 亿；2015 年这个数字达到 10 亿；2018 年底，这个数字达到了 12 亿。[118]

对于跨国企业来说，大量可以流动的精通技术的劳动力，使降低成本和费用并提高生产率成为可能。

14.6.2　部落价值观

非洲不仅有许多国家，也有许多文化。[119] 因此，假设国家与国家之间及国家内部同质是不正确的——许多非洲国家有着多样的群体价值观。[120]例如，非洲北部的国家（乍得、冈比亚、马里、尼日尔、塞内加尔、毛里塔尼亚、摩洛哥、阿尔及利亚、突尼斯、利比亚、埃及和苏丹）文化更接近中东而不是撒哈拉以南的文化（西非、中非、东非和南非）。在这部分，我们主要集中探讨撒哈拉以南的非洲地区的文化。鉴于这种多样性，我们有必要进行一些简要的介绍。

撒哈拉以南的非洲社会的基本单元是家庭，其中包括核心家庭和扩展的家庭或部落。部落类似于一个民族，但是没有像国家一样的物理边界。[121]部落有集体团结的基础、强大的关系网和相互义务。[122]在传统非洲社会，部落是最重要的社区。[123]

尽管城市化程度不断提高（例如人们从乡村迁移到城市），大多数人仍然试图保持他们的家庭和部落关系。他们有一种责任感去支持那些仍然"回家"的村庄家庭成员。这也影响着非洲人在市场和雇佣实践中对他们客户的业务关系的态度，以及他们对国外经理人的态度。[124]

14.6.3　亚非联盟与伙伴关系

从投资和贸易的角度来看，亚洲国家对非洲显示出相当大的兴趣，尤其是印度和中国。[125]中国在非洲有巨大的投资和贸易，中国和非洲国家之间的投资和贸易在过去几年里呈指数式增长。[126]

非洲国家之间的贸易关系显示出了重大的新机遇。然而，非洲的经济增长多数是来自与非洲以外的国家和跨国企业的贸易。因为这类贸易的性质，非洲公司和外国跨国公司的子公司正在开发的人力资源管理实践将现代生产力实践引入非洲。

尽管非洲已受益于印度、马来西亚和新加坡公司的重大投资，但中国公司的投资最为显著。[127]近年来，在中国的对外直接投资中，更加依赖当地的员工，特别是在撒哈拉以南非洲的投资，这受到非洲人民的欢迎。中国跨国企业的投资重点面向基础设施建设，不局限于商品交易，还涉及东道主国家的生产和服务业的发展。

14.6.4　人力资源开发

由于跨国公司从南非和非洲以外的地区向非洲大陆扩展其业务，为了企业的成功，有效的人力资源管理实践变得越来越明显和重要，包括员工和人才的发展。[128]对高管和人力资源管理专业人员来说，迫切需要提高人才管理能力以培养和留住卓越的非洲人才。[129]然而，也存在一些挑战：

- 只有 62% 的非洲成年人（大于 15 岁）认识文字（女性为 58%，男性为 70%[130]）。识字率从 90.7%（津巴布韦）到 21.8%（布基纳法索）。约有 15 个国家成人识字率低于 50%。[131]
- 非洲是 2011 年和 2015 年"全球人才指数"排名最低的区域。然而，非洲国家之间存在相当大的差距。[132]例如，下面是非洲两个主要国家之间的比较：南非和尼日利亚。

这两个非洲国家有相当大的差距：南非的教育支出相对高，占其 GDP 比重揭示了开发人才潜力的意图；尼日利亚在 2011 年和 2015 年处于或接近指数的底部，尽管人口快速增长。[133]

尽管如此，值得高兴的是在过去的十年里，非洲的公共教育支出增加了，并且每年都在增长。例如，南非公共教育支出（政府支出总额的比例）已经从 18%（2008）增长到 21%（2012）。[134]此外，专业人士、政府官员和学者多次讨论人才发展。[135]一些已经出现的主题包括：

- 发展能力，如把年轻员工的创业能力和领导能力的发展放在国家层面的优先位置（例如，各国政府应为人力资本发展分配资源）。[136]
- 技能保留和人才开发的优势受到非洲跨国公司的赞赏和理解。
- 一般而言，人应该意识到技能和知识的重要性。
- 发展战略加快重要能力的学习。
- 从小时候开始培养领导能力。
- 意识到人才短缺，获得和保留人才代价高昂。[137]
- 把关注行为学习作为人才培养的战略。
- 鼓励出国人员回国并转化所获得的技能。
- 从非洲以外地区获得人才。
- 强调从技术转移中学习。
- 专注特定区域的能力变得对成功越来越重要。这些地区包括中国、印度和新加坡。

14.6.5 主要环境挑战[138]

在非洲开展业务具有挑战性。[139]尽管人口、劳动力和 GDP 都在增长，但非洲还是面临一些挑战[140]，包括政治、贸易和社会问题。

1. 政治

在过去的几年里，非洲国家在政治上变得更加稳定。非洲国家政府现在广泛采取市场经济[141]，政治环境更加稳定。例如，肯尼亚在 2010 年通过了一部新宪法，包括对司法制度的彻底改革以及对政治和商业领袖提出明确的道德准则。许多国家进行定期选举，建立五年期政府，提高了可预见性和稳定性。[142]类似地，2014 年突尼斯通过新宪法[143]，2013 年津巴布韦通过新宪法[144]。

2. 贸易

与非洲进行贸易极具挑战性。非洲各国在其国内和国际市场的发展中面临许多经济挑战。首先，经济和市场的发展缺乏预见性，造成了高风险的商业环境，尤其是寻求在非洲投资的跨国企业。其次，许多非洲国家的司法系统并不可靠，使跨国公司合同谈判更加复杂化。再次，大多数撒哈拉以南的非洲国家在世界银行的经商容易度排名中是在 100 名以外（2014 年）。[145]

3. 社会

非洲的社会问题是令人震惊的。尽管非洲大多数人口位于农村，但是向城市迁移的增加创造了挑战和机遇。[146]大多数非洲国家的发展缺乏合格的、发达的和足够的基础设施[147]来适应和支持跨国企业在本地市场的开拓。[148]例如，方便的干净水源、教育（小学、中学和中专）、足够的道路系统、可靠的电力供应和通信系统、金融和银行机构、卫生服务（例如，非洲的传染性疾病死亡的风险最高，如艾滋病和埃博拉病毒)[149]，这些在非洲许多地区都受到限制，维护和支持投资的现代法律制度仅在一些国家得到发展。

不断增长的人口也带来相关问题，尤其是需要获得教育、就业机会、更高水平的技能和能力的年轻劳动力。[150]更重要的是，缺乏工作机会的年轻人会成为社会不安定因素。[151]

14.7　在设计国际人力资源政策与实践时的考虑

如前所述，需要注意非洲的一般化状况。下面是一般的非洲人的价值观，在设计国际人力资源管理政策与实践时将其纳入考虑非常有用[152]：

- 对部落忠诚。
- 遵守社会义务。
- 对同一个部落的人的信任。
- 尊重资历。
- 互惠是神圣的。
- 良好的社会和个人关系。
- 文化民族中心主义倾向。
- 多样性的重要性。
- 同民族的特定族群或家庭成员的偏好。
- 非洲化，即本地化。
- 高度集体主义和群体团结的倾向。

从人才规划角度来看，需要关注三个员工群体[153]：当地雇员（包括当地人）、本地特别员工（包括那些返回的海外学习或工作的人，也被称为"返乡侨民"）[154]、国际或全球的外派人员（包括任何国籍的人）。

有一点需要重点记住，全球企业本地化面临着越来越多的政治压力，因此要优先关注本地员工。[155]此外，促进技能从国际或全球外派人员向本地员工的迁移非常关键。[156]

14.8　国际人力资源管理和区域间趋同与偏离之争[157]

正如上述讨论表明，有一些人力资源管理问题在不同的区域和国家之间是趋同的，如向绩效驱动人力资源管理职能的转变。然而一些人力资源管理问题在不同区域和国家之间是偏离的，如工会的影响。趋同与偏离的争论仍在继续。

相对于人力资源管理的政策与实践，更可能的结果是，在人力资源管理政策方面比人力资源管理实践方面有更多的趋同。似乎不同区域和国家的人力资源管理实践有很大的分歧。人力资源管理政策方面的一个例子就是各业务单元和子公司的强制性安全培训。在这样的政策下，各区域和国家的安全培训政策将会趋同。如何执行安全培训和提供多少培训因区域和国家不同而异。

区域之间和区域内部也有偏离问题。有两种可能性：区域之间的差异比区域内的差异更多，区域之间的差异比区域内的差异更小。到底是哪一种情况，取决于人力资源管理实践的类型。

14.9 结论

国际企业有必要了解当地的人力资源政策与实践，以便做出明智的决策，并使总部的政策与当地司法的传统和法律实际相配合。国际人力资源管理比较的重点是国家和区域之间存在的差异，并探讨这些差异在国家和区域之间如何造成人力资源管理政策与实践的相似性和差异。本章提供了国家与国家之间和区域与区域之间人力资源实践中存在的广泛差异。首先阐述了"区域"一词的含义，并解释了宏观区域与微观区域的差异。然后重点集中在五个特定区域：欧洲、北美洲、亚洲、拉丁美洲和非洲。在每个区域内，对关键的人力资源管理问题和人力资源管理政策与实践的影响进行了研究。

14.10 讨论题

1. 区域之间的主要区别是什么？

2. 绩效驱动的人力资源管理系统转变在许多区域和国家似乎是一个问题，如亚太地区和欧洲。当尝试向一个基于绩效的人力资源管理系统转变时，一些组织面临的障碍是什么？

3. 许多区域和国家的政府面临着延长个人退休年龄的压力。请分别从跨国企业的角度和人力资源管理经理的角度分析延长退休年龄的主要含义。

案例 14.1 **人力资源对创新的影响：六国比较**

创新越来越被视为国家和企业经济增长和活力的核心需求，似乎每个人都可以出力。技术和业务流程的不断改进对经济繁荣和提高竞争力是至关重要的。政府、企业和个人识别、应对以及引进变革的能力是竞争力的基石。现在我们看到这样的能力在新的地方发展，使得全球竞争越来越激烈。正如经济学家所说的："新兴市场——廉价劳动力的长期来源，现在也在商业创新上与发达国家成为竞争对手。"[158] 2010年，《彭博商业周刊》最具创新公司年度排名中，前50名中有15个位于亚洲。这是第一次，前25名的大部分公司位于美国以外的地方。正如国家在培育创新的价值观和基础设施方面不同，公司也如此。据推测，人力资源的实践与一个公司保持创新能力和实现在全球市场的战略竞争优势都有很大的关系。

从一个国家的角度来看，创新的最佳实践包括：

■ 为了创新，加强对人力资源质量的投资。

　◆ 提高人民的能力。

　　● 培训、教育、实习、知识共享与转移、知识投资。

　　● 奖励有进取心和有才华的学生和员工。

　　● 终身学习。

■ 努力增加进入科学、工程和技术（science，engineering，and technology，SET）领域的年轻人的数量和那些在 SET 领域工作的人的数量。

■ 国家创造就业岗位，减少失业的计划；企业和大学之间合作，政府和企业之间合作，为小企业提供福利（例如，更容易的业务发展，减少创造就业的税收）。

■ 改进生产率的投资。

　◆ 研究与发展；给新技术提供种子补助金。

　◆ 专注于知识创造、知识产权、专利、人力资本。

　◆ 国家人才管理战略。

　◆ 支持创业/内部创业；通过更方便的渠道获得资源。

　◆ 允许自由试验，并且容错。

不同国家在支持这些做法方面有很大的不同，因此，它们的整体创新水平和由此产生竞争力的能力也有很大不同。许多国家都相当清醒地意识到开展提高国家创新能力行动的必要性。以下是对六个国家的不同支持性实践的总结。

波兰：有限的 SET 举措，但增加了对 SET 岗位企业实习的关注，为 SET 领域博士课程提供奖学金。缺乏支持培训以减少失业的重大努力。高等教育水平低于欧洲一般标准。

德国：一项新的努力，向更多的外国专家开放德国劳动力市场（绿卡计划）；采取措施吸引年轻人进入 SET 领域；努力提高全部教育计划的各层次水平，实施结构改革以促进劳动力流动。国家重点关注的实习计划对于现有技术技能建设非常有效，但对于新技术和创新并不那么有效。

瑞典：强调中小企业与高校合作的新形式以增加 SET 领域学生数量；为中小企业创造就业机会和刺激研发提供种子资金。然而，在创造就业方面存在问题。

西班牙：实施创业计划以降低辍学率，提高高等教育质量，为每个人提供终身教育和培训（但此项努力投资仅是欧洲平均水平的 52%）。终身学习。

加拿大：努力增加 SET 毕业生人数（每年 5%），并减少离开该国的人才数量；大力支持学术研究。

荷兰：增加 SET 毕业生数量，并通过增加流动性留住 SET 工人，以及为学生进入 SET 提供更大的好处。近几年来，劳动生产率提高，生产率增长降低。

从管理的角度来看，所有这些国家的倡议，在组织和管理上也会有类似举措，并且组织和管理的这些举措属于人力资源管理的责任领域。

公司鼓励创新的最佳实践包括[159]：

■ 创造创新空间。

■ 允许各种各样的观点。

■ 创建高级管理层和员工之间关于创新的对话。

- 参加者应通过激励和投入主动参与而不是被动参与。
- 挖掘闲置的人才和能源，降低产品开发成本。
- 组织参与的附加利益可以和创新本身一样重要。
- 为开发和留住人才，强调内部和外部培训机会。
- 全面战略和系统地专注人才和知识管理。
- 对过程和结果的衡量很关键。

从人力资源管理角度出发，将人力资源管理政策与实践同企业的战略目标相结合，以提高企业的绩效，发展鼓励创新和灵活性的组织文化，是一个公司竞争优势的基础。

资料来源：Arndt, M. and Einhorn, B. (2010), The 50 most innovative companies, *Bloomberg Businessweek*, April 25, 34 - 40; Nasierowski, W. (2009), Human Resources within national innovation systems: Some observations from six countries, in Odrakiewicz, P. (ed.), *Innovations in Management: Cooperating Globally*, Poznan University College of Business and Foreign Languages, Poznan, Poland: PWSBiJo Publications; Sirkin, H. L., Hemerling, J. W., and Bhattacharya, A. K. (2008), *Globality: Competing with Everyone from Everywhere for Everything*, New York: Business Plus; Spender J. C. and Strong, B. (2010), Who has innovative ideas? Employees, *The Wall Street Journal*, August 23, R5; and Wooldridge, A. (2010), The world turned upside down: A special report on innovation in emerging markets, *The Economist*, April 17, 3 - 18.

问题：

1. 国家文化的哪些方面是与国家支持创新的努力并行的？

2. 国家哪些支持创新的努力最有可能增强国家竞争优势？为什么？谈谈你的观点。

3. 国家对创新的支持力度和公司的努力之间的关系是什么？

4. 国家和企业对创新的支持力度存在区域差异吗？你认为哪一类支持创新努力的实践可能会与世界上的哪个地区相联系？为什么？这些是如何从国家和区域的文化发展而来的？

5. 人力资源管理如何与增加创新的努力相联系？

［注释］

1 DHL company website, http://www.dhl.com/en/about_us/company_portrait.html. Accessed Dec. 8, 2014.

2 Brewster, C. (2012). Comparing HRM policies and practices across geographical borders, in Stahl, G.K., Björkman, I., and Morris, S. (eds.), *Handbook of Research in International Human Resource*, 2nd ed., Elgar original reference. Cheltenham, UK: Edward Elgar, pp. 76–96; Mayrhofer, W., Brewster, C., Morley, M.J., and Ledolter, J. (2011). Hearing a different drummer? Convergence of human resource management in Europe—A longitudinal analysis. *Human Resource Management Review*, 21 (1), 50; McDonnell, A., Lavelle, J., and Gunnigle, P. (2014). Human resource management in multinational enterprises: Evidence from a late industrializing economy. *Management International Review*, 54 (3), 361–380. Doi: http://dx.doi.org/10.1007/s11575-014-0202-y; Almond, P., and Menendez, M.C.G. (2014). Cross-national comparative human resource management and the ideational sphere: A critical review. *The International Journal of Human Resource Management*, 25 (18), 2591.

3 Brewster, C. and Mayrhofer, W. (eds.) (2012). *Handbook of Research on Comparative Human Resource Management*, Cheltenham, UK: Edward Elgar; Stavrou, E., Brewster, C., and Charalambous, C. (2010). Human resource management and firm performance in Europe through the lens of business systems: Best fit, best practice or both? *The International Journal of Human Resource Management*, 21 (7), 933; Brewster, C., Croucher, R., Wood, G. and Brookes, M. (2007). Collective and individual voice: Convergence in Europe? *The International Journal of Human Resource Management*, 18 (7), 1246.

4 See Routledge Global HRM Series, http://www.routledge.com/books/series/global_hrm_SE0692/.

5 See Sage website for the four-volume set: http://www.uk.sagepub.com/booksProdDesc.nav?prodId=Book232954&.

6　Rickard, C., Baker, J., and Crew, Y. (2010). *Going Global: Managing the HR Function Across Countries and Cultures*, Williston, VT: Gower Publishing.

7　For more information on examples of studies that have examined the convergence/divergence framework see Reiche, B.S. Lee, Y., Quintanilla Alboreca, J. (2012). Cultural perspectives on comparative HRM, in Brewster, C., Mayrhofer, W., *Handbook of Research on Comparative Human Resource Management*, Cheltenham, UK: Edward Elgar, pp. 51–68; Pudelko, M. (2005). Cross-national learning from best practice and the convergence-divergence debate in HRM. *The International Journal of Human Resource Management*, 16 (11), 2045–2074; Brewster, Croucher, Wood and Brookes (2007); Carr, C. and Pudelko, M. (2006). Convergence of management practices in strategy, finance and HRM between the USA, Japan and Germany. *International Journal of Cross Cultural Management*, 6 (1), 75–100; Rowley, C. and Benson, J. (2002). Convergence and divergence in Asian human resource management. *California Management Review*, 44 (2), 90–109.

8　Brewster, C. (2007). Comparative HRM: European views and perspectives. *The International Journal of Human Resource Management*, 18 (5), 769.

9　Ibid.

10　This section is based on content from United Nations University. See, A typology of regions. Retrieved Oct. 6, 2010, from the UN University OCW website: http://ocw.unu.edu/programme-for-comparative-regional-integration-studies/introducing-regional-integration/a-typology-of-regions or http://www.aughty.org/pdf/regions_defined.pdf.

11　For more information see The Assembly of European Regions website: http://www.aer.eu/.

12　Ibid.

13　State of the World's Cities 2012/2013—Prosperity of Cities. Report by the UN Habitat for a Better Urban Future (website: http://www.unhabitat.org/); State of the World's Cities 2008/2009—Harmonious Cities. Report by the UN Habitat for a Better Urban Future (website: http://www.unhabitat.org/); Demographia World Urban Areas (Built-Up Urban Areas or World Agglomerations), 10th annual ed., May 2014 rev. Report by Demographia (website: http://www.demographia.com/).

14　State of the World's Cities 2012/2013—Prosperity of Cities. Report by the UN Habitat for a Better Urban Future (website: http://www.unhabitat.org/); State of the World's Cities 2008/2009—Harmonious Cities. Report by the UN Habitat for a Better Urban Future (website: http://www.unhabitat.org/); this is an emerging area. For sample research see Goerzen, A., Asmussen, C.G., and Nielsen, B.B. (2013). Global cities and multinational enterprise location strategy. *Journal of International Business Studies*, (5), 427; Joseph, C., and Lundström, C. (2013). Gender, culture and work in global cities: Researching 'transnational' women. *Women's Studies International Forum*, 36, 1–4.

15　A typology of regions. Retrieved Oct. 6, 2010, from UN University OCW website: http://ocw.unu.edu/programme-for-comparative-regional-integration-studies/introducing-regional-integration/a-typology-of-regions or http://www.aughty.org/pdf/regions_defined.pdf.

16　For more information see A Typology of Regions, United Nations; Regions and Innovations. Collaborating Across Borders. Report by the OECD Reviews of Regional Innovation (2013); Blatter, J. (2000). Emerging cross-border regions as a step towards sustainable development. *International Journal of Economic Development*, 2, 402–439.

17　*World Population Prospects: The 2012 Revision*, Population Division, Department of Economic and Social Affairs, United Nations, New York (2013). http://esa.un.org/wpp/. Accessed July 9, 2014.

18　For more information on HRM in Europe see Ehnert, I., Harry, W. and Brewster, C.J. (2013). Sustainable HRM in Europe: Diverse contexts and multiple bottom lines, in Ehnert, I., Harry, W. and Zink, K.J. (eds.), *Sustainability and Human Resource Management: Developing Sustainable Business Organizations*, Springer, Heidelberg, pp. 339–358; Brewster, C. (2013). European model of human resource management, in Kessler, E.H. (ed.), *Encyclopedia of Management Theory*, London: Sage, Mayrhofer, W., Sparrow, P., and Brewster, C. (2012). European human resource management: A contextualised stakeholder perspective, in C. Brewster, and W. Mayrhofer (eds.), *Handbook of Research on Comparative Human Resource Management*, Cheltenham: Edward Elgar, pp. 528–549.

19　*World Population Prospects: The 2012 Revision*. Population Division, Department of Economic and Social Affairs, United Nations, New York (2013). http://esa.un.org/wpp/. Accessed Aug. 8, 2014; Population Reference Bureau (2014) World Population Data Sheet. Mid 2014 data.www.prb.org. Accessed Aug. 8, 2014.

20　United Nations, Department of Economic and Social Affairs, Population Division (2013). *World Population*

Prospects: The 2012 Revision, Highlights and Advance Tables. Working Paper No. ESA/P/WP.228.

21 Ibid.

22 United Nations, Department of Economic and Social Affairs, Population Division (2013). *World Population Prospects: The 2012 Revision, Highlights and Advance Tables (Table I.4).* Working Paper No. ESA/P/WP.228.

23 United Nations, Department of Economic and Social Affairs, Population Division (2013). *World Population Prospects: The 2012 Revision, Highlights and Advance Tables (Table I.5).* Working Paper No. ESA/P/WP.228.

24 *2014 World Population Data Sheet*, Population Reference Bureau. Available at www. prb.org. Accessed Oct. 15, 2014; United Nations, Department of Economic and Social Affairs, Population Division (2013). *World Population Prospects: The 2012 Revision, Highlights and Advance Tables (Table III.1).* Working Paper No. ESA/P/WP.228.

25 The European Commission. http://epp.eurostat.ec.europa.eu/portal/page/portal/eurostat/home/. Accessed Sept. 27, 2014.

26 The European Commission. http://epp.eurostat.ec.europa.eu/portal/page/portal/eurostat/home/. Accessed Sept. 27, 2014.

27 Ibid.

28 United Nations, Department of Economic and Social Affairs, Population Division (2013). *World Population Prospects: The 2012 Revision, Highlights and Advance Tables.* Working Paper No. ESA/P/WP.228; http://esa.un.org/wpp/. Accessed Oct. 2, 2014.

29 Ibid.

30 Brewster (2007); Stavrou, Brewster, and Charalambous (2010).

31 Ibid.

32 Caliguiri, P., Leepak, D., and Bonache, J. (2010). *Managing the Global Workforce*, Chichester, UK: John Wiley and Sons, Ltd.

33 Uysal, G. (2009). Human resource management in the US, Europe and Asia: Differences and characteristics. *Journal of American Academy of Business*, Cambridge, 14 (2), 112–117.

34 Mayrhofer, Sparrow and Brewster (2012); Ehnert, Harry, and Brewster (2013); Brewster, C. (1995). Towards a "European" model of human resource management. *Journal of International Business Studies*, 26 (1), 1; Mayrhofer, W. and Brewster, C. (2005). European human resource management: Researching developments over time. *Management Revue*, 16 (1), 36–62.

35 Mayrhofer, Sparrow, and Brewster (2012); Communal, C., and Brewster, C. (2004). HRM in Europe, in Harzing, A. and Van Ruysseveldt, J. (eds.), *International Human Resource Management*, London: Sage, pp. 167–194; Caliguiri, Leepak and Bonache (2010).

36 The European Trade Union Confederation (website: http://www.etuc.org/claudia-menne-confederal-secretary). Accessed Nov. 14, 2014.

37 See Blanpain, R. (2014). Comparative labour law and industrial relations in industrialized market economies, 11th ed., The Netherlands: Wolters Kluwer Law and Business; Siles-Brèugge, G. *Constructing European Union trade policy: a global idea of Europe*. International Political Economy Series, Palgrave Macmillan; http://en.wikipedia.org/wiki/Trade_union. Accessed Nov. 14, 2014.

38 Mayrhofer, Sparrow and Brewster (2012); Brewster (2007).

39 Mayrhofer, Sparrow and Brewster (2012); Brewster, C. (2004), European perspectives on human resource management. *Human Resource Management Review*, 14, 365–382.

40 For more information on *The flexibility-security nexus* see Dewettinck, K., Buyens, D., Auger, C., Dany, F. and Wilthagen, T. (2006). Deregulation: HRM and the flexibility-security nexus, in Holt Larsen, H. and Mayrhofer, W. (eds.), *Managing Human Resources in Europe—A Thematic Approach*, New York: Routledge, pp. 45–62.

41 Ibid.

42 Sparrow, P.R. and Hiltrop, J. (1994). *European Human Resource Management in Transition*, London: Prentice-Hall; see also Dickmann, M., Sparrow, P. and Brewster, C. (2008). *International Human Resource Management: A European Perspective*, 2nd ed., New York: Routledge.

43 Dewettinck, Buyens, Auger, Dany and Wilthagen (2006).

44 Mayrhofer, Sparrow and Brewster (2012); Brewster (2004).

45 Morley, M., Herarty, N., and Michailova, S. (2009). *Managing Human Resources in Central and Eastern*

Europe, New York: Routledge.

46 For more information on this topic see Ananthram, S., and Chan, C. (2013). Challenges and strategies for global human resource executives: Perspectives from Canada and the United States. *European Management Journal*, 31 (3), 223; Jackson, S.E., Schuler, R.S., and Jiang, K. (2014). An aspirational framework for strategic human resource management. *The Academy of Management Annals*, 8 (1), 1; Kaufman, B.E. (2012). Strategic human resource management research in the United States: A failing grade after 30 years? *The Academy of Management Perspectives*, 26 (2), 12; Lepak, D.P., and Shaw, J.D. (2008). Strategic HRM in North America: Looking to the future. *The International Journal of Human Resource Management*, 19 (8), 1486; Nkomo, S., and Hoobler, J.M. (2014). A historical perspective on diversity ideologies in the United States: Reflections on human resource management research and practice. *Human Resource Management Review*, 24 (3), 245; Jackson, S., Schuler, R.S., Lepak, D., and Tarique, I. (2011). Human resource management practice and scholarship: A North American perspective, in C. Brewster and W. Mayrhofer (eds.), *Handbook of Research in Comparative Human Resource Management*, Cheltenham, UK: Edward Elgar, pp. 451–477.

47 United Nations, Department of Economic and Social Affairs, Population Division (2013). *World Population Prospects: The 2012 Revision, Highlights and Advance Tables (Table I.4)*. Working Paper No. ESA/P/WP.228; Population Reference Bureau (2014). World Population Data Sheet. Mid 2014 data. Available at www.prb.org. Accessed Aug. 8, 2014.

48 United Nations, Department of Economic and Social Affairs, Population Division (2013). *World Population Prospects: The 2012 Revision, Highlights and Advance Tables*. Working Paper No. ESA/P/WP.228.

49 United Nations, Department of Economic and Social Affairs, Population Division (2013). *World Population Prospects: The 2012 Revision, Highlights and Advance Tables (Table I.4)*. Working Paper No. ESA/P/WP.228.

50 United Nations, Department of Economic and Social Affairs, Population Division (2013). *World Population Prospects: The 2012 Revision, Highlights and Advance Tables (Table I.5)*. Working Paper No. ESA/P/WP.228.

51 United Nations, Department of Economic and Social Affairs, Population Division (2013). *World Population Prospects: The 2012 Revision, Highlights and Advance Tables (Table III.I)*. Working Paper No. ESA/P/WP.228; Population Reference Bureau (2014) World Population Data Sheet. Mid 2014 data. Available at www.prb.org. Accessed Aug. 8, 2014.

52 Brewster (2007).

53 Jackson, S.E., Schuler, R.S., and Werner, S. (2010). *Managing Human Resources*, 10th ed., Mason, OH: Cengage/Southwestern Publishers.

54 Caliguiri, Leepak and Bonache (2010); Communal and Brewster (2004).

55 Werner, S. (2008). Managing human resources in North America: Current issues and new directions for research. *International Journal of Human Resource Management*, 19(8), 1395–1396; Werner, S. (ed.) (2007). *Managing Human Resources in North America: Current Issues and Perspectives*. London, UK: Routledge.

56 Lepak and Shaw (2008).

57 Huselid, M., Beatty, D. and Becker, B. (2009). *The Differentiated Workforce: Transforming Talent into Strategic Impact*, Boston, MA: Harvard Business Press; Becker, B. and Huselid, M.A. (2006). Strategic human resource management: Where do we go from here. *Journal of Management*, 32, 898–925.

58 For more information on HRM in Asia see Varma, A. and Budhwar, P. (2013). *Managing Human Resources in Asia Pacific*, 2nd ed. New York: Routledge; West, J.P., Beh, L., and Sabharwal, M. (2013). Charting ethics in Asia-Pacific HRM: Does East meet West, ethically? [Article]. *Review of Public Personnel Administration*, 33 (2), 185–204. Doi: 10.1177/0734371x13484826; Budhwar, P., and Debrah, Y. (2009). Future research on human resource management systems in Asia. *Asia Pacific Journal of Management*, 26 (2), 197–218; Rowley, C., and Warner, M. (2007). The management of human resources in the Asia Pacific: Into the 21st century. *Management Revue*, 18 (4), 374–391; Umeh, O. (2008). The role of human resource management in successful national development and governance strategies in Africa and Asia. *Public Administration Review*, 68 (5), 948–950; Uysal (2009); Zhu, Y., Warner, M. and Rowley, C. (2007). Human resource management with "Asian" characteristics: A hybrid people-management system in East Asia. *The International Journal of Human Resource Management*, 18 (5), 745.

59 United Nations, Department of Economic and Social Affairs, Population Division (2013). *World Population*

Prospects: The 2012 Revision, Highlights and Advance Tables (Table I.4). Working Paper No. ESA/P/WP.228.

60　Ibid.

61　United Nations, Department of Economic and Social Affairs, Population Division (2013). *World Population Prospects: The 2012 Revision, Highlights and Advance Tables (Table I.5)*. Working Paper No. ESA/P/WP.228.

62　United Nations, Department of Economic and Social Affairs, Population Division (2013). *World Population Prospects: The 2012 Revision, Highlights and Advance Tables (Table III.I)*. Working Paper No. ESA/P/WP.228; Population Reference Bureau (2014) World Population Data Sheet. Mid 2014 data. Available at www.prb.org. Accessed Aug. 8, 2014.

63　See Budhwar and Debrah (2009); Budhwar, P. and Mellahi, K. (eds.) (2006). *Managing Human Resources in the Middle East,* London: Routledge.

64　Ibid.

65　Budhwar, P. (2004). Introduction: HRM in the Asia-Pacific context, in P. Budwar, *Managing Human Resources in Asia-Pacific,* London: Routledge. Also see http://www.apec.org/apec/about_apec.html.

66　Varma, A. and Budwar, P. (2014). *Managing Human Resources in Asia-Pacific,* New York: Routledge.

67　An example of emerging market list can be seen on *globalEdge* (Michigan State University), http://globaledge.msu.edu/resourcedesk/mpi/. Accessed Dec. 11, 2014.

68　For more information see the FDI database at UNCTAD (United Nations Conference on Trade and Development): http://unctad.org/en/Pages/DIAE/FDI%20Statistics/FDI-Statistics.aspx. Accessed Dec. 11, 2014.

69　Varma, A. and Budwar, P. (2014). *Managing Human Resources in Asia-Pacific,* New York: Routledge; Budhwar, P. (2004). *Managing Human Resources in Asia-Pacific,* Routledge: London.

70　Cooke, F. (2004). HRM in China, in Budwar, P. (ed). *Managing Human Resources in Asia-Pacific,* London: Routledge, pp. 17–34.

71　Ibid.

72　For an example of how this change is taking place in Japan see Fackler, M. (2010). Japan goes from dynamic to disheartened. *New York Times,* Oct. 17, retrieved on Oct. 10, 2010, from http://www.nytimes.com/2010/10/17/.

73　Debra, Y., and Budhwar, P. (2004). HRM challenges in the Asia Pacific, in Budwar, P. (ed), *Managing Human Resources in Asia Pacific,* London: Routledge.

74　Ibid.

75　Ibid.

76　For more information see *Trade Unions, Employers and Labour Ministers Initiated a Sectoral Social Dialogue at ASEAN Level. Brochure about the Work of the ASEAN Services Employees Trade Union Council Including the Executive Summary of the Assessment Study "ASEAN Economic Integration and its Impact on Workers and Trade Unions,"* 3rd ed. (2012). Published by ASEAN Services Employees Trade Union Council (ASETUC) and Friedrich-Ebert-Stiftung (FES) Office for Regional Cooperation in Asia. Also see Varma, A. and Budwar, P. (2014). *Managing Human Resources in Asia-Pacific,* New York: Routledge; Budhwar (2004).

77　See http://www.fes-asia.org/pages/regional-programs/regional-trade-union-program-asia-pacific.

78　Carra, S., Inkson, K., and Thorn, K. (2005). From global careers to talent flow: Reinterpreting "brain drain." *Journal of World Business,* 40, 386–398; Tung, R. (2008). Human capital or talent flows: Implications for future directions in research on Asia Pacific. *Asia Pacific Business Review,* 14, 469–472.

79　Debra and Budhwar (2004).

80　Ibid.

81　For more information on HRM in Latin America, see Andreassi, J.K., Lawter, L., Brockerhoff, M., and Rutigliano, P.J. (2014). Cultural impact of human resource practices on job satisfaction. A global study across 48 countries. *Cross Cultural Management,* 21(1), 55–77; Dabos, G.E., and Rousseau, D.M. (2013). Psychological contracts and informal networks in organizations: The effects of social status and local ties. *Human Resource Management,* 52 (4), 485–510; Perez Arrau, G., Eades, E., and Wilson, J. (2012). Managing human resources in the Latin American context: the case of Chile. *International Journal of Human Resource Management,* 23 (15), 3133–3150; Carlier, S.I., Llorente, C.L., and Grau, M.G. (2012). Comparing work-life balance in Spanish and Latin American countries. *European Journal of Training and Development,* 36(2/3), 286–307; Bonache, J., Trullen, J., and Sanchez, J.I. (2012). Managing cross-cultural differences: Testing human resource models in Latin America. *Journal of Business Research*, (12), 1773; Davila, A. and Elvira, M. (2009). *Best Human Resource Management Practices in Latin America*. London: Routledge; Elvira, M., and Davila, A. (2005a). *Managing Human Resources in Latin America*, Routledge, UK; Osland, A. and Osland, J. (2006). Contextualization and Strategic International Human Resource Management Approaches—The Case of Central America and Panama. *The International Journal of Human Resource Management*, 16 (12). 2218–2236; Davila, A., and Elvira, M.M. (2012a). Humanistic leadership: Lessons from Latin America. *Journal of World Business*, 47 (4), 548; Davila, A. and Elvira, M. (2012b). Latin American HRM model, in Brewster, C. and Mayrhofer, W. (eds.), *Handbook of Research on Comparative Human Resource Management*, Northhampton, MA: Edward Elgan Publishing, pp. 478–493.

82　Table I.4 in Population Division of the Department of Economic and Social Affairs of the United Nations Secretariat (2013). *World Population Prospects: The 2012 Revision*. New York: United Nations.

83　Ibid.

84　2014 World Population Data Sheet, Population Reference Bureau (website: www.prb.org); Table III.1 in Population Division of the Department of Economic and Social Affairs of the United Nations Secretariat (2013). *World Population Prospects: The 2012 Revision*. New York: United Nations.

85　Table I.5 in Population Division of the Department of Economic and Social Affairs of the United Nations Secretariat (2013). *World Population Prospects: The 2012 Revision*. New York: United Nations.

86　Davila, and Elvira, (2012b); Elvira, M. and Davila, A. (2005b). Emergent directions for human resource management research in Latin America. In N. Ekvura and A. Davila, *Managing Human Resources in Latin America*, Oxford, Routledge UK:

87　Osland, A. and Osland, J. (2005). HRM in Central America and Panama, in Elvira, M.M. and Davila, A. (eds.), *Managing Human Resources in Latin America: An Agenda for International Leaders*. Oxford, UK: Routledge, pp. 129–147.

88　For more information on labor unions in Latin American countries, see Murillo, M.V. (2001). *Labor Unions, Partisan Coalitions and Market Reforms in Latin America*, Cambridge: Cambridge University Press; Murillo, M.V. (2005). Partisanship amidst convergence: The politics of labor reform in Latin America. *Comparative Politics*, 37 (4), 441–458; Scartascini, C., Stein, E., and Tommasi, M. (2010). *How Democracy Works. Political Institutions, Actors, and Arenas in Latin American Policymaking*. Inter-American Development Bank and David Rockefeller Center for Latin American Studies, Cambridge, MA: Harvard University.

89　Davila and Elvira (2012b); Elvira and Davilla (2005b).

90　Ibid.

91　Ronconi, L. (2012). Globalization, domestic institutions and enforcement of labor law: Evidence from Latin America. *Industrial Relations: A Journal of Economy and Society*, 51 (1), 89–105.

92　Davila and Elvira (2012b); Elivira and Davilla (2005b).

93　Ibid.

94　For more information on the solidarismo movement, see http://www.solidarismo.com, cited in Elivira and Davilla (2005a).

95　Davila and Elvira (2012b); Davila and Elvira (2005a).

96　Ibid.

97　See How Culture Affects Work Practices in Latin America. Knowledge@Wharton, http://knowledge.wharton.upenn.edu/article/how-culture-affects-work-practices-in-latin-america/. Accessed May 4, 2014.

98　This paragraph is heavily based on Elvira and Davila (2005a).

99　Davila and Elvira (2012b); Elvira and Davila (2005b).

100　Ibid.

101　Ibid.

102　See Otis, J. (2012). Informal economy swallows Latin American workers. GlobalPost, www.globalpost.com. Accessed June 8, 2014; *Statistical Update on Employment in the Informal Economy*, International Labour Organization, Department of Statistics, June 2012. This document available at http://laborsta.ilo.org/informal_economy_E.htm. Accessed April 8, 2014; Tuesta, D. (2014). The informal economy and the constraints that it imposes on pension contributions in Latin America. BBVA Research, Working Paper: 14/19; Mexico economy: Quick view–six out of ten Mexicans work in the informals. (2012). *The Economist Intelligence Unit*, Dec. 18, 2012; Andrews, D., Sánchez, A.C., and Johansson, Å. (2011). Towards a better understanding of the informal economy, OECD Economics Department Working Papers, Organization for Economic Cooperation and Development (OECD). Doi: 10.1787/5kgb1mf88x28-en; Arbex, M., Freguglia, R., and Chein, F. (2013). Informal economy and spatial mobility: Are informal workers economic refugees? *Journal of Economic Studies*, 40 (5), 671–685; Williams, C.C., and Lansky, M.A. (2013). Informal employment in developed and developing economies: Perspectives and policy responses. *International Labour Review*, 152 (3), 355–380; Vuletin, G. (2008). Measuring the informal economy in Latin America and the Caribbean, IMF Working Paper WP/08/102.

103 Ibid.

104 Ibid.

105 This is a developing area of research. For example, see Horwitz, F., Human resources management in multinational companies in Africa: A systematic literature review. *International Journal of Human Resource Management*, published online July. Doi: 10.1080/09585192.2014.934899; Newenham-Kahindi, A., Kamoche, K., Chizema, A. and Mellahi, K. (2013). *Effective People Management in Africa*, New York: Palgrave Macmillan; Kamoche, K., Debrah, Y., Horwitz, F.M. and Muuka, G.N. (eds.) (2003). *Managing Human Resources in Africa*, London: Routledge.

106 Population Division of the Department of Economic and Social Affairs of the United Nations Secretariat (2013). World Population Prospects: The 2012 Revision. New York: United Nations.

107 Table I.1 in Population Division of the Department of Economic and Social Affairs of the United Nations Secretariat (2013). *World Population Prospects: The 2012 Revision*. New York: United Nations; 2014 World Population Data Sheet, Population Reference Bureau, www.prb.org.

108 Table I.4 in Population Division of the Department of Economic and Social Affairs of the United Nations Secretariat (2013). *World Population Prospects: The 2012 Revision*. New York: United Nations.

109 Ibid.

110 2014 World Population Data Sheet, Population Reference Bureau (website: www.prb.org); Table III.1 in Population Division of the Department of Economic and Social Affairs of the United Nations Secretariat (2013). *World Population Prospects: The 2012 Revision*. New York: United Nations; 2014 World Population Data Sheet, Population Reference Bureau, www.prb.org.

111 Table I.5 in Population Division of the Department of Economic and Social Affairs of the United Nations Secretariat (2013). *World Population Prospects: The 2012 Revision*. New York: United Nations.

112 Berman, J. (2013, 10). Vision statement: Seven reasons why Africa's time is now. *Harvard Business Review*, 91, 34–35.

113 Storey, D. (2014). Realising potential, EY 2013/1014 Sub-Saharan Africa talent trends and practice survey. Ernst and Young Advisory Services.

114 The Sun Shines Bright, *The Economist*, Dec. 2011.

115 Ibid.

116 Berman (2013, 10).

117 The Sun Shines Bright, *The Economist*, Dec. 2011.

118 *Africa Telecoms Outlook 2014*. Maximizing digital service opportunities. Available at www.informatandm. com. Accessed Nov. 17, 2014.

119 Kupka, B., Briscoe, D., and Everett, A. (2013). Paper presented at the Academy of Management Africa Conference, Johannesburg, South Africa, January 7–10, 2013.

120 Kamoche, Debrah, Horwitz, and Muuka (eds.) (2004).

121 Kupka, Briscoe and Everett (2013).

122 Horwitz F. (2014). Human resources management in multinational companies in Africa: A systematic literature review. *International Journal of Human Resource Management*, published online July. DOI: 10.1080/09585192.2014.934899; Horwitz, F. (2012). Evolving human resource management in Southern African multinational firms: Towards an Afro-Asian nexus. *International Journal of Human Resource Management*, 23 (14), 2938–2958.

123 Kupka, Briscoe and Everett (2013).

124 Ibid.

125 The Sun Shines Bright, *The Economist*, Dec. 2011.

126 See Cooke, F.L. (2014). Chinese multinational firms in Asia and Africa: Relationships with institutional actors and patterns of HRM practices. *Human Resource Management*, 53 (6), 877; Jackson, T., Louw, L., and Zhao, S. (2013). China in sub-Saharan Africa: Implications for HRM policy and practice at organizational level. *International Journal of Human Resource Management*, 24 (13), 2512.

127 Newenham-Kahindi, Kamoche, Chizema and Mellahi (2013).

128 *Developing Talent for Africa Rising*. Conference hosted by Frontier Advisory Consulting/Business Services. (http://www.frontier-advisory.com/), Sandton, Johannesburg, South Africa, April 15, 2014.

129 Mavuso, Z. (June 20, 2014). Talent development critical to sustaining 'Africa Rising' narrative, Creamer Media. www http://www.creamermedia.co.za. Accessed Nov. 29, 2014.

130 UNESCO Institute for Statistics (UIS).

131 Ranking of African countries by literacy rate: Zimbabwe No. 1 (July 6, 2013). *The African Economist*.

132 *The Global Talent Index Report: The Outlook to 2015*, published by Heidrick and Struggles and The Economist Intelligence Unit.

133 Ibid.

134 The World Bank, Data on public spending on education. Latest year available is 2012. http://data.world bank.org/. Accessed Oct. 6, 2014.

135 *Developing Talent for Africa Rising*. Conference hosted by Frontier Advisory Consulting/Business Services (http://www.frontier-advisory.com/), Sandton, Johannesburg South Africa, April 15, 2014.

136 The five issues are from Mavuso, Z. (June 20, 2014). Talent development critical to sustaining 'Africa Rising' narrative, Creamer Media. www http://www.creamermedia.co.za. Accessed Sept. 23, 2014.

137 These four issues are from Weidemann, R. (Aug. 25, 2014). Africa's talent conundrum, African Trader, Promoting Business in Africa. http://www.africantrader.co. Accessed Sept. 15, 2014.

138 See World Economic Forum reports on Regional Challenges: Sub-Saharan Africa, and Regional Challenges: Middle East and North Africa 2015. Available at http://reports.weforum.org/.

139 *Africa by Numbers. Assessing market attractiveness in Africa*. Report by Ernst and Young in collaboration with Oxford Economics (www.ey.com/za), 2012.

140 Ernst and Young Attractiveness Survey, Africa 2013 Getting Down to Business. www.ey.com/attractive ness. Accessed Nov. 14, 2014.

141 Berman (2013, 10).

142 Kupka, B., Briscoe, D., and Everett, A. (2013). Paper presented at the Academy of Management Africa Conference, Johannesburg, South Africa, January 7–10, 2013.

143 *Tunisia assembly passes new constitution*. Reported by News Africa, British Broadcasting Corporation (BBC) online, 27 January, 2014.

144 Constitution of Zimbabwe. http://www.zim.gov.zw/. Accessed Oct. 17, 2014.

145 Doing Business Ranking Data by the World Bank Group (http://www.doingbusiness.org/rankings). Accessed Nov. 2, 2014.

146 Kupka, Briscoe and Everett (2013).

147 Ramor, M. (2014). What's the biggest challenge for Africa in 2015? World Economic Forum; World Economic Forum reports on Regional Challenges: Sub-Saharan Africa, and Regional Challenges: Middle East and North Africa 2015. Available at https://agenda.weforum.org/2014/11/whats-biggest-challenge-africa-2015/. Accessed Dec. 6, 2014.

148 Ibid.

149 *Population ageing and the non-communicable diseases*. Department of Economic and Social Affairs, Population Division, United Nations, April 2012.

150 The Sun Shines Bright, *The Economist*, Dec. 2011.

151 2014 African Youth Forum: Equipping and inspiring the next generation for productive Jobs, World Bank Headquarters, Washington, DC, July 31, 2014.

152 Based on Horwitz (2014); Kamoche, K., Chizema, A., Mellahi, K., and Newenham-Kahindi, A. (2012). New directions in the management of human resources in Africa. *International Journal of Human Resource Management*, 23 (14), 2825–2834; Bernd, K., Briscoe, D., Andre E. (2013). Paper presented at the Academy of Management Africa Conference Johannesburg, South Africa, Jan. 7–10, 2013; Kamoche, K., Debrah, Y., Horwitz, F.M. and Muuka, G.N. (eds.) (2003). *Managing Human Resources in Africa*, London: Routledge.

153 Talent Mobility 2012 and beyond, PWC, http://www.pwc.com/hrs. Accessed Oct. 7, 2014.

154 *Realising Potential, EY 2013/1014 Sub-Saharan Africa talent trends and practice survey*. Report by Ernst and Young Advisory Services, South Africa, 2014.

155 Ibid.

156 Ibid

157 See the The Cranfield Network on International Human Resource Management (Cranet); website: http://www.cranet.org/home/Pages/Default.aspx. Accessed Oct.9, 2014; Sparrow, P., Farndale, E., and Scullion, H. (2014). Globalizing the HR architecture: The challenges facing corporate HQ and international mobility functions, in P. R. Sparrow, H. Scullion, and I. Tarique (eds.), *Strategic Talent Management: Contemporary Issues in International Context*. Cambridge: Cambridge University Press, pp. 254–227; Budhwar, P. S., Schuler, R., and Sparrow, P. (2009). Preface: Cross national comparative HRM, in Budhwar, P. S., Schuler, R. S. and Sparrow, P. R. (eds.), *International Human Resource Management*, Vol. 4, London, UK: Sage, pp. vii–xiii; Brewster, C., Mayrhofer, W., and Reichel, A. (2011). Riding the tiger? Going along with Cranet for two decades—A relational perspective. *Human Resource Management Review*, 21 (1), 5; Festing, M. (2012). Strategic human resource management in Germany: Evidence of convergence to the U.S. model, the European model, or a distinctive national model? *The Academy of Management Perspectives*, 26 (2), 37; Mayrhofer, Brewster, Morley and Ledolter (2011); Stavrou, Brewster and Charalambous (2010).

158 Wooldridge, A. (2010), The world turned upside down: A special report on innovation in emerging markets, *The Economist*, April 17, 3–18.

159 Spender, J. C. and Strong, B. (2010), Who has innovative ideas? Employees, *The Wall Street Journal*, August 23, R5.

［表的注释］

1 2014 World Population Data Sheet, Population Reference Bureau, www.prb.org.

2 United Nations, Department of Economic and Social Affairs, Population Division (2013). *World Population Prospects: The 2012 Revision, Highlights and Advance Tables*. Working Paper No. ESA/P/WP.228

3 Ibid.

4 2014 World Population Data Sheet, Population Reference Bureau, www.prb.org.

5 United Nations, Department of Economic and Social Affairs, Population Division (2013). *World Population Prospects: The 2012 Revision, Highlights and Advance Tables*. Working Paper No. ESA/P/WP.228. Please note: As per the CIA World Fact book, Net migration rate compares the difference between the number of persons entering and leaving a country during the year per 1,000 persons (based on midyear population).

6 2014 World Population Data Sheet, Population Reference Bureau, www.prb.org.

7 Labor force is defined as individuals 15 years of age and older. Source: World Development Indicators, Labor Force Structure, World Bank (Website: http://wdi.worldbank.org/table/2.2). "Total labor force comprises people ages 15 and older who meet the International Labour Organization definition of the economically active population: all people who supply labor for the production of goods and services during a specified period. It includes both the employed and the unemployed" (World Bank).

8 Defined as % of individuals 15 years of age and older who are part "of a country's working-age population that engages actively in the labour market, either by working or looking for work. It provides an indication of the relative size of the supply of labour available to engage in the production of goods and services" (ILO).

9 World Development Indicators (Table 6.13): *Movement of People Across Borders*, World Bank, 2014.

10 UNESCO, Global Education Digest 2011 and 2012 Percentage of the population aged 25 years and older with secondary education qualifications. The level of educational attainment is based on International Standard Classification of Education (ISCED) Level 3.

11 2014 World Population Data Sheet, Population Reference Bureau, www.prb.org; Table 1.4 in Population Division of the Department of Economic and Social Affairs of the United Nations Secretariat (2013). World Population Prospects: The 2012 Revision. New York: United Nations.
World Population Prospects, The 2012 revision, Highlights and Advance Tables, UN, 2013.

12 Ibid.

13 Based on UNESCO Institute for Statistics. Educational attainment of the population aged 25 years and older/latest year available. Percentage of the population aged 25 years and older with secondary education qualifications. The level of educational attainment is based on International Standard Classification of Education (ISCED) Level 3.

14 2014 World Population Data Sheet, Population Reference Bureau, www.prb.org.

15 World Population Prospects, The 2012 revision, Highlights and Advance Tables, UN, 2013.

16 2014 World Population Data Sheet, Population Reference Bureau, www.prb.org.

17 2014 World Development Indicators, Labor Force Structure, World Bank (Website: http://wdi.worldbank.org/table/2.2). "Total labor force comprises people ages 15 and older who meet the International Labour Organization definition of the economically active population: all people who supply labor for the production of goods and services during a specified period. It includes both the employed and the unemployed" (World Bank).

18 Based on The World Bank Word Development Indicators: http://data.worldbank.org/data-catalog/world-development-indicators and *Key Indicators of the Labour Market database*, eighth edition (2014), The International Labour Organization, Geneva. "The labour force participation rate is a measure of the proportion of a country's working-age population that engages actively in the labour market, either by working or looking for work. It provides an indication of the relative size of the supply of labour available to engage in the production of goods and services" (ILO. p. 29, *Key Indicators of the Labour Market database*, eighth edition (2014),)]

19 World Bank World Development Indicators: Movement of people across borders, 2014.

20 Based on UNESCO Institute for Statistics. Educational Attainment of the Population aged 25 years and older/latest year available. Percentage of the population aged 25 years and older with secondary education qualifications. The level of educational attainment is based on International Standard Classification of Education (ISCED) Level 3.

21 2014 World Population Data Sheet, Population Reference Bureau, www.prb.org.

22 United Nations, Department of Economic and Social Affairs, Population Division (2013). *World Population Prospects: The 2012 Revision, Highlights and Advance Tables*. Working Paper No. ESA/P/WP.228. Please note: As per the CIA World Fact book, Net migration rate compares the difference between the number of persons entering and leaving a country during the year per 1,000 persons (based on midyear population)

23 Ibid.

24 2014 World Population Data Sheet, Population Reference Bureau, www.prb.org.

25 Ibid (Net migration rate compares the difference between the number of persons entering and leaving a country during the year per 1,000 persons (based on midyear population).From the CIA World Fact Book

26 2014 World Population Data Sheet, Population Reference Bureau, www.prb.org.

27 2014 World Development Indicators, Labor Force Structure, World Bank (Website: http://wdi.worldbank.org/table/2.2). "Total labor force comprises people ages 15 and older who meet the International Labour Organization definition of the economically active population: all people who supply labor for the production of goods and services during a specified period. It includes both the employed and the unemployed" (World Bank).

28 Based on The World Bank Word Development Indicators: http://data.worldbank.org/data-catalog/world-development-indicators and *Key Indicators of the Labour Market database*, eighth edition (2014), The International Labour Organization, Geneva. "The labour force participation rate is a measure of the proportion of a country's working-age population that engages actively in the labour market, either by working or looking for work. It provides an indication of the relative size of the supply of labour available to engage in the production of goods and services" (ILO. p 29, *Key Indicators of the Labour Market database*, eighth edition (2014),)

29 World Bank World Development Indicators: Movement of people across borders, 2014

30 Based on UNESCO Institute for Statistics. Educational Attainment of the Population aged 25 years and older/latest year available. Percentage of the population aged 25 years and older with secondary education qualifications. The level of educational attainment is based on International Standard Classification of Education (ISCED) Level 3.

31 2014 World Population Data Sheet, Population Reference Bureau, www.prb.org.

32 United Nations, Department of Economic and Social Affairs, Population Division (2013). *World Population Prospects: The 2012 Revision, Highlights and Advance Tables*. Working Paper No. ESA/P/WP.228. Please note: As per the CIA World Fact book, Net migration rate compares the difference between the number of persons entering and leaving a country during the year per 1,000 persons (based on midyear population).

33 Ibid.

34 2014 World Population Data Sheet, Population Reference Bureau, www.prb.org.

35 Ibid (Net migration rate compares the difference between the number of persons entering and leaving a country during the year per 1,000 persons (based on midyear population). From the CIA World Fact Book.

36 2014 World Population Data Sheet, Population Reference Bureau, www.prb.org.

37 2014 World Development Indicators, Labor Force Structure, World Bank (Website: http://wdi.worldbank. org/table/2.2). "Total labor force comprises people ages 15 and older who meet the International Labour Organization definition of the economically active population: all people who supply labor for the production of goods and services during a specified period. It includes both the employed and the unemployed" (World Bank).

38 Based on The World Bank Word Development Indicators: http://data.worldbank.org/data-catalog/ world-development-indicators and *Key Indicators of the Labour Market database*, eighth edition (2014), The International Labour Organization, Geneva. "The labour force participation rate is a measure of the proportion of a country's working-age population that engages actively in the labour market, either by working or looking for work. It provides an indication of the relative size of the supply of labour available to engage in the production of goods and services" (ILO. p 29, *Key Indicators of the Labour Market database*, eighth edition (2014)).

39 World Bank World Development Indicators: Movement of people across borders, 2014.

40 Based on UNESCO Institute for Statistics. Educational Attainment of the Population aged 25 years and older/latest year available. Percentage of the population aged 25 years and older with secondary education qualifications. The level of educational attainment is based on International Standard Classification of Education (ISCED) Level 3.

41 2014 World Population Data Sheet, Population Reference Bureau, www.prb.org.

42 World Population Prospects, The 2012 revision, Highlights and Advance Tables, UN, 2013.

43 Ibid.

44 2014 World Population Data Sheet, Population Reference Bureau, www.prb.org.

45 Ibid (Net migration rate compares the difference between the number of persons entering and leaving a country during the year per 1,000 persons (based on midyear population). From the CIA World Fact Book.

46 2014 World Population Data Sheet, Population Reference Bureau, www.prb.org.

47 2014 World Development Indicators, Labor Force Structure, World Bank (Website: http://wdi.worldbank. org/table/2.2). "Total labor force comprises people ages 15 and older who meet the International Labour Organization definition of the economically active population: all people who supply labor for the production of goods and services during a specified period. It includes both the employed and the unemployed" (World Bank).

48 Based on The World Bank Word Development Indicators: http://data.worldbank.org/data-catalog/ world-development-indicators and *Key Indicators of the Labour Market database*, eighth edition (2014), The International Labour Organization, Geneva. "The labour force participation rate is a measure of the proportion of a country's working-age population that engages actively in the labour market, either by working or looking for work. It provides an indication of the relative size of the supply of labour available to engage in the production of goods and services" (ILO. p. 29, *Key Indicators of the Labour Market Database*, eighth edition (2014),)

49 World Bank World Development Indicators: Movement of people across borders, 2014.

50 Based on UNESCO Institute for Statistics. Educational Attainment of the Population aged 25 years and older/latest year available. Percentage of the population aged 25 years and older with secondary education qualifications. The level of educational attainment is based on International Standard Classification of Education (ISCED) Level 3.

第4篇

国际人力资源管理的角色与发展趋势

第 *15* 章 国际人力资源管理部门、专业化
与未来发展趋势

本书的第 4 篇是一个独立的部分，它着眼于国际人力资源管理部门、国际人力资源管理的专业化，以及国际人力资源管理未来的发展趋势。第 15 章对国际人力资源管理部门的角色进行了探讨，包括国际人力资源管理部门的预期发展和提供的国际支持服务，与商业的持续国际化（全球化）并行的人力资源管理的持续国际化（全球化），越来越专业化的国际人力资源管理（包括诸如国际人力资源知识体系的构建、国际人力资源开发和认证、国际人力资源培训的增加、将国际人力资源纳入人力资源经理的职业发展计划），以及一些公司称之为"全球人力资源管理"的发展前景。

第 **15** 章
国际人力资源管理部门、专业化与未来发展趋势

人力资源需要转型，以适应更加全球化的世界。包括采用新的人才资源战略，使世界各地的人才与任务相匹配；人力资源管理部门还要采用新的管理方法，如支持跨越地理障碍的劳动力流动。

——埃森哲卓越绩效研究院（Accenture Institute for High Performance）[1]

学习目标

- 描述国际人力资源管理部门将如何更多地参与到跨国公司的运营中来。
- 解释国际人力资源管理经理目前的角色和其日益专业化的现象。
- 解释国际人力资源管理面临的日益增加的复杂性和挑战。
- 描述国际人力资源管理部门和职业可能的未来发展。

本书前14章主要介绍了国际人力资源管理的历史和发展现状，最后一章主要讨论这个领域未来可能的发展。

本书的前几版主要关注了国际外派人员的甄选、准备、薪酬和归国等方面还有其他一些不太受关注的问题，如绩效管理、员工福利、劳动关系和职业发展等，在本书中都有所涉及。随着这门学科的进一步发展，至少在那些国际业务日益增加的企业中，国际人力资源管理者将会成为战略管理的主要参与者。因此，最后一章主要提供了关于国际人力资源管理人员今后可能面临的问题的推测。

为便于说明，本章分为三大部分：

（1）国际人力资源管理部门的角色和性质。

（2）国际人力资源管理的专业化。

（3）国际人力资源管理的未来。

通过国际人力资源管理能力的提升和专业化，这些主题联系在了一起。

15.1 国际人力资源管理部门

本章第一部分将对国际人力资源管理部门的角色进行描述。本节讨论该部门及

其角色的发展，还讨论了国际人力资源管理部门通常需要提供的一些支持性活动。

15.1.1 国际人力资源管理的组织变革

要想从日益复杂的全球商业活动中获得理想的结果，跨国公司就必须更加重视国际业务、研究和发展、销售队伍和会计制度。越来越多的高层也注意到跨境业务的各个方面，比如兼并收购、合资企业、联盟过程中来自全球的劳动力和文化融合的问题，以及那些代表着多种企业和国家文化、使用多种语言，并且对客户、产品和业务问题有着广泛不同看法的员工的发展问题。国际人力资源管理者需要具备这些能力，并就如何在这种跨境复杂情况下确保企业绩效向其他部门提供建议。跨国公司内部的国际人力资源管理部门必须关注在全球人力资源开发过程中遇到的困难，如全球养老金和医疗保健系统、全球企业的管理发展、全球员工和管理人员招聘、全球薪酬体系等。

最后，国际商务的全球视角归纳起来就是为不同背景和视角的个人找到合作的方式，也就是说，找到一种方法来开发将组织有效地结合在一起的"黏合剂"。这种组织"黏合剂"可以通过使用有效的跨国任务开发人员和工作团队，或者使用跨国企业遍布全球的共享服务中心和卓越中心，将来自不同国家和企业文化的员工凝聚在一起。国际人力资源将用来向全球企业提供专门知识，帮助其设计和实施此类战略，以及衡量此类做法的投资回报。

15.1.2 国际人力资源管理部门的参与

跨国公司在全球范围内开展业务时会遇到许多人力资源问题，它们需要鼓励其人力资源管理部门完成以下任务。[2]其中大部分在本书前面章节已经讨论过。可以把它们放在一起，来讨论国际人力资源管理部门的角色和作用。

■ 主导。在高层管理人员制定全球战略的过程和概念方面发挥主导作用。

■ 贡献。确保国际人力资源以不可或缺的伙伴身份参与到公司全球战略的制定过程中。

■ 能力。培养国际人力资源高级职员的必要能力，使他们能够成为全球公司战略管理的合作伙伴。

■ 发展。建立一个帮助高层管理人员充分理解日益复杂的全球化组织结构和人员影响的框架。

■ 实现。通过确定管理人员和员工未来需要的关键技能，评估目前国际人力资源管理和管理团队其他成员的国际化能力，以及为寻找可能需要的外部人才制定战略，促进全球战略的实施。

■ 评估。培养确定国际人力资源实践的价值和回报的能力，并向高级管理层解释这些做法。

■ 共享。分配和分担国际人力资源管理的职责。国际人力资源管理是一项共同的责任，直线经理、国际人力资源管理经理和工作团队都将参与进来，确保有效招聘、开发、配置和保留人才的人力资源的目标的实现。[3]

1. 部门的运作

一个世界级的国际人力资源管理部门需要广泛的指导方针来实现高效运作。这些指导方针包括：

- 无论是战略层面还是业务层面，国际人力资源管理部门都将同企业的管理联系起来。
- 国际人力资源管理将从主要从事业务活动（管理国际外派人员配备、培训、薪酬、福利管理和法律合规等问题）转变为在全球企业管理中发挥更大的战略作用（例如关注全球人才管理的广泛重要性）。
- 国际人力资源管理将从被动响应由高层管理人员做出的决策，转变为更加主动地投身于国际人力资源项目的设计与应用和公司的战略管理，这意味着他们将寻求对直线管理人员业务需求的了解，并帮助他们解决这些问题。
- 国际人力资源管理将从为一线管理人员执行国际人力资源业务转变为就国际人力资源事项向他们提供协助和咨询。
- 国际人力资源管理将从主要关注内部问题转向关注企业外部问题，甚至是社会焦点，从而对所有利益相关者做出反应。这将是国际人力资源高级管理人员对跨国企业战略管理做出的最重要的贡献。

2. 人力资源部门的配置

为了发挥这一新的作用，国际人力资源管理部门将会发现，它需要更多的全能型人才而不是更多的专家；它需要更加注重业务（这意味着国际人力资源管理人员将需要更多的行业经验，特别是全球性的经验和培训，更多的直线经理将需要国际人力资源方面的经验）；部分国际人力资源管理人员将需要更多的全球团队工作经验，以及更多的关于如何使团队能够跨国界有效合作的培训；国际人力资源管理者将需要发展内部咨询和指导技能（与直线经理一起，帮助他们解决人员问题），并成为信息专家（为自己和公司其他人员创建、维护和使用或解释国际人力资源数据）。[4]

3. 将部门与业务及其战略联系起来

在未来的全球企业中，国际人力资源管理部门将需要通过发展符合公司愿景和战略的国际人力资源管理理念（价值观、文化、愿景）、方针（行动指南）、计划、实践和过程（在这个过程中，每一个环节都需要直线经理参与），与企业的管理实践更加紧密地联系起来。

4. 展示国际人力资源管理部门的贡献

未来的国际人力资源管理部门将学会用正确的方式（尽可能高效地）来完成正确的事情（本组织成功所需要的）。[5]其中一个方面就是研究确定世界各地的最佳国际人力资源实践，并利用它们来判断企业的国际人力资源活动的质量，以及设计更好的国际人力资源实践。

15.1.3　顶尖国际人力资源管理水平的标志

下面提供了一个衡量标准（用于平衡计分卡中）[6]，以确定任何特定企业的人力资源管理实践是否确实是最好的。

- 将国际人力资源管理纳入关键业务问题，包括其制定和实施。
- 将国际人力资源和组织问题视为战略实施中的关键问题。
- 国际人力资源管理主动处理事件的能力。

■ 协调国际人力资源管理的政策、程序和实践，其中包括一份关于国际人力资源愿景和责任的清晰的共同声明。
■ 希望接受国际人力资源管理任务的员工数量。
■ 国际人力资源管理能够完成其计划和目标。
■ 国际人力资源管理具有服务于企业战略需求和利益的结构、组织和运营。
■ 国际人力资源管理使组织内客户满意。
■ 国际人力资源管理活动能够被所有员工共享和理解。
■ 国际人力资源管理能够灵活适应新环境。
■ 国际人力资源管理能够衡量其活动的有效性。
■ 国际人力资源管理能够衡量其活动的效率。
■ 国际人力资源管理能够促进重大的组织变革。
■ 国际人力资源管理部门拥有胜任力强、适应力强、灵活的员工。

15.1.4　支持服务

在典型的国内大型企业人力资源部门中，许多活动通常都是用来支持核心人力资源任务的，包括人力资源信息系统（如第 13 章中介绍的维护和提供员工记录），人力资源规划（如员工预期、管理人员职业生涯规划和高管继任计划），工作分析和工作描述编写（用于招聘和培训目的以及绩效目标的设定），工作评价、工资调查和职位分类，用以确定潜在员工的可用性和能力的劳动力市场分析，绩效评估系统开发，国内迁移服务，人员/人力资源研究。

下面将讨论两项尚未包括在内的支持服务，它们将在人力资源管理方面发挥日益重要的作用：国际迁移（调动）与全球行政服务。

1. 迁移

这一服务领域可能会占用国际人力资源管理人员的大量时间。为了确保被派往国外工作的雇员得到足够的重视，这些服务大多来自专门向国际外派人员及其家属提供这类服务的公司。[7] 另外，一些大型跨国公司已经将其国内和国际的迁移业务合并了。迁移功能始于 20 世纪 50 年代，出于企业的需要，企业将大量的员工从一个地点迁移到另一个。出于资金和员工职业的考虑，公司帮助员工解决安置与房屋销售、搬家、在新地点建立临时住所、买新房子、控制搬家成本等。[8] 事实证明，国际迁移与国内迁移的内容基本上一样（尽管国际迁移往往要更麻烦一些，成本也更高一些，尤其是对于国际外派人员的配偶和家庭）。

表 15-1 显示了通常与国际迁移有关的六个主要服务领域。

表 15-1　国际迁移服务

国际迁移服务	内容描述
税收和财务建议	这是国际人力资源管理部门向出国员工提供的首要服务之一。个人所得税的准备工作相当复杂。此外，在收入可能大幅增加、涉及多种货币、新的银行体系、汇率变动等因素影响下，对于国际外派人员及其家人而言，可能需要有人来帮助他们对财务状况进行总体处理。这通常由国际人力资源管理部门来协调

续表

国际迁移服务	内容描述
签证及工作许可证	国际人力资源管理部门通常负责为移居国外者（及其家属）取得必要的签证和所需的任何工作许可证。通常这涉及维护与外国政府官员的个人关系，从而及时得到这些文件。公司决定送他们出国时，因为单个国际外派人员通常时间很少，来不及做这样的准备工作（或国际人力资源管理部门必须与提供此服务的顾问或供应商保持良好的关系，如专门从事签证和工作许可证的当地律师事务所）。如果公司还试图为随行配偶或其他家庭成员找到工作，这将会更加复杂
跨国迁移	为国际外派人员及其家属安排跨国迁移非常复杂。对于大多数员工和他们的家人来说，这也是移居海外最麻烦的一件事。同样，国际人力资源管理部门通常有责任确保员工以平稳、无误的方式进行调动
国外特定地区的医学检查	在当地医疗服务可能达不到母公司标准的情况下，公司要确保外派人员不会面临任何不必要的健康问题
培训及入职教育	培训及入职教育（关于国际外派人员及家庭新工作的国家、文化背景及语言培训）
在外派期间为国际外派人员和家人提供教育	有时，本地并没有足够的学校供国际外派人员及其家人就读，公司就必须支付其子女在其他地方就读（例如寄宿学校）的费用，这就会导致外派人员的子女需要额外的开支，以便他们定期回家或家长去探访他们。国际人力资源管理部门需要协助国际外派人员的家庭找到合适的学校

2. 行政服务

这些服务通常委托给国际人力资源管理部门来完成。所有这些机构，最初都是为了简化员工的国际迁移过程而成立的。然后，由于国际人力资源管理部门找到了解决这些问题的方法，这些服务通常被扩展到公司的其他业务需要，变为国际人力资源管理部门的职责范围。

■ 出差安排（公司所有国际出差人员的出差安排）。可能包括获得签证、做旅行计划（预订机票和酒店等）、购买旅行保险等。

■ 国外住房问题（适用于本公司的所有国际旅客）。这包括合同谈判，签订租赁协议，寻找酒店房间、公寓等。

■ 国外交通问题。包括租车、司机、地铁地图、公交时刻表和铁路系统等。

■ 办公服务。如翻译和笔译、商务合同、房屋租赁协议、商务信函和商务谈判。

■ 货币兑换。新的国际外派人员（以及国际商务旅行者）可能没有在另一个国家的居住和生活经验，不能很好地处理本国货币与东道国货币的兑换问题。

■ 当地的银行账户。由于各国的银行系统差异很大，公司往往需要帮助国际外派人员开立本地银行账户（如果可行的话），以及了解银行系统在新居住地的运作方式。

■ 政府关系。这既包括熟悉办签证和工作许可的办事处，又包括提供电话和营业执照等商业服务的政府机构。

"国际人力资源管理实务 15.1"[9]显示了国际人力资源管理职能在力拓集团

（Rio Tinto）中的表现，它面临着大规模的全球裁员。

➡ 国际人力资源管理实务 15.1

一家全球矿业公司的国际人力资源管理

力拓是一家资产达到 1 540 亿美元、拥有 140 年历史的国际矿业公司，其总部位于伦敦。前身于 1873 年由英国投资者成立，目的是在西班牙开采铜矿。后来的力拓集团成立于 1962 年，当时的主要业务在英国和澳大利亚。1997 年合并成今天的力拓集团，业务遍及 50 多个国家。

2008 年末，当全球经济衰退重创采矿业时，力拓集团宣布从全球 10 万名员工和数千承包商中裁减合同工 1.4 万人。全球人力资源部门面临要以极快的速度和敏锐的触觉完成这项极其艰巨的任务的挑战。

公司成立了三个团队来协调全球的人力资源工作：美洲、欧洲和中东团队；非洲团队；澳大利亚、新西兰及太平洋西南岛屿团队。当然，裁员的同时，人力资源部门需要继续支持企业的正常发展，同时人力资源部门也要裁减自己的员工。人力资源部门的领导提前准备好迎接这些挑战，因为他们参与了最初的业务讨论，了解了裁员的必要性。

力拓集团美洲地区人力和组织支持副总裁安德鲁·斯伦茨（Andrew Slentz）说：

> 我们准备了一套通用的全球方案、地区遣散政策、综合数据库、跟踪裁员全面影响的衡量工具、全球再就业供应商等信息，在 2009 年第一季度完成了大部分裁员。早期对高潜力的领导者和具有关键技能的员工的识别，使我们能够在内部调动员工，以留住尽可能多的人才。我们还对管理人员进行了培训，来帮助其他员工保持专注。因此，我们的行政总裁才能满怀信心地向市场报告我们的成绩。

为什么这么有效的裁员只带来这么小的破坏？斯伦茨表示，这一切都始于 2004 年，总部在全球业务中推出的提高效率和有效性的战略，使公司重新获得了竞争优势。在人力资源领域，公司采取的形式是将每一个人力资源职能都纳入国际化范畴，并以尽可能低的成本在全球范围内提供高质量的服务。通过在采矿业内外寻找最佳实践，采用了关于主要支持功能的一致性和标准化模型。这种模型被称为"3D"模型——设计（design）、确定（determine）和交付（deliver）。它详细描述了人员、结构、流程和系统的级别：

■ 人力资源人员。需要能够进行跨领域运作的人力资源专业人员。今天，人力资源经理提供跨越产品组、地点和人力资源专业化任务的机会。

■ 结构。人力资源现在扮演着更具战略性的角色。全球实践领导者在五个领域设计公司政策、计划和战略：领导力和人员发展、总体回报、招聘和人才发展、组织绩效和人力资源信息技术。

■ 流程。人力资源部门现在尝试先从全球角度考虑，然后从区域角度考虑，再从本地角度考虑，以确保公司从上到下能够保持一致。全球一致的人力资源理念得到政策和标准的支持，并具有一定灵活性，以适应各国的变化，如监管要求、立法和集体谈判协议。

■ 系统。通过数字化流程和自助工具可以提高效率。力拓目前主要通过将关键的全球功能（如人才和绩效管理、绩效和激励管理以及招聘）移植到企业资源规划（ERP）系统的主干上来达到提高效率的目的。

跨多个业务单元对人力资源部门进行统一，协调计划设计和管理，提高了人力资源配置的速度，降低了成本。人力资源部门对端到端全球人力资源职能的投资（包括指标和重要节点）获得回报，而模型中的弹性可能使其变得低效。当然，公司继续投资于采矿和加工技术，但现在认识到，利用其人力资本、组织有效的团队、持续开发人才、培养创造和创新能力，是潜在竞争优势的最大来源。从现在开始，力拓的人力资源专业人士已经成为公司优秀的战略业务伙伴、共享服务专家和全球实践领导者。

15.2　国际人力资源管理的专业化

本节将讨论最重要的主题之一：国际人力资源管理者的角色。本节考察国际人力资源管理的持续专业化、国际人力资源管理者的能力以及当今的国际人力资源管理者需要具备的全球领导能力。

为了实现上述任务和职责，作为一项管理职能，国际人力资源管理需要进一步职业化。在未来竞争日益激烈的全球经济中，组织将要求国际人力资源管理者具备必要的专业能力，从而成功指导组织的发展（至少从人力资源方面）。

15.2.1　国际人力资源管理的重要性

作为全球企业成功的关键，国际人力资源管理需要得到高层管理人员、战略规划人员和直线管理人员的认可。研究表明，对国际人力资源发展项目的关注能够帮助公司获得全球竞争优势。[10]因此，国际人力资源管理项目和部门必须得到高度的重视和资源的优先提供。对全球管理者来说，在国际人力资源管理部门拥有经验非常重要，这就像对国际人力资源管理经理来说，拥有一线管理和全球任务方面的经验同样重要。[11]

15.2.2　国际人力资源管理者的发展

国际人力资源管理的职能主要是从对外派人员的管理演变而来的，目前已经涉及许多其他责任领域，国际人力资源管理今后的一个主要问题是发展关于全球企业的更具普适性的观点和经验。跨国公司需要国际人力资源管理人员来处理外派人员的选择、培训、迁移和报酬问题。在全球管理过程中，跨国公司希望国际人力资源管理人员能够参与到战略管理中来，为世界各地的业务制定国际人力资源政策，并在多个国家招聘高效率员工。这类战略型国际人力资源管理者正成为国际人力资源领域的中心和焦点。

典型的公司管理和高管发展计划都是由人力资源部门设计和管理的，因此人力资源部门也需要把注意力放在自身的发展上，尽管这一点通常被忽视。事实上，如果国际人力资源管理部门关注自身的发展，那么强化国际人力资源管理部门、提高国际人力资源管理的能力可以通过以下几种方式来实现[12]：

■ 2~3 年为海外地区员工配备国内人力资源通才。例如，百事可乐（Pepsi-Cola）就成功地做到了这一点，它将美国人力资源经理分配到其欧洲、亚洲和拉丁美洲的地区办事处。然而，这种管理方式目前尚未得到普及。

■ 将一名或多名从国外调回的国际外派人员分配到业务部门或总部工作。他们的海外经验将提升国际人力资源管理职能的信誉，并提供重要的国际视角。此外，人力资源方面的经验对他们的职业生涯也有好处。

■ 将几名具有基本人力资源管理专业知识的大学毕业生分配到海外子公司和地区职位。按照当地的标准给他们薪酬，而不是使用传统的外派薪酬体系。事实上，这些人甚至可能来自派遣国，只是在母公司所在的国家上过大学。

15.2.3 教育

国际人力资源管理方面的教育机会非常有限，但这是任何对该学科感兴趣的人都想获得的，也是国际人力资源管理专业化的重要组成部分。国际人力资源管理领域只有少数几个硕士学位项目。然而，许多大学现在都至少开设了国际人力资源领域的一门基础课程，通常作为人力资源硕士学位课程的一部分，或作为国际商务课程或 MBA 课程中的选修课，但这应该只是作为获得国际人力资源教育的开始。

许多国际人力资源咨询公司和提供国际人力资源管理服务的机构会举办有关国际人力资源的短期研讨会，以及一些关于国际人力资源的年会，会议的主题通常由从业者和咨询师提出。参加这些研讨会和年会是了解跨国公司正在处理的问题和跨国公司最佳国际人力资源管理实践的一种方法。美国人力资源管理协会和美国的几所大学现在提供了一个全球人力资源证书培训课程。此外，还有一些关于跨文化管理的校际课程和从业者研讨会，这是国际人力资源从业者需要进行广泛培训的领域。当然，学习国际人力资源管理最重要的途径之一应该是在另一个国家和文化（或不止一个国家和文化）中生活和工作（最好是从事人力资源工作）。自我学习也是获得国际人力资源管理知识的重要途径，其中包括阅读关于国际人力资源管理的大量书籍和杂志，并与其他从业者进行充分合作，包括加入越来越多的地方性国际人力资源管理讨论小组。

15.2.4 认证：测试和知识体系

美国人力资源管理协会（SHRU，美国最大的专业人力资源专业人士协会）[13]和美国人力资源认证协会（HRCI）[14]编纂了国际人力资源的知识体系（第 1 章已经对知识体系进行了描述），并设计了检验国际人力资源管理专业技能和知识的测试程序[15]（见 Sparrow，Brewster，Budhwar & De Cieri 的 *Globalizing Human Resource Management*（第 2 版））[16]。鉴定国际人力资源管理知识体系的工作于 2003 年启动，并于 2004 年进行了第一次认证考试。持有国际人力资源证书（GPHR 证书）表明该证书持有者在这一相对较新的学科中具有比较高的知识水平。现在，全球有成千上万的管理者通过了考试，获得了全球人力资源的专业认证。这是国际人力资源从业人员持续专业化进程中的又一进展。

15.2.5 一般能力[17]

未来国际人力资源管理的成功将取决于企业培养具有广泛的全球视野（如第 10 章所述的全球化思维）、国际经验以及强大的技术和战略业务技能的国际人力资源管理人员的能力。这将包括为国际人力资源管理人员培养以下一般能力：

- 跨文化人际交往能力。
- 学习多种文化的能力。
- 本地响应能力（与本地同事和官员建立关系，了解和理解本地市场、法规和时事）。
- 跨国适应能力。
- 变革与多元化管理能力和国际团队合作能力。
- 培训和发展全球素养（包括自己和其他人）。
- 管理全球风险的能力，如"意外外派人员"（accidental expatriates）带来的风险、全球合规、全球福利和税收法规。
- 为国际人力资源管理项目明确展示投资回报、三重底线（triple bottom-line, TOC）和平衡计分卡指标的程序和措施。
- 为整个组织及组织内的人力资源部门和人力资源经理提供全球战略领导。

为了与战略人力资源管理的使命保持一致，美国人力资源管理协会开发了一个模型，以确定什么样的人力资源管理人员才是成功的，这个模型在全球范围内对从初级到高级的人力资源管理者的绩效进行了分析。胜任力模型和该模型为人力资源全生命周期人才管理提供了基础。这个能力模型已经逐步发展成为一种新的认证方式的主要框架。

15.2.6 特定能力[18]

除了一般能力，国际人力资源管理者还需要具备一些特定的国际人力资源技能。

- 实施有效的招聘和人员配置，为公司吸引和留住最优秀的人才。
- 以系统化的方式改善全球范围的信息沟通。
- 实施国际人力资源信息系统。
- 通过培训和开发，培养所有员工的全球思维。
- 通过设计跨文化任务计划来发展全球领导能力。
- 将人力资源职能定位为组织的全球业务中的战略业务伙伴（曾经被认为是对人力资源管理者的褒奖，而现在则变成了一个基本条件）。
- 展示国际人力资源项目的价值，包括其真正的全球贡献及其作为全球战略优势主要来源的价值。
- 设计和实施全球人力资源系统，如培训、薪酬、绩效管理、员工关系、健康和安全等。

如上所述，对这些国际人力资源能力的开发，可以在一定程度上通过在高技能人力资源经理的职业道路中增加一项海外任务来实现，包括将一些国外分公司最好的人力资源人才引入母公司，委派回国的非人力资源经理担任国际人力资源经理，为处于职业生涯早期的具有高潜力的人力资源从业者提供国际任务。这样的经验对于人力资源经理和其他职能部门的经理来说同样重要。然而，跨国公司很少关注人力资源经理的国际化发展。

15.3　国际人力资源管理的未来[19]

本章最后一节将探讨，在当今混乱和竞争激烈的全球市场环境中，国际人力资源管理机构所面临的挑战以及如何应对这些挑战。在某种程度上，这里描述的是对跨国公司未来的展望。对于许多跨国公司来说，未来已经来临。在这种情况下，无论是现在还是未来，跨国公司都需要面对这些挑战。如同在第 2 章中讨论过的，21世纪的新兴模式不是跨国企业，而是那些有着非常不同的结构和运营方式的全球整合型企业。

15.3.1　国际人力资源管理面临的挑战

本书几乎每一章都讨论了国际人力资源在其相关责任领域所面临的挑战。此外，一些对国际人力资源的整体职能构成战略挑战的问题也开始出现。其中包括：

■ 越来越多的人认识到，世界各地都缺乏人力资源方面的人才，尤其是在大型跨国公司。在人力资源和国际人力资源方面的大学教育机会太少；企业在其内部培养国际人力资源人才方面做得严重不足，包括在人力资源分配中外派人员的使用，提供国际人力资源服务的新架构（例如外包、共享服务和卓越中心）尚未被纳入人力资源开发。

■ 越来越多的员工关系问题（例如对各国员工的权利和福利的比较）使得国际人力资源的规划和服务提供变得越来越复杂和困难。

■ 全球化和更自由的贸易正在使许多国家改变其法律框架，这影响了国际人力资源实践和当地的国家治理。

■ 在世界各地有效实施国际人力资源管理项目的人力资源基础设施缺乏一致性。

■ 世界各地的员工需求不断变化，这经常会带来新的、困难的挑战：

□ 全球员工都希望公司高层领导者来自本国而不是全部来自总部。

□ 本地劳动力和人力资源管理人员希望他们在当地的工作环境的变化能够得到公司总部的尊重。

□ 当地的子公司和合资企业管理层希望拥有被分配到本国的外派人员的部分所属权。

□ 本地员工希望由自己来定义职业道路，并希望自己也能参与公司的职业规划。他们希望母公司能够为当地员工提供发展机会。

□ 当地公司常常感觉被排除在总公司的规划之外。当地公司希望自己可以参与到总公司的规划中，特别是在即将到来的组织变革的沟通中。

　　□ 当地业务部门希望来自总部的高管可以参观、访问它们。

　　□ 在全球各地的外国子公司中，越来越多的员工希望他们的薪酬方案是可变的。他们也希望能够被纳入母公司的总奖励计划和奖金计划中。

15.3.2　新的跨国公司人力资源组织

员工的利益再加上本书前两章所描述的社会变革，导致了需要组织变革。许多高管都是在过去接受培训并发展起来的，那是一个需求与今天截然不同的时代，因此，高管们所知道的和理解的内容与当今全球商业环境的需求之间出现了重大脱节。

这个"新世界"的需求对人力资源（以及国际人力资源）的影响甚至超过组织领导的许多其他领域。从人事管理（主要是事务性）转向战略人力资源管理，从主要处理国内业务转向主要处理国际人力资源管理问题，从传统上使用纸和笔转向通过电子界面（e-HR）来提供人力资源管理服务，从软推广（能够使人感觉良好）到硬推广（衡量人力资源项目的结果，并表明它们对公司的盈利能力和市值产生了积极影响），都改变了人力资源服务的性质和能力。[20] 当然，传统的人力资源管理并没有消失，相反，它们都开始变成自动化的或外包的。与人力资源行政管理和法律合规相关的任务也得到了充分审视，并对人力资源管理对全球业务的增值贡献进行了衡量。因此，人力资源从业者现在面临的挑战是开发新的思维模式和独特的新的人力资源专业能力，如全球化思维模式和计算机及人力资源过程/结果测量的技能。

在传统的人力资源业务方面（例如为新雇员提供工资及福利服务，以及这些服务的更新），科技的发展使其可以通过内包（即共享中心）和外包（最初只涉及特定的人力资源业务流程，现在涉及整个人力资源功能）来实现。因此，现在人力资源专业人员必须专注于人力资源管理流程的集成，以及跨组织和国家边界来对人力资源项目进行管理。

出于很多原因，国际人力资源管理面临的最大挑战之一就是许多公司的人力资源职能的全球化程度还不够高。[21] 在国际商务中，人力资源最有可能进行本地化。许多力量正在推动企业将其国际人力资源职能全球化。正如布鲁斯特、斯帕罗和哈里斯（Brewster，Sparrow & Harris）所说的：

> 旨在提高全球范围内的职能或财务灵活性的倡议，几乎与旨在将工作惯例与彻底改善成本的需要联系起来的综合方案同时推出。在提高灵活性的同时，公司也想改变雇员身份的性质和他们的参与程度，而这种性质几乎不受国界的限制。[22]

当跨国公司的国际人力资源管理职能面临以下挑战时，跨国公司正在寻求几种不同的国际人力资源管理组织模式。[23]

■ 全球业务流程重新设计，追求全球卓越中心战略，工作的全球再分配和再安置。

- 在全球范围内吸纳收购的业务，合并现有业务，配备战略整合团队，并试图在这些合并的业务内开发和协调核心人力资源流程。
- 国际业务的迅速开始和组织的发展。
- 对提高当地业务技能的需求增加，复杂性提升，使得对国际业务能力的要求发生变化。
- 确保能够在必要时考虑到社会和文化等因素，充分利用技术通过全球共享服务提升人力资源的潜力。
- 随着对中介服务提供商的需求的减少，以及基于网络的人力资源供应的增加，人力资源服务供应链正在发生变化。
- 明确国际人力资源职能可向企业提供的绩效水平的适当承诺，以及在严格成本控制条件下满足这些承诺的要求。
- 通过正式或非正式的全球人力资源网络学习运营知识，在国际业务中充当知识经纪人。
- 为公司的员工提供一个有说服力的价值主张，理解公司在全球劳动力市场中所代表的雇主品牌，并在这些有着不同的价值观和认知的劳动力市场中进行雇主品牌营销。
- 国际企业间分散/集中程度的变化导致人力资源专业人员面临身份问题。由于关于最佳实践的知识和想法在中心与运营部门中相互流动，公司各个级别的人力资源专业人员总是感到他们的想法会被其他国家或业务系统否决掉。

在追求这些发展的过程中，国际人力资源管理需要面对五个潜在的挑战：从国内人力资源管理转向国际/全球人力资源管理；在全球基础上促进国际人力资源能力的发展；确保有效的跨国家和跨业务单元的知识管理；提供具有成本效益的人力资源服务；将信息系统的关注点从人力资源实践指标的交付转移到劳动力分析中去。为了应对这些现实和挑战，今天许多跨国公司都把它们的国际人力资源管理部门发展成一个三层的组织结构。[24]最顶层是一个人力资源总部组织，由一小部分负责战略组织和人力资源问题的高级人力资源管理人员组成。他们在全球战略和人力资源两个方面为高级管理层提供建议。他们分为两组：一组是在传统的人力资源功能区域中的专家；另一组是全球团队的国家/区域人力资源经理，他们作为公司在当地的业务伙伴，分散在全球业务中。在这个国际人力资源管理组织的最底层是传统的人力资源人员，他们负责业务部门级别的人力资源项目和职能。这些服务可以通过共享服务中心在内部交付，也可以通过外包供应商在外部交付，这些外包供应商每天处理纯粹的事务性问题，而且这些服务主要通过内部网交付而不是面对面交付。

使这种结构能够发挥作用的是处于中间层的人力资源业务伙伴，他们实现由顶层设计的策略，并设计和监督底层实施的具体事务。这些人力资源业务伙伴扮演着至关重要的角色，无论是研究如何吸引员工、管理和留住众多业务部门的人才、制定雇佣协议、建立可持续的人力资源实践，还是创造和衡量人力资源价值。每一个层次都需要不同的能力，这就是国际人力资源管理所面临的挑战。[25]

国际人力资源管理者努力提高其能力，以更好地使用生成的数据来展示各种项目的优点（见表 15 - 2），使得国际人力资源管理能够得到更好的支持。[26]

表 15 - 2　人力资源管理的数据化

从人力资源指标到劳动力分析

指标	分析
提供一个标准的测量系统	提供系统性的数据或统计的计算分析
测量单个数据点	连接多个数据点
提供信息	提供见解
指导战术	驱动战略
提供数字和比率的表格输出	提供模式和趋势的可视化输出

资料来源：Adapted from Visier（2014），The Datafication of HR，White Paper，Vancouver，BC/San Jose，CA：Visier，Inc.

15.3.3　强化国际人力资源管理的机会

由传统的跨国公司模式（在国家一级设有大多数独立的人力资源办事处，由总部负责监督）转变为这种三层模型，引起了关于国际人力资源管理对新的全球组织战略的贡献的关注和讨论。尽管大多数高管并不否认国际人力资源管理在全球公司中所起到的重要作用，但也有人认为，国际人力资源管理并没有扮演好自己的角色，人力资源没有被当作真正的业务伙伴，它并不具备满足三层模型所必备的国际人力资源能力，来满足全球组织对人力资本、创新和灵活性的需求。

15.3.4　未来国际人力资源管理的工作

最后一小节对本章做一个总结。几年前，IBM 对韬睿咨询公司（Towers Perrin）的研究进行了资助，以确定未来国际人力资源所需的技能。[27]这些能力也正是那些被认为是当前国际人力资源管理能力与未来世界级组织应当具备的能力之间差距最大的地方。

■ 对部门经理就国际人力资源政策、实践等方面进行教育和影响的能力。

■ 具备计算机和技术知识，能够创建和使用全球数据库和社交网络提供国际人力资源咨询和决策，并在全球范围内提供国际人力资源的事务性服务。

■ 能够预见内部和外部的变化，特别是对全世界人力资源人才的可用性和资格的重要性。

■ 在公司内部、总部和业务单位层面展示对国际人力资源管理职能的领导才能。

■ 注重企业内部国际人力资源管理服务的质量。

■ 定义国际人力资源愿景，并将其传达给国际人力资源管理部门和整个组织。

■ 广泛了解国际人力资源管理的许多职能。

■ 愿意在制定和实施创新的国际人力资源管理政策与实践方面承担必要的风险。

■ 能够展示国际人力资源管理政策与实践的财务影响。

鉴于对这些能力的需要，对于未来的国际人力资源，本书建议，跨国公司必须要做到以下几点：

■ 招聘具有国际经验的人。国际人力资源管理必须使跨国公司的管理人员相信拥有一支了解和熟悉国际业务的员工队伍对全球竞争力的重要性。因此，公司需要认识到在招聘和雇佣过程中应当把国际知识和经验作为重要标准。

■ 将具有国际经验的人员（包括人力资源）分散到公司内部。提高公司整体国际业务能力的一个方法是将具有全球知识和经验的人员分散到整个企业。

■ 学习如何在全球范围内招聘和分配员工。国际人力资源管理必须发展从世界各地招募人才的能力，并在公司的全球业务中分配这种全球招聘的任务。

■ 增加公司的国际信息提供。国际人力资源管理应发挥积极作用，不仅要向所有分公司和办事处提供关于企业的全球业务信息，而且要提供一般全球事务信息（例如一般国际杂志和报纸），包括企业所在国家的政府和竞争对手的行动。

■ 对跨文化交际、礼仪、谈判风格和道德规范进行培训。这是向员工提供的有关全球业务信息的一个补充方面。对这些领域的关注能极大地提高一家全球性公司在国际业务运作方面的能力。

■ 确保国际开发任务。国际人力资源管理必须确保全球企业理解并支持必要的开发体系，以确保将国际委派作为所有高管发展项目的主要组成部分。

■ 寻求 GPHR 认证。想要在世界舞台上工作的人力资源从业者应该掌握基本的全球人力资源知识体系。

■ 最重要的是，国际人力资源管理人员需要了解和认识到发展自己以更好地履行其全球任务的重要性。其中包括：彻底了解全球企业如何在国际市场上赢利；能够在所有全球战略讨论中使用商业语言阐明国际人力资源观点；了解如何衡量国际人力资源项目的全球投资回报率；开发并使用全球人力资源平衡计分卡来衡量国际人力资源对公司全球成功的总体贡献；在全球企业中发展关系和网络；创建一个全球人力资源学习型组织，以不断改进和更好地应对不断变化的全球挑战。

综上所述，尽管国际人力资源管理角色的性质在不断发生变化，但以下可能是未来全球人力资源经理所扮演的关键角色：

■ 全球人力资源财务总监，即对国际人力资源项目的财务影响了如指掌。

■ 全球国际人力资源管理供应商经理，即有效地管理国际人力资源管理外包供应商。

■ 就与企业人力资本知识管理相关的问题向全球企业提供内部咨询。

■ 全球人力资源领导者。

■ 15.4 结论

本章研究了国际人力资源管理部门的角色，包括国际人力资源管理部门开发和提供的国际支持服务，持续国际化（全球化）的人力资源管理，越来越专业化的国际人力资源管理部门（包括诸如国际人力资源知识的整理、国际人力资源能力的开发和认证、国际人力资源培训及经验的增加），以及一些公司称之为"全球人力资源管理"的可能的发展情景。

■ 15.5　讨论题

  1. 你认为国际人力资源管理所面对的哪些挑战是最重要的？为什么？

  2. 人力资源管理者应该如何发展高水平的国际人力资源管理能力来应对这些挑战？

  3. 如何改进或改变跨国公司对于国际人力资源管理的看法？

  4. 如何提高人力资源经理处理全球人力资源问题的专业性和能力？对此你有什么建议？

案例 15.1　**德国欧倍德公司的跨国人力资源管理转型**

  欧倍德（OBI）是欧洲第二大自助零售商，也是全球第四大自助零售商，在 13 个欧洲国家（截至 2014 年底）运营着约 540 家门店。OBI 于 1970 年在德国成立，并在 20 世纪 90 年代和 21 世纪前十年迅速扩张至其他欧洲市场。与大多数零售业务的国际化一样，新市场中的新店（在 OBI 的案例中，主要是在中欧和东欧）通常主要开发独立的运营流程。随着 OBI 公司的快速发展，本地独立的人力资源实践开始出现重大问题。

  虽然 OBI 的大部分门店都由公司拥有和运营，但也有一些是根据特许经营协议运营的。此外，在一些国家，OBI 与当地合作伙伴成立了合资企业以扩大业务，同时还保持完全的运营控制。在这些新的国家和门店里，与母公司总部的协调更多地取决于个别经理是否愿意在非正式结构内建立社会关系网络，而不是取决于公司政策的要求，对于人力资源管理实践而言尤其如此。在很大程度上，每家商店都有自己的做事方式。公司使用了几种不同的能力模型、评分量表和绩效评估流程。公司的人员配置活动甚至更加分散。

  到 2008 年，公司总部开始关注不同实践的使用以及方法上的差异，甚至还有质量上的差异。它认识到，为了实现规模经济和利用全球的专门知识和资源，同时仍然在不同的国家市场将其商业做法本地化，它必须改变其多国本土化的做法。这家公司需要创造一种更加集中的经营模式，成为一家国际化程度更高的公司。

  这项由管理层支持的挑战是开发适用于所有国家的标准化系统，考虑到 OBI 在德国、意大利、奥地利、匈牙利、捷克、波兰、斯洛文尼亚、瑞士、波黑、俄罗斯、克罗地亚、乌克兰和罗马尼亚等多个国家开展业务，这是一项不小的挑战。

  人力资源总监托马斯·贝尔克（Thomas Belker）回忆道：

    当我 2006 年开始干这份工作时，许多部门经理都来寻求帮助。国际业务增长如此之快，我们迫切需要外派人员在新的国家建立新的总部，并支持新商店的发展。我们最大胆的努力之一是在俄罗斯的扩张，面临着风险。当年 OBI 需要招聘 2 000 名员工，这一招聘活动几乎陷入停滞，因为我们无法为管理团队找到足够数量的外籍员工。

每个国家都在寻求自己的方式来满足自己的需求，这使得总部很难提供帮助，并确保公司能够实现扩张目标。

没有标准化的人力资源管理做法，即使在那些制定了正式政策的国家，也很少有人遵守这些做法。因此，在某些情况下，直线管理人员会根据需要要求总部提供个别指导，然后根据他们的具体情况制定建议的解决方案。在其他情况下，管理人员将寻找自己的解决办法，因为总部并不总是会提供支持和帮助。OBI 意识到，为了支持其国际扩张，一旦面临潜在的巨大的合格员工的短缺，它将需要标准化的招聘程序。托马斯·贝尔克回忆道：

> "我知道，如果我想让所有人都理解多国本土化模式行不通，那么我与所有国家经理的首次会晤将是一次至关重要的机会。但我如何才能消除对流程集中化的恐惧？这种可怕的集中化会打消区域经理和当地人力资源经理采取个别解决方案的积极性。"

事实证明，这个问题存在于所有的人力资源实践中，包括绩效评估系统和人员配置实践。当地管理人员担心，标准化的模式将使他们对当地招聘和评估决策的控制权减少。OBI 总部之前为各种人力资源实践开发了几个模型，尽管并没有得到统一应用。虽然创建标准化的策略具有提供明确指导的优势，但是 OBI 总部担心，如果模型不能解决本地问题，管理人员可能就不会遵守。

第一，OBI 总部认识到，将其所有的人力资源实践标准化并不一定会导致组织的高度集成，而且在一些国家，采用集中式人力资源管理存在相当大的阻力。因此，总部禁止使用"集中"一词，而是鼓励每个国家的管理人员帮助发展核心进程。我们希望，虽然这些标准最终将成为全公司范围的标准，但它们最初可以由组织的任何级别制定。第二，总部认识到每个当地行动都是为其所面临的问题制定独特的解决办法，因此要设法确定哪个国家最有效地解决了哪个问题。

整个过程始于一个核心项目小组，该小组代表公司以下组织单位：人力资源总部、区域人力资源经理和德国的销售部门。该小组首先收集和分析了每个国家正在使用的各种做法的数据。在几次讲习班和会议上，小组审查了各种建议，以便更密切地注意全面的业务需要。某些国家被确定为特定核心人力资源流程的"能力中心"。通过这种方式，在一个国家独立制定了招聘、培训、绩效管理等方面的指导方针，再应用到其他国家的业务中。

然而，这些准则的执行遇到了困难。总部与国外当地人力资源部门每月都会召开电话会议。由于文化差异，东欧和西欧之间的交流经常遇到阻碍。主要问题来自试图让人们在截止日期前完成任务，以及在电话会议期间得到积极的参与和反馈。

为了赶上项目的最后期限，总部与所有国家的沟通增加了一倍。除了发送关于项目的截止日期和提醒邮件，同事们在日常业务操作中还会被提醒各种项目的重要性。

事实证明，保持高参与度和高开放性的讨论远比遵守最后期限和保持项目继续存在困难得多。公司安排了一个为期两天的会议，与会者包括所有来自海外的人力资源同事。在这次会议上，人们讨论了创新的必要性，交流了经验和想法，无论这些经验和想法有多微不足道、多废话或多愚蠢。展示核心团队的想法，揭示核心团队所犯的许多错误，有助于在大多数参与者之间建立信任，有助于获得所需的坦诚。

这样做的另一个好处是增加了人力资源经理之间的互动，并在整个组织中形成了国际化的思维模式。在这个过程中，耐心和感恩对工作的开展非常有帮助。跨文化合作总是比在自己的组织文化或结构内进行沟通花费更多的时间。因此，通过在制定各种人力资源政策时赋予每个国家的业务一个关键职能，OBI 的人力资源将自己从一种多国本土化的运营方式转变成了一种跨国组织。

资料来源：Based on the vignette，Internationalization of HR at OBI：Intergrated recruitment strategy in action，written by Dr. Lisbeth Claus and published in Briscoe，D.，Schuler，R. S.，and Claus，L.（2009），International Human Resource Management，3rd ed.，London/New York：Routledge；and available at www. willamette. edu/agsm/global_hr；Belker，T.（2010）. Team effort helps make worldwide performance evaluations consistent，downloaded 2/18/2010 from www. shrmn. org/hrdisciplines/global/Articles/Pages/PerformanceEvaluations. aspx；and the firm's website at www. obi. com/de/company.

问题：

1. OBI 如何利用其多国本土化战略的优势，将其结构转变为一个跨国组织？
2. 为什么 OBI 创建了"卓越中心"？
3. 从一个多国本土化模式转变为一个跨国企业，对这个组织的文化有什么影响？
4. 它是如何影响人力资源的？
5. 这个案例是否为国际人力资源管理的未来提供了启示？

［注释］

1 The Future of HR: Research Overview (2013). Accenture (a global management consulting, technology services and outsourcing company). Available at http://www.accenture.com/SiteCollectionDocuments/PDF/Accenture-Future-of-HR-Overview.pdf.

2 Adapted from Reynolds, C. (2000). Chapter 28: The future of global compensation and benefits, in Reynolds, C. (ed.), *2000 Guide to Global Compensation and Benefits*, San Diego: Harcourt Professional Publishing, pp. 559–570; and Tichy, N.M. (1988). Setting the global human resource management agenda for the 1990s. *Human Resource Management*, 27, 1–18. Also see Sheehan, C., De Cieri, H., Cooper, B., and Brooks, R. (2014). Exploring the power dimensions of the human resource function. *Human Resource Management Journal*, 24 (2), 193; Powers, R., and Chamberlain, D. (2014). The many moving elements of global mobility planning. *Benefits and Compensation International*, 43 (10), 13; McNulty, Y. and De Cieri, H. (2011). Global mobility in the 21st century. *Management International Review*, 51 (6), 897–919; Keegan, A., Huemann, M., and Turner, J.R. (2012). Beyond the line: Exploring the HRM responsibilities of line managers, project managers and the HRM department in four project-oriented companies in the Netherlands, Austria, the UK and the USA. *The International Journal of Human Resource Management*, 23 (15), 3085; Brandl, J., and Pohler, D. (2010). The human resource department's role and conditions that affect its development: Explanations from Austrian CEOs. *Human Resource Management*, 49 (6), 1025; De Wang, Y., and Niu, H.J. (2010). Multiple roles of human resource department in building organizational competitiveness—perspective of role theory. *International Management Review*, 6 (2), 13–19, 106.

3 Jackson, S.E., Schuler, R.S., and Werner, S. (2012). *Managing Human Resources*, 11th ed., Mason, Ohio: Cengage.

4 Frase-Blunt, M. (2003). Raising the bar. *HR Magazine*, March, 74–78; Grossman, R.J. (2003). Putting HR in rotation. *HR Magazine*, March, 50–57. Also see Schramm, J. (2014). The pulse of the HR profession. *HR Magazine*, 59 (2), 64; Minton-Eversole, T. (2014). How to find a good outplacement provider. *HR Magazine*, 59(9), 14; Labedz, C.S., and Lee, J. (2011). The mental models of HR professionals as strategic partners. *Journal of Management and Organization*, 17 (1), 56–76; Jackson, H.G. (2014). The evolution of HR continues. *HR Magazine*, 59 (10), 8; Glover, L., and Butler, P. (2012). High-performance work systems, partnership and the working lives of HR professionals. *Human Resource Management Journal*, 22 (2), 199.

5 Becker, B.E., Huselid, M.A. and Ulrich, D. (2001). *The HR Scorecard: Linking People, Strategy, and Performance*, Boston: Harvard Business School Press; Fitz-enz, J. (2000). *The ROI of Human Capital: Measuring*

the *Economic Value of Employee Performance*, New York: American Management Association (AMA-COM); Philips, J.J., Stone, R.D. and Phillips, P.P. (2001). *The Human Resources Scorecard: Measuring the Return on Investment*, Boston: Butterworth-Heinemann; Csoka, L., and Hackett, B. (1998). *Transforming the IHR Function for Global Business Success* (1998) New York: The Conference Board. Also see Douthitt, S., and Mondore, S. (2013). Creating a business-focused HR function with analytics and integrated talent management. *People and Strategy*, 36(4), 16–21; Falletta, S. (2013). In search of HR intelligence: Evidence-based HR analytics practices in high performing companies. *People & Strategy*, 36 (4), 28–37; Risher, H. (2013). Investing in managers to improve performance. *Compensation & Benefits Review*, 45 (6), 324–328; Arrowsmith, J. (2014). The prize and peril of HR analytics. *Human Resources Magazine*, 18 (6), 30; Becker, B.E., Huselid, M.A., and Beatty, R.W. (2005). *The Workforce Scorecard: Managing Human Capital to Execute Strategy*, Harvard Business School Press Books, 1; Levensor, A. (2011). Using targeted analytics to improve talent decisions. *People & Strategy*, 34 (2), 34–43.

6 Jackson, S.E., Schuler, R.S., and Jiang, K. (2014). An aspirational framework for strategic human resource management. *Academy of Management Annals*, 8 (1), 1–56; Schuler, R. (1991). *The HR Function in Effective Firms in Highly Competitive Environments in the 21st Century*. Special Report for the IBM Corporation that served as the basis for the global HR survey entitled, "A 21st Century Vision: A Worldwide Human Resource Study," conducted by TPF&C; Schuler, R. (1994). World Class HR Departments: Six Critical Issues, *The Singapore Accounting and Business Review*, January, 43–72. Refer to references in endnote 7.

7 This subject is a frequent topic for presentations at industry and IHR practitioner conferences. Here is a sample of some of the articles that have appeared in various sources over the last few years: *Trends Global Relocation. Global Mobility Policy and Practices.* 2014 Survey Executive Summary Report by Cartus Corporation; 2014 *Global Mobility Trends Survey* by Brookfield Global Relocation Services (Brookfield GRS); Rafter, M. (2012). Global relocation rebounds. *Workforce Management*, 91 (7), 10; Cleghorn, L. (2014). Insights into employee relocation activity in 2013. *Global. Benefits & Compensation International*, 43 (7), 23; Leahman, K., Haroun, M., Abbot, E., and Meyer, E. (2014). Navigating the cultural minefield: Interaction. *Harvard Business Review*, 92 (7/8), 20; Gleeson, M. (2013). Planning for an overseas move. *Money Management*, 27 (44), 24–26.

8 Loewe, G.M. (1994). Evolution of the relocation function. *Journal of International Compensation & Benefits*, January/February, 43–46.

9 Sources: www.riotinto. com. (2014); Slentz, A. (2009). Going global to last. *HR Magazine*, August, 36–38.

10 Ulrich, D., Younger, J., Brockbank, W. and Ulrich, M. (2012). *HR from the Outside in: Six Competencies for the Future of Human Resources*, New York: McGraw-Hill; Buyens, D. and de Vos, A. (1999). Chapter 2: The added value of the HR department, in Brewster, C. and Harris, H. (eds.), *International Human Resource Management*, London: Routledge; Lawler, E.E., III (1992). *The Ultimate Advantage: Creating the High-Involvement Organization*, San Francisco: Jossey-Bass; Pfeffer, J. (1994). *Competitive Advantage Through People*, Boston: Harvard Business School Press; Pfeffer, J. (1998). *The Human Equation: Building Profits By Putting People First*, Boston: Harvard Business School Press; Stroh, L.K. and Calligiuri, P.M. (1998a), Increasing global competitiveness through effective people management. *Journal of World Business*, 33 (1), 1–16; and Stroh, L.K. and Caligiuri, P.M. (1998b). Strategic human resources: A new source for competitive advantage in the global arena. *The International Journal of Human Resource Management*, 9 (1), 1–17.

11 Grossman (2003); and Poe, A.C. (2000). Destination everywhere. *HR Magazine*, October, 67–75.

12 Frase-Blunt (2003); Grossman (2003); and Reynolds, C. (1992). Are you ready to make IHR a global function? *HR News: International HR*, February, 1–3.

13 See http://www.shrm.org/certification/pages/default.aspx.

14 See http://www.hrci.org/.

15 Latham, G. (2012, December). What we know and what we would like to know about human resource management certification. *Human Resource Management Review*, December, pp. 269–270; Lengnick-Hall, M.L., and Aguinis, H. (2012). What is the value of human resource certification? A multilevel framework for research. *Human Resource Management Review*, 22 (4), 246–257; Lester, S.W., and Dwyer, D.J. (2012). Motivations and benefits for attaining HR certifications. *Career Development International*, 17 (7), 584–605; Garza, A.S., and Morgeson, F.P. (2012, December). Exploring the link between organizational values and human resource certification. *Human Resource Management Review*, pp. 271–278; Hempel,

G. (2008). What is HR certification? *Expatriate Advisor*, summer, 2–3; McConnell, B. (2003). HRCI to offer global HR certification in 2004. *HR Magazine*, March, 115, 117; also refer to the HRCI website: www. hrci.org/about/Intl.html.

16　Sparrow, P., Brewster, C., Budhwar, P., and De Cieri (2011). *Globalizing Human Resource Management*, London/New York: Routledge.

17　Claus, L. (1998). The role of international human resource in leading a company from a domestic to a global corporate culture. *Human Resource Development International*, 1 (3), 309–326; Claus, L. (1999). Globalization and HR professional competencies, paper presented at the 22nd Annual Global HR Forum (The Institute for International HR—now the Global Forum, a division of the Society for Human Resource Management), Orlando, FL, April 13; Sparrow, P., Brewster, C., and Harris, H. (2012). *Globalizing Human Resource Management*, 2nd ed., London/New York: Routledge; also see Strobel, K. (2014). Competency proficiency predicts better job performance. *HR Magazine*, 59 (10), 67; Ulrich, D., Younger, J., and Brockbank, W. (2012). HR competency. *Leadership Excellence*, 29 (8), 17; Brockbank, W., Ulrich, D., Younger, J., and Ulrich, M. (2012). Recent study shows impact of HR competencies on business performance. *Employment Relations Today*, 39 (1), 1–7; Johnson, C. (2012). So you want to be a strategic HR person?. *Human Resources Magazine*, 17 (3), 8–9; Long, C. S., Wan Ismail, W. K., and Amin, S. M. (2013). The role of change agent as mediator in the relationship between HR competencies and organizational performance. *International Journal of Human Resource Management*, 24 (10), 2019–2033; Tyler, K. (2011). What are global cultural competencies? *HR Magazine*, 56 (5), 44–46.

18　Based partially on: Kochan, T. A. (2007). Social legitimacy of the human resource management profession: A US perspective, in Boxall, P., Purcell, J., and Wright, P. (eds.), *Oxford Handbook of Human Resource Management*, Oxford/New York: Oxford University Press; Odell, C. and Spielman, C. (2009). Global positioning: Managing the far-reaching risks of an international assignment program. *Benefits Quarterly*, Fourth Quarter, 25 (4), 23–29; Society for Human Resource Management (2010), *What Senior HR Leaders Need to Know*, Alexandria, VA: SHRM; Stroh and Caligiuri (1998b).

19　Jackson, Schuler and Jiang (2014); Kramar, R. (2014). Beyond strategic human resource management: Is sustainable human resource management the next approach? *International Journal of Human Resource Management*, 25 (8), 1069–1089; Conference Report 13th IHRM Conference (2014). Uncertainty in a flattening world: Challenges for IHRM June 24–27 (2014), Cracow, Poland; Zheng, C. (2013). Critiques and extension of strategic international human resource management framework for dragon multinationals. *Asia Pacific Business Review*, 19 (1), 1–15; Schuler, R. S., Jackson, S. E., and Tarique, I. (2011). Global talent management and global talent challenges: Strategic opportunities for IHRM. *Journal of World Business*, 46 (4), 506–516; Sheehan, M., and Sparrow, P. (2012). Introduction: Global human resource management and economic change: a multiple level of analysis research agenda. *International Journal of Human Resource Management*, 23 (12), 2393–2403; Ehnert, I., and Harry, W. (2012). Recent developments and future prospects on sustainable human resource management: Introduction to the special issue. *Management Revue*, 23 (3), 221–238; Boxall, P. (2014). The future of employment relations from the perspective of human resource management. *Journal of Industrial Relations*, 56(4), 578–593.

20　Baron, A. and Armstrong, M. (2007). *Human Capital Management: Achieving Added Value through People*, London/Philadelphia: Kogan Page; Fitz-enz, J. (2009). *The ROI of Human Capital*, New York: AMACOM; Fitz-enz, J. (2010), *The New HR Analytics*, New York: AMACOM; Huselid, M.A., Becker, B.E., and Beatty, R. W. (2005). *The Workforce Scorecard*, Boston: Harvard Business School Publishing Corporation; Lawler, E. E., III (2008). *Talent: Making People Your Competitive Advantage*, San Francisco: John Wiley and Sons; and Lawler, E. E., III and Boudreau, J. (2009). *Achieving Excellence in Human Resource Management: An Assessment of Human Resource Functions*, Stanford, CA: Stanford University Press.

21　Brewster, C., and Sparrow, P. R. (2007). *Globalising HR: Roles and Challenges for the International HRM Function*. Lancaster University: Centre for Performance-Led Human Resources.

22　Brewster, C., Sparrow, P. R. and Harris, H. (2005). Towards a new model of globalizing human resource management. *International Journal of Human Resource Management*, 16 (6): 957.

23　Brewster and Sparrow (2007); and Sparrow, Brewster, and Harris (2012).

24　Buyens, D. (2009). Strategic HRM: The three pillar model: A blueprint for future HR, keynote to the 9th bi-annual Conference on International HRM, June 14, Santa Fe, NM: Claus, L. (2007). Building global HR competencies, Master Class presentation at the CIPD Annual Conference and Exhibition, Harrogate, UK; and Claus, L. (2009), Operating in an uncertain world: New opportunities for Global HR, paper presented to the 9th bi-annual Conference on International HRM, June 14, Santa Fe, NM.

25 Claus. L. (2001). The future of HR. *Workplace Visions*, No. 6, 2–3.

26 Ahalt, S. and Kelly, K. (2013). The big data talent gap. *UNC Executive Development*, 32–40; McIlvaine, A.R. (2012). Rise of the quants. *HR Executive*, March, 4–8; Visier (2014). *The Datafication of HR*, White Paper, Vancouver, BC/San Jose, CA: Visier, Inc.

27 Towers Perrin (studies conducted for IBM) (1990). *A Twenty-first Century Vision: A Worldwide Human Resources Study* and (1992). *Priorities for Competitive Advantage*, New York: Authors.

综合案例

案例 1　美国人在东京：一个跨文化管理案例

斯图尔特·布莱克（Stewart Black）

透过 24 楼办公室的窗户，弗雷德·贝利（Fred Bailey）凝视着东京市中心熙熙攘攘的繁华中皇宫的宁静之美。弗雷德带着妻子和两个孩子来到这里，担任 Kline&Associates 公司东京办事处的总经理，这一为期三年的工作目前才开始六个月。Kline&Associates 是一家大型跨国咨询公司，在全球 19 个国家设有办事处。弗雷德现在正试图决定是该收拾行装，告诉母国办公室他要回家了，还是该设法说服妻子和他自己继续留下来。想到他们刚开始接到这个任务时的兴奋，弗雷德对事情是如何发展到现在这个局面一直很困惑。当看着天鹅在环绕皇宫的护城河中滑过水面时，他回忆起过去的七个月。

七个月前，波士顿总公司的执行合伙人戴夫·施泰纳（Dave Steiner）邀请弗雷德共进午餐讨论业务。令弗雷德惊讶的是，他们讨论的不是他和他的团队刚刚完成的重大项目，而是一个非常大的晋升和职业生涯调整。弗雷德获得了该公司新成立的东京办事处总经理的职位，该办事处有 40 名员工，其中包括 7 名美国人。东京办事处的大多数美国人不是助理顾问就是研究分析师。弗雷德将负责整个办事处，并向高级合伙人汇报。施泰纳向弗雷德暗示，如果这项任务和他过去的项目一样顺利，完成之后他就可以成为公司的合伙人。

当弗雷德告诉妻子这个令人难以置信的机会时，他对她的冷淡反应感到吃惊。他的妻子詹妮弗（Jennifer）认为，让孩子们在国外生活和上学三年是相当困难的，尤其是最大的克莉丝汀（Christine）明年要上中学。再说，现在孩子们都上学了，詹妮弗正考虑重新工作，哪怕是兼职。詹妮弗在一所著名的私立大学获得时装销售学位，在生下这两个女儿之前，她曾在一家大型女装店担任助理采购员。

弗雷德解释道，这个职业机会实在太好了，错过就太可惜了，而且公司已经安排好了海外的生活。公司将支付搬家的所有费用，公司还将在房价昂贵的东京地区免费提供住房，公司还会在他们不在的时候出租他们在波士顿的房子。此外，该公司还将为他们配备一辆汽车和一名司机，为孩子们上私立学校提供教育费用，并提供生活费和海外薪酬，这将使弗雷德的年薪总额增加近两倍。经过两天的考虑和讨论，弗雷德告诉施泰纳他将接受这项任务。

现任东京办事处总经理是该公司的合伙人，但在东京办事处工作不到一年，他被调到了英国一个设立时间比较久的办事处担任经理。因为他马上就要搬到英国，所以弗雷德和他的家人有大约三个星期的时间准备搬家。在把办公室的东西交接给继任者和准备搬家具之类的事情之外，除了网络百科上的内容，弗雷德和他的家人都没有时间真正了解日本。

当费雷德一家抵达日本时，在机场迎接他们的是一位年轻的日本助理顾问和一位年长的美国人。弗雷德和他的家人在长途旅行后很累，因此到东京的两个小时车程中大家相当安静。在安顿下来几天之后，弗雷德在办公室度过了他的第一天。

弗雷德的第一件事是与助理顾问及以上级别的所有雇员举行会议。但弗雷德没有注意到的是，所有的日本员工坐在一起，所有的美国人坐在一起。在弗雷德介绍了自己以及他对东京办事处的潜力和未来方向的总体看法后，他呼吁大家人考虑一下他们所负责的事情是否与他提出的总体计划相契合。从美国人那里，弗雷德得到了各种各样的意见，其中包括为什么一些东西可能适合，一些东西可能不适合。从日本人那里，他得到的却是非常模糊的答案。弗雷德感觉到会议没有达到他的目标，但他对所有人的到来表示了感谢，并说他期待大家共同努力使东京办事处成为公司发展最快的办事处。

在日本待了大约一个月后，弗雷德的妻子向他抱怨她很难买到某些日常用品，如枫糖、花生酱、优质牛肉。她说，她花了在美国的三倍甚至四倍的钱才在一家专卖店买到这些东西。她还抱怨说，由于洗衣机和烘干机太小，她不得不花额外的钱把东西送出去干洗。除此之外，弗雷德每天离家上班 10～16 个小时，除非她去东京市中心的美国俱乐部，否则她找不到可以说话的人。这时，弗雷德正全神贯注地想着和一个重要的潜在客户（一家日本 100 强跨国公司）即将举行的一次大型会议。

第二天，弗雷德和美国首席顾问拉尔夫·韦伯斯特（Ralph Webster）以及一位会说流利英语的日本助理顾问黑川研一（Kurokawa Kenichi）一同会见了这家日本公司的一个团队。日本小组由四名成员组成：行政副总裁、国际人事主任和两名专家。在握手和几个尴尬的鞠躬之后，弗雷德说，他知道对方很忙，不想浪费他们的时间，这样他就直接开始了。然后，弗雷德让另一个美国人列出了他们公司对该项目的建议以及该项目的成本。弗雷德讲完之后问对方对提议的反应，对方没有立即做出回应，弗雷德问对方是否翻译不到位，但对方对他的问题也只是作了一个含糊的回答。

回忆起那次会议，弗雷德产生了挫败感，事实上，第一次会议后的五个月里，合作进展甚微，两家公司之间的合同尚未签署。"我似乎永远无法得到日本人的直接回应。"他心想。这种挫败感使他想起了与这个客户会面后一个月时发生的一件事。

弗雷德认为，与客户的合作之所以没有取得多大进展，是因为自己和团队对客户的了解不够，无法以一种吸引客户的方式提交方案。因此，他请与该提案有关的美国人拉尔夫·韦伯斯特就客户需要编写一份报告，以便在必要时对提案进行重新评估和修改。他们都认为日本研究伙伴渡边泰弘（Watanabe Tashiro）将是领导编写这份报告的最佳人选。为了让渡边泰弘明白这项任务的重要性以及他们在他身上看到的巨大潜力，弗雷德和拉尔夫决定与这位年轻的日本同事见个面。在会面时，弗雷德让拉尔夫说明了任务的性质和重要性，这时弗雷德在椅子上向前倾身，对渡边泰弘说："你可以看到这是一项重要的任务，我们对你非常信任。我们下周这个时候需要这份报告，以便修改和重新提出我们的建议。你能做到吗？"这个日本人犹豫了一下，回答说："我不知道该说什么。"这时，弗雷德微笑着从椅子上站起来，走向那位年轻的日本同事，伸出手说："嘿，没什么好说的。我们只是给你一个你应得的机会。"

在报告截止的前一天，弗雷德问拉尔夫报告进展如何，拉尔夫说，他没有接到渡边泰弘的任何消息，那么一切应该都是正常的，不过他会再次核实一下。拉尔夫遇到了一个美国研究人员约翰（John）。拉尔夫知道约翰受雇于日本的原因是其在日语方面的能力，而且不像其他美国人，约翰经常会和一些日本研究人员，包括渡边泰弘，下班之后一起去聚会。拉尔夫问约翰是否知道渡边泰弘的报告进展如何。约翰回忆说，昨晚在办公室，渡边泰弘曾问美国人是否有时会因为报告迟交而解雇员工。约翰问他为什么这么问，渡边泰弘没有立即回应，因为已经是晚上8点半了，约翰建议他们出去喝一杯。起初，渡边泰弘拒绝了，但后来约翰向他保证，他们就在附近的酒吧里喝一杯，然后马上回来。在酒吧里，约翰叫渡边泰弘不要心事重重的。

渡边泰弘向约翰介绍了报告的情况。渡边泰弘说，尽管他每天晚上工作到深夜，但仍然没有完成报告，甚至他从一开始就怀疑自己能否在一周内完成报告。

这时，拉尔夫问约翰："他为什么一开始不说呢？"拉尔夫不等约翰回答他的问题，径直走向渡边泰弘的办公桌。

拉尔夫严厉责备了渡边泰弘，然后去找了弗雷德。他解释说，报告还没有准备好，渡边泰弘从一开始就认为不可能。"那他为什么不说呢？"弗雷德问道。没有人知道答案，整件事使得大家都相互怀疑和不安起来。

过去的两个月还有其他大大小小让人特别沮丧的事，但弗雷德不可能记住所有的事情。在弗雷德看来，与日本人合作就像与来自另一个星球的人合作一样。弗雷德觉得他没办法和他们交流，他永远也搞不懂他们在想什么。他简直快疯了。

除此之外，詹妮弗也想回家。尽管孩子们看起来一切很好，詹妮弗还是厌倦了日本，厌倦了被人盯着看，厌倦了无法理解别人和无法被别人理解，厌倦了在商店找不到她想要的东西，厌倦了在电视上看不到自己想看的，厌倦了什么事她都做不了的感觉。她想回家，她想不出他们不该回家的理由。毕竟，他们不欠公司的，因为公司让他们相信这就像他们在旧金山度过的两年一样，只是另外一项任务而已，但结果完全不是这么回事。

弗雷德再一次向窗外望去，希望一切都能回到正轨上来。楼下的交通堵塞了，尽管交通灯变绿了，但汽车和卡车都动不了。幸运的是，在地下，世界上最先进、最高效、最干净的地铁之一，正在把成千上万的人带到城市周围，带回他们的家中。

资料来源：J. Stewart Black, Fred Bailey: An innocent abroad—a case study in cross-cultural management. Reprinted by permission of the author.

问题：

1. 谁应该对当前的情况负责？不同利益相关者的责任是什么？总部人力资源

部门的责任是什么？日本人力资源部门的责任是什么？弗雷德、詹妮弗、戴夫·施泰纳——公司执行合伙人的责任是什么？

2. 当前的情况反映了公司人力资源部门的什么问题？

3. 弗雷德经历的问题的根本原因是什么？

4. 弗雷德现在该怎么办？他的选择有哪些？不同选择的利弊有哪些？

案例2　印度尼西亚巴伐利亚汽车厂

丹尼斯·R. 布里斯科（Dennis R. Briscoe）

案例中的组织：

德国巴伐利亚汽车公司（BAW），印度尼西亚雅加达电气组装有限公司（JEA）

国际合资企业：雅加达-巴伐利亚汽车有限公司

德国巴伐利亚汽车公司（Bavarian Auto-Werks，BAW）的管理层将其在印度尼西亚雅加达电气组装有限公司（Jakarta Electro Assembly Ltd，JEA）的持股比例提高到50%以上已经一个月了。这家合资企业的谈判漫长而艰难，但最终达成了一项协议，将进行有限生产规模的合资，BAW将提供有限的股权、技术和设备以及管理专业知识。最初的合作看起来是成功的，所以现在BAW正在增加它的持股比例。在最初的谈判结束时，BAW已派遣一位经理和工程师团队前往雅加达，为陷入困境的印度尼西亚公司提供一些管理上的帮助。该小组的负责人斯蒂芬·里特尔（Stephan Ritter）是执行JEA尽职调查的小组的原始成员，并领导了谈判合资协议的小组。这是BAW和JEA成立的第一家合资企业，因此两家公司在谈判中都没有经验。这家合资企业名为雅加达-巴伐利亚汽车有限公司（Jakarta-Bavarian Auto Works，JBAW）。斯蒂芬和妻子妮可（Nicole）是第一批抵达印度尼西亚的德国人。斯蒂芬现在想的是，鉴于BAW在新的公司中占较多股权（目前为52%），怎么样才能确保合资企业的成功。

除了少数最高级的管理人员，JEA（现为JBAW）的员工无法直接获得有关谈判或谈判结果的信息。最初，JEA的员工非常支持与BAW的交易。但在交易完成后不久，又来了一个新的德国团队（六名专家：一名会计和五名制造工程师）。鉴于德国人在担任管理和运营职务时可能采取的行动，人们的热情逐渐冷了下来。印度尼西亚现有的高级管理人员担心他们可能被会说英语的年轻管理人员取代。由于德国人追求更高的生产率和更低的成本，其他印度尼西亚员工担心他们有可能被解雇。谣言通过当地报纸上的不准确报道泛滥开来。一家报纸甚至报道说，将从德国的BAW调动一批人到印度尼西亚。因为BAW现在是合资企业的大股东，外界对BAW在重组JEA时将实施裁员的猜测越来越多，人们的焦虑情绪也越来越严重。总的来说，由于印度尼西亚人跟德国人没有太多的接触，他们认为德国人将采取与其他外国公司（如在印度尼西亚的美国公司）相同的行动，如大量裁员，并用外籍人员取代当地的高层管理人员。

然而，由于BAW只有少数经理参与了尽职调查和谈判，德国人也很清楚，他们对印度尼西亚文化的了解有限。因此，斯蒂芬和妮可在迁往雅加达之前花了一个月的时间，对印度尼西亚文化进行了深入研究，并进行了语言方面的培训。最近抵达的六名德国人组成的小组预计，在开始改变制造设备和工艺之前，还将花至少一个月的时间了解印度尼西亚及其文化。他们认识到，适应当地文化将是一个持续的过程，不会在一个月内完成。尽管预计新公司的大多数高层沟通都将以英语进行（这是德国人和至少一些印度尼西亚经理以及大多数潜在客户的共同语言），德国人意识到用自己的语言与同行和其他员工交流有多重要。

现状

印度尼西亚是第四人口大国（截至 2014 年中，人口超过 2.53 亿），大部分人口信仰伊斯兰教，年人均国内生产总值（按购买力平价计算）约为 5 200 美元（2013 年）。JEA 位于爪哇岛上最大的城市首都雅加达市郊。

国际合资协议的基础是 JEA 继续为印度尼西亚售后市场生产汽车零部件（在汽车零部件商店和汽车修理厂出售），并尽快将其发展为四家德国汽车公司的原始设备（OEM）分包商，这四家公司分别是大众（Volkswagen）、宝马、欧宝（Opel，欧洲通用汽车）和欧洲福特，它们都是德国 BAW 的客户。这家国际合资企业最终有望能够扩展到其他代工业务，比如为美国和日本的汽车制造商生产设备。

斯蒂芬和 BAW 担心的一个问题是，在新的合资企业中，组织文化将发生变化。从本质上讲，到目前为止，有三种可能性，但尚不清楚哪种可能性最好：

- 来自 JEA 的企业文化。这种文化是典型的印度尼西亚企业文化。
- 更传统的德国文化，如 BAW 的企业文化。
- 利用印度尼西亚文化和德国文化的特点，创造一种新的混合文化。

BAW 最初希望实现的主要目标包括：

- 建立一个以客户为中心的组织。
- 提高所有作业和活动的效率。
- 提高公司的盈利能力。
- 提高财务信息的完整性和准确性。

其他需要解决的问题包括：管理控制问题（BAW 和 JEA 管理人员分享最高管理职位）；德国向印度尼西亚转让技术的时间表；知识产权保护；收入分享和成本分配；裁员（数量和时间安排）；绩效管理（使用绩效评估，制定工作目标和绩效标准）；健康和安全问题；招聘标准。

斯蒂芬意识到德国人在沟通方面面临着许多挑战，其中包括印度尼西亚的家庭和朋友至上的原则、人际关系的性质以及在所有交易中对"面子"的照顾。因为JEA 只有几个印度尼西亚人会说德语，而一些经理（和一些低级雇员）会说一些英语，所以公司决定将英语作为管理会议的语言。显然，这些会议需要一名翻译。事实上，斯蒂芬认为最好用两个翻译人员，一个是印度尼西亚人，一个是德国人。

最后，斯蒂芬希望在JBAW 内建立这样一种文化，能够在所有运营以及与当前和潜在客户的所有互动中实现并保持世界级的质量和世界级的生产力。因此，斯蒂芬现在必须为谈判做好准备，他需要为合资企业的持续经营制订一个计划，使公司朝着他和 BAW 对 JBAW 的希望前进。他需要解决的问题是，我该如何继续？

印度尼西亚人的谈判风格

印度尼西亚人通常只和他们认识和喜欢的人做生意。建立这种人际关系需要时间，但至关重要。建立一个成功的商业关系取决于建立一个社会关系，这可能需要一些时间。商业谈判的步伐相当缓慢，因此需要有相当的耐心而不是快速决定。外国人在谈判桌上不应该指望印度尼西亚人做出什么决定。印度尼西亚人希望研究大量的信息，因此对方总是需要提供尽可能多的信息和细节，以回应他们的问题和他们可能的需要。报告应准备充分，并简单介绍。细节最好放在附加材料上，这些材料应该翻译成印度尼西亚语附在后面。最理想的情况是，外国谈判代表应在会议前向印度尼西亚人提交材料和拟定议程，供其研究。应提供额外的议程副本，因为出席的人数可能比预期的要多。外国人应该组织一个良好的团队进行谈判，这个团队的角色已经被清楚地考虑和定义了，这个团队的成员决不能在印度尼西亚人面前意见相左，或显得不确定、无权做出决定或者失控。

印度尼西亚人一般不喜欢讨价还价，如果他们讨价还价了，应该把这看作获得双赢的可能性。一般来说，谈判被视为一个建立关系的机会。尽管谈判达成的任何协议都必须是合法的，但是对印度尼西亚人来说，合同只是一张纸，它仅仅意味着已经达成了一项协议。双方之间建立了承诺，协议才会被遵守。

一笔交易应该以庆功宴的形式敲定，而实际签约可能会推迟到一个吉利的日子——这可能会影响日程的安排。沟通需要保持开放，尤其是在距离较远的地方，外国人需要经常与印度尼西亚的同事保持联系；外国谈判代表应该比平时分享更多的信息；由于商业与政府的关系如此密切，而且政治局势如此多变，外国谈判代表应该设法在印度尼西亚"实地"掌握信息来源，如果可能的话，外国谈判代表最好随时向他们通报实际情况。所有的交流都应该非常正式，尊重等级。印度尼西亚人非常尊重上级，他们希望其他人也这样做。因此，不同意印度尼西亚高级官员的意见是不可能的，这会使与他们的谈判变得相当困难。礼貌是印度尼西亚关系成功的重要因素之一。但这种礼貌丝毫不妨碍印度尼西亚商人自力更生的决心。在印度尼西亚，决策是一个集体的过程，不要指望谈判中的个人能很快做出决定。在达成协议之前，必须进行私下的讨论。

德国人的谈判风格

德国人尊重那些具有既定知识和经验的谈判人员。所有的细节都是重要的，一个精心计划、充满逻辑的建议是他们最看重的。从一开始，德国人就是据实说话。对于德国人来说，不首先进行任何社交活动（在介绍和问候之后）而直接开始做生意是很常见的。时间非常重要，需要提前安排好会议，并在会议预定日期之前分发详细议程。然而，德国的决策速度可能相当缓慢，这通常是因为德国公司有一个平行的"隐藏"系列的顾问和决策者，所有决策都必须由他们来批准。

德国人不喜欢夸大其词，他们希望谈判中的人们能够在可能的情况下，用大量的数据、例子和研究来支持他们的主张。德国公司以卓越的质量而享有当之无愧的声誉，这部分是基于缓慢、有条不紊的规划。许多高管和专家将仔细研究交易的方方面面，这可能会减慢谈判速度。德国人认为，做好一件事需要时间。德国人认为合同是神圣的，一旦决定了，商业关系的性质也就确定了。如果任何一方想变更合同中的任何内容（或情况需要变更），预计将对合同进行正式的重新谈判。因为合同是要被执行的，所以德国人非常关注合同的确切措辞和标点符号。

德国人可能需要很长时间才能建立密切的商业关系。他们开始时的明显冷淡将随着时间的推移而消失。一旦他们了解了你，他们就会很喜欢跟你交际。

资料来源：derived from Bosrock，M. M. （1994/1995），*Put Your Best Foot Forward：Asia/Europe*，St. Paul，MN：International Education Systems；Foster，D. （2000）. *The Global Etiquette Guide to Asia/Europe*，New York：John Wiley & Sons；Morrison，T. and Conaway，W. A. （2006）. *Kiss，Bow，or Shake Hands：Asia*，Avon，MA：Adams Media，Inc.

问题：

1. 在这家国际合资企业的发展中，人力资源应该发挥什么作用？在谈判中，人力资源应该发挥什么作用？BAW 的人力资源部门应该发挥什么样的作用？JEA 的人力资源部门应该发挥什么样的作用？JBAW 的人力资源部门应该发挥什么样的作用？面对案例中提及的人力资源问题，应制定哪些政策与实践？应该优先考虑什么？为什么？还应考虑哪些其他人力资源计划和政策？在这两家公司成功合并的过程中，哪些政策与实践是值得关注的？

2. 你认为德国人和印度尼西亚人之间的关系会出现什么样的文化问题？在谈判中会出现什么样的文化问题？在日常运作中呢？

图书在版编目（CIP）数据

国际人力资源管理：跨国公司的政策与实践：第 5
版/（美）伊布瑞兹·塔利克，（美）丹尼斯·布里斯科，
（美）兰德尔·舒勒著；赵曙明，白晓明译 . -- 北京：
中国人民大学出版社，2022.8
（人力资源管理译丛）
ISBN 978-7-300-30818-0

Ⅰ.①国… Ⅱ.①伊… ②丹… ③兰… ④赵… ⑤白
… Ⅲ.①跨国公司－企业管理－人力资源管理 Ⅳ.
①F276.7

中国版本图书馆 CIP 数据核字（2022）第 124710 号

人力资源管理译丛
国际人力资源管理：跨国公司的政策与实践（第 5 版）
　伊布瑞兹·塔利克
［美］丹尼斯·布里斯科　　著
　兰德尔·舒勒
赵曙明　白晓明　译
Guoji Renli Ziyuan Guanli：Kuaguo Gongsi de Zhengce yu Shijian

出版发行	中国人民大学出版社
社　　址	北京中关村大街 31 号　　　**邮政编码**　100080
电　　话	010 - 62511242（总编室）　　010 - 62511770（质管部）
	010 - 82501766（邮购部）　　010 - 62514148（门市部）
	010 - 62515195（发行公司）　010 - 62515275（盗版举报）
网　　址	http://www.crup.com.cn
经　　销	新华书店
印　　刷	涿州市星河印刷有限公司
规　　格	185 mm×260 mm　16 开本　　**版　次**　2022 年 8 月第 1 版
印　　张	23 插页 1　　　　　　　　　　**印　次**　2022 年 8 月第 1 次印刷
字　　数	505 000　　　　　　　　　　　**定　价**　85.00 元

中国人民大学出版社　管理分社

教师教学服务说明

中国人民大学出版社管理分社以出版经典、高品质的工商管理、统计、市场营销、人力资源管理、运营管理、物流管理、旅游管理等领域的各层次教材为宗旨。

为了更好地为一线教师服务，近年来管理分社着力建设了一批数字化、立体化的网络教学资源。教师可以通过以下方式获得免费下载教学资源的权限：

★ 在中国人民大学出版社网站 www.crup.com.cn 进行注册，注册后进入"会员中心"，在左侧点击"我的教师认证"，填写相关信息，提交后等待审核。我们将在一个工作日内为您开通相关资源的下载权限。

★ 如您急需教学资源或需要其他帮助，请加入教师 QQ 群或在工作时间与我们联络。

中国人民大学出版社　管理分社

🔔 **教师 QQ 群：** 648333426（仅限教师加入）

☎ **联系电话：** 010-82501048，62515782，62515735

✉ **电子邮箱：** glcbfs@crup.com.cn

◎ **通讯地址：** 北京市海淀区中关村大街甲 59 号文化大厦 1501 室（100872）